CONSCIENCE

PAR

ALEXANDRE DUMAS

I

LES DEUX CHAUMIÈRES.

Sur les limites du département de l'Aisne, à l'ouest de la petite ville de Villers-Cotterets, engagées dans la lisière de cette magnifique forêt qui couvre vingt lieues carrées de terrain, ombragées par les plus beaux hêtres et les plus robustes chênes de toute la France peut-être, s'élève le petit village d'Haramont, véritable nid perdu dans la mousse et le feuillage, et dont la rue principale conduit par une douce déclivité au château des Fossés, où se sont passées deux des premières années de mon enfance.

A mesure qu'on avance dans la vie, et qu'on s'éloigne en réalité du berceau pour se rapprocher de la tombe, il semble que ces fils invisibles qui rattachent l'homme aux lieux de sa naissance se fassent plus forts et plus invincibles. C'est que le cœur, l'esprit, l'intelligence, tout l'être enfin, réagit contre ce spectre qu'on appelle le temps, qui nous pousse sans cesse en avant d'une main plus forte et d'une impulsion plus sensible, comme si notre vie suivait une pente, et que, selon les lois de la pesanteur, elle roulât plus rapide vers la fin que vers le commencement; alors on se retourne éploré; on crie, on se cramponne à tout ce que l'on rencontre sur la route; puis, comme tout ce que l'on rencontre suit la même pente, entraîné par le même tourbillon, on sent que toute résistance est inutile et désespérée : l'on tend les bras vers les objets lointains, qui brillent à l'horizon matinal comme aux dernières flammes du couchant, blanchissent parfois, à l'horizon opposé, les murailles d'une humble petite maison, ou enflamment les vitres d'un orgueilleux et splendide château.

La vie de l'homme se sépare en deux phases bien distinctes; les trente-cinq premières années sont pour l'espérance, les autres sont pour le souvenir.

Puis il s'opère encore un autre mirage dans ce désert que l'on vient de parcourir, et où les oasis se font de plus en plus rares; c'est que les objets qui ont frappé la vue du corps au commencement du chemin, quand on marchait la tête haute et les bras ouverts à la suite de cette belle et fugitive déesse qu'on appelle l'espérance, objets auxquels on a fait attention à peine, objets qu'on a laissés insoucieux sur la route, qu'on a méprisés comme trop obscurs, qu'on a dédaignés comme trop humbles; c'est que ces objets, du moment où l'on a franchi la ligne intermédiaire, du moment où l'on ne vit plus par l'espérance, mais par le souvenir, où cependant l'on continue de marcher parce que la devise de la vie est le mot MARCHE! mais où l'on marche le front incliné et les bras pendans; c'est que ces objets, disons-nous, reparaissent peu à peu à la vie de l'âme, et que, comme l'âme les apprécie, fille du ciel, tout au contraire de ce que les a jugés l'orgueil, qui est un enfant de la terre, leur obscurité devient lumière, leur humilité devient grandeur, si bien qu'on aime ce que l'on méprisait, qu'on admire ce que l'on a dédaigné.

Voilà pourquoi, au lieu d'aller toujours en avant, considérant selon les caprices de mon esprit ou les écarts de mon imagination, cherchant des types nouveaux, créant des situations étranges et inconnues, voilà pourquoi je reviens parfois, en pensée du moins, sur cette route battue, sur mon enfance, où je retrouve la trace de mes pieds plus petits, de mes pas moins écartés, près des pas bien-aimés de ma mère, qui se sont mesurés aux miens depuis le jour où mes yeux se sont ouverts jusqu'à celui où les siens se sont fermés, me laissant aussi triste et aussi isolé par son absence que le dut être le jeune Tobie lorsque fut remonté au ciel l'ange qui l'avait conduit par la main jusqu'à la rivière merveilleuse dont Moïse a oublié de nous dire le nom.

Eh bien! aujourd'hui, je vais vous dire ce que je vois au commencement de cette route, un peu au delà du village d'Haramont, sur la première pente de ce chemin qui, en descendant toujours, conduisait au petit château des Fossés.

Ce sont deux chaumières bâties chacune sur l'un des côtés de la route et séparées par cette route seulement; s'ouvrant l'une sur l'autre, porte en face de porte, fenêtre vis-à vis de fenêtre, souriant toutes deux sous les rayons d'or du soleil; l'une ceinte d'un cep de vigne la couronnant de son diadème de pampres, l'autre entièrement vêtue d'un lierre gigantesque qui, après avoir recouvert son toit comme un manteau, verdissait sa muraille comme une robe.

Deux familles habitaient ces deux maisons.

Une de ces familles se composait d'un vieillard de soixante et dix ans, d'une femme de trente-huit, sa bru, et d'un garçon âgé de seize ans, son petit-fils.

Elle était complétée par un gros chien, de la race de ceux du Saint-Bernard, par un âne et par un bœuf.

Celle-là habitait la maison bâtie sur le côté gauche du chemin.

L'autre famille, égale en nombre quant aux individus, mais moins nombreuse quant aux animaux, se composait d'une mère, de sa fille et de son fils. La mère avait trente-six ans, la fille seize, le garçon cinq.

Une vache solitaire, placée dans une étable en face d'un râtelier toujours plein d'herbe fraîche, répondait en beuglant, le cou tendu et les naseaux fumans, au bœuf, son voisin, toutes les fois qu'il plaisait à celui-ci de lui demander de ses nouvelles par ses mugissemens.

Peut-être le lecteur, s'il est citadin surtout, s'il n'a point vécu de cette douce et patriarcale vie des champs, s'étonnera-t-il de me voir mettre au nombre des membres d'une famille chrétienne un chien, un âne, un bœuf et une vache.

Mais je lui dirai : Ami, vous êtes trop sévère pour les humbles de la création. Je sais bien que la bénédiction de l'Église ne les atteint pas; je sais bien qu'ils n'ont point part au salut, qu'ils restent hors de la loi chrétienne comme païens et comme impurs; que l'Homme-Dieu, mort pour l'homme, n'est pas mort pour eux; que l'Église, qui ne leur reconnaît pas d'âme, ne leur permet de franchir son seuil pour recevoir la bénédiction universelle que pendant l'anniversaire de cette sainte nuit de Noël où Notre-Seigneur, type de toute humilité, voulut naître dans une crèche à brebis, entre un âne et un bœuf. Mais rappelez-vous l'Orient, qui a adopté cette croyance que l'animal est une âme endormie ou enchantée; mais rappelez-vous l'Inde, cette mère majestueuse et grave de notre Occident disputeur; elle va vous raconter comment la poésie a été révélée à son premier poëte : il voyait, cœur pensif, âme préoccupée, voltiger deux colombes; il admirait la grâce de leur vol et la rapidité de leur poursuite amoureuse; tout à coup une flèche part d'une main cachée, traverse l'air en sifflant et va frapper un des deux oiseaux; alors il verse des larmes de pitié, ses gémissemens, se mesurant aux battemens de son cœur, prennent un mouvement rhythmique; la poésie naît, et depuis ce jour, les vers, mélodieuses colombes, volent deux à deux par toute la terre. Mais rappelez-vous Virgile, le poëte profond et tendre; écoutez-le quand il pleure la guerre civile dépeuplant les champs paternels, quand il plaint les bergers forcés de quitter leurs douces prairies, n'a-t-il pas aussi, dans sa vaste pitié de tant de malheurs, une larme pour ces grands bœufs blancs aux longues cornes, dont les races disparues ont fécondé l'Italie? Écoutez-le quand il compatit aux douleurs de Gallus, le poëte consulaire, de Gallus, son ami; à la suite des dieux qu'il a amenés pour le consoler de son amour fatal, ne lui montre-t-il pas ses brebis qui se tiennent tristes et bêlantes autour de lui, et ne s'écrie-t-il pas, dans cette langue mélodieuse qui l'a fait appeler le cygne de Mantoue : « Humbles brebis, elles ne te dédaignent point! Ne les dédaigne pas, ô divin poëte! »

Puis, passant de l'antiquité au moyen âge, rappelez-vous cette charmante et miséricordieuse légende de Geneviève de Brabant. La femme, dénoncée par un traître, est repoussée par l'époux; l'enfant, cru coupable d'être né, est chassé par le père; une biche prête son antre à la mère et donne son lait à l'enfant. L'animal, qui a oublié que l'orgueil de l'homme l'a chassé de la grande famille humaine, recueille la famille; une innocente biche des bois sauve la mère et l'enfant innocens. Le secours vient de l'humble, le salut vient du petit.

Rappelez-vous ce manuscrit de Saint-Gall, qui nous apprend comment on doit rappeler les abeilles fugitives, et dites-moi si jamais prière plus douce et plus touchante fut adressée à une créature intelligente que cette prière adressée à la reine du petit royaume ailé : « Je t'adjure, ô mère des abeilles! par le Dieu roi du ciel et par le Rédempteur de la terre, fils de Dieu, je t'adjure de ne voler loin ni haut et de revenir le plus vite possible à ton arbre; là, tu te grouperas avec tes enfans et tes compagnes, et là vous trouverez un bon vase préparé par moi, où vous travaillerez au nom du Seigneur. »

Le paysan ne pense pas comme vous, hommes des villes. Les animaux prennent immédiatement leur place dans la famille rustique après le dernier né de la famille, comme dans les nobles maisons saxonnes les petits parens s'asseoient au bas bout de la table; en Bretagne, encore aujourd'hui, ils ont leur part de la joie ou de la tristesse des familles : dans les joies on les couronne de fleurs, dans la tristesse on les habille en deuil. Pourquoi donc les repousserait-on du deuil ou de la joie, ces chevaux d'Achille qui pleurent la mort de leur maître, et ce chien d'Ulysse qui expire en voyant le sien?

Regardez l'air intelligent des uns, l'air doux et rêveur des autres; ne comprenez-vous pas qu'il y a un grand mystère entre eux et le Seigneur? mystère que l'antiquité entrevit peut-être le jour où Homère écrivit la fable de Circé. En effet, ce corbeau au cri mélancolique, qui vit trois siècles, c'est-à-dire quatre âges d'homme, ne veut-il point par ce cri parler du passé triste et sombre comme son plumage? L'hirondelle qui vient du sud n'a-t-elle rien à nous apprendre sur ces grands déserts où ne peut pénétrer le pas de l'homme et que son vol a franchis? L'aigle qui lit dans le soleil, le hibou qui voit dans l'obscurité, ne savent-ils pas mieux que nous ce qui se passe, l'un dans le monde du jour, l'autre dans le monde de la nuit? Enfin, ce grand bœuf qui, sous le chêne, rumine les pâles herbes, pourrait-il avoir ces longues rêveries et ces gémissemens plaintifs si aucune pensée ne traversait son esprit, s'il ne se plaignait à Dieu peut-être de l'ingratitude de l'homme, ce frère supérieur qui le méconnaît?

Cette fleur du genre humain n'est pas si injuste que l'homme; lui, il parle aux animaux comme à des amis et à des frères, et ceux-ci, dans leur reconnaissance, lui répondent. Voyez ensemble un jeune animal et un jeune enfant, écoutez les sons inarticulés qu'ils échangent au milieu de leurs jeux et de leurs caresses, et vous serez tenté de croire que l'animal essaye de parler la langue de l'enfant et l'enfant celle de l'animal. À coup sûr, quelle que soit la langue qu'ils parlent, ils s'entendent et ils se comprennent; ils échangent ces idées primitives, qui disent plus de vérités sur Dieu peut-être que n'en ont jamais dit Platon et Bossuet.

Et maintenant, revenons à ces deux chaumières, et essayons de faire faire connaissance à nos lecteurs avec les bons paysans par lesquels elles sont habitées.

II

LA CHAUMIÈRE DE GAUCHE.

La chaumière de gauche, celle qui, ceinte d'un cep de vigne, était habitée par le vieillard de soixante et dix ans, par la femme de trente-huit et par le jeune homme de seize; celle qui possédait, sur le seuil de sa porte, un gros chien couché tout de son long en clignant des yeux au soleil, et dans son étable un âne hennissant et un bœuf mugissant, avait, quoique ce ne soit pas le personnage principal de notre histoire, avait, dis-je, pour maître absolu le vieillard de soixante et dix ans, beau-père de la femme, aïeul du petit-fils.

Le véritable nom du vieillard était Antoine Manscourt. Mais, comme il avait été de son temps le second fils de la famille, du moment où il était venu au monde, en 1740, jusqu'à celui où nous sommes arrivés, vers l'année 1810, on l'avait toujours appelé *Cadet;* seulement, à l'époque où lui-même s'était marié et avait eu un fils, au lieu de l'appeler *Cadet* tout court, on l'avait appelé le *père Cadet*.

Bien peu de personnes dans le village se rappelaient son ancien nom, et lui-même l'ayant à peu près oublié, il résultait de cet oubli universel qu'on appelait sa bru la *femme Cadet*, et le jeune homme de seize ans le *fils Cadet*.

Quand il sera question de ce dernier, nous dirons comment ce nom, en vertu des sobriquets qu'on a l'habitude de donner dans les villages, s'était encore changé en un nouveau nom tiré, non pas comme celui du grand-père de la situation secondaire qu'il occupait dans l'arbre généalogique de la famille, mais de la position inférieure qu'aux yeux des autres paysans il occupait dans l'ordre intellectuel de la nature.

Le père Cadet était un vrai paysan, fin et rusé à la surface comme il convient à un voisin de la Picardie; loyal, franc, honnête au fond comme il appartient d'être à un fils de ce vieux territoire de la royauté qu'on appelle l'Ile-de-France. Peut-être aura-t-on quelque peine à concilier cette finesse et cette ruse avec cette loyauté, cette franchise et cette honnêteté : qu'on se rappelle qu'un voile peut couvrir un visage, et cependant le laisser voir au moindre effort que le regard fait pour pénétrer sa transparence, et l'on aura, par cette comparaison, une image exacte de ce que nous voulons dire.

Paysan, fils et petit-fils de paysan, le père Cadet avait suivi dans la personne de ses aïeux toutes les révolutions de la terre sur laquelle il était né, ou plutôt sur laquelle il avait poussé : au fur et à mesure que la terre avait été esclave, serve ou vassale, ils avaient été esclaves, serfs ou vassaux. En 1792, cette terre était devenue libre, il était devenu libre avec elle.

Alors il était entré comme journalier au service du fermier qui avait succédé, comme propriétaire de la ferme de Longpré, aux moines, anciens possesseurs de l'abbaye et de la ferme du même nom.

A force de labeur, il avait, en économisant sur ces deux grands besoins de l'homme de la campagne, le pain et le vin, mis de côté une petite somme de douze cents francs; avec cette petite somme de douze cents francs, il avait acheté, vers 1798, deux arpens de terre.

Aussi avait-on dit dans le village, en voyant tout à coup le père Cadet devenu propriétaire, qu'il avait un trésor caché. C'était vrai. Ce trésor, qu'il avait reçu de Dieu lui-même, c'était le travail persistant, la sobriété, le jeûne.

Car il y a une idée profondément enracinée dans le cœur du paysan français : c'est de posséder sa part, si petite qu'elle soit, de la terre de France. Être propriétaire d'une parcelle de terrain, ne fût-elle grande que juste pour y poser le berceau de son enfant, ou pour y creuser la tombe de son père, c'est n'être plus un mercenaire que le caprice prend aujourd'hui, que la colère renvoie demain; c'est n'être ni esclave, ni serf, ni vassal; c'est être libre.

Grande et magnifique parole qui dilate le cœur de celui qui l'a dite; qui moralise l'homme et le rend meilleur.

Le père Cadet acheta donc, vers 1798, deux arpens de terre pour cette somme de douze cents francs qu'il avait économisée pendant les trente premières années de sa vie.

Ce n'était pas la meilleure terre du terroir; non, la meilleure terre du terroir rapportait trois ou quatre du cent, se couvrait régulièrement chaque année de froment doré, de trèfles verts ou de pourpre sainfoin, tandis que cette terre achetée par le père Cadet, longtemps en friche et posée sur la déclivité de la montagne, était couverte de pierres, et ne rapportait guère que des chardons.

Alors commença la lutte du travail de l'homme contre l'aridité du sol. Courbé sur cette terre depuis quatre heures du matin jusqu'à six heures du soir, on voyait le père Cadet arracher les chardons et jeter au loin les pierres qu'il n'osait jeter sur les terres de son voisin.

D'ailleurs les terres de son voisin ne pouvaient-elles pas, ne devaient-elles pas être un jour les siennes?

Vous vous rappelez cette charmante ballade allemande appelée Ondine. C'est la fable de l'attraction de l'eau sur le pêcheur : à travers le miroir limpide il aperçoit la blonde figure d'une nymphe qui lui sourit et lui tend les bras; la fascination devient de plus forte en plus forte; lui à son tour sourit, lui à son tour tend les bras; l'Ondine s'approche de plus en plus de la surface du lac, son œil bleu n'a plus pour le couvrir qu'un voile aussi transparent que la gaze, ses cheveux blonds flottent sur l'eau, sa lèvre de corail aspire déjà l'air dans une haleine moitié soupir, moitié baiser; l'imprudent plonge croyant attirer la nymphe à lui, mais c'est elle au contraire qui l'entraîne sur son lit d'algue et dans sa grotte de coquillages, d'où jamais il ne sortira plus pour revoir sa vieille mère qui prie et son petit enfant qui pleure.

Eh bien! la fascination de la terre est bien autrement puissante sur le paysan que celle de l'eau ne l'est sur le pêcheur. La terre que le paysan possède est-elle ronde, il faut acheter cette autre portion de terre pour la faire carrée; est-elle enfin carrée, il faut acheter cette autre portion pour la faire ronde. Hélas! plus d'un succombe à cette ambition : il achète, et, pour acheter, il emprunte à six, à huit, à dix, sur cette malheureuse terre qui rapporte deux du cent : dès lors, c'est un combat entre l'usure et le travail, et l'usure, triste Ondine aux ongles crochus, entraîne bien souvent le paysan, non pas sur un lit d'algue et de coquillages, mais sur le grabat de la misère et dans la fosse du pauvre.

Heureusement le père Cadet était plus prudent que cela, lui; il avait pour axiome : *Amasse, mais n'emprunte pas.*

Quand les chardons furent arrachés, quand les pierres furent jetées au loin, quand le temps du labour fut venu, lui et sa fille prirent chacun une bêche, mirent le déjeuner et le dîner dans un panier; pauvre déjeuner, pauvre dîner, composés d'un pain, d'un morceau de fromage et de quelques fruits. Quand à la boisson qui devait l'arroser, la source était là, jaillissante aux flancs de la montagne, à cinquante pas du travail; source pure, murmurante, fraîche, brillante au soleil, se tordant comme un de ces fils argentés de l'automne qui s'arrêtent aux grandes herbes. Qu'était-il besoin d'autre chose? Du vin? au repas du dimanche on en buvait une demi-bouteille entre trois, c'était suffisant pour qu'on se souvînt du goût qu'a le vin, pendant tout le reste de la semaine.

Le temps de la semaille arriva : ce fut le temps du repos pour la pauvre Madeleine, la bru du père Cadet; elle put revenir à son enfant, qu'elle avait laissé pendant tout le temps du labour chez sa voisine d'en face. Ce labour la fatiguait beaucoup, mais elle n'osait se plaindre : elle n'avait rien à elle, la pauvre femme, que sa piété et sa patience, et comme son beau-père la nourrissait, elle et son enfant, il fallait bien qu'elle gagnât le pain pour eux deux. Mais à la semaille elle était inutile, le père Cadet y suffisait tout seul, et, il faut le dire, ce que le brave homme pouvait faire tout seul, il le faisait.

Puis vint l'heure de herser cette terre : le père Cadet, comme les paysans industrieux, savait un peu de tout, et par conséquent de charronnage; il acheta du bois, fit une herse, et dès le soir du jour où elle fut finie, il prévint sa belle-fille que dès le lendemain on herserait : il était urgent de couvrir le blé de terre, de peur que le blé ne pourrît aux pluies de novembre.

C'était un plus dur travail encore que le labour : il fallait s'atteler comme des bêtes de somme à cette herse alourdie par une grosse pierre; ce n'était rien pour le père Cadet, mais la fatigue dépassait les forces de Madeleine. Un voisin, qui avait une trentaine d'arpens de terre et qui hersait avec un âne et un bœuf, eut pitié d'eux : il leur donna gratis une journée et demie de son travail, et la terre fut hersée.

— Merci! compère Mathieu, dit le père Cadet quand ce fut fini, vous venez de rendre un service à la pauvre Madeleine.

— Oh! il n'y a pas de quoi, répondit l'obligeant voisin, mais, si vous m'en croyez, pour l'an prochain vous achèterez un âne. Tenez, ajouta-t-il en lui montrant le sien, voilà Pierrot qui est un bon âne, qui marche sur quatre ans à peine. Comme je viens de faire un petit héritage du côté de mon oncle d'Yvors, je compte acheter un bœuf pour faire la paire, je vous vendrai Pierrot, si vous voulez.

Le père Cadet secoua la tête.

— Ça dépasse mes moyens, dit-il.

Mais il se retourna vers Madeleine qui était toute pâlissante, assise sur une borne, et qui le regardait tristement.

Il poussa un soupir.

— Oh! ça dépasse vos moyens, dit en riant Mathieu : ça n'est donc pas vrai que vous avez un trésor caché?

— Hélas! dit le père Cadet, si j'avais un trésor caché, est-ce que j'attellerais ma bru, la veuve de mon pauvre Guillaume, à une herse?

— C'est vrai, dit Mathieu, qui comprit bien qu'on n'imitait ni le regard de Madeleine, ni l'accent du père Cadet, et que c'était une triste et sombre vérité qu'il venait d'entendre; c'est vrai; aussi, foi d'homme! je vous ferai bon marché de Pierrot.

Le père Cadet regarda Pierrot : c'était un bel âne, bien luisant, avec de longues oreilles droites et une magnifique raie noire sur le dos. En le voyant si brave, il n'osa en demander le prix.

Le voisin Mathieu vit ce qui se passait dans son esprit et se hâta de le rassurer.

— Oh! ce ne sera pas cher, dit-il, et jamais vous n'aurez une pareille occasion. Je vous donne Pierrot pour soixante francs, que vous me payerez en trois ans, vingt francs chaque année, à la Saint-Martin d'hiver. Je dis je vous donne, parce que c'est donné, convenez-en.

C'était vrai.

Aussi le père Cadet, quelque envie qu'il en eût, n'eut-il pas le courage de marchander.

Il regarda Madeleine. Madeleine détourna les yeux, elle ne voulait point pousser son beau-père à une pareille dépense.

— Il faudra voir, dit-il.

— Voyez, répondit le voisin Mathieu; pour tout autre ce sera quatre-vingts francs, pour vous c'est soixante; d'ailleurs je ne vendrai pas Pierrot sans vous prévenir.

— Merci! dit le père Cadet, vous êtes bien bon.

— Ah! c'est que aussi vous êtes de braves gens et vous méritez que Dieu vous bénisse : ainsi, quand vous voudrez, Pierrot est à vous. Allons, hu! Tardif.

Et montant sur Pierrot, il retourna vers la maison, précédant le bœuf, qui, sachant qu'une botte d'herbe fraîchement cueillie l'attendait dans la crèche, se mit, sans avoir besoin d'être aiguillonné, à son plus grand pas pour le suivre, donnant ainsi un démenti à son nom.

Le père Cadet avait répondu : *Il faudra voir*, non point qu'il n'eût pas compris tout ce qu'il trouverait de bénéfice dans le marché qu'on lui offrait, mais il n'avait besoin de Pierrot qu'au prochain labour, et il était inutile de nourrir Pierrot jusque-là.

Il n'y avait pas de danger que Pierrot lui échappât, puisque le voisin Mathieu lui avait promis de ne pas vendre Pierrot sans le prévenir.

Puis il y avait encore une autre œuvre à accomplir avant d'acheter Pierrot : il fallait lui bâtir une écurie.

Le laboureur s'était fait charron pour se fabriquer une herse, le charron se fit maçon pout bâtir une écurie.

Par bonheur il y avait du terrain derrière la maison, et il y avait des pierres dans les champs : c'étaient donc quelques sacs de plâtre à acheter, voilà tout.

Le père Cadet, sans rien dire à personne, se mit à l'œuvre; en effet, cette écurie qu'il bâtissait d'avance, elle n'avait qu'à faire renchérir Pierrot. C'était un brave homme que le voisin Mathieu ; mais il n'est si brave homme que le diable ne tente au moins sept fois par jour, et nous mettons la chose au plus bas, puisque sept fois c'est le compte des saints.

Seulement, par un calcul qui répondait sans doute chez lui à une ambition cachée, il fit le plan de l'écurie assez grand pour que cette écurie pût contenir deux animaux.

Cet attelage d'un bœuf et d'un âne était l'extrême limite de ses désirs : mais enfin dans les horizons du possible, ses désirs allaient jusque-là.

Au bout de trois mois, l'écurie était bâtie, crépie en dedans et en dehors, meublée en dehors d'un contrevent, en dedans d'un râtelier.

Le lendemain du jour où l'écurie était achevée, il lui sembla entendre hennir un âne dans son écurie.

Il se leva tout étonné et alla voir.

Pierrot était établi dans son nouveau domicile, et mangeait à même une botte d'herbe fraîche jetée dans le râtelier.

Il se gratta l'oreille et rentra dans la maison. Il y trouva le voisin Mathieu, qui y était entré par une porte tandis qu'il en sortait par l'autre.

Le voisin Mathieu l'attendait et le salua d'un air narquois.

— Dites donc, lui demanda le père Cadet, c'est vous qui m'avez conduit Pierrot?

— Eh! sans doute, répondit celui-ci.

— Mais je ne vous l'avais pas demandé, voisin.

— Non pas, c'est vrai; mais je vous ai vu bâtir l'écurie, et je me suis dit comme cela : il paraît que décidément le père Cadet veut acheter Pierrot, et donc, comme j'avais acheté un second bœuf hier, et que je n'avais pas de place pour trois bêtes dans l'étable, je me suis dit : Voilà le moment de placer Pierrot. Alors je l'ai emmené dans l'écurie.

— Pour le même prix, toujours? demanda le père Cadet avec inquiétude.

— Oh! un honnête homme n'a que sa parole, c'est soixante francs que vous me devez : vingt francs à la Saint-Martin d'hiver prochaine, et ainsi de suite vingt francs tous les ans.

Le père Cadet réfléchit un instant : il était facile de voir qu'il tournait et retournait une grande idée dans sa tête.

Enfin, au bout de quelques secondes, prenant son parti :

— Et, si l'on vous payait comptant, est-ce que vous ne feriez pas une petite remise, dit-il?

— Ah! dit le voisin Mathieu, farceur que vous êtes, je savais bien que vous aviez un trésor.

— Il ne s'agit pas de ça ; on vous fait une demande, il

s'agit d'y répondre en homme. Feriez-vous ou ne feriez-vous pas une remise ?

— Si fait, il y aurait une remise de dix livres et l'on payerait la bouteille.

— J'aimerais mieux une remise de dix livres et pas de bouteille, dit le père Cadet.

— Ah ! c'est vrai, répliqua en riant le voisin Mathieu, j'oubliais que vous êtes un buveur d'eau, vous.

— Le vin me fait mal, dit le père Cadet.

— Eh bien ! donnez cinquante livres, reprit le voisin Mathieu, et comme on n'est pas un vieux ladre comme vous, on payera bouteille tout de même.

— C'est bien ! dit le père Cadet, allez m'attendre chez vous, et l'on va vous y porter les cinquante livres.

— Oui, répliqua le voisin Mathieu, afin que je ne voie pas la cachette d'où vous les tirez. Ah ! père Cadet, vous êtes fin comme l'ambre.

Le voisin Mathieu était aussi fin que le père Cadet, car il avait deviné juste.

Le père Cadet nia que ce fût là la cause du retard qu'il mettait dans son payement ; mais ses protestations ne firent point revenir le voisin Mathieu de son opinion. Il sortit en secouant la tête et répétant :

— Fin comme l'ambre, le père Cadet, fin comme l'ambre !

A peine le voisin Mathieu fut-il sorti, que le père Cadet ferma la porte derrière lui, alla écouter au premier pas de l'escalier si Madeleine, qui était dans sa chambre, n'avait pas quelque velléité d'en descendre ; puis s'approchant sans bruit de son lit, tout en jetant un regard inquiet autour de lui, il tira d'une cachette pratiquée dans la muraille une boîte en fer qu'il ouvrit avec une petite clef retenue à la boutonnière du gousset de sa culotte par une mince lanière en cuir, l'ouvrit, souleva doucement et d'une main le couvercle, comme s'il eût craint que les quinze louis d'or qu'elle contenait n'eussent des ailes et ne tentassent de s'envoler, introduisit dans la boîte l'index et le pouce de l'autre main, en tira deux beaux louis d'or, la referma, la remit à sa place, compléta les cinquante livres avec une pièce de trente sous qu'il tira d'un sac de cuir, et dix sous qu'il parvint à assembler en fouillant dans ses huit poches, après quoi regardant avec un soupir ses deux pauvres louis d'or qui allaient changer de maître, il s'achemina vers la maison du voisin Mathieu, en passant par la cour, afin que la vue de Pierrot le consolât du sacrifice qu'il faisait pour lui.

III

LE PÈRE CADET ET SA TERRE.

Le marché fut conclu et, comme l'avait promis le voisin Mathieu, eut sa terminaison au cabaret de la mère Boulanger, le premier des cabarets du village d'Haramont.

L'année d'ensuite Madeleine n'eut qu'à bêcher : c'était encore beaucoup pour elle, la pauvre créature ! car elle était faible de corps. Aussi, la voyant ruisselante de sueur et appuyée sur sa bêche, le voisin Mathieu, qui labourait la terre, eut encore pitié d'elle.

— Hé ! père Cadet, dit-il, j'ai encore une proposition à vous faire.

Le père Cadet regarda le voisin Mathieu avec inquiétude.

— Je sais, dit-il, par monsieur Niguet, qui est mon notaire et le vôtre, que vous avez acheté une pièce de terre de trois quarts d'arpens qui m'avoisine, et que vous l'avez payée comptant, farceur, sept cents livres en beaux louis d'or : eh bien ! pour ces trois quarts d'arpens qui sont séparés, je vous donne un arpent et demi attenant à vous. Dame ! la terre n'est pas si bonne, je le sais bien, mais aussi un arpent et demi, c'est le double de trois quarts d'arpent.

Le père Cadet se gratta l'oreille ; la proposition était acceptable.

— Dame ! il faudrait voir, dit-il.

On sait que c'était son mot.

— Acceptez vite, dit Mathieu ; cela cadre dans mes arrangemens, et comme preuve que je désire que la chose se fasse, je vais encore vous soumettre deux propositions qui, j'en suis sûr, conviendront à Madeleine.

— Le père est le maître, dit celle-ci.

— Soumettez un peu, reprit le père Cadet.

— Eh bien ! vous arrachez vos chardons, vous transporterez vos pierres, et moi, pendant ce temps-là, je labourerai non-seulement vos deux arpens, mais encore l'arpent et demi que je vous cède, puis, comme la terre n'est pas fameuse, on vous donnera une voiture de fumier, et l'on fera la mesure bonne. Hein ? qu'est-ce que vous dites de cela ?

— Je dis qu'il faudrait encore donner quelque chose, fit le père Cadet.

— Tenez, vous êtes un vieux gueux, dit le voisin Mathieu ; mais n'importe, comme j'ai pitié de la pauvre Madeleine, qui était une amie de ma défunte, et que ça me peine le cœur de la voir travailler comme cela, je lui fais cadeau, à elle, entendez-vous bien, à elle, mais seulement au prochain labour, de Tardif, qui est de trop petite taille pour son compagnon et pas assez fort pour la besogne qu'il a à faire.

— Tardif est vieux, dit le père Cadet, qui parlait à l'endroit de l'âge de Tardif sans aucun renseignement positif et au pur hasard.

— Allons donc ! vieux, il a cinq ans ; si je voulais l'abattre, m'en priver, le boucher m'en donnerait cent quatre-vingts livres : mais je l'ai connu trois ans, pauvre bête ! et je ne veux pas qu'il lui arrive malheur ; c'est pourquoi je le donne à Madeleine, bien sûr qu'elle ne l'enverra jamais à la boucherie, elle.

— Oh ! non, bien sûr, s'écria Madeleine.

— Tu parles comme si le marché était fait, dit le père Cadet.

— Et j'ai tort, mon père, dit l'humble femme : je vous en demande pardon,

— Tu m'en demandes pardon, tu m'en demandes pardon... il n'y a pas de quoi me demander pardon. D'ailleurs, il a raison, le voisin Mathieu ; le marché peut se faire. Eh ! oui, il peut se faire.

— Et il se fera ; il est trop avantageux pour que vous le refusiez.

— Allons ! dit le père Cadet, s'il est si avantageux que vous le dites, pourquoi le proposez-vous ?

Mathieu le regarda d'un air narquois.

— Pourquoi je le propose ? dit-il, ah ! oui, vous ne le comprenez pas, vous ! Je le propose parce que je veux vous être utile, je le propose parce que j'aime Madeleine, entendez-vous ? parce que je l'aime de cœur, et que même, si elle avait voulu, elle ne vous a jamais parlé de cela, n'est-ce pas ? que si elle avait voulu, il y a trois ans, elle serait madame Mathieu. Mais elle n'a pas voulu : elle désire rester fidèle à Guillaume. On ne peut pas se bouder pour cela, vous comprenez, attendu que c'est une brave et digne femme ; mais on veut lui être utile, et voilà pourquoi on vous propose un marché si avantageux, que vous l'avez déjà accepté, vieux ladre ! et que vous vous pendriez si je vous retirais ma parole.

— Oui, mais, dit le père Cadet sans répondre directement à la question, qui paiera les frais du contrat ?

— Ah bon ! voilà donc où le bât vous blesse.

— C'est encore un affaire de trente-cinq à quarante livres, voyez-vous.

— Eh bien ! il y a un moyen d'arranger cela : vous avez fait un contrat hier, chez le père Niguet; le contrat n'est pas encore porté au répertoire, on mettra mon nom à la place du vôtre, et, sur le même contrat, on joindra un acte du transport que je vous fais de cette pièce de terre, et nous paierons tout par moitié, comme deux bons amis.

— Hum! hum! fit le père Cadet en regardant du côté de la pièce de terre offerte, comme pour voir l'effet qu'elle ferait ajoutée à la sienne. Hum! hum!

— Eh bien?

— Mais, dit le père Cadet, si d'ici à l'époque où vous devez me livrer Tardif, Tardif meurt?

— Si Tardif meurt! Est-ce que c'est probable?

— C'est possible; l'almanach dit qu'il y aura, l'année prochaine, une mortalité sur les bêtes à cornes.

— Oh! père Cadet, vous êtes homme de précaution.

— Que voulez-vous? c'est mon caractère.

— Eh bien! reprit le voisin Mathieu, si Tardif meurt, comme je vous ai dit qu'il valait cent quatre-vingts livres, je ne m'en dédirai pas, et je vous donnerai les cent quatre vingts livres en argent. Voyons, avez-vous encore quelque observation à faire?

— Est-ce que vous n'auriez pas, par hasard, un vieux soc de charrue qui ne vous servirait plus, hein?

— On le trouvera.

— Et puis, est-ce que si nous ne hersons pas en même temps, vous ne pourrez pas me prêter Tardif pour le hersage?

— On vous le prêtera.

— Eh bien! mais alors, voilà! je ne demande pas mieux, moi; je suis rond en affaires.

Et, tendant la main au voisin Mathieu:

— Tope! dit-il.

— Tope! répondit celui-ci en lui frappant dans la main.

— Oh! c'est dit; quand j'ai donné ma parole, je ne m'en dédis jamais.

— Je crois bien, fit le voisin Mathieu en le regardant d'un air goguenard.

— Oh! jamais, jamais!

Madeleine remerciait des yeux son bon voisin; car elle voyait bien que c'était pour elle qu'il faisait tout cela.

A partir de ce moment, Madeleine fut dispensée de bêcher et de herser, et, plus entière, elle put se livrer aux soins de sa maison et de son enfant.

Quant au père Cadet, ce fut à partir de l'année suivante qu'il fut véritablement propriétaire; car, déjà propriétaire d'une maison, il fut encore propriétaire d'un champ, d'un âne et d'un bœuf, d'une herse, d'une charrue.

Et le champ fructifia. Parti de deux arpens il monta jusqu'à huit, et, comme tout cela était d'un seul morceau, il arrivait souvent au père Cadet de dire : « Ma terre! » comme le seigneur de Boursonne et comme le grand fermier de Largny.

S'il eût eu un lopin de champ à un quart de lieue du premier, le père Cadet aurait dit : « Mes terres! »

Il avait bien souvent pensé à se donner cette satisfaction; mais, à chaque fois que cette pensée lui était venue, on l'avait entendu, révélant le combat qui se livrait en lui, se répondre à lui-même :

— Non! non! mieux vaut s'arrondir.

Et, nous le répétons, en vertu de cet axiome, le père Cadet s'était arrondi et avait tout doucement, graduellement, année par année, passé de deux arpens à huit arpens.

Aussi, sa terre, l'aimait-il avec passion, plus qu'il n'avait jamais aimé sa femme, plus qu'il n'aimait sa belle-fille, puisque, nous l'avons vu, il avait failli sacrifier Madeleine à sa terre, et cependant il aimait beaucoup Madeleine.

Il y était tous les jours, à sa terre, — car la terre est reconnaissante : plus on s'occupe d'elle, plus elle rapporte; — tous les, jours, depuis le matin jusqu'au soir; il y était même la nuit en pensée; il rêvait d'elle; il voyait, les yeux fermés, où étaient les plus beaux épis et les trèfles les plus épais, au printemps et en été; en hiver, il voyait une pierre oubliée, une touffe d'herbe parasite, et il se disait : « Demain, je jetterai cette pierre hors de mon champ; demain, j'arracherai cette herbe de ma terre; » c'était tous les jours et toutes les nuits même chose.

Arrivait le dimanche, jour attendu des pauvres travailleurs des villes, jour où Dieu lui-même, cette source de toute force comme il est la source de toute bonté, a feint d'être fatigué pour que les hommes eussent un jour de repos, et le père Cadet disait le soir après son souper :

— Ah! par ma foi! Madeleine, je me reposerai bien demain!

Et Madeleine répondait en souriant :

— Vous avez raison, mon père.

Le lendemain arrivait, les cloches sonnaient et disaient: « C'est aujourd'hui le jour du repos, le jour de Dieu, le jour du Seigneur!... Soyez en joie, pauvres malheureux, déshérités de la société! oubliez la fatigue que vous avez eue hier, oubliez celle que vous aurez demain, revêtez vos plus beaux habits et respirez entre deux labeurs!... »

Et, à la voix de la cloche, tandis que Madeleine, son livre de prières à la main, s'en allait à l'église où son fils servait la messe, le père Cadet revêtait, en effet, son plus bel habit, son habit brun, l'habit de mariage; il mettait sa culotte courte de reps, ses bas de coton chinés, l'été; ses bas de laine gris, l'hiver; puis il respirait un peu l'air sur son seuil, inquiet et comme indécis de ce qu'il allait faire. Beaucoup passaient qui disaient :

— Père Cadet, venez-vous faire une partie de quilles?

— Père Cadet, voulez-vous faire une partie de boules?

— Père Cadet, voulez-vous venir boire un coup?

— Je n'ai pas le temps!

Et pourquoi le père Cadet n'avait-il pas le temps?

Ah! c'est que, le dimanche, jour de repos, il avait une promenade à faire. Rien qu'une promenade, une petite visite.

A qui?

A sa maîtresse, à sa terre!

Ce jour-là, il n'y allait pas tout droit, il est vrai, comme les autres jours. Parfois prenait-il une ruelle qui allongeait son chemin de deux cents pas; parfois même sortait-il par l'extrémité opposée du village et en faisait-il le tour; c'était un quart d'heure de route de plus.

Mais le but réel de la promenade, c'était toujours la terre.

Il avait beau dire, pauvre père Cadet :

— Ah! ma foi! je n'irai pas à ma terre aujourd'hui, j'y vais assez tous les jours.

— Oui, père Cadet, mais c'est parce que vous y allez tous les jours, à votre terre, que vous irez encore aujourd'hui.

Et, en effet, sans savoir par où, comment, dans quel but il y était venu, le père Cadet se trouvait tout à coup en face de sa terre.

Cependant, soyez tranquille, c'est dimanche, et il n'y travaillera pas, à sa terre... Non!... Seulement, il y entrera pour la toucher des pieds, puisqu'il ne la touche pas des mains.

Mais, justement, voici la pierre dont il a rêvé. Ah! maudite pierre! il se baisse et la jette hors du champ.

Mais, justement, voici l'herbe qu'il a vue en songe. Ah! mauvaise herbe! Il se baisse et l'arrache.

Et, pendant une heure, deux heures, trois heures, il regarde, il cherche, il s'inquiète, puis il entend sonner midi. L'heure du dîner, dans les jours de fête, est à une heure.

Il faut quitter la terre; il ferait attendre Madeleine, car, s'il a mis une demi-heure pour venir, il mettra bien une heure pour s'en aller.

Mais ce n'est pas chose facile au père Cadet que de quitter sa terre. A peine a-t-il fait dix pas pour s'en revenir à la maison, qu'il s'arrête, se retourne, croise les bras.

Il regarde, souriant d'abord, puis sérieux, puis soucieux; il regarde longtemps et avec mélancolie ce coin du monde, si petit en comparaison des grandes propriétés qui l'entourent, et qui cependant absorbe ainsi toute son existence.

La demie sonne au clocher pointu; il faut pourtant rentrer. Il se remet en route; mais au bout de trente pas il s'arrête encore, jette un regard sur sa terre, un regard plus sombre, plus profond, plus passionné que ne le fut jamais le regard d'amour du fiancé à sa fiancée.

Puis il se remet en chemin avec un soupir, comme s'il n'était pas sûr de la retrouver le lendemain là où il la laisse, sa terre bien-aimée.

O terre jalouse! plus jalouse que ne le fut jamais femme ou maîtresse, c'est ainsi que tu veux être aimée, et tu n'es féconde que pour ceux que tu épuises dans un éternel embrassement.

Aussi était-il presque toujours une heure ou une heure un quart lorsque le père Cadet arrivait en vue des deux chaumières.

Mais ce n'était pas, comme on aurait pu le croire, sur la chaumière de gauche que se portait sa vue, c'était sur la chaumière de droite.

En effet, au seuil de la chaumière de droite, étaient presque toujours, attendant son retour tardif, groupées deux femmes, une jeune fille, un jeune garçon, un enfant et un chien.

C'était bien le père Cadet qu'attendait tout ce groupe, car, aussitôt qu'il paraissait, tout le monde disait :

— Le voilà !

Les deux femmes restaient sur le seuil, les trois enfans montaient sur le banc, le chien s'asseyait sur son derrière, et balayait la terre avec sa longue queue qui ressemblait à celle d'un lion.

Et sans monter jusqu'à la chaumière qui dominait la route, bâtie qu'elle était au haut du talus, le père Cadet s'arrêtait, et, mettant son chapeau à la main, disait :

— Bien votre serviteur, dame Marie, bonjour Mariette, bonjour quiot Pierre. Allons, viens-tu, Madeleine?

Et, faisant encore un signe de tête, il recouvrait son front chauve avec son chapeau à trois cornes, et s'acheminait vers la chaumière de gauche, située sur le talus opposé.

— Viens-tu, Conscience? disait alors Madeleine au plus âgé des deux garçons.

— Viens-tu, Bernard? disait le plus âgé des deux garçons au gros chien.

Et Madeleine marchait la première, suivant le père Cadet; puis Conscience marchait le second, suivant sa mère; puis marchait le gros chien, suivant Conscience.

En arrivant à la porte de la chaumière de gauche, tout cela se retournait une dernière fois pour sourire à la femme, à la jeune fille et à l'enfant de la chaumière de droite, et de toutes les bouches humaines sortaient à la fois ces paroles :

— A ce soir!

On sait déjà tout à fait ce que c'était que le père Cadet. On sait à peu près ce que c'est que Madeleine. Disons ce que c'était que dame Marie, Mariette, quiot Pierre, Conscience et Bernard.

IV

OU IL EST EXPLIQUÉ CE QUE C'EST QUE DAME MARIE, MARIETTE, QUIOT PIERRE, CONSCIENCE ET BERNARD, ET OU IL EST DIT UN MOT DE LA VACHE NOIRE.

Dame Marie était la femme du maître d'école; elle demeurait, comme on voit, juste en face du père Cadet.

Un jour elle entra, portant une petite fille de trois mois entre ses bras, dans la chaumière de Madeleine, qu'elle trouva vêtue de deuil, inclinée et pleurant sur le berceau d'un petit garçon de cinq mois.

— Eh! ma pauvre voisine, dit-elle, on m'apprend que votre lait est tari tout à coup : est-ce que c'est vrai?

— Hélas! mon Dieu, oui! bonne chère dame Marie, répondit Madeleine, et vous l'entendez, pauvre petit Jean, il pleure parce qu'il a faim.

— Oh bien! que cela ne vous inquiète pas, Madeleine, dit dame Marie, heureusement le Seigneur m'en a donné à moi pour deux, du lait, et voilà ma petite Mariette qui ne demande pas mieux que de partager avec son ami Jean.

Et sans écouter ce que lui disait Madeleine, elle prit le petit Jean dans son berceau, s'assit dans la chaumière ayant un enfant sur chaque genou, et, avec la sublime impudeur des mères, qui savent que la vénération publique les garde, elle découvrit les deux globes de sa poitrine et donna un sein à chaque enfant.

Alors Madeleine tomba à genoux devant elle et joignit les mains en pleurant.

— Que fais-tu donc là, Madeleine? demanda la dame Marie étonnée.

— J'adore une des trois grandes vertus chrétiennes, dit la pauvre mère; j'adore la charité.

Le petit Jean but tant qu'il eut soif à cette première coupe de la vie, la seule qui ait du miel sur ses bords et point de lie au fond.

Puis quand il eut bu :

— La! dit dame Marie, je reviendrai trois fois par jour lui en donner autant, et si dans les intervalles il pleure, vous m'appellerez. Je ne suis pas loin, et la bouteille est là.

Après quoi elle remit le petit Jean dans les bras de sa mère, qui, le serrant contre son cœur, le recoucha toute pleurante dans son berceau.

Hélas! il lui semblait, pauvre Madeleine! qu'elle allait moins être la mère de son enfant, puisque c'était une autre qui le nourrissait.

Maintenant d'où venait qu'elle pleurait, pauvre femme en deuil? D'où venait que son lait s'était tari tout à coup, pauvre femme désolée?

Guillaume, son mari, soldat de 92, après être venu passer quinze jours avec elle en allant de la Vendée en Italie, Guillaume avait été tué glorieusement en combattant à Montenotte.

Elle avait appris trois jours auparavant la nouvelle de cette mort par une lettre que Guillaume mourant avait fait écrire à sa femme par un camarade, et le coup avait été tel que son lait avait tari.

Depuis la veille elle s'en était aperçue; d'abord elle ne pouvait croire à ce nouveau malheur; elle ne pouvait songer que le sein de la mère pût s'épuiser de lait tant que les veines de la femme n'étaient point épuisées de sang; mais les cris du pauvre petit Jean l'avaient malgré elle ramenée à l'implacable réalité.

Elle pleurait donc de douleur, et le petit Jeau pleurait de faim, lorsque dame Marie entra, sa petite Mariette entre ses bras, et apaisa d'un seul coup la faim et la soif de l'enfant.

Maintenant, pourquoi appelait-on Madeleine, Madeleine tout court, et appelait-on Marie, dame Marie?

Oh! ce n'était point qu'elle fût fière, qu'elle fût riche, pauvre femme aussi humble et presque aussi pauvre que la dernière du village; non : c'est qu'elle était la femme du maître d'école, et, comme le maître d'école aux yeux des enfans est un grand personnage, comme on appelait le maître d'école monsieur Pierre, on appelait sa femme dame Marie.

Tous deux, mari et femme, s'étaient crus riches un instant : ce fut lorsque la vraie France, la France régénérée, la France populaire, déclara par la voix de la Convention que l'enseignement était un sacerdoce, et que le maître d'école, qui instruit le corps, était l'égal du prêtre, qui épure l'âme; ce fut lorsque, pendant cette terrible misère de 1795, elle avait voté, le 23 brumaire an III, sur le rapport de Lakanal, cinquante-quatre millions à l'instruction primaire. Mais elle n'avait pas duré, l'austère et sanglante matrone. Le Directoire lui avait succédé; et que faisait au Directoire que les maîtres d'école eussent faim, et que ceux que le peuple paye le moins fussent justement ceux-là qui l'instruisent, c'est-à-dire qui font le plus pour son intelligence et sa liberté?

Dame Marie devint donc la seconde mère du petit Jean.

Jean grandit, moitié sur ses genoux, moitié sur ceux de sa mère; d'un autre côté, Madeleine aimait Mariette comme sa fille; plus d'une fois, tandis que dame Marie portait Jean dans ses bras, Madeleine portait Mariette dans les siens; quelquefois l'une ou l'autre les portait tous deux. Il y avait un échange d'amour entre ces deux femmes, sans que jamais ni l'une ni l'autre ait calculé laquelle était en avance, laquelle était en retard dans le compte mutuel de la charité.

La petite Mariette poussait comme une fleur des champs, comme une violette dans l'herbe, comme un bluet dans les blés, comme une marguerite dans les prairies; elle appelait le petit Jean son frère et le petit Jean l'appelait sa sœur.

Mais Jean et elle ne poussaient pas de la même manière; mais Jean ne parlait pas comme Mariette; mais Jean ne paraissait pas vivre de la même vie que Mariette. Jean vivait d'une vie intérieure, singulière, presque végétative; Jean n'était pas un enfant de ce monde, car ce qui récréait, ce qui amusait, ce qui réjouissait les autres enfans, ne le réjouissait pas, ne l'amusait pas, ne le récréait pas.

Voici à quoi sa pauvre mère, qui le regardait souvent en secouant la tête, quelquefois en pleurant, voici à quoi sa pauvre mère attribuait ce phénomène.

Quand Guillaume, en traversant la France, après être resté quinze jours près de Madeleine, l'eut quittée pour rejoindre son régiment, il se fit une grande tristesse dans le cœur de la pauvre créature, comme si elle eût pu deviner qu'elle venait de voir son mari pour la dernière fois, et que Guillaume la quittait pour toujours. La tristesse, dans les cœurs purs, c'est la sœur de la religion. Pieuse, toujours, Madeleine redoubla de piété, et elle donna à la prière et passa dans l'église tous les instans que lui laissait son travail.

Or, dans l'église, il y avait un grand tableau qui avait été donné à l'église par un riche abbé qui demeurait dans les environs, et qu'on appelait l'abbé Conseil. Ce tableau représentait Jésus au milieu des petits enfans, c'est-à-dire une des plus touchantes paraboles de l'Évangile.

Tous les petits enfans se pressaient pour serrer les genoux et baiser les mains du Christ. Un seul restait en arrière, jouant avec un gros chien.

Celui-ci représentait une parabole non moins miséricordieuse que la première.

Le Christ étendait plus tendrement la main vers cet enfant que vers les autres. Il semblait lui faire signe d'approcher, lui aussi, comme les autres; mais une mère jalouse lui disait :

— Laissez-le Seigneur, c'est un simple, un innocent, un pauvre d'esprit.

Et Jésus répondait :

— Bienheureux les pauvres d'esprit, le royaume des cieux leur appartient.

Cet enfant jouant tout seul avec un chien, ce simple, cet innocent, ce pauvre d'esprit, qu'une femme jalouse veut éloigner de cette communion d'amour universel prêchée par Jésus, avait toujours préoccupé Madeleine; elle s'était prise d'une grande pitié pour ce pauvre délaissé, et, quand elle priait agenouillée devant ce tableau, elle regardait toujours si l'enfant appelé par le Christ ne quitterait point sa place et ce gros chien avec lequel il jouait, pour venir, mêlé aux autres enfans, recevoir la bénédiction de l'Homme-Dieu.

Chaque soir elle se disait, le laissant ainsi isolé loin du Seigneur :

— Demain je le retrouverai près de lui.

Mais, le lendemain, son premier regard retrouvait l'enfant à la même place, et elle murmurait :

— Cher enfant, heureusement que le Seigneur a dit : Bienheureux les pauvres d'esprit! le royaume des cieux leur appartient.

Que la science explique comme elle pourra ce phénomène si bien expliqué par la foi; mais lorsque Madeleine accoucha de Jean, elle s'écria en regardant son enfant :

— O mon Dieu! Seigneur, m'avez-vous bénie ou frappée? mais mon enfant est tout le portrait du pauvre innocent à qui vous faites signe de venir à vous.

Puis elle ajouta avec cette foi sainte des mères :

— Oh! il ira, il ira, n'en doutez pas, Seigneur Dieu! et c'est moi qui vous le conduirai.

Et en effet, Jean, c'était l'innocent du tableau, sa tête blonde et ses grands yeux bleus, qui ne semblaient rien voir de ce qui se passait autour de lui, comme si un voile était étendu entre le monde et son intelligence.

La chose était si réelle, la ressemblance était si frappante, que chacun reconnut le petit Jean quand il sortit aux bras de sa mère, et que les bonnes femmes du village, toujours prêtes à cette fausse pitié, plus douloureuse souvent que l'indifférence, s'écriaient chaque fois qu'elles l'apercevaient :

— Jésus Dieu! pauvre petit, c'est tout le portrait de l'innocent du tableau de l'église!

Madeleine souriait : à ses yeux, Jean était le plus beau de tous les enfans, et elle ne permettait qu'à la petite Mariette d'être aussi belle que lui.

Cependant son inquiétude fut grande. A un an, le petit Jean n'avait pas encore prononcé une parole. Elle craignait que l'enfant ne fût muet.

Mais un jour elle fut doucement et grandement surprise à la fois. Comme elle disait sans cesse : Mon Dieu! la parole à mon enfant! Mon Dieu, faites que mon enfant ne soit pas muet! l'enfant se souvint du mot qu'il avait si souvent entendu, et, souriant à sa mère, il répéta après elle :

— Dieu!

Madeleine tomba à genoux en s'écriant :

— Seigneur, je vous remercie, non-seulement de ce que vous m'avez exaucée, mais encore de ce que votre saint nom soit le premier qui été prononcé!

Le petit Jean, à partir de ce moment, commença de parler, mais il ne parla point comme les autres enfans. Les autres enfans ont pour ainsi dire deux langues, la langue enfantine, puis la langue sérieuse. Seulement il parlait peu, disait un mot ou deux, trois au plus, complétant sa pensée par un sourire, par un geste, par un regard.

La petite Mariette était sa seule compagne; jamais on ne l'avait vu jouer avec les autres enfans.

D'ailleurs Jean ne jouait pas, il rêvait.

Jean aimait Marie et sa mère d'un amour à peu près égal; Jean aimait le père Cadet de tout son cœur; Jean aima le petit Pierre, quand le petit Pierre vint au monde à son tour; mais le reste du village semblait, je ne dirai pas étranger, mais inconnu à Jean.

Jean aimait les animaux, et les animaux aimaient Jean. Qu'y avait-il donc dans cet enfant pour que tous les animaux l'aimassent et le suivissent? Pierrot l'entêté, qui parfois refusait obstinément au père Cadet de franchir un ruisseau ou de traverser un fossé, Pierrot, dès que Jean le conduisait par la bride ou montait sur son dos, devenait docile comme un mouton, obéissant comme un chien.

Tardif, qui parfois méritait son nom par un peu de paresse, sentait l'enfant de loin et mugissait à son approche. Il est vrai que l'enfant n'entrait jamais dans l'étable sans apporter tout ce que ses petits bras pouvaient contenir d'herbe fraîche et de fleurs tendres, et l'on eût dit, tant alors Tardif ruminait voluptueusement, que Jean avait un secret pour choisir les fleurs et les herbes que Tardif aimait le mieux.

La vache noire était un double produit pour dame Marie : tous les ans elle vendait un veau, tous les jours elle vendait son lait, et grâce aux soins de Jean, qui avait appris à Mariette à choisir les herbes les plus savoureuses, le lait de la vache noire était renommé dans les environs; mais il arrivait souvent que lorsqu'on venait de vendre le veau, la pauvre mère attristée refusait son lait à ceux qui, pour l'avoir tout entier à eux, venaient de lui prendre son enfant; alors Jean entrait dans l'étable, il prenait le museau marbré de la vache, l'élevait à la hauteur de son visage, fixait les yeux sur les yeux sombres de la bête rétive, lui parlait... quelle langue? le Seigneur le sait : alors la vache mugissait deux ou trois fois tristement, Jean appelait dame Marie, il laissait sa main étendue sur le cou de l'animal, et l'animal soumis, sinon consolé, laissait aller à flots la crème blanche et épaisse qu'il retenait parfois depuis trois jours.

Mais pour les animaux sauvages, c'était bien autre chose : comme jamais Jean n'avait fait le moindre mal à une créature vivante, tous les simples de la création l'aimaient, excepté ceux-là dont l'instinct est de nuire. On eût dit qu'ils tenaient l'enfant pour un petit ange passant sur la terre avec une douce voix qui parle tous les langages au nom du Seigneur; et, en effet, à la façon rêveuse dont Jean, couché sur la mousse ou appuyé contre un arbre, écoutait les oiseaux chanteurs, on eût cru, à le voir ainsi attentif et immobile, qu'il comprenait leur chant et qu'il eût pu le traduire et l'expliquer.

Et en effet, souvent la petite Mariette, qui ne comprenait rien à cette langue, demandait à Jean :

— Jean, quel est cet oiseau qui chante?

Jean répondait :

— C'est un rossignol, un pinson ou un rouge-gorge, car Jean n'avait pas besoin de voir l'oiseau qui chantait pour savoir quel était cet oiseau.

Et Mariette, voyant qu'il écoutait toujours, demandait :

— Jean, que dit-il?

Et Jean répondait :

— Il remercie le Seigneur qui, pour lui épargner le long vol qu'il y a d'ici à la mare, a mis une goutte de rosée dans une feuille roulée.

Ou bien :

— Il remercie le seigneur, qui a permis que l'épine du chemin arrachât un peu de laine aux moutons qui viennent de passer; car le temps où la femelle va pondre est venu, et, de cette laine il va s'aider pour faire son nid.

Ou bien encore :

— Il se plaint de ce qu'un enfant du village lui a enlevé ses petits, sans savoir de quel grain il faut les nourrir; de sorte que ses petits vont mourir de faim.

Pour les plantes, pour les herbes et pour les fleurs, il en était de même; jamais Jean n'eût inutilement foulé une plante aux pieds, coupé de l'herbe avec sa faucille, ou bien cueilli une fleur; si par mégarde il avait marché sur quelque tige, ou en rencontrait une sur laquelle on avait marché, il relevait la pauvre plante et lui disait, si c'était lui :

— Je ne t'avais pas vue, pauvre petite, pardonne-moi!

Et, si c'était quelque autre :

— Il ne faut pas en vouloir à celui qui t'a brisée ainsi, disait-il, car il ignorait que tu vis, que tu souffres, que tu pleures comme nous; mais, s'il a brisé ta tige, il te reste les racines, et, de tes racines, sortira une tige nouvelle qui, plus heureuse, grandira, fleurira, répandra sa graine autour de toi, de sorte que, l'année prochaine, au lieu que tu sois seule et isolée comme aujourd'hui, tu auras toute une famille!

Il en était de même lorsqu'il coupait de l'herbe pour Tardif ou pour la vache noire; ou quand il cueillait une fleur pour mettre à la ceinture ou dans les cheveux de Mariette.

S'il coupait l'herbe, avant d'approcher la faucille de la touffe qu'il allait faucher, il lui disait :

— Tu sais pourquoi je te coupe, pauvre petite touffe d'herbe! ce n'est point pour te faire du mal sans but ou te détruire inutilement : c'est parce que Tardif, le bœuf du père Cadet, et la vache noire de dame Marie ont faim. C'est parce que Dieu t'a faite pour les repaître, pauvre petite touffe d'herbe! et pour donner à l'un la force de labourer le champ du père Cadet, qui nous nourrit, lui, ma mère et moi, et à l'autre le bon lait qu'elle vend tous les matins aux châteaux comme aux chaumières.

S'il cueillait une fleur, il lui disait :

— Tu sais, c'est pour ta sœur Mariette que je te sépare de ta tige; tu sais que le Seigneur t'a faite belle et parfumée, non pas pour que tu meures solitaire dans un angle de la plaine ou dans un coin de la forêt, mais pour que tu attestes sa grandeur au milieu des hommes, dont tu réjouis à la fois les yeux et les cœurs.

Il résultait de cette faculté, qui semblait avoir été donnée à Jean par le Seigneur, d'entendre et de comprendre la création tout entière, qu'il était bien plus heureux de ses relations avec les arbres, les plantes, les oiseaux, l'air du ciel, la pluie et le soleil, qu'il ne l'était de son contact avec les hommes. Aussi, tandis que dans leur langage, arbres, plantes, oiseaux, air du ciel, pluie et soleil, disaient, les arbres en le couvrant de leur ombre, les plantes en lui faisant le chemin plus doux, les oiseaux en l'égayant de leurs chansons, l'air du ciel en lui caressant le visage, la pluie en s'écartant de lui, le soleil en le rechauffant, « C'est un petit ange! » les gens du village, le regardant passer, grave et silencieux, à cet âge où les enfans sont turbulens et joueurs, les gens du village haussaient les épaules, et, avec l'accent de la pitié ou de la dérision, disaient :

« C'est un idiot! »

Et cependant, comme, à toutes les questions qu'ils lui adressaient, il répondait juste; comme jamais il n'avait menti; comme à tous il disait la vérité, que cette vérité fût agréable ou non à entendre, au lieu de l'appeler Jean ou le fils Cadet, ils l'appelaient *Conscience*.

Il en résulta qu'au bout d'un certain temps la petite Mariette, dame Marie, le père Cadet et Madeleine elle-même, adoptant le nom sous lequel Jean était désigné dans le village, l'appelaient Conscience comme les autres.

Et Jean, trouvant que c'était un beau nom, un nom selon le cœur de Dieu, se déshabitua peu à peu d'être appelé Jean, et s'habitua à être appelé Conscience.

V

COMMENT BERNARD ET QUIOT PIERRE COMPLÉTÈRENT, L'UN LA FAMILLE DU PÈRE CADET, L'AUTRE LA FAMILLE DE DAME MARIE, ET COMMENT CELLE-CI DEVINT VEUVE.

En 1805, Conscience avait alors dix ans, et moi j'en avais trois à peine; en 1805, mon père quitta le château des Fossés, situé à un quart de lieue de la chaumière du père Cadet, pour aller demeurer à trois lieues de là, dans un autre château nommé Antilly.

Mon père, après la campagne des Alpes, avait rapporté du Saint-Bernard un couple de ces magnifiques chiens dont les moines de l'hospice conservent avec tant de soin la race précieuse. Ces chiens étaient magnifiques de taille, et semblaient des lions de deux ans. Au moment où nous quittâmes les Fossés pour Antilly, la femelle venait de mettre bas cinq petits; deux avaient été donnés, deux lui avaient été laissés, et le cinquième, avec cette cruauté habituelle aux hommes vulgaires, avait été jeté à la porte par le garde de mon père, nommé Mocquet.

Conscience, toujours pérégrinant, passa là par hasard; il entendit les gémissemens du pauvre petit, le ramassa et le rapporta, non pas à la chaumière du père Cadet, il doutait avec raison de la générosité du vieux bonhomme, et craignait qu'ayant déjà Pierrot et Tardif, il ne voulût point se charger de ce nouvel hôte, mais à l'étable de dame Marie.

Tant que *Bernard*, Conscience avait ainsi par abréviation nommé le petit chien, tant que Bernard serait au lait, il n'y avait pas trop à s'inquiéter, la vache noire était à, et les deux enfans réunis n'avaient pas grand'peine à obtenir de dame Marie, toute pleine d'humanité, la portion de lait nécessaire à la nourriture du chien ; mais une fois sevré, une fois grandissant, Bernard, avec sa taille colossale et son appétit gigantesque, devenait une lourde charge pour la maison.

N'importe! Conscience résolut de risquer l'introduction de Bernard dans la chaumière paternelle.

En conséquence, il profita d'un moment où elle était vide, fit entrer Bernard, et, comme pour le protéger contre le premier mouvement du père Cadet, il se plaça devant lui.

Mais ce ne fut point d'abord le père Cadet qui rentra, ce fut Madeleine.

Madeleine, en voyant Conscience debout, appuyé sur son chien, jeta un cri.

C'était juste le portrait de l'innocent dans le tableau de l'église, et plus rien ne manquait à Conscience pour sa ressemblance avec lui, pas même le chien.

Madeleine était une âme croyante; elle voyait la main de la Providence partout; elle crut que ce n'était pas inutilement que ce chien s'était trouvé sur la route de l'enfant, et qu'il y aurait presque un sacrilége, quand le tableau de l'église les réunissait en effigie, à les séparer en réalité.

Restait le père Cadet. Lui faire adopter Bernard, nous l'avons déjà dit, n'était pas chose facile; le père Cadet avait, non-seulement le dédain, mais encore la haine des bouches inutiles; de sorte qu'on craignait fort de lui voir repousser Bernard, qu'il lui fût présenté soit comme objet de luxe, soit comme chose de sentiment.

Heureusement, depuis quelque temps, on parlait de vols dans les environs; heureusement encore, deux ou trois nuits auparavant, le père Cadet avait cru entendre marcher dans sa cour. On lui présenta Bernard comme un gardien et comme un défenseur, et, après s'être fait convenablement prier, il consentit à le garder, ce qui fut une grande joie pour Conscience et pour la petite Mariette.

C'eût été dommage, en effet, de séparer le chien de l'enfant, car ils étaient unis l'un à l'autre d'une merveilleuse amitié. Bernard surtout avait pour Conscience un attachement qui eût fait croire au sentiment que nous avons presque osé émettre, au commencement de ce livre, c'est-à-dire que les animaux ont une âme. L'âme de Bernard était sa reconnaissance pour celui qui l'avait recueilli mourant de faim. Cette reconnaissance se traduisait par une obéissance qui avait quelque chose de fabuleux. Sur un simple signe de Conscience, Bernard se jetait à l'eau ou traversait le feu; quelque part qu'il se trouvât, ses yeux ne quittaient pas les yeux de l'enfant; s'ils se fermaient un instant pour le sommeil, ils se rouvraient toujours dans la direction où se trouvait Conscience au moment de son réveil. On les voyait toujours ensemble, marchant côte à côte; Conscience laissant pendre sa main du côté où était le chien, et le chien léchant, tout en marchant, la main de Conscience.

Et c'était bien heureux que Bernard fût si doux, et obéît ainsi à l'enfant; car il était d'une force colossale, et il fût devenu bien dangereux, si un signe, une parole, un geste, ne l'eût rendu inoffensif mieux que la plus solide muselière de fer.

Après Conscience, la personne que Bernard aimait le mieux, c'était la petite Mariette, puis Madeleine, puis dame Marie. Quand aux deux chefs des deux familles, le maître d'école et le père Cadet, Bernard professait ouvertement pour eux l'indifférence la plus marquée.

Puisque nous venons de parler du maître d'école, arrêtons-nous sur ce brave homme, qui, après avoir espéré un instant voir ajouter par la convention quelque chose aux trois cent francs qu'il recevait de la commune, comme instituteur et comme chantre, avait été obligé de renoncer à cet espoir; déception qui lui avait été d'autant plus cruelle qu'il venait de voir sa famille s'augmenter d'un garçon, lequel, recommandé tout particulièrement par lui au prince des Apôtres, avait reçu le nom de Pierre; c'était déjà, comme nous croyons l'avoir dit, le nom du père; ce qui fait que, pour les distinguer l'un de l'autre, ceux qui parlaient le français de la ville appelaient l'enfant *petit* Pierre, tandis que ceux qui parlaient le patois l'appelaient *quiot* Pierre.

Pour comble de malheur, quelque temps après la naissance de ce garçon, maître Pierre tomba malade et mourut; de sorte que les deux femmes se trouvèrent réduites à cent francs de pension que, par grâce spéciale, leur fit la commune, et au bénéfice qu'elles pouvaient tirer du travail de leurs mains.

Cet événement se passait en 1810, à peu près; Mariette avait quinze ans, et, par conséquent, était en âge de comprendre la perte irréparable qu'elle faisait. Comme il arrivait dans tous les événemens de quelque importance, les deux maisons se fondirent en une, et Madeleine et Conscience prirent leur part de la douleur de leurs voisins, afin que cette part fût moins lourde.

Mais, tout en pleurant avec Mariette, Conscience avait, pour la jeune fille et pour sa mère, des paroles de consolation si singulièrement inspirées, que parfois les deux femmes, qui pleuraient ensemble, levaient de leurs yeux leurs mouchoirs trempés de larmes, et regardaient si c'était bien Conscience, c'est-à-dire un pauvre innocent qui venait de parler ainsi.

Grâce à cette voix qui semblait venir d'en haut, leur douleur, sans disparaître entièrement, perdit de son amertume; et, au bout de six mois, les cœurs, comme les habits, sans être tout à fait hors de deuil, n'avaient déjà plus cette teinte sombre par laquelle Hamlet symbolise sa mortelle douleur.

Il y a une miséricorde divine pour les pauvres. Au moment où le malheur nous frappe, on croit non-seulement que notre force ne pourra le supporter, mais encore qu'il est véritablement insupportable; on examine les ressources qui restent, et, lorsqu'on en a fait le compte, on frémit en se demandant où elles nous conduiront. La vie, alors, paraît réduite à des conditions impossibles. On s'épouvante en entrant dans cette existence nouvelle, qui semble prête à se resserrer autour de nous au point de finir par nous étouffer! Puis les jours s'écoulent, les mois se succèdent, et, du sein de la misère même, semblent jaillir de bienfaisantes inspirations; on lève si souvent les yeux au ciel que l'on finit par entrevoir Dieu. Oh! dès lors le malheureux, si désespéré qu'il soit, est pareil au condamné qu'on mène à l'échafaud, et qui rencontre un roi sur sa route; il comprend qu'il ne peut plus mourir.

Puis après avoir, autant qu'il était en lui, et sans se douter qu'il eût cette influence, consolé de son mieux les deux femmes, Conscience comprit qu'il fallait les aider. Regardé, même par le père Cadet, comme un être à part, Conscience était à peu près maître de son temps. Il pouvait donc l'employer, ainsi qu'il l'entendait, à leur service. D'abord il donna à Mariette l'idée d'aller vendre à la ville, non-seulement le lait de la vache noire, mais encore celui des vaches de la ferme de Longpré : il fut convenu entre elle et la fermière, jeune femme restée veuve avec un enfant de cinq ou six mois, et qui ne pouvait pas s'occuper elle-même de tous ces détails, qu'il serait fait à Mariette une remise d'un quart par chaque mesure qu'elle vendrait; puis, comme Mariette ne pouvait, même avec l'aide de Conscience, porter une douzaine de mesures de lait à la ville, comme le père Cadet avait besoin de Pierrot pour ses labours, et d'ailleurs comme, à l'exemple de la fourmi qui n'était point prêteuse, le vieillard était assez peu prêteur, Conscience, avec deux vieilles roues de brouettes, commença à fabriquer une petite voiture, à laquelle il attela Bernard, lequel se laissa faire complaisamment, et, accompagné des deux enfans, traîna doucement sa charge liquide jusqu'à Villers-Cotterets. Arrivée là, Mariette, qui avait l'adresse des principales maisons de la ville et surtout celle de l'inspecteur de la forêt, entra dans les maisons et fit ses offres de service, annonçant que, si on trouvait son lait bon, elle apporterait tous les jours à chacune de ses pratiques la mesure qu'on lui indiquerait.

Mariette était jolie à ravir, pleine de gentillesse avec son doux parler; son deuil la rendait intéressante. Dès son premier voyage, elle eut d'avance tout son lait placé.

Chaque mesure rapportait huit sous. Il y avait huit mesures à la fermière de Longpré; Mariette avait une remise d'un quart; c'était donc seize sous de bénéfice. En outre, la vache noire fournissait deux autres mesures, qui étaient la propriété pleine et entière de Mariette et de sa mère; c'étaient seize autres sous, c'est-à-dire trente-deux sous par jour, c'est-à-dire à peu près quarante-huit francs par mois.

Cela faisait, avec les cent francs que donnait la commune à dame Marie, plus de six cents francs par an assurés au pauvre ménage, c'est-à-dire le double au moins de ce que gagnait de son vivant le maître d'école.

Tous les matins, à six heures, Mariette, Conscience, Bernard et sa charrette partaient d'Haramont; on arrivait à la ville au bout de trois quarts d'heure. Mariette entrait chez ses pratiques et mesurait à chacune son lait, tandis que Bernard, les yeux fixés sur Conscience comme pour lui demander s'il était content de lui, tandis que Conscience, souriant à Bernard, attendaient à la porte.

Et Mariette était si gracieuse dans la façon dont elle mesurait son lait, si polie dans la manière dont elle recevait son argent, si reconnaissante quand elle faisait sa petite révérence; il y avait quelque chose de si original dans ce gros chien et ce pauvre idiot qui attendaient Mariette à la porte, car à la ville comme au village le jeune homme passait pour un idiot, que si la fermière de Longpré avait eu dix vaches au lieu de quatre, que si la petite charrette de Bernard avait été quatre fois plus grande qu'elle n'était, et eût contenu quatre fois la même quantité de lait, Mariette n'en eût pas rapporté une goutte à Haramont.

Au retour, Mariette rangeait les mesures vides, pour se faire une place au milieu, montait dans la charrette, et Bernard la ramenait sans fatigue, tandis que Conscience marchait auprès d'elle.

A neuf heures, les deux enfans étaient habituellement de retour.

Il en résultait que Mariette avait encore toute la journée pour travailler avec sa mère aux ouvrages d'aiguille, ou prendre soin de son petit frère.

Quand arrivait la saison de la faîne (1), ce secours que le Seigneur lui-même accorde aux pauvres gens qui habitent les forêts, comme jadis, dans le désert, il accorda la manne aux Hébreux, c'était encore Conscience qui aidait Mariette à récolter le fruit précieux. Seulement, au lieu de laisser la jeune fille, comme ses compagnes, recueillir la faîne graine à graine, en usant ses genoux contre la terre, au lieu de la recueillir lui-même de cette façon, il mettait dans la charrette de Bernard un balai et un van, et s'acheminait au plus profond de la forêt.

Arrivé là, il choisissait un bel arbre chargé de fruits, montait dessus avec l'adresse et presque l'agilité d'un écureuil, secouait les branches pour en faire tomber la graine, puis, lorsque le tapis de verdure qui s'étendait au pied de l'arbre avait disparu sous une couche de faînes, il descendait, en faisait un tas à l'aide de son balai, et, en moins d'une demi-heure, avait vanné toute cette graine secouée par lui.

La graine vannée, c'est-à-dire débarrassée des feuilles sèches, des petits morceaux de bois, des caillots vides, était mise dans la charrette de Bernard garnie avec un lit de fougère, et rapportée à la maison.

La première année où Conscience employa ce procédé, dame Marie fit faire et vendit pour cent cinquante francs d'huile de faîne; ce qui porta cette année-là le revenu de la petite chaumière de droite à près de sept cent cinquante francs, c'est-à-dire plus haut que celui du père Cadet lui-même, bien qu'il fût propriétaire, à cette heure, de six arpens de terre qu'il était parvenu, grâce au fumier de Pierrot, de Tardif et de la vache noire, lequel lui était cédé en échange des services que les deux femmes recevaient de Conscience, à rendre des meilleurs du territoire.

Mais Conscience avait encore rêvé autre chose : il avait rêvé de doter la maison où la bénédiction du Seigneur semblait être entrée avec lui, d'une ruche d'abeilles, et cela, depuis qu'il avait découvert dans un tronc d'arbre creux toute une laborieuse famille de ces animaux.

En conséquence, avec les conseils du vannier, il tressa une belle ruche, la recouvrit de paille dorée, et attendit que ses abeilles de la forêt essaimassent.

Alors, il les suivit à l'arbre où elles allèrent se suspendre, et comme depuis longtemps il les connaissait, leur parlant ainsi qu'il faisait aux autres animaux, lorsque le moment fut venu pour elles de se détacher, il leur ouvrit, sans supposer même qu'une seule de ses petites amies songeât à lui faire mal, il leur ouvrit sa poitrine, en recueillit une partie, avec la reine, dans sa chemise ouverte, et, suivi de toutes les autres, qui bourdonnaient en voletant autour de lui, il traversa le village étonné, au milieu de ce tourbillon d'ailes, et arriva à la belle ruche neuve, où la reine entra aussitôt, suivie de toutes ses sujettes, comme dans un beau palais digne d'elle.

Et, dès l'année d'après, dame Marie et Mariette eurent le meilleur miel du village pour sucrer leur lait et manger à leur déjeuner.

Mais ce que l'on admirait surtout, car l'homme admire tout ce qu'il ne peut pas comprendre, c'est que, dès que Conscience paraissait au jardin, toute la ruche volait à lui, s'abattant sur son cou et sur son visage, butinant aux fleurs qu'il tenait entre ses mains et qu'il apportait à la reine, comme fait un adorateur à une majesté.

Et la reine, de son côté, se promenait gravement sur son doigt, secouant ses ailes diaphanes, et frottant l'une contre l'autre ses petites pattes couvertes du pollen des fleurs.

VI

CE QUI SE PASSAIT AU VILLAGE D'HARAMONT, DE 1810 A 1813.

Vers les premiers jours de 1810, un grand événement s'était accompli : un enfant du village était revenu de l'armée avec la croix d'honneur et deux doigts de moins à la main droite.

Il était jeune, c'est-à-dire qu'il atteignait vingt-cinq ans à peine. Il avait son congé, deux cent cinquante francs de sa croix et trois cents francs de pension.

C'était un beau garçon, à la figure joyeusement épanouie, fort gouailleur, comme on dit dans cette portion de la France où les vieux mots français se sont conservés dans toute leur pureté, avec des cheveux roux, et des moustaches rouges toujours parfaitement cirées et relevées en crocs.

Il avait servi dans les hussards, et quand il rentra dans le village, portant sa pelisse sang de bœuf à torsades jaunes, son dolman bleu jeté sur les épaules, son colback de fourrure d'où pendait une flamme bleue, et son pantalon à boutons dorés, il y produisit une double sensation : d'abord comme enfant du pays que les pères et les mères avaient du plaisir à revoir, ensuite comme beau garçon que les jeunes filles avaient du plaisir à regarder.

Il s'était engagé à dix-sept ans, vers 1803; il avait fait la campagne d'Austerlitz, la campagne d'Iéna, puis enfin la dernière campagne, cette campagne si brillante qui se termina par les batailles d'Essling et de Wagram.

Dans cette dernière bataille, au moment où il chargeait,

(1) La faîne est le fruit du hêtre et contient une huile infiniment meilleure que celle de la noix ou de l'œillette, et qui, lorsqu'elle est fraîche, est presque aussi douce que l'huile d'olive.

avec son escadron, sur un régiment d'infanterie, il avait reçu une balle qui lui avait brisé l'index et le médium de la main droite; on avait dû les lui couper, et, dans l'impossibilité où il le voyait de tenir désormais un sabre, son colonel, qui l'avait plus d'une fois remarqué sous le feu, avait demandé et obtenu pour lui trois choses que le brave garçon méritait bien : la croix, une pension, et son congé définitif. Mais, tout en le regrettant comme brave soldat sous le feu, les officiers inférieurs l'avaient moins regretté comme camarade. En effet, Bastien, c'était son nom, avait une tendance irrésistible vers le cabaret, et à peine avait-il bu deux verres de vin, que de gouailleur il devenait querelleur, et qu'il était bien rare qu'après être entré dans ce cabaret bras dessus bras dessous avec un camarade, il n'en sortît pas pour aller, séance tenante, derrière quelque haie ou le long de quelque mur, se couper la gorge avec lui.

Bastien connaissait lui-même son malheureux caractère; mais comme il avait pensé qu'il lui serait trop long et trop difficile de s'en corriger, il avait préféré cultiver avec acharnement l'espadon et la pointe, ce qui fait qu'il était arrivé à une certaine force dans l'art de l'escrime. Il en résultait que les coups de manchette et les balafres au visage, toujours très communs dans les régimens dont l'arme est le sabre recourbé, étaient plus communs encore dans le régiment où servait Bastien que dans aucun autre.

Il va sans dire que la plupart de ces balafres et de ces coups de manchette étaient du fait de Bastien.

C'était la cause pour laquelle Bastien, fort regretté comme soldat, était infiniment moins regretté comme camarade.

Cela n'empêchait pas que ses camarades ne lui eussent fait une grande fête le jour où il avait quitté le régiment; mais peut-être aussi la fête n'avait été si brillante et si cordiale que parce qu'il le quittait.

Au moment de se séparer pour toujours on oublie bien des choses, et l'on avait pu remarquer, à l'honneur du peu de rancune du soldat français, que c'étaient les plus manchettés et les plus balafrés qui avaient été les plus tendres pour Bastien.

Bastien avait donc quitté Vienne, où se passait ce dîner d'adieu, avait donc traversé une partie du Tyrol et de la Suisse, était rentré en France, et enfin était apparu à l'entrée du village d'Haramont comme le dieu de la guerre en personne.

Nous avons dit quel effet il avait produit.

Mais, hélas! au milieu de la sensation générale, Bastien cherchait en vain ces douces caresses sans lesquelles il n'y a pas de vrai bonheur en ce monde : l'étreinte et les baisers d'un père et d'une mère.

Bastien, orphelin dès sa naissance, n'avait jamais connu cette suprême douceur, et la résolution qu'il avait prise de s'engager avait sans doute tenu à cet isolement.

Au reste, comme on le voit, Bastien n'avait pas perdu son temps; il revenait riche, relativement, puisqu'il avait quelque chose comme cinq cent cinquante francs de rentes assurées pour toute sa vie.

Avec ce premier fonds, Bastien, à son choix, pouvait ou vivre sans rien faire, ou ajouter encore à son bien-être en faisant la moindre chose.

Mais Bastien n'avait pas pris l'habitude du travail au régiment, de sorte qu'il ne voulut adopter aucun métier, et se contenta d'entrer chez le voisin Mathieu, qui, peu à à peu, s'arrondissant toujours, était devenu un gros propriétaire, pour avoir spécialement soin des chevaux.

Cette besogne lui allait, à Bastien le hussard, comme on l'appelait; c'était une besogne qui lui rappelait l'escadron, et Bastien avait tout dit quand, serrant les dents et avançant la mâchoire inférieure, il avait dit en appuyant sur l'r de façon à faire basculer le mot :

— Oh! nom d'un nom! le rrrégiment, c'était ça le plaisir!...

La phrase n'avait pas grand sens aux yeux des autres, mais il n'en était pas de même aux yeux de Bastien, à qui elle rappelait toute une série de souvenirs d'amours, de duels, de bons dîners, de grandes batailles, et même de ces heures qui, lorsqu'elles sont passées, ne sont pas toujours celles qu'on se rappelle avec le moins de plaisir.

Puis, comme ceux qui l'entendaient pousser cette exclamation le regardaient avec des yeux étonnés et interrogateurs :

— Oh! vous ne pouvez pas savoir, vous autres pékins! disait-il.

Et en effet, les pékins *n'eussent pu savoir* que si Bastien eût daigné *leur apprendre*, et Bastien ne daigna jamais; de sorte que l'on ignora toujours dans le village d'Haramont ce que c'était que ce plaisir dont parlait si chaleureusement Bastien.

Bastien, nous l'avons dit, avait produit une profonde impression sur les jeunes Haramontoises. Bastien était jeune, Bastien était riche, Bastien était beau garçon; Bastien, en outre, avait la croix, récompense qui n'était pas prodiguée à cette époque. C'était plus qu'il n'en fallait pour tourner bien des têtes villageoises.

Et cependant Bastien était loin d'avoir déployé toutes ses séductions; il ne s'était pas encore révélé comme danseur.

Ce fut le dimanche qui suivit son retour que cette grande exhibition du talent chorégraphique de Bastien fut produite. Les arts se touchent, les talens se donnent la main : Bastien était un danseur achevé, comme il était maître d'armes accompli.

On dansait à cinq cents pas du village, sous les premiers arbres de la forêt, dans un rond naturel formé par un cercle de hêtres immenses; on dansait sur un terrain battu avec soin par le ménétrier du village, qui, en échange de ce travail de la semaine, levait sur chaque cavalier, et par chaque contredanse, un impôt d'un sou.

Quand, le dimanche qui suivit le retour de Bastien, on le vit de loin s'avancer vers la salle de danse, vêtu de son brillant costume, avec ses bottes éperonnées et bien cirées à l'œuf, ses tresses pendantes de chaque côté du visage, ses bras arrondis, et sa démarche superbement dandinée, tous les regards se tournèrent vers lui et attendirent avec curiosité.

En effet, le jugement définitif n'était pas encore porté sur Bastien par les jeunes filles. Il leur restait à voir comment dansait Bastien, qui, d'ailleurs, faisait si bien tout ce qu'il faisait.

Puis chacune était curieuse de savoir qui Bastien inviterait la première.

Bastien s'approcha d'une belle jeune fille nommée Catherine, brune à l'œil noir, au sourcil arqué, à la taille cambrée, qui avait été dans la *grande ville*, comme on dit.

En effet, Catherine, qui était entrée au service d'une dame noble des environs, l'avait suivie à Paris; puis, au bout d'un an, était revenue un peu pâle, un peu maigre, mais avec une centaine de louis qu'elle avait placés, sur première hypothèque, dans l'étude de maître Niguet, et qui lui rapportaient cent vingt bonnes livres de rentes.

D'où venaient ces cent louis?

Catherine leur avait trouvé une explication : sa maîtresse avait fait un maladie dangereuse pendant laquelle, elle, Catherine, l'avait soignée avec tant de dévoûment que, de retour à la santé, elle lui avait fait cadeau de ces cent louis.

Malheureusement pour Catherine, tout le monde n'ajoutait pas foi à cette histoire, si ingénieuse qu'elle fût. En effet, une seule objection la battait en brèche.

On demandait à Catherine comment il se faisait qu'elle eût quitté une maîtresse si reconnaissante et si généreuse.

Ce à quoi Catherine n'avait pu répondre autre chose, sinon que, s'ennuyant du village, elle y était revenue.

De sorte que beaucoup doutaient que telle fût la source de la petite fortune de Catherine.

Il y avait plus : quelques-uns non-seulement doutaient que cette source fût celle qu'accusait Catherine, mais encore ils lui en assignaient une autre.

Ils disaient que ce n'était pas la maîtresse, mais que

c'était elle qui avait fait une maladie dangereuse : la preuve en était sa pâleur et sa maigreur en revenant au village.

Puis, ils ajoutaient que ces cent louis placés chez maître Niguet, Catherine les tenait, non de la reconnaissance de la baronne, mais de la libéralité du baron.

Et, il faut le dire, comme cette tradition, si malveillante qu'elle fût, expliquait le retour et la fortune de Catherine plus clairement que l'autre, c'était celle-là qui était le plus généralement adoptée.

Il en résultait que, malgré l'agaçante beauté de Catherine, malgré les cent louis si sûrement placés sur première hypothèque, aucun jeune garçon du village ne s'était encore offert pour épouser Catherine.

En échange, beaucoup s'étaient offerts pour lui faire leur cour.

Mais Catherine s'était prononcée, déclarant qu'elle était honnête fille, et qu'elle n'écouterait que celui qui se présenterait la plume du contrat de mariage à la main.

Ce qui faisait dire au meunier de Wualue, esprit goguenard s'il en fut, que l'œuf de l'oie qui devait fournir cette plume-là n'était pas encore pondu.

Bastien s'approcha donc de Catherine, la jambe en avant, le bras arrondi, et lui tendit une main gantée de chamois.

Catherine accepta cette main avec un sourire de triomphe, et prit place dans le cercle avec Bastien.

Bastien, pendant la ritournelle, déboucla son ceinturon, et déposa son sabre et sa sabredache aux mains du fils du ménétrier, chargé dans l'entre-deux d'une figure à l'autre de percevoir la recette, et, cela, avec autant de grâce et de dignité que Mars, prêt à danser avec Vénus, en eût mis à déposer son épée et son bouclier aux mains de l'Amour.

On attendait beaucoup de Bastien, mais, il faut le dire, Bastien dépassa toutes les attentes. Bastien avait un pas pour chacune des quatre figures dont se compose la contredanse complète. C'était, en entrechats et en pas d'été, en pas de zéphyr et en flic-flacs, des gigottemens comme non-seulement les Haramontois n'en avaient jamais vu, mais encore comme ils ne se doutaient pas qu'il en pût exister. Aussi se pressa-t-on, pour voir danser Bastien, de telle façon que lui-même fut obligé, malgré ce qu'un pareil triomphe avait de flatteur pour son amour-propre, de prier ses compatriotes de lui faire un peu de place, s'ils désiraient lui voir continuer ses exercices.

On se rendit à cette prière, dont on reconnut la justesse, et Bastien termina sa dernière figure par deux ou trois entrechats si bien enlevés, si bien battus, que la galerie éclata en unanimes applaudissemens.

Bastien reconduisit fièrement sa danseuse à sa place, et chercha dans le cercle environnant qui il honorerait de sa main pour une seconde contredanse.

Au haut du talus, ne se mêlant point aux danseuses, et arrêtées par la curiosité, se tenaient dame Marie et Mariette. Bastien aperçut la douce et suave figure, et, sans s'inquiéter de la couleur de la robe qu'elle portait, il s'élança vers elle, et, de son langage le plus fleuri :

— Mademoiselle, voulez-vous bien me faire celui de m'accorder la prochaine contredanse ?

Mariette rougit, car tous les regards, qui suivaient Bastien, se tournèrent vers elle.

— Merci! monsieur Bastien, dit-elle ; mais vous pouvez voir que je suis en deuil de mon père.

— Ah! c'est que, vous voyant vous approcher de la danse... vous comprenez, mademoiselle, dit Bastien en se dandinant et en faisant ses plus doux yeux.

— Vous avez raison, monsieur Bastien, dit Mariette ; c'est moi qui ai eu tort de venir, le cœur et les habits tristes, là où l'on s'amuse. Voulez-vous venir, ma bonne mère ?

Et elle emmena dame Marie dans le chemin qui s'éloignait du rond de danse et s'enfonçait dans la forêt.

— Oh! oh! dit Bastien, la petite Mariette a donc changé de nom, en mon absence? il me semble qu'elle s'appelle mademoiselle Pinçée.

Mariette n'entendit point ce que disait Bastien ; mais quelques personnes l'entendirent, et au nombre de ces personnes fut Conscience.

Conscience, si peu de cas qu'il fit de la danse, était étendu sur le talus opposé à celui où se trouvait Mariette; son gros chien était couché près de lui, et lui servait, comme d'habitude, tantôt de dossier, tantôt d'oreiller.

Il regardait Mariette par-dessus danseurs et danseuses, et, en la regardant, il oubliait tout cela, garçons et jeunes filles sautant en mesure ou à peu près, ménétrier frappant du pied, et violon grinçant à qui mieux mieux.

Il avait un instant, comme tout le monde, regardé Bastien, et l'avait plaint, du fond de son cœur, d'être obligé de danser d'une façon si fatigante; car il ne comprenait pas qu'un homme se donnât une telle fatigue, et remuât les jambes d'une façon si ridicule sans y être forcé par quelque loi, par quelque contrainte, par quelque obligation inconnue.

Quand il vit Bastien quitter le rond de danse et s'avancer du côté de la jeune fille, il se souleva pour le suivre des yeux avec une certaine inquiétude. Il se doutait de l'intention de Bastien, et il eût été affligé de voir Mariette se donner en spectacle avec un homme qui dansait d'une façon si opposée à celle dont dansaient les autres garçons du village.

Aussi, quelque éloigné qu'il fût du groupe, cette faculté dont il était doué, de percevoir les sons les plus lointains, lui permit-elle d'entendre et la demande et la réponse. Il trouva que Mariette avait très bien répondu, et que Bastien était un impertinent; ce qui ne lui parut pas extraordinaire chez un homme qui devait se trouver un peu hors de lui, après l'exercice exagéré auquel il venait de se livrer.

Il le plaignit donc, au lieu de le blâmer, et, il se mit, suivi de Bernard, à suivre Mariette.

Et cela aussi naturellement que le satellite suit son astre.

A partir de ce moment, Bastien le hussard fut posé par tout le village : près des femmes, comme le parangon de l'élégance et des bonnes manières; près des hommes, au contraire, comme l'être le plus désagréable qu'ils eussent jamais vu.

Les seuls qui eussent échappés à cette sympathie ou à cette antipathie étaient Mariette et Conscience :

A Mariette il était resté indifférent,

Et Conscience le plaignait.

Conscience eût volontiers été de l'avis du dey d'Alger, qui, assistant à un bal magnifique dont le maître faisait les honneurs en dansant et en valsant comme le dernier de ses invités, le fit appeler pour lui demander avec une curiosité pleine de bonhomie :

— Monsieur, comment, étant aussi riche que vous paraissez l'être, vous donnez-vous la peine de danser vous-même?

Mais bientôt la danse ne suffit plus à Bastien; la conquête de l'Allemagne avait fort introduit le goût de la valse dans les rangs de l'armée française. Bastien introduisit la valse dans les rangs des jeunes filles d'Haramont, et s'établit professeur, mais pour les femmes seulement, bien entendu.

Il en résultait que les hommes, à qui Bastien se gardai bien de donner le moindre renseignement sur la manière de pivoter en trois temps, laissaient, à l'endroit de la valse le champ libre à Bastien, qui, pareil à un pacha d'Orient n'avait plus qu'à jeter le mouchoir, sans crainte aucune de rencontrer une concurrence.

Les paysans avaient voulu réclamer; mais Bastien s'était retourné au bruit, avait retroussé sa moustache en tire-bouchon autour de son doigt, en disant d'une façon qui n'appartenait qu'au corps élégant des hussards : S'il vous plaît?... et tout était rentré dans l'ordre.

Mais ce n'était pas seulement comme danseur que Bastien avait conquis toutes les admirations des belles Haramontoises; c'était aussi comme cavalier. Bastien montait à cheval en vrai hussard de la garde, c'est-à-dire avec une rare perfection; et, comme il avait la charge de veiller sur les chevaux, il ne se privait pas de monter les élèves du père Mathieu, et d'aller faire, à poil nu, ainsi qu'un soldat antique, des promenades dans les environs, ayant soin de choisir de préférence celles pour lesquelles il fallait passer et repasser par le village.

Mais, chose étrange! recherché par toutes les belles filles du village, mieux reçu que les autres jeunes gens par Catherine, qui paraissait disposée à renoncer pour lui à ce grand rigorisme matrimonial qu'elle affectait à l'endroit des autres, il semblait que tout cela dût lui être indifférent tant qu'il ne surprendrait pas un regard de Mariette le suivant au rond de danse ou caracolant sur un cheval.

Aussi, plus le cheval qu'il montait était rétif et mal disposé, plus il le poussait du côté de la chaumière de dame Marie, afin que Mariette fût témoin de la force et de l'adresse que déployait le moderne Alexandre à dompter le nouveau Bucéphale.

Quelquefois son intention était récompensée à moitié : Mariette le regardait par curiosité, et Conscience le regardait aussi parce que Mariette le regardait, se demandant toujours comment, au lieu d'employer l'éperon et le mors pour réduire l'animal rétif, il n'employait pas le secours si simple de la parole, de la parole avec laquelle lui, Conscience, faisait, en quelques secondes, faire aux animaux les plus entêtés tout ce qu'il voulait.

De son côté, Bastien, peut-être sentant qu'il y avait un grand amour pour Mariette dans le cœur de Conscience, et une grande tendresse pour Conscience dans l'âme de Mariette, Bastien n'aimait pas Conscience. Quand nous disons qu'il ne l'aimait pas, hâtons-nous d'ajouter que cette absence de sympathie n'allait pas jusqu'à la haine : Conscience était si doux, si bon, si inoffensif, que personne ne pouvait le haïr.

Seulement, Conscience déplaisait à Bastien comme déplaît une chose qu'on rencontre sur son chemin, un obstacle qui gêne.

Aussi, Bastien ne manquait jamais une occasion de railler Conscience, et c'était surtout la douceur angélique de celui-ci qui, aux yeux de Bastien, s'offrait comme de la pusillanimité, c'était cette angélique douceur qui faisait tout particulièrement l'objet des railleries de Bastien.

Puis, Conscience n'était pas danseur, Conscience n'était pas cavalier, Conscience n'était pas prévôt, trois arts dans lesquels nous avons constaté la supériorité de Bastien.

Aussi Bastien raillait Conscience, non-seulement sur ce qu'il était, mais encore sur ce qu'il n'était pas.

Il va sans dire que Conscience écoutait toutes ces railleries avec un calme inaltérable.

Cependant, il arriva, un jour, une aventure qui donna à réfléchir à Bastien.

Comme Bastien avait dans tous les environs la réputation d'un grand dompteur de chevaux, les fermiers ou les propriétaires des environs qui avaient des poulains indociles ou des chevaux rétifs envoyaient chercher Bastien, et Bastien, en deux ou trois séances, réduisait d'ordinaire les rebelles, comme eût pu faire Baucher ou Franconi.

Un jour, on avait envoyé chercher Bastien pour lui faire monter un cheval que venait d'acheter un fermier des environs, nommé monsieur Destournelles. C'était le dimanche, et Bastien, orgueilleux comme d'habitude, voulant se faire un triomphe public de sa supériorité en équitation, avait choisi la place du village pour manége, et, pour heure de ce travail, celle de la sortie de l'église.

Au moment où les premières jeunes filles, celles qui sont toujours les plus pressées de retrouver le jour, la liberté et la parole momentanément perdues pendant le service divin, commençaient d'apparaître au seuil de l'église, Bastien apparaissait, de son côté, sur le cheval rétif, à l'embouchure de la rue aboutissant à la place.

Le cheval, pour venir de la ferme à la place du village, c'est-à-dire pour faire une demi-lieue environ, avait mis près d'une heure, contenu qu'il était par son cavalier, qui ne voulait faire son entrée ni trop tôt ni trop tard, mais à point.

Il en résulta que le cheval était blanc d'écume, qu'il avait les yeux en sang, et qu'il soufflait le feu par les naseaux.

Arrivé sur la place du village, c'est-à-dire sur un terrain digne de lui, Bastien commença ses exercices.

La victoire parut d'abord se déclarer en faveur de l'homme; mais, soit que le cheval sentît en lui cette dignité instinctive dont parle Buffon, soit qu'il n'eût supporté tous les affronts que lui infligeait Bastien depuis une heure que pour en tirer à la face de tous une vengeance éclatante, quand le cheval vit les marches de l'église garnies comme celles d'un cirque, les fenêtres vivantes comme les loges d'un théâtre, il commença une série d'écarts et de ruades qui se terminèrent par un saut de mouton si inattendu, que, si bon cavalier que fût Bastien, force lui fut de vider les arçons, et d'aller rouler à dix pas en avant de sa monture, le nez dans la poussière.

Quant au cheval, à peine fut-il débarrasé de son cavalier, qu'il fit une *tête à la queue*, et reprit au galop le chemin de son écurie.

Cette chute fut l'objet d'une grande risée pour tous les jeunes paysans, qui, nous l'avons dit, éclipsés sans cesse, raillés sans cesse, supplantés sans cesse par Bastien, ne lui portaient pas une bien vive sympathie; mais lorsque l'on vit que Bastien, au lieu de se relever avec la rapidité que l'on y met en pareille circonstance; quand on vit, disons-nous, que Bastien restait immobile, étendu à l'endroit où il était tombé, on comprit que, la tête ayant sans doute porté, il y avait eu choc, et que le choc avait produit l'évanouissement, et l'on courut lui porter secours.

On ne se trompait pas : Bastien était non point évanoui, mais étourdi.

On le releva; on lui fit boire un petit verre d'eau-de-vie; on lui souffla au visage, et Bastien ouvrit les yeux et la bouche en même temps : les yeux, pour les rouler d'une manière féroce autour de lui en cherchant son cheval; la bouche, pour éclater en jurements, en blasphèmes qui apprirent aux paysans d'Haramont combien la langue des camps est plus riche que celle du village.

Mais, tout à coup, ses yeux s'arrêtèrent et sa bouche se ferma, comme s'il eût vu la tête de Méduse.

C'était pis que cela.

C'était Conscience, qui, par la même rue témoin de sa fuite, ramenait le cheval rétif! Il était monté sur l'animal, redevenu aussi doux que l'âne paisible sur lequel Notre-Seigneur fit sa royale entrée à Jérusalem, et, comme il tenait à la main un rameau vert rappelant la palme sainte, comme ses pieds pendaient en dehors des étriers, comme ses yeux étaient bienveillans, comme son sourire était doux, comme tout le monde s'écartait pour le laisser passer, sa ressemblance avec le divin modèle était aussi grande que peut l'être celle d'un pauvre mortel avec un Dieu.

Quant à Bastien, il crut un instant être sous l'empire d'un songe : il se frottait les yeux, il prononçait des paroles inarticulées; il voyait s'approcher de lui cette calme et vivante réalité comme il eût vu venir une fantastique et effroyable vision.

— Monsieur Bastien, dit tranquillement Conscience, j'étais sur la route de Longpré, j'ai vu votre cheval qui se sauvait; j'ai craint que vous n'en fussiez inquiet, et je vous l'ai ramené.

Tout le monde éclata de rire, excepté Bastien. Conscience regarda tout le monde d'un air étonné : il ne comprenait pas pourquoi tout le monde riait.

Il rougit, descendit de cheval, en remit la bride aux mains de Bastien, et, la main appuyée sur la tête de Bernard, il alla se ranger à quelques pas derrière Mariette, qui, sortie de la messe la dernière avec dame Marie, regardait tout cela sans encore trop être au fait de ce qui s'était passé.

Bastien oublia de remercier Conscience ; seulement, impatient de reprendre sa revanche, il s'élança sur le dos du cheval. Mais on eût dit que le diable, qu'un quart d'heure auparavant l'animal semblait avoir au corps, avait été exorcisé par Conscience. Le cheval se soumit à son cavalier sans se permettre une courbette, sans risquer un écart.

Bastien ramena à monsieur Destournelles son cheval, parfaitement dompté.

Il va sans dire que Bastien se garda bien de raconter dans tous ses détails la manière dont il était arrivé à ce résultat, qui lui fit le plus grand honneur aux yeux de monsieur Destournelles.

Seulement, il ne se rendit jamais compte du procédé employé par Conscience pour dompter un cheval qui venait de le désarçonner, lui, Bastien ; et comme il était trop fier pour demander à Conscience son secret ; comme, le lui eût-il demandé, Conscience eût été bien embarrassé de le lui dire, le résultat, tout en demeurant patent, laissa la cause dans l'obscurité.

Un autre événement arriva encore qui, cette fois, au grand désespoir de Bastien, le fit l'obligé de Conscience.

Outre la danse, l'escrime et l'équitation, Bastien cultivait encore la chasse. Avant de partir pour l'armée, Bastien avait été un des plus fins braconniers qui existassent; depuis son retour, grâce à sa croix de la Légion d'honneur, symbole fort respectable à cette époque, il chassait à peu près où bon lui semblait par les territoires d'Haramont, de Longpré et de Largny.

Une difficulté s'était présentée d'abord : l'amputation qu'avait subie Bastien de l'index et du médium de la main droite lui rendait, au premier abord, l'exercice du fusil impossible ; mais au lieu de s'entêter à tirer à droite, Bastien apprit à tirer à gauche. Ce fut l'affaire d'un mois à manquer d'abord tout ce qui lui partait, puis les trois quarts, puis la moitié de ses coups; enfin, il arriva à tirer de même force à gauche qu'il tirait autrefois à droite, c'est-à-dire qu'il redevint un des bons tireurs du canton.

Une des chasses favorites de Bastien, parce que c'est d'ordinaire une des plus giboyeuses, était la chasse au marais.

Le marais où il chassait le plus volontiers, attendu qu'il n'y avait guère qu'un quart d'heure de chemin pour y venir d'Haramont ou de Longpré, était le marais de Wualue.

C'était là que demeurait un autre fameux chasseur, le malin meunier qui s'était permis à l'endroit de Catherine la plaisanterie de l'œuf d'oie non encore pondu.

Cette plaisanterie, Bastien la connaissait ; mais, au lieu de s'en fâcher, il en avait ri plus d'une fois avec celui qui l'avait faite, ce qui prouvait que ce n'était pas encore lui qui présenterait à la belle Catherine cette plume matrimoniale après laquelle elle semblait attendre avec tant d'impatience.

Le meunier et Bastien étaient donc les meilleurs amis du monde, et, le moment de la chasse venu, ils chassaient trois ou quatre fois par semaine, tantôt ensemble, tantôt séparés.

Un jour donc que Bastien chassait seul dans les roseaux d'un immense étang qui s'allonge du nord au sud dans la vallée, et qui est dominé par une chaussée sur laquelle est bâti le moulin, une bécassine lui partit, qu'avec son adresse habituelle il abattit après son troisième crochet.

La bécassine tomba, mais tomba dans l'étang.

On connaît la répugnance qu'a tout chasseur à laisser perdre son gibier. Cette répugnance était plus grande encore peut-être chez le vaniteux Bastien que chez un autre. Il résolut donc d'avoir sa bécassine, à quelque prix que ce fût.

Dans ce but, il posa son fusil à terre pour se faire un secours efficace de ses deux mains, et commença de s'avancer avec précaution sur le terrain tremblant qui borde les étangs.

Arrivé à l'extrémité la plus avancée, il était encore à huit ou dix pieds de sa bécassine.

Bastien, qui était si bon chasseur, si bon cavalier, si bon maître d'armes, Bastien avait un vide dans son éducation : Bastien ne savait pas nager.

Il n'y avait donc pas moyen que Bastien se mît à la nage, ce qu'il n'eût pas manqué de faire, n'eût-il été que nageur de troisième ordre, pour aller chercher sa bécassine.

Dans ce moment, Bastien eût bien certainement donné un de ses autres talens, au choix, pour être nageur.

Il n'en résolut pas moins d'avoir sa bécassine.

Heureusement l'étang de Wualue n'a pas de courant ; l'oiseau demeurait donc à la même place.

Bastien jeta les yeux autour de lui et avisa un saule ; il alla à ce saule, en cassa la plus longe branche, et revint à l'extrémité de son mouvant promontoire.

De là, en ajoutant la longueur de son bras à la longueur de la branche, il atteignit presque la bécassine.

Il l'atteignit même.

Seulement l'extrémité de la branche était si pliante qu'elle n'avait aucune puissance pour ramener l'oiseau à lui.

Il s'agissait, par un miracle d'équilibre, de gagner cinq ou six pouces en se penchant en avant.

Bastien se pencha, Bastien se courba, Bastien décrivit un demi-cercle.

Enfin, Bastien fit un si grand effort que la tête, comme on dit, emporta le corps, et que Bastien fit un plongeon.

Bastien comprit à l'instant même la conséquence de cette chute.

Il y avait dix à parier contre un qu'il était un homme noyé.

Aussi, quelque court que fût le moment qui lui était donné, il en profita pour jeter un cri de détresse que la situation dans laquelle il se trouvait rendit on ne peut plus lamentable.

Par bonheur, Conscience, revenant de Vauciennes, suivait la chaussée de l'étang, accompagné de son fidèle Bernard ; il entendit ce cri et se précipita vers le point de l'étang où il lui sembla qu'il avait été poussé.

Un chemin lui était frayé dans les joncs ; Conscience suivit ce chemin, et arriva sur l'extrémité du promontoire d'où Bastien, comme le dit plus tard le facétieux meunier, avait piqué une tête à la hussarde.

Il vit un grand bouillonnement dans l'eau troublée par la vase qui montait à sa surface.

Puis, au milieu de ce bouillonnement, des mains crispées qui sortaient de l'eau et saisissaient vainement l'air.

Il n'eut pas besoin d'en voir davantage ; il comprit qu'un homme se noyait, et sans savoir quel était cet homme, il fit un signe à Bernard, qui s'élança dans l'étang et disparut.

Cinq secondes après, il reparut tenant Bastien par le collet de sa veste, et nagea avec lui vers le bord de l'etang, où Conscience le reçut et le tira à lui aux trois quarts mort.

Alors tous deux seulement se reconnurent ; Conscience avec une satisfaction réelle d'avoir tiré Bastien d'un si grand danger, Bastien avec une légère honte d'avoir reçu de Conscience un si grand service.

Mais comme, au bout du compte, c'était un honnête garçon que Bastien, et que la crainte qu'il avait eue de perdre la vie lui avait donné la mesure du désir qu'il avait de la conserver, il commença par remercier Conscience du fond du cœur ; puis, comme Bernard, lui aussi, avait puissamment contribué à son salut, aimant mieux devoir quelque chose à un chien qu'à un homme, il s'arrangea de manière à ce que la plus grande gloire de l'événement revînt à Bernard.

Aussi toutes les fois que Bastien rencontrait Bernard, le caressait-il avec une affectation de reconnaissance qui n'était point sans une pointe d'ingratitude pour Conscience.

Mais Conscience ne remarqua point cette nuance, qui eût été douloureuse pour tout autre cœur moins chrétien, et toutes les fois que la conversation revenait sur ce sujet, fort désagréable à Bastien, Bastien disait du bout des dents avec une fausse gaieté.

— Oh ! ma foi ! oui, j'étais bien bas, et sans le pauvre Bernard, il est probable que je serais mangé à cette heure par les brochets du père Charpentier ; n'est-ce pas, Conscience ?

Conscience répondait simplement :

— Oh ! Bernard est un si bon chien !

Les jours, les mois, les années s'écoulaient au milieu de ces événemens, si simples qu'ils faisaient, à bien peu de chose près et à part les accidens que nous avons racontés, chaque lendemain le miroir de la veille.

On en était arrivé aux derniers jours du mois d'octobre 1813, et c'était vers le milieu d'un de ces jours-là que le père Cadet, revenant de visiter sa terre, avait retrouvé dame Marie, Mariette, le petit Pierre, Madeleine, Conscience et Bernard, groupés au seuil de la chaumière de droite, et avait emmené à sa suite dans la chaumière de gauche, et dans l'ordre que nous avons dit, la mère, l'enfant et le chien.

C'était le soir même que commençaient les veillées. En allant porter avec Mariette le lait de la ville, Conscience, le matin même, était revenu par cette partie de la forêt qu'on appelle la Châtaigneraie, et il avait recueilli un gros sac de châtaignes que Bernard avait ramené dans sa voiture.

Ces marrons, arrosés de quelques bouteilles de cidre doux, devaient faire les frais de la soirée et tenir lieu, dans ce raout de village, du souper et des rafraîchissemens que l'on s rt dans les raouts des villes.

La veillée avait lieu dans une immense cave où chaque jeune fille apportait son rouet et sa quenouille ; une lampe suspendue au plafond éclairait tous ces frais visages de sa tremblante lueur; on y voyait mal, c'est vrai, mais on n'a pas besoin d'être éclairé au gaz pour filer au rouet ou au fuseau, et à ce demi-jour le travail perdait peu et l'amour gagnait beaucoup.

Comme on le présume bien, du moment où les jeunes gens étaient admis à la veillée, Bastien, admis comme les autres, et même à l'exclusion des autres si besoin avait été, Bastien en faisait le principal ornement.

Bastien, pour les soirées du dimanche, inventait une foule de jeux qui, tous, malgré le mérite de l'imagination, n'avaient pas la chance d'être adoptés. Quelques-uns, soumis au conseil des mères ou même aux plus raisonnables des jeunes filles, paraissaient un peu trop hussards pour être reçus sans correction.

Mariette, comme toutes les jeunes filles du village, assistait à ces veillées ; c'eût été se faire remarquer, c'eût été paraître méprisante, comme on dit à Haramont, que de rester, à l'âge de Mariette, hors du cercle des jeunes filles de son âge.

Seulement il était rare que Mariette chantât des chansons, dansât des rondes ou jouât à ces petits jeux auxquels madame de Longueville ne prenait jamais part, sous le spécieux prétexte qu'elle n'aimait pas les jeux innocens.

Mariette restait donc d'ordinaire assise dans un petit coin, tenant dans ce petit coin le moins de place possible, et ayant en face d'elle, dans le coin opposé, Conscience, couché ou debout, avec Bernard à ses pieds, et regardant le charmant visage de la jeune fille, non seulement avec ses yeux, mais avec toutes les aspirations de son corps.

D'habitude on contestait la place, non pas à Conscience : si l'on eût voulu faire un affront à Conscience, tout le village, qui adorait le pauvre innocent, comme on l'appelait, se fût levé en masse pour tirer vengeance de cet affront ; mais on contestait la place à Bernard, qui, étant un simple quadrupède, ne prenant à ces chants à ces danses et à ces jeux qu'un intérêt secondaire, et tenant une place énorme, gênait beaucoup la société et ne l'aidait en rien.

Ce soir-là, il avait été fait une exception en sa faveur, attendu la part qu'il avait prise à l'agrément de la soirée en voiturant les châtaignes de Villers-Cotterets à Haramont.

La soirée, au reste, se présentait bien. Elle se présentait avec ces conditions d'égoïsme qui, selon Lucrèce, le poëte latin, doublent le bonheur.

Le temps était froid, sombre et tempétueux au dehors, et, bien abrités dans la cave chauffée d'une douce chaleur, les jeunes gens et les jeunes filles écoutaient siffler le vent dans les branches dont il enlevait les feuilles jaunies, qui tourbillonnaient dans l'air comme un vol funèbre d'oiseaux de nuit.

Tout le monde avait donc pris la place de l'année précédente. Celles des femmes qui, comme Mariette, il y en avait deux ou trois, comptaient rester simples spectatrices des jeux, avaient eu la précaution de se munir de leur rouet, et filaient.

C'était toujours par des chansons que commençaient ces sortes de soirées, chansons parfois un peu légères dans leur naïveté ; mais, on le sait, la pudeur des jeunes filles de village ne s'effarouche pas aussi facilement que la pudeur des demoiselles de la ville, et ce qui ferait rougir et se détourner les dernières n'excite d'habitude chez les premières qu'un franc et bon rire.

On tira au sort à qui chanterait la première chanson ; on savait que Mariette s'excusait toujours de prendre un rôle actif dans la soirée, de sorte qu'on excluait tout naturellement son nom du concours.

Tous les noms furent mis dans un chapeau. On apporta le chapeau devant Conscience, c'est à dire devant l'innocent, lequel allongea le bras et tira le nom de Catherine.

C'était un grand plaisir pour tout le monde quand Catherine chantait. Catherine, non-seulement savait les plus belles chansons, mais encore Catherine les chantait avec un esprit et une accentuation qu'elle avait, disait-on, prise aux spectacles de Paris, quand elle y accompagnait cette maîtresse qui, à ce qu'elle prétendait, avait été si bonne pour elle.

Aussi Catherine ne se fit-elle pas prier. Elle appela neuf de ses amies : les dix jeunes filles se prirent par la main ; chacune reçut le nom qui lui revenait dans la ronde ; on balança les bras en avant et en arrière ; on tourna doucement, et la voix légèrement métallique de Catherine commença la chanson suivante, dont nous regrettons de ne pas pouvoir donner l'air comme nous donnons les paroles :

Nous étions dix filles dans un pré,
Toutes les dix à marier :
Y avait Dine,
Y avait Chine,
Y avait Suzette et Martine,
Ah ! ah !
Catherinette et Catherina.
Y avait la jeune Lison,
La comtesse de Montbazon ;
Y avait Madeleine,
Y avait la Du Maine.

Le fils du roi vint à passer,
Nous a toutes saluées :
Salut à Dine,
Salut à Chine,
Salut à Suzette et Martine,
Ah ! ah !
Catherinette et Catherina.
Salut à la jeune Lison,
A la comtesse de Montbazon,
Salut à Madeleine,
Baiser à la Du Maine.

Nous a toutes salué,
Des bagues nous a donné :
Bague à Dine,

Bague à Chine,
Bague à Suzette et Martine,
Ah! ah!
Catherinette et Catherina.
Bague à la jeune Lison,
A la comtesse de Montbazon;
Bague à Madeleine,
Diamans à la Du Maine.

Des bagues il nous a donné,
Puis il invita nous à souper.
Pomme à Dine,
Pomme à Chine,
Pomme à Suzette, à Martine,
Ah! ah!
Catherinette et Catherina.
Pomme à la jeune Lison,
A la comtesse de Montbazon;
Pomme à Madeleine,
Orange à la Du Maine.

Il invita nous à souper,
Puis il nous emmena coucher.
Paille à Dine,
Paille à Chine,
Paille à Suzette, à Martine,
Ah! ah!
Catherinette et Catherina.
Paille à la jeune Lison,
A la comtesse de Montbazon;
Paille à Madeleine,
Bon lit à la Du Maine.

Il nous emmena coucher,
Enfin nous a renvoyé:
Renvoya Dine,
Renvoya Chine,
Renvoya Suzette et Martine,
Ah! ah!
Catherinette et Catherina.
Renvoya la jeune Lison,
La comtesse de Montbazon;
Renvoya Madeleine,
Garda la Du Maine.

La ronde de Catherine eut un grand succès auprès de tous les jeunes gens et de toutes les jeunes filles, mais il n'en fut pas de même auprès de Bernard, qui, comme s'il eût voulu protester contre la légèreté des deux derniers couplets, leva la tête, regarda avec inquiétude du côté de la porte, et fit entendre un long hurlement.

Il va sans dire que cette espèce de protestation fut fort mal reçue par la joyeuse société, qui imposa silence à Bernard, et qui, d'une voix unanime, demanda une seconde chanson.

On mit une seconde fois les noms de tous ceux qui composaient la veillée dans un chapeau où Conscience, qui paraissait plus préoccupé que les autres du hurlement de Bernard, plongea la main.

Cette fois il en tira le nom de Bastien.

Une chanson n'était pas chose à effrayer beaucoup Bastien; Bastien avait un répertoire tout entier; seulement son répertoire était tout spécial, et les jeunes filles les moins bégueules parurent s'inquiéter légèrement de la chanson qu'allait chanter le hussard.

— Ah! ah! fit celui-ci retroussant sa moustache, c'est donc à moi à vous dire une chanson.

— Oh! oui, dirent les jeunes filles, mais une belle, n'est-ce pas?

— Comment! une belle, dit Bastien, mais je n'en sais pas d'autres que des belles.

Un murmure d'incrédulité passa parmi les assistans.

Presque aussitôt, pour rassurer la société, Bastien entonna à voix haute la chanson suivante:

Les hussards en campagne,
Rintintin!
Les hussards en campagne,
Rintintin!
Un pied chaussé et l'autre nu,
Pauvre hussard! d'où reviens-tu?
Rintintin!

Mais à ce moment une opposition qui s'était manifestée dès les premiers vers éclata.

— Ah! monsieur Bastien, demandèrent les jeunes filles en joignant les mains, une autre, une autre!

— Comment! une autre!

— Oui, oui, une autre, s'il vous plaît.

— Pourquoi cela, une autre? demanda Bastien.

— Mais parce que nous connaissons celle-là, dirent les jeunes gens, tu nous l'as déjà chanté plus de dix fois.

Bastien se retourna vers les jeunes gens en fronçant le sourcil.

— Eh bien! mais, dit-il, quand je vous l'aurais déjà chantée dix fois, s'il me plaît de la chanter onze?

— Tu es libre, Bastien; mais nous sommes libres de nous en aller pour ne pas l'entendre.

Et deux ou trois firent un mouvement pour sortir.

Il paraît que Bernard était de l'avis de ceux qui protestaient, car il souleva la tête une seconde fois, poussa un second hurlement plus long et plus lugubre encore que le premier.

Quelque chose comme un frisson passa dans l'esprit de tout le monde.

— Mon Dieu! dit Mariette, y a-t-il donc quelqu'un qui se meurt dans les environs?...

— Feras-tu un peu taire ton chien? s'écria Bastien.

— Je puis bien dire à Bernard « Va chercher Bastien », quand Bastien se noie, dit Conscience, mais je ne puis pas dire « Tais-toi, Bernard », quand Bernard veut parler.

— Ah! tu ne peux pas le faire taire, dit Bastien; eh bien! c'est moi qui m'en chargerai, s'il hurle une troisième fois.

— Bastien, dit Conscience avec sa voix persuasive, ne vous frottez jamais à Bernard, je vous le conseille.

— Et pourquoi cela? demanda Bastien.

— Parce que Bernard vous en veut.

— Bernard m'en veut? Ah! ah! et à quel propos?

Conscience tourna ses grands yeux bleus et si limpides vers Bastien.

— A propos de ce que vous ne m'aimez pas, Bastien; et Bernard, qui m'aime, n'aime pas ceux qui me haïssent.

Tout le monde resta muet, même Bastien, à cette mélancolique réponse.

— Ah! c' te bêtise! murmura Bastien; je ne te *haïs* pas, moi, au contraire.

Et il tendit la main à Conscience.

Conscience lui donna la main en souriant.

Bernard leva la tête, allongea la langue, et lécha les deux mains réunies de Conscience et de Bastien.

— Tu vois bien qu'il ne me *haït* pas, continua Bastien, qui tenait à prononcer le mot haïr à sa manière.

— Parce que tu as du bon au fond, dit Conscience, et que parfois tu te dis que ce mauvais sentiment que tu as pour moi est injuste.

L'opinion émise par Conscience était si exactement l'expression de ce qui se passait dans le cœur de Bastien, que celui-ci, ne trouvant pas un mot à répondre, changea le sujet de la conversation.

— Eh bien! fit-il, vous demandez donc une autre chanson?

— Oui, oui, dirent toutes les voix.

— Eh bien! on va vous en dire une, une ronde bressanne, et avec l'accent encore; mais il faut m'habiller pour cela.

— Comment! t'habiller? dirent les garçons.

— Oui... et que ces demoiselles m'habillent en vieille

mère... et de leurs blanches mains; ou sinon... bonsoir, je ne chante pas.

— Et qu'à cela ne tienne! dirent les jeunes filles; que vous faut-il, Bastien?

— Oh! il suffira d'un bavolet, d'un fichu et d'un tablier; on y ajoutera un rouet et une quenouille; peut-être bien que j'emmêlerai un petit peu le fil; mais tant pis... on ne fait pas d'omelette sans casser des œufs, comme on dit au rrrégiment.

Puis il ajouta, selon son habitude déjà accusée par nous :

— Oh! nom d'un nom! le rrrégiment, c'était le plaisir!

Comme tous les objets que demandait Bastien n'étaient pas difficiles à se procurer, il fut bientôt transformé en vieille fileuse, et nous devons dire, pour rendre hommage à la vérité, que lorsque Bastien, en moustaches et en cadenettes, coiffé d'un bonnet de vieille, avec un fichu modestement épinglé sur sa poitrine, avec des lunettes lui pinçant le nez, s'assit au milieu de la cave, passant la quenouille à sa ceinture, et mettant le rouet en mouvement avec son pied gauche, tandis que, de sa main droite il tirait et mouillait le fil, nous devons dire que le triomphe qu'il ambitionnait fut complet, et que chacun, même Mariette, battit des mains et éclata de rire.

Il n'y avait que Bernard qui paraissait inquiet.

Mais cette inquiétude préoccupa le seul Conscience, qui commençait à comprendre que Bernard n'était point ainsi inquiet pour rien; et, sans s'en préoccuper, sans savoir même qu'il existât, Bastien, avec un accent nasal des plus prononcés, commença cette chanson avec accompagnement du rouet :

Ah! qu'y fait donc bon,
Qu'y fait donc bon
Garder les vaches
Au pasquier des bœufs
Quand on est deux, quand on est deux!
Quand on est quatre, on s'embarrasse;
Quand on est deux, quand on est deux,
Ça va bien mieux.
Zon, zon, zon.

Il va sans dire que cette même syllabe répétée trois fois avait pour but de traduire le bruit du rouet. Malheureusement, nous ne pouvons sur le papier conserver l'accent et rendre la grimace de Bastien, sans quoi, nous ne doutons pas que nous n'arrivassions à produire sur nos lecteurs la même impression que Bastien produisit sur la société, c'est-à-dire un effet de fou rire.

Encouragé par ce début, Bastien reprit :

Holà! sais-tu pas, petite bergère,
Ton p'tit molet rond
Passe sous ton jupon.
T'as beau jusqu'au menton relever ta gorgère,
T'as quinze ans passés,
Ça se connaît assez.
Zon, zon, zon.

Petite Isabeau, si tu voulais m'entendre.
Sans t'y offenser,
Je voudrais t'embrasser.
Oh! si tu savais comme je suis tendre,
Tu goût'rais, en ce jour,
Le plaisir des amours.
Zon, zon, zon.

La belle Isabeau, charmée de l'entendre.
Quitta ses sabots
Pour danser sous l'ormiau.
La belle Isabeau, charmée de l'entendre,
Oublia sa rigueur,
Et lui donna son cœur.
Zon, zon, zon.

Ah! qu'y fait donc bon!
Qu'y fait donc bon
Garder les vaches
Au pasquier des bœufs
Quand on est deux, quand on est deux!
Quand on est quatre, on s'embarrasse;
Quand on est deux, quand on est deux,
Ça va bien mieux.
Zon, zon, zon.

Bastien achevait à peine son refrain, au milieu des applaudissemens des jeunes filles, que Bernard, comme s'il n'eût attendu que ce moment pour continuer la chanson de Bastien, reprit la dernière phrase musicale où le hussard l'avait laissée, puis montant graduellement des notes basses aux notes les plus élevées, remplit toute la veillée du plus funèbre hurlement que des oreilles humaines aient jamais entendu.

Cette fois, Bastien lui-même n'eut pas le courage de menacer Bernard.

A ce hurlement succéda donc un silence plus sombre encore. Mais tout à coup, au milieu de ce silence. Conscience se leva et prononça ces deux paroles terribles :

— Le feu!

En même temps on entendit le tocsin, qui commençait à sonner à toute volée dans l'église du village.

Et au dehors, poussé par toute la population effarée, le cri *Au feu!*

Le plus terrible cri qui puisse être poussé par la terreur humaine est bien certainement le cri *Au feu!* surtout quand ce cri, accompagné du tocsin, est jeté dans une nuit sombre et tempétueuse.

Aussi, à ce cri, jeunes gens et jeunes filles se précipitèrent hors de la cave et se répandirent dans la rue, suivant le torrent qui roulait dans la direction du nord-ouest.

Au-dessus des maisons du village, on voyait une grande lueur se répandre au ciel, augmentant d'instant en instant, et se constellant d'étincelles que le vent roulait au milieu de sombres tourbillons de fumée.

A peine les jeunes gens et les jeunes filles de la veillée furent-ils arrivés aux dernières maisons du village, que, n'ayant plus d'obstacles devant eux, ils mesurèrent le sinistre dans toute son étendue.

La ferme de Longpré était en flammes!

Mariette aperçut le père Cadet, qui, les bras croisés, monté sur une pierre, regardait l'incendie, n'y portant pas secours, sans doute dans la certitude où il était que le faible secours que pouvait apporter un pauvre vieillard en pareille circonstance était un secours inutile.

— Oh! mon Dieu! père Cadet, s'écria Mariette, qu'y a-t-il donc?

— Tu le vois bien, petite fille, dit le vieillard.

— Mais enfin?

— Il y a que, quoique je lui en aie dit, cette entêtée de Julienne a rentré son foin mouillé, et que probablement le feu aura pris tout seul.

— Oh! pauvre Julienne! pauvre Julienne! s'écria Mariette.

Julienne, c'était cette fermière qui donnait tous les jours à Mariette huit mesures de lait à porter à Villers-Cotterets.

Puis, comme stupéfaits, les paysans s'étaient arrêtés, et, comme pétrifiés, regardaient cet incendie.

— Oh! vous qui êtes des hommes, s'écria la jeune fille en se retournant vers Bastien, vers Conscience et vers les autres jeunes gens, au secours! au secours!

Cet appel de Mariette fut électrique; moins le père Cadet et deux ou trois autres vieillards qui restèrent immobiles à l'entrée du village, chacun se précipita vers le théâtre de l'incendie.

En général, le feu est un des accidens vers lesquels on a le moins besoin d'exciter la pitié publique. On dirait qu'en voyant les terribles effets du feu, chacun craint le feu pour soi-même, et, par un sentiment d'égoïsme, se prête à l'éteindre, même au risque de quelque danger.

La petite ferme incendiée était de l'autre côté du ravin, à cinq cents pas à peine si l'on eût pu y arriver en droite ligne, mais il fallait descendre la montagne et la remonter, ce qui doublait la distance.

Au fur et à mesure que l'on approchait, on distinguait, à la lueur des flammes, ceux qui, les premiers arrivés, couraient effarés autour de ce volcan, ou qui essayaient de porter d'inutiles secours.

Comme l'avait dit le père Cadet, c'étaient effectivement les granges qui brûlaient; mais, des granges, le feu avait rapidement gagné le corps du bâtiment.

Quelques minutes suffirent à Mariette, à Bastien et à Conscience pour arriver à la ferme.

Ils étaient immédiatement suivis de tous ceux qui avaient quitté la veillée avec eux.

Les premiers arrivés avaient été obligés d'enfoncer la porte. Julienne avait sans doute été passer la soirée dans les environs. Les garçons de charrue étaient au cabaret; la fille de ferme était probablement à ses amours.

En entrant dans la cour, on avait entendu les mugissemens des bestiaux. Chacun sait l'étrange effet produit par le feu sur les animaux domestiques; d'habitude, rien ne peut les faire sortir de l'endroit où ils sont; les chevaux restent à l'écurie, les bœufs à l'étable, les moutons à la bergerie, jusqu'à ce que la mort vienne les y prendre.

De vains efforts avaient été faits déjà pour sauver chevaux, vaches et moutons; ils avaient résisté avec leur entêtement ordinaire, et la pauvre Julienne risquait, non-seulement de voir sa ferme brûlée, mais encore de perdre dans cet incendie tout le bétail, ce qui était sa véritable ruine.

Mais alors se manifesta cette étrange puissance que Conscience avait sur les animaux. D'abord, il entra dans l'écurie, parla aux chevaux tout frissonnans; dans leur terreur, ils avaient brisé leur licou, et s'étaient réunis comme en un groupe dont les têtes formaient le centre, accueillant par des ruades quiconque essayait de s'approcher d'eux. Mais, à la voix de Conscience, ils levèrent la tête et hennirent. Le jeune homme s'avança, au milieu d'une fumée sillonnée par les flammèches de pailles qui tombaient à travers les claires-voies du plancher, monta sur l'un des chevaux, le dirigea sans difficulté vers la porte, et sortit dans la cour suivi de tous les autres; puis, comme ils couraient effarés, il les siffla avec une modulation particulière, et tous vinrent dans un coin se ranger autour de celui qu'avait monté Conscience.

Puis, de peur qu'ils ne s'effarouchassent de nouveau, il ordonna à Bernard de les garder, soin dont Bernard s'acquitta à l'instant même.

Alors il entra dans l'étable aux vaches, comme il était entré dans l'écurie aux chevaux. Deux ou trois hommes qui avaient tenté d'y pénétrer devant lui avaient été renversés, foulés aux pieds, et avaient renoncé à toute tentative sur ces animaux furieux. Mais Conscience marcha droit au taureau, qui faisait, en mugissant, voler la paille de la litière; il le prit par ses naseaux tout fumans, et le tira à lui, soumis et obéissant. Du moment où elles virent le taureau marcher devant elles, les vaches le suivirent, et, au bout d'un instant, vaches et taureau, mis à la garde de Bernard, comme les chevaux, pliaient sur leurs jambes frémissantes et se couchaient sur le fumier humide, à l'abri de l'incendie.

Restaient les moutons. Conscience n'eut pas même besoin d'entrer dans l'étable, qui, du reste, était déjà presque en flammes; de la porte il les appela à la manière des bergers, et à sa voix ils se précipitèrent comme une avalanche, avec des bonds et des bêlemens qui témoignaient à la fois de la terreur qu'ils avaient ressentie et de la joie qu'ils éprouvaient d'être sauvés.

Les paysans avaient regardé Conscience accomplir cette triple opération, jugée impossible, avec un étonnement mêlé d'une espèce de vénération. Bastien surtout, qui avait failli être foulé aux pieds par les chevaux et éventré par les bœufs, Bastien était tenté de regarder Conscience comme un de ces sorciers de village à qui l'on attribue une foule de miracles plus extraordinaires les uns que les autres. Seulement ces miracles qu'on leur attribue, nul ne les leur voit jamais faire, tandis que Conscience, aux yeux de tous, avec sa simplicité ordinaire, venait d'accomplir trois choses réputées impossibles.

Les paysans se groupaient donc autour de lui, comme si de ce jeune homme si simple devait leur venir quelque inspiration sublime devant laquelle le feu reculât ou s'éteignît, quand tout à coup des cris terribles retentirent au loin, d'abord dans la direction de la tour de Vez, mais se rapprochant de seconde en seconde; c'étaient des cris de femme déchirans, désordonnés, qui n'avaient rien d'humain, et au milieu desquels on distinguait seulement ces mots qui expliquaient tout :

— Mon enfant! mon enfant! sauvez mon enfant!

C'était Julienne qui accourait haletante, les cheveux épars, les bras tendus. Son enfant, — un enfant de trois ans à peine, — avait été laissé par elle aux soins de la fille de ferme, qui l'avait enfermé dans la chambre, et avait été passer sa soirée au village de Bonneuil, sachant que Julienne était chez son père, fermier à Vez, et devait y passer la nuit.

Mais, de Vez, Julienne avait vu l'incendie; elle avait reconnu que c'était sa ferme qui brûlait; elle était accourue, et, sur le chemin, elle avait rencontré une femme courant comme elle.

Cette femme, c'était la malheureuse fille de ferme, qui, comprenant les suites que pouvait avoir son imprudence, se hâtait de son côté, espérant arriver à temps pour sauver l'enfant.

En l'apercevant, en la voyant seule, la pauvre mère avait tout compris, et alors, la laissant bien loin derrière, avec la force, le courage, la fureur d'une mère, elle avait repris sa course insensée.

A ces cris : « Mon enfant! mon enfant! sauvez mon enfant! » tout le monde frissonna.

On s'était occupé de sauver chevaux, vaches, moutons, et on avait laissé le feu s'emparer de la maison que l'on croyait vide. On avait sauvé la fortune de Julienne, et l'on avait laissé le feu dévorer sa vie.

Tout le monde s'écarta devant cette femme, qui vint d'un tel élan frapper la porte de la cuisine que cette porte s'enfonça. Mais, à l'instant même, l'air pénétra dans l'intérieur, le feu sembla jaillir de tous côtés.

On ne pouvait parvenir au premier, c'est-à-dire à la chambre où était l'enfant, que par un escalier de bois.

L'escalier était en feu.

Julienne se jeta tout au travers des flammes, mais on se précipita derrière elle, on l'arrêta, on la força de revenir à reculons jusque dans la cour.

Là, ses cris redoublèrent. Les bras tendus vers les fenêtres éclairées par les flammes, et dont les vitres pétillaient en éclatant devant la chaleur, elle n'avait qu'un cri, cri terrible, gémissement de mère, cri de lionne.

— Mon enfant! mon enfant! mon enfant!

Mariette regarda autour d'elle et vit tous ces hommes consternés.

Elle chercha Conscience : Conscience avait disparu.

— Oh! Bastien, Bastien! dit-elle, ne voyez-vous pas cette pauvre mère?

— Oh! monsieur Bastien, s'écria Julienne, vous, un soldat; vous qui n'avez peur de rien...

— Mordieu! s'écria Bastien, c'est comme si vous me disiez : « Bastien, jette-toi du haut en bas du clocher d'Haramont; » j'aurais autant de chance d'en revenir; mais n'importe, j'essayerai.

Et il s'élança dans l'intérieur, accompagné des cris de : « Courage, Bastien, courage! »

Ces cris s'élançaient de toutes les bouches ou plutôt jaillissaient de tous les cœurs.

Mais, malgré cet encouragement, Bastien parvint jusqu'à

la moitié de l'escalier à peine, et reparut bientôt, marchant à reculons et ayant l'air de repousser les flammes avec ses mains.

Il avait les cheveux et les moustaches brûlés.

— Oh! Bastien, Bastien, mon sauveur! s'écria Julienne, Bastien! encore un effort!

Bastien s'élança une seconde fois et disparut dans la fumée, mais sous ses pieds s'écroula l'escalier enflammé, et il retomba au milieu des débris.

Il n'y avait plus même l'espoir de parvenir jusqu'à la chambre de l'enfant, puisque l'escalier venait de s'abîmer.

Mais l'espoir, perdu pour tous, n'est jamais perdu pour une mère.

— Par la fenêtre! cria Julienne, par la fenêtre!... il y a ici une échelle... il doit y avoir là une échelle. O mon Dieu! mon Dieu! si j'avais cette échelle, j'irais chercher mon enfant moi-même.

— Mille tonnerres! cria Bastien furieux, l'échelle, l'échelle! et je jure que personne autre que moi n'ira chercher l'enfant!

Mais on cherchait vainement l'échelle, et la pauvre mère tordait ses bras avec des hurlemens de désespoir.

En ce moment une voix douce se fit entendre au-dessus de toutes ces têtes, comme si cette voix venait du ciel.

— Place! place! disait-elle, voici l'enfant!

On leva les yeux et on aperçut, au milieu de la flamme et de la fumée, Conscience qui, tenant l'enfant entre ses bras, s'approchait de la fenêtre.

C'était lui qui avait pris l'échelle, qui avait tourné par le jardin, et qui, entré par une fenêtre, était parvenu jusqu'au berceau de l'enfant à moitié asphyxié.

Puis il avait voulu reprendre le chemin par lequel il était venu, mais la chute de l'escalier avait fait jaillir les flammes, et le chemin par lequel il pouvait rejoindre son échelle était coupé.

Voilà pourquoi il apparaissait à la fenêtre de la cour, l'enfant dans ses bras.

— Un drap, une couverture où jeter l'enfant! cria Conscience.

Deux ou trois personnes se précipitèrent dans la maison; quant à la pauvre mère, elle était immobile, les bras tendus vers son enfant, poussant des sons inarticulés.

Ceux qui étaient entrés dans la maison revinrent avec une couverture qu'ils étendirent sous la fenêtre, en la tenant fermement par les quatre coins.

Il était temps : comme furieuse de se voir enlever sa proie, la flamme apparaissait de tous côtés, enveloppant Conscience de son cercle de fumée et de feu.

Aussi, dès que la couverture fut à sa portée, laissa-t-il tomber l'enfant, qui fut reçu sans accident aucun.

La mère se précipita sur lui, le prit entre ses bras et l'emporta comme une folle à travers champs.

A trois cents pas de la ferme, elle tomba avec lui au pied d'une meule.

Que lui importaient ses moissons dévorées, que lui importait sa maison croulante? N'avait-elle pas sauvé de ce désastre la seule chose qui fasse la vie d'une mère, son enfant?

Dans sa sublime ingratitude, elle avait oublié jusqu'à Conscience.

La fenêtre était élevée d'une vingtaine de pieds.

Après avoir jeté l'enfant, Conscience leva son doux regard au ciel, croisa les bras sur sa poitrine, murmura quelques paroles et s'élança.

Mais quoiqu'il tombât sur ses pieds, la violence du contre-coup fut telle qu'il chancela, poussa un soupir et tomba évanoui.

Lorsque Conscience revint à lui, il était couché dans la cour sur des bottes de paille fraîche; Mariette d'un côté, à genoux devant lui et tout éplorée, lui serrait la main gauche.

Bernard, avec un long hurlement, lui léchait la main droite, et, de temps en temps, venait lui souffler au visage pour s'assurer qu'il n'était pas mort.

Par bonheur, les deux mères, dame Marie et Madeleine, n'avaient rien su de tout cela.

En rouvrant les yeux, Conscience rencontra donc les yeux de Mariette.

Il sourit, et fit un mouvement pour rapprocher son visage du sien.

Mariette oublia tout dans sa joie : elle jeta un cri et colla ses lèvres aux lèvres du jeune homme.

Excepté dans leurs caresses enfantines, c'était la première fois que leurs deux visages s'étaient touchés.

Les deux chastes enfans s'aperçurent alors d'une chose dont ils ne se doutaient pas eux-mêmes : c'est qu'ils venaient de cesser de s'aimer comme frère et sœur, et qu'ils commençaient à s'aimer comme amant et maîtresse.

Ils se levèrent doucement, se tenant par la main, et, suivis par Bernard, reprirent silencieusement le chemin des deux chaumières.

Aux deux tiers du chemin, ils rencontrèrent leurs deux mères qui venaient au-devant d'eux.

Déjà elles avaient appris les services rendus par Conscience à la pauvre Julienne; les deux mères, comme celle-ci, ne pensèrent pas un instant aux chevaux, aux vaches, aux moutons, mais elles s'écrièrent :

— Oh! mon fils, tu as donc sauvé son enfant.

Conscience sourit et ne répondit rien, mais Mariette raconta ce qu'avait fait Conscience pendant cette nuit terrible, et ce récit, échappé de son cœur, baigné des larmes de l'amour, entra dans tous les détails, et montra Conscience ce qu'il avait été réellement, c'est-à-dire un intermédiaire entre la Providence et le malheur.

Les deux mères, tout étonnées, écoutaient ce récit de Mariette; elles n'avaient jamais vu Mariette si pleine d'exaltation; elles n'avaient jamais vu Conscience si plein de sérénité.

Enfin, sans qu'on eût besoin de leur rien dire, elles comprirent que le vœu de leur cœur était exaucé. Dame Marie poussa Mariette dans les bras de Madeleine, Madeleine poussa Conscience dans les bras de Marie.

Et alors de la bouche des deux enfans s'échappèrent ces mots doucement murmurés :

— Dame Marie, j'aime Mariette.

— Dame Madeleine, j'aime Conscience.

— Eh bien! dirent les deux mères en soupirant de joie, il n'y a pas de mal à cela, mes enfans, on en parlera au père Cadet.

Le père Cadet, comme on le comprend bien, c'était le grand arbitre de la destinée des deux chaumières.

Dès le lendemain, en effet, des ouvertures furent faites au père Cadet par Madeleine.

Le père Cadet écouta gravement, puis quand Madeleine lui eut dit tout ce qu'elle avait à lui dire :

— Hum! fit-il, faudra voir.

Or, comme c'était la réponse ordinaire du père Cadet quand il était disposé à céder, les deux familles regardèrent cette réponse comme un consentement, et la joie, cette bénédiction du ciel, descendit sur les deux familles.

Hélas!

IX

CE QUI SE PASSAIT EN EUROPE, DE L'ANNÉE 1810 A L'ANNÉE 1814.

Au moment même où les yeux de Conscience se rouvraient pour rencontrer les yeux de Mariette fixés sur les siens, au moment même où les chastes lèvres des deux enfans se réunissaient dans un premier baiser, c'est-à-dire vers la dixième heure de la soirée du 9 novembre 1813, la grille du milieu des Tuileries s'ouvrait avec fracas devant trois voitures de poste, dont l'une attelée de six chevaux; les trois voitures traversèrent la cour au galop, et s'arrêtèrent, la première sous la voûte, les deux autres extérieurement.

Des valets de pied, vêtus d'une livrée vert et or, s'élancèrent à la portière qui s'ouvrit, le marchepied s'abaissa, un homme vêtu d'une redingote grise recouvrant un uniforme vert, une culotte blanche et des bottes à l'écuyère, coiffé d'un petit chapeau dont la forme est restée un type, s'élança rapide, leva la tête vers l'escalier, aperçut sur le premier degré une femme blonde, mince, vêtue d'une robe de velours rouge et tenant dans ses bras un enfant rose et blond, gravit rapidement les escaliers, et, au milieu d'une foule de courtisans auxquels il n'adressa pas même un regard, enveloppant de ses bras la femme et l'enfant, les entraîna dans un boudoir tout tendu de cachemire vert et dont il referma la porte derrière lui en disant avec un soupir :

— Ah! ma foi! il sera temps d'être empereur demain. Ce soir, soyons mari, soyons père, soyons homme. Ah! ma bonne Louise! ah! mon pauvre enfant, nous voilà donc encore réunis.

Cinq minutes après, le grand chambellan se présentait dans le grand salon et disait :

— Messieurs, Sa Majesté l'empereur vous remercie de votre zèle, mais il est fatigué ce soir et ne recevra que demain.

Et tous ces hommes chamarrés d'or s'inclinèrent et sortirent silencieusement, respectant la fatigue du maître.

Car cet homme devant qui la grille des Tuileries venait de s'ouvrir, cet homme qui voulait être homme, mari et père une nuit avant de redevenir empereur, c'était l'empereur Napoléon.

Hélas! depuis trois ans il s'était fait de grands changemens dans sa fortune.

Si jamais créature humaine avait reçu du ciel une mission providentielle, ce fut bien le vainqueur de Marengo et le vaincu de Leipzig.

Jusqu'en 1810, c'est-à-dire tant qu'il avait représenté les intérêts populaires de la France, tout avait réussi à cet homme.

En 1810 il répudie Joséphine et épouse Marie-Louise, c'est-à-dire qu'il rompt avec la France, et essaye de pactiser avec l'étranger.

Alors tout commence à réagir contre lui.

Il est vrai que rien ne lui résiste encore.

Le Portugal a communiqué avec les Anglais, et il a envahi le Portugal.

Godoï a manifesté des sentimens hostiles par un armement, et il a forcé Charles IV d'abdiquer.

Pie VII a fait de Rome le rendez-vous général des agens de l'Angleterre, il a traité Pie VII comme un souverain temporel et l'a déposé.

La nature a refusé des enfans à Joséphine, il a oublié la compagne de ses premières années, l'ange de ses premières gloires, et il a répudié Joséphine.

La Hollande, malgré ses promesses, est devenue un entrepôt de marchandises anglaises, et il a dépossédé son frère Louis de son royaume, et a réuni la Hollande à la France.

Alors il s'est trouvé, non pas à l'apogée de sa force, car déjà une partie de sa force est épuisée, mais à l'apogée de sa puissance.

Alors l'empire français, ressuscitant le monde romain d'Auguste ou l'empire franc de Charlemagne, a compté jusqu'à cent trente départemens.

Alors il s'est étendu de l'Océan breton aux mers de la Grèce, du Tage jusqu'à l'Elbe.

Alors cent vingt millions d'hommes obéissant à une même volonté, soumis à un pouvoir unique, conduits dans une même vue, ont crié : *vive Napoléon!* en huit langues différentes.

Enfin, le 20 mars 1811, cent-un coups de canon ont annoncé à ses sujets qu'un héritier venait d'être donné au maître du monde.

C'est la dernière faveur de la fortune qui veut l'aveugler.

Ainsi dans sa pitié la justice couvre d'un bandeau les yeux de l'homme qu'elle conduit à la mort.

« Sire, il y a des limites aux prospérités humaines, vous avez été vous heurter, au Midi, à ces sables ardens qui font un océan innavigable, et vous avez été obligé de revenir sur vos pas. Sire, vous allez maintenant vous heurter au Nord, à ces glaces polaires qui vous repousseront plus mutilé que ne l'ont fait les sables du Midi. »

N'importe! la Providence le pousse, il ira en avant.

D'ailleurs cet homme, qui a fait la guerre à l'Europe tout entière, n'a-t-il pas maintenant, moins la Russie à laquelle il va faire la guerre, l'Europe tout entière pour lui?

L'Autriche, qu'il a battue à Austerlitz, ne lui fournit-elle pas trente mille hommes?

La Prusse, qu'il a battue à Iéna, ne lui en fournit-elle pas vingt mille?

La confédération du Rhin, dont il s'est fait le protecteur, ne lui en fournit-elle pas quatre-vingt mille?

L'Italie, dont il s'est fait roi, ne lui en fournit-elle pas vingt-cinq mille?

Enfin le sénatus-consulte n'a-t-il pas divisé la garde nationale en trois bans pour le service de l'intérieur, et outre l'armée gigantesque qui s'achemine vers le Niémen, n'a-t-il pas mis à sa disposition cent cohortes de mille hommes chacune?

Aussi le 22 mars 1812 éclate cette proclamation adressée à six cent mille hommes, c'est-à-dire à la plus magnifique armée qui ait jamais, même du temps d'Attila, marché sous les ordres d'un seul chef :

« Soldats,

» La Russie a juré éternelle alliance à la France et guerre à l'Angleterre : elle viole aujourd'hui ses sermens, et ne veut donner aucune explication de son étrange conduite que les aigles françaises n'aient repassé le Rhin, laissant par là nos alliés à sa discrétion. Nous croit-elle donc dégénérés? Ne serions-nous plus les soldats d'Austerlitz? Elle nous place entre le déshonneur et la guerre; le choix ne saurait être douteux : marchons en avant, passons le Niémen, portons la guerre sur le territoire de la Russie; elle sera glorieuse aux armées françaises, et la paix que nous conclurons mettra un terme à la funeste influence que le cabinet moscovite exerce depuis cinquante ans sur les affaires de l'Europe. »

Et cependant, en arrivant sur les bords de ce fleuve, où trois ans auparavant Alexandre lui avait juré une amitié éternelle, où il avait rêvé avec lui la conquête de l'Inde et l'anéantissement de la puissance anglaise, il s'arrêta pensif et immobile.

Puis, passant la main sur son front :

— La fatalité entraîne les Russes, murmura-t-il : que les destins s'accomplissent!

C'étaient ses destins à lui qui allaient s'accomplir; c'était lui qui, sans s'en apercevoir, était entraîné par la main toute puissante, non pas de la fatalité, mais de la Providence.

Il fallut trois jours à cette armée pour traverser le Niémen. Mais bientôt il commença de lire dans le plan de campagne russe comme dans un livre ouvert; ce n'étaient point les trois mots de flamme écrits dans une langue inconnue sur les murs du festin, c'était la menace ouverte de l'avenir.

Les Russes se retiraient devant lui et ruinaient tout en se retirant, moissons, châteaux, chaumières. Six cent mille hommes s'avançaient dans ces mêmes déserts qui, cent ans auparavant, n'avaient pu nourrir Charles XII et ses vingt mille Suédois; du Niémen à Witepsk, on marche à la lueur d'un perpétuel incendie; on ne rencontre ni soldats, ni généraux, ni armée. Terrible guerre, où l'on cherche vainement des hommes devant soi, et où l'on ne trouve que le génie de la destruction.

Aussi, arrivé à Witepsk, ne comprenant rien à cette guerre, où il ne frappe que le vide, se jette-t-il, écrasé, dans un fauteuil, et, faisant venir le comte Daru :

— Je reste ici, dit-il; je veux m'y reconnaître, y rallier, y reposer mon armée et organiser la Pologne. La campagne de 1812 est finie, celle de 1813 fera le reste. Pour vous, monsieur, songez à nous faire vivre ici, car nous ne ferons pas la folie de Charles XII.

Puis se retournant vers Murat :

— Plantons nos aigles ici, lui dit-il; 1313 nous verra à Moscou, 1814 à Saint-Pétersbourg; la guerre de Russie est une guerre de trois ans.

C'est son ancien génie, le génie des premiers jours, le génie d'Arcole, des Pyramides et de Marengo, qui lui souffle ces conseils. Mais il oublie que, pareil au Juif-Errant, il est marqué du sceau fatal, et qu'à l'encontre de la voix de ce bon génie, une voix providentielle qui a besoin de sa chute pour faire de cette chute la liberté du monde, lui crie incessamment : « Marche! marche! marche! »

En effet, pour le faire manquer à cette résolution qui l'inquiète, Alexandre n'a qu'à lui montrer les soldats qu'il lui a cachés jusqu'à présent. Comme un joueur endormi qui se réveille au premier bruit de l'or, au premier bruit de la fusillade Napoléon s'éveille, s'élance à la poursuite de ces soldats de l'existence desquels il commençait à douter.

Le 14 août, il les joint et les bat à Kranoë; le 18 il les chasse de Smolensk, qu'il laisse en flammes; le 30 il s'empare de Viazma, dont il trouve les magasins détruits. Enfin, comme il pourrait encore revenir en arrière, comme cette magnifique armée pourrait échapper à cette destruction que Moscou lui prépare, on lui fait savoir, ainsi que dans un cartel, que l'armée russe, commandée par le vainqueur des Turcs, l'attendra à Borodino, sur les rives de la Kolocza.

Le cartel est accepté, et le 6 septembre, à trois heures du matin, les deux armées sont en présence.

Mais Dieu commence à retirer sa main de lui. Vainement, comme un doux et charmant présage, le portrait de son fils, peint par Gérard, lui est-il apporté par monsieur de Beausset avec des lettres de Marie-Louise. Après l'avoir exposé un instant devant sa tente à l'adoration de ces rois et de ces princes, de ces ducs, de ces maréchaux qui servent sous ses ordres, il est pris d'une de ces mélancolies sombres comme en ont eu César et Charlemagne, et faisant un signe de la main :

— Rentrez dans ma tente le portrait de cet enfant, dit-il; c'est lui montrer trop tôt un champ de bataille.

Et il a raison, car nul champ de bataille ne sera plus sanglant, nulle victoire ne sera plus indécise, nul *Te Deum* n'aura été acheté si cher.

Onze généraux demeureront couchés sur cette terre inculte, dure à l'épée comme à la charrue.

A partir de ce moment il est perdu! Pareil à ce vaisseau qui navigue dans les mers polaires, déjà les glaçons qui doivent l'envelopper flottent autour de lui.

Alors il entre à Moscou. Cette capitale qu'il ne devait occuper que l'année suivante, il l'escompte et s'en empare dès la première année.

Mais Moscou n'est pas une capitale comme toutes les autres; pour avoir conquis Moscou on n'a pas conquis la Russie.

Dès le soir de son entrée dans Moscou, Moscou s'est révélé à lui par ses incendies.

Alors, c'est là que le doute le saisit, que l'hésitation le prend, doute terrible, hésitation fatale, qu'il n'a pas connus au 18 brumaire, et qu'il connaîtra en 1814 à Fontainebleau, en 1815 à l'Elysée! Alors, au lieu de prendre un parti, au lieu de marcher sur Pétersbourg ou de revenir sur Paris, au lieu d'établir ses quartiers d'hiver au cœur de la Russie, comme César faisait au sein de la Gaule, il s'amuse à négocier avec Alexandre, qui le tient un mois en suspens à Moscou; mois précieux, temps perdu, perte irréparable, heures suprêmes écoulées entre l'incendie et les glaces!

Enfin, le 22 octobre, Napoléon est sorti de Moscou; c'est le premier pas qu'il a fait en arrière.

Maintenant il ira à reculons jusqu'à Waterloo.

Le 23, le Kremlin saute.

Pendant onze jours encore la retraite s'opère sans de trop grands désastres. Mais tout à coup, le 7 novembre, le thermomètre descend de cinq degrés à dix-huit au-dessous de glace.

Dieu laissera du moins à l'orgueil du victorieux cette consolation, qu'il a été vaincu par les élémens, et non par les hommes. Mais aussi quelle défaite!

C'est un désastre qui égale nos plus grandes victoires; c'est Cambyse enveloppé dans les sables d'Hammon; c'est Xerxès repassant l'Hellespont sur une barque; c'est Varron ramenant à Rome les débris de l'armée de Cannes.

Vingt jours, vingt jours mortels s'écoulèrent sous un ciel de neige, sur une terre de neige, double linceul étendu sur notre tête et sous nos pieds.

Pendant ces vingt jours, l'armée sema sur sa route deux cent mille hommes et cinq cents pièces de canon, puis elle vint aboutir à la béante Bérésina comme un torrent à un gouffre.

Le 5 décembre, tandis que les restes de l'armée agonisent à Wilna, Napoléon monte dans un traîneau, part de Smorgoni, et, le 18 au soir, se présente dans une mauvaise calèche aux portes des Tuileries, que l'on refusait de lui ouvrir.

On le croyait encore à Wilna.

Le surlendemain, les grands corps de l'État vinrent le féliciter sur son arrivée.

Le 12 janvier 1813, un sénatus-consulte mit à la disposition du ministre de la guerre trois cent cinquante mille conscrits.

Le 10 mars, on apprit la défection de la Prusse.

Pendant quatre mois, la France sembla transformée en une place d'armes.

Les trois cent cinquante mille conscrits étaient enrégimentés! On avait tout pris, tout enlevé, excepté les fils uniques de femmes veuves.

De pauvres parens qui avaient usé leur fortune à acheter, un, deux, et quelquefois trois remplaçans à leur enfant, se voyaient arracher cet enfant, sans moyen aucun de le disputer, cette fois, au canon ennemi.

Les mères pleuraient et commençaient à murmurer; elles trouvaient que ces mots sonores avec lesquels on bâtissait des proclamations étaient un médiocre baume à de si profondes blessures.

Mais peu lui importait à lui, ce géant de la guerre, qui ne savait vivre que dans l'athmosphère des champs de bataille, au milieu de la flamme et de la fumée!

Aussi, le 1er mai 1813, il était à Lutzen, se disposant à attaquer les armées russe et prussienne avec deux cent cinquante mille hommes, dont deux cent mille lui étaient fournis par cette malheureuse France presque épuisée, et cinquante mille par les Saxons, les Westphaliens, les Wurtembergeois, les Bavarois et le grand duché de Berg.

Le géant qu'on croyait abattu s'était relevé, prêt, non-seulement à soutenir, mais à commencer la lutte.

Antée avait touché cette mère généreuse et féconde qu'on appelle la terre de France.

Mais la pente sur laquelle il roule est trop rapide pour qu'il s'arrête longtemps; un instant il se retient et se cramponne aux victoires de Lutzen, de Bautzen et de Würchen.

Là, il laisse deux de ses plus fidèles compagnons, Duroc et Bessières; puis, dans l'ordre des dates sanglantes, vient Leipzig, de terrible mémoire; Leipzig, où l'on tire cent dix-sept mille coups de canon du côté des Français seulement : c'est onze mille de plus qu'à Malplaquet; Leipzig, où nous laissâmes trente-cinq mille morts sur le champ de bataille!

Comprenez-vous, peuples? comprenez-vous, mères? comprenez-vous, mon Dieu! trente-cinq mille morts!... Il est vrai que l'on se battit trois jours!

Chaque coup de canon français coûta deux louis; qui

nous dira ce que chaque coup de canon russe, prussien ou saxon coûta de larmes!

O Charlemagne! voici encore un de tes pairs couché à cet autre Roncevaux : Poniatowski s'est noyé dans l'Elster!...

Mais n'importe, le 1er novembre Napoléon envoie vingt drapeaux à Paris : triste et dernier mensonge de l'orgueil, qui, pour la seconde fois, va être obligé de s'avouer vaincu!

Dans cette dernière campagne, au reste, on n'a guère perdu que cent mille hommes tués, trente mille prisonniers, trois cents pièces de canon et deux mille chariots...

Mais aussi elle a été courte : elle a duré du 1er mai au 30 octobre.

Cinq mois!

En arrivant à Erfurth, le 23 septembre, l'armée française était réduite à quatre-vingt mille hommes.

Le 30, elle avait rencontré l'armée austro-bavaroise rangée devant Hanau et lui interceptant le chemin de Francfort.

Elle lui avait passé sur le ventre en lui tuant six mille hommes, et les 6 et 7 novembre elle avait traversé le Rhin.

Enfin, le 9 novembre, comme nous l'avons raconté en commençant ce chapitre, au moment où les yeux de Conscience se rouvraient pour rencontrer ceux de Mariette fixés sur les siens, au moment même où les chastes lèvres des deux enfans se réunissaient dans un baiser, Napoléon, fugitif pour la seconde fois, rentrait au château des Tuileries.

Peut-être se demandera-t-on quel rapport le moderne César, le nouvel Annibal peut avoir avec les humbles enfans dont nous venons de raconter l'histoire, et comment les événemens terribles que nous avons enregistrés peuvent avoir une influence sur la vie obscure et cachée de deux pauvres paysans d'Haramont?

Nous allons le dire en deux mots.

Arrivé le 9 novembre, le 10, Napoléon se présente au sénat.

« Messieurs, dit-il, toute l'Europe marchait avec nous il y a un an. Toute l'Europe marche aujourd'hui contre nous. J'ai besoin de soldats. »

Aussitôt une nouvelle levée de trois cent mille hommes fut décrétée.

Dans cette levée étaient compris les fils uniques de femmes veuves, de dix-huit à vingt-cinq ans.

Conscience avait dix-huit ans et était fils unique de femme veuve.

Ne savez-vous pas que la foudre, ce jouet de Dieu, qui gronde au haut du ciel, s'abat parfois sur les plus humbles chaumières.

VIII

L'IMPOT DU SANG.

Au reste, ils étaient bien loin de se douter du malheur qui les menaçait, les deux enfans que l'amour venait de toucher de sa baguette d'or; ils ignoraient ce qui se passait dans le reste du monde, et depuis huit jours à peu près qu'ils avaient appris qu'ils s'aimaient, ils étaient tellement occupés d'eux-mêmes, qu'à peine savaient-ils ce qui se passait dans le village.

Pauvres cœurs naïfs! ils ne s'occupaient pas de la grande société qui tourbillonne dans les villes, et ne s'occupant pas d'elle, ne lui demandant rien, ils croyaient qu'elle ne s'occuperait jamais d'eux, et continuaient de vivre dans leur douce espérance et dans leur foi sainte.

Un dimanche, en sortant de la messe, les paysans du village d'Haramont virent à l'angle de la place un papier imprimé, affiché tout nouvellement.

Ils s'approchèrent et lurent.

C'était un arrêté du préfet, qui fixait le tirage de la conscription pour le département de l'Aisne au dimanche suivant, 26 novembre.

Il fallait, pour le seul canton de Villers-Cotterets, cent deux hommes.

Le canton était tellement épuisé par les levées précédentes, qu'il n'en fournissait, en tout, que cent quatre-vingts.

Bien peu, excepté les infirmes, avaient donc chance pour échapper.

L'autorité municipale avait fait afficher cet arrêt, comme nous l'avons dit, pendant que les fidèles étaient à l'église, afin qu'en sortant de prier Dieu, les mères eussent plus de force pour supporter la terrible nouvelle.

Aux sanglots qui éclatèrent de tous côtés après la lecture faite, on eût pu croire que cette fois la consolation divine était impuissante.

Il eût fallu voir, dans chaque chaumière, dans chaque misérable logis, l'arrachement des mères... on eût dit un second accouchement, plus terrible que celui où l'enfant fit son premier départ de leurs entrailles sanglantes. 1792 avait vu quelque chose de pareil; mais, en 1792, ce n'était pas pour l'ambition d'un homme que l'on mourait, c'était pour le salut de la patrie!

Où cet homme s'arrêterait-il? N'en avait-il pas assez dévoré, de beaux et braves jeunes gens? Depuis le temps qu'il faisait couler le sang et les larmes, il devait en avoir jusqu'aux genoux!

Les deux enfans étaient sortis ensemble de l'église, sans rien voir, sans rien entendre de ce qui se passait autour d'eux. Ils étaient rentrés dans la chaumière de dame Marie, celle où ils se tenaient de préférence, car le vieux père Cadet effarouchait un peu leurs jeunes amours.

D'ailleurs, il avait déjà dit : « Il faudra voir. »

Mais il n'avait pas encore dit : « Oui. »

Ils étaient assis côte à côte, les mains les unes dans les autres; ils n'entendaient pas cette rumeur qui courait par tout le village; ils n'eussent point entendu la foudre grondante au-dessus de leurs têtes, et cependant ils parlaient si doucement que quelqu'un qui eût été à l'autre bout de la chambre eût eu peine à distinguer si le bruit de leurs lèvres était celui de paroles échangées à voix basse ou simplement le mélange de deux souffles, le murmure de deux haleines.

Tout à coup Madeleine apparut éplorée, les bras ouverts, en s'écriant :

— Mon enfant! mon pauvre enfant!

Conscience leva ses grands yeux bleus; sa mère l'avait arraché à Mariette; le pressant contre sa poitrine, elle le couvrait de baisers.

— Ma mère, demanda-t-il, quel malheur est-il donc arrivé, que vous pleurez ainsi?

— Oh! le plus grand de tous pour une mère, mon pauvre enfant! s'écria la malheureuse femme.

Conscience la regarda avec étonnement.

Mariette était tremblante, elle devinait quelque catastrophe.

— Mais tu ne sais donc pas!... Mariette, reprit la pauvre mère, il va nous le prendre! il va nous le faire tuer comme Guillaume!..... Oh! Jésus Dieu! n'est-ce pas un sacrilége de prendre ainsi le fils quand il a déjà pris le père?... Oh! mon pauvre Guillaume! oh! mon cher Conscience!

Mariette commençait à comprendre et, pâlissante, ne pouvait autre chose que murmurer de ses lèvres tremblantes le saint nom de Dieu, ce nom qui jaillit de notre âme au choc de toute douleur, parce qu'il est la source de toute consolation.

— Ah! dit Conscience, qui avait tout deviné, et pour quand, ma mère?

— Pour dimanche prochain... J'aurais cru qu'il laisserait au moins aux pauvres veuves leur dernier soutien, leur suprême consolation!... Oh! il n'a pas pitié des mères... il sera puni dans son enfant!

Hélas! à la même heure, un cri pareil s'élevait par toute la France; ce cri, cette malédiction nous les avons entendus et nous nous les rappelons encore.

Mon Dieu! n'est-il pas tombé, ce César, cet empereur, ce demi-dieu, parce que, vous aussi, vous l'avez entendue cette malédiction universelle?

Les heures s'écoulèrent et firent dans les deux chaumières la douleur moins bruyante, mais non moins profonde. Dame Marie pleurait à la fois sur Mariette et Conscience. Le père Cadet, qui avait appris la nouvelle en revenant de sa vigne, semblait en quelques heures être devenu octogénaire.

De temps en temps cependant, une lueur d'espoir descendait au milieu de cette muette douleur, comme un chaud rayon du jour pénètre par une gerçure dans une cave humide et glacée : une dixaine de numéros les plus élevés seraient bons peut-être, et il était possible que Conscience prît un de ces dix numéros-là.

Les deux mères commencèrent une neuvaine; Mariette fit vœu d'aller, avec Conscience, en pèlerinage à Notre-Dame de Liesse, si le ciel lui accordait la faveur d'un de ces bons numéros.

Le père Cadet disait, ce qu'on l'eût cru incapable de dire :

— Mordié! je donnerais cent écus pour que Conscience prît un bon numéro.

Conscience consolait tout le monde, jusqu'à petit Pierre, qui pleurait parce qu'il voyait les autres pleurer.

— Ma mère, disait Conscience, tranquillise-toi, tu sais bien que le bon Dieu m'aime. D'ailleurs, mon père est mort, c'est une dette payée. Tout le monde n'y reste pas comme lui... témoin Bastien qui est revenu..... Je reviendrai aussi, ma mère..... peut-être avec une pension, peut-être avec la croix!..... Je reviendrai, dame Marie, soyez tranquille..... Mariette priera pour moi... et je sais que les anges du ciel penchent la tête du côté de sa prière.

— Oh! s'écriait Madeleine, tu dis tout cela pour me consoler, mon enfant... Et un tel, un tel, un tel, sont-ils revenus, dis? Sait-on même où ils sont? Non, ils ont disparu sans qu'on ait retrouvé leur trace.

Et la pauvre mère citait des noms d'enfans du village, partis comme Guillaume était parti, comme Conscience allait partir, et qui n'étaient jamais revenus, et que leurs mères pleuraient encore.

De temps en temps, Bastien, lui aussi, apparaissait; il savait que sa présence était une consolation, parce qu'elle était une espérance; seulement, comme sa sympathie était mêlée de jurons d'autant plus énergiques qu'il s'attendrissait davantage, les femmes, par une susceptibilité religieuse, avaient peur que ces jurons n'effarouchassent l'ange gardien de leurs deux chaumières.

Pendant huit jours, à part les voyages des deux enfans et de Bernard à la ville, tout fut trouble et confusion dans les deux maisons.

Les deux mères qui avaient tant déploré le malheur de la pauvre Julienne, dont les bâtimens et les récoltes avaient été brûlés, eussent voulu comme elle voir leur chaumière en cendre et tenir leurs enfans entre leurs bras, à cet âge où l'enfant échappe encore aux lois humaines et ne relève que de Dieu.

Le père Cadet négligeait sa terre, il se promenait de long en large devant la porte de sa chaumière vide : car les mères et les enfans se tenaient de préférence dans la chaumière de dame Marie; par intervalles il levait les yeux au ciel, puis quelquefois, saisissant de sa main crispée le cep de vigne qui montait devant sa maison, il demeurait, pendant un temps que sa pensée avait cessé de mesurer, taciturne, immobile, la tête baissée vers la terre comme s'il eût regardé dans un tombeau.

Les animaux eux-mêmes partageaient cette tristesse. Pierrot sortait sa tête curieuse aux longues oreilles tendues par la fenêtre de l'étable. Tardif et la Noire échangeaient de longs mugissemens.

Bernard quittait moins que jamais Conscience. On eût dit que le pauvre animal, devinant qu'il allait bientôt être séparé de son maître, ne voulait pas perdre un seul des derniers instans qu'il avait à passer avec lui.

Le dimanche fatal arriva.

La nuit qui l'avait précédé personne ne s'était couché dans les deux chaumières, excepté le père Cadet, excepté petit Pierre : le vieillard et l'enfant, ces deux faibles créatures qui ont besoin de sommeil; l'enfant, parce qu'il touche encore à la nuit passé; le vieillard, parce qu'il va rentrer dans la nuit de l'avenir.

Quand l'*Angelus* sonna, les deux mères se levèrent et allèrent faire leur prière à l'église : dame Marie au maître-autel, Madeleine devant le tableau objet de sa vénération.

Hélas! tout ce qui lui avait été une consolation jusque-là lui devenait une terreur. Ce signe que faisait Jésus à l'enfant de venir jusqu'à lui ne signifiait-il pas que Conscience était prédestiné à une mort prématurée? Aller à Jésus, n'était-ce pas monter au ciel?

Pendant ce temps, les deux enfans étaient restés ensemble.

— Mon Dieu! disait Mariette, est-ce que si tu tombes au sort, Conscience, il n'y aura pas un moyen d'échapper à notre malheur?

— Mariette, disait Conscience, il y a toujours un moyen d'échapper au malheur, c'est de savoir le supporter. Tu m'aimes, n'est-ce pas, Mariette?

— Oh! oui!

— Tu crois bien que, de mon côté, je t'aime, n'est-ce pas?

— J'en suis sûre, de cela, Conscience.

— Eh bien! ma chère Mariette, tout est dans ces deux mots-là, vois-tu; ils peuvent me prendre, me séparer de toi, m'habiller en soldat, m'envoyer à la guerre, me faire tuer même, ils n'empêcheront pas qu'en partant je ne pense à toi; qu'en me battant je ne pense à toi; qu'en mourant je ne pense à toi.

— En mourant! tu vois bien, s'écriait Mariette tout en larmes, en mourant! tu penses donc à mourir?

Et la pauvre enfant levait ses deux mains jointes au ciel et laissait retomber ses deux bras autour du cou de Conscience.

— Mourir! mourir! mourir! disait-elle.

— Hélas! je le sais bien, disait Conscience, mourir, c'est se quitter pour quelque temps; mais enfin, Mariette, ce n'est pas s'oublier, il n'y a que l'oubli qui soit une séparation véritable. Vois ma mère, il y a dix-neuf ans que mon père est mort, eh bien! il ne s'est pas passé un jour sans qu'elle me parlât de lui, une heure sans qu'elle y pensât. De son côté, mon père la voit, il sourit à cette fidélité sainte, il lui tend des bras invisibles, qu'elle ne verra et ne sentira qu'au moment de la mort; voilà pourquoi ceux qui meurent meurent en souriant, Mariette, tandis que ceux qui les assistent pleurent : c'est que les mourans voient déjà ce que les vivans ne voient pas encore.

— Mon Dieu! Conscience, qui t'a donc appris à dire des choses à la fois si belles et si tristes?

— Mariette, tu sais bien que j'étais enfant de chœur.

— Eh bien?

— Eh bien! j'assistais monsieur le curé quand il allait porter l'extrême-onction.

— Oui, comme les autres enfans de chœur; mais pourquoi les autres enfans de chœur ne disent-ils point sur la mort et la vie de belles choses comme tu en dis, toi, et qui cependant, toutes belles qu'elles sont, font pleurer?

— C'est que je vois, moi, Mariette, des choses que les autres ne voient pas; tu sais bien, dit naïvement Conscience, tu sais bien, Mariette, que je suis un innocent.

— Oui, ils disent cela, reprit Mariette.

— Eh bien! je te disais donc que quand j'accompagnais monsieur le curé au lit des mourans, je voyais une chose que monsieur le curé ne voyait pas lui-même.

— Que voyais-tu, Conscience, tu me fais peur, mon Dieu! voyais-tu la mort?

Conscience sourit, et, secouant la tête, l'œil fixe comme si cet œil était doué de la double vue :

— Non, au contraire, Mariette; je voyais la vie éternelle. Vois-tu, Mariette... (la jeune fille se rapprocha frissonnante de lui), il y a toujours un moment où, avant qu'il les ferme pour toujours, celui qui va mourir tient ses yeux fixes, immobiles; sa respiration est suspendue; il fait de tout son corps une espèce de mouvement comme pour s'élancer en avant; ses lèvres frissonnent et remuent comme pour dire : « Oui, Seigneur, me voici ! » Eh bien! ce moment, Mariette, c'est le passage entre ce monde et l'autre, c'est la ligne qui sépare l'espace de l'infini, le temps de l'éternité, la nuit du jour; c'est... Tiens, Mariette, regarde, c'est ce qui se passe au ciel dans ce moment, c'est la lumière qui lutte contre les ténèbres, c'est le soleil qui se révèle par un premier rayon. Oh ! ce regard des mourans, Mariette, ces yeux nageant dans le vide comme les nôtres nageaient tout à l'heure dans la nuit, puis se fixant enfin sur le soleil du monde inconnu comme les nôtres se fixent en ce moment sur celui de notre monde réel, Mariette, ce regard disait : « Mon Dieu, l'espérance de toute ma vie n'a donc pas été trompée; mon Dieu, vous êtes donc derrière le voile de la vie, comme derrière le voile de la nuit est le jour ! Seigneur, me voici prêt à rentrer dans votre sein dont je suis sorti, et à vous rendre immortelle l'âme immortelle que vous m'avez prêtée! »

— Oh ! Conscience, Conscience, que ne disais-tu cela aux pauvres mourans ? comme tu les eusses consolés !

— Je n'avais pas besoin de le leur dire, Mariette, puisque ce que je pensais, ils le voyaient, eux.

— Hélas ! tout cela est bien beau, dit Mariette en fondant en larmes, et cependant tout cela ne me consolera point, car, si tu tombes au sort, Conscience, car, si tu pars, tu ne seras plus là pour me le dire.

— Espérons ! dit Conscience en serrant la main de la jeune fille : voici nos mères qui viennent de prier Dieu.

IX

LE MAIRE, LE MÉDECIN ET L'INSPECTEUR DES FORÊTS DE VILLERS-COTTERETS.

Nous l'avons dit, le tirage se faisait à la ville.

Tous les matins, on le sait, Mariette, Conscience et Bernard allaient y porter leur lait.

La simplicité de la vie de ces braves gens était telle, que si terrible que fût ou dût être cette journée pour eux, elle commença comme les autres, entrant par les mêmes détails dans le total des jours bons ou mauvais que leur devait accorder le Seigneur.

Seulement, comme les deux enfans étaient fort aimés, comme on les voyait toujours ensemble, sans que jamais il fût venu à personne l'idée de suspecter l'innocence de leur chaste amour, comme on savait que, ce jour-là même, le tirage de la conscription avait lieu, en les voyant si tristes, chacun sympathisa avec cette tristesse.

Ce fut d'abord chez le maire, magistrat jovial, qui les fit entrer et qui essaya de donner bon espoir à Conscience, en lui faisant quelques grosses plaisanteries sur la manière de prendre les bons numéros. Ces plaisanteries firent sourire tristement Conscience et pleurer Mariette.

Quand il vit l'effet produit par ses plaisanteries, le maire s'arrêta ; c'était un brave et excellent homme.

— Voyons, mon ami, dit-il à Conscience, comme vous êtes un innocent... Oh ! ne vous fâchez pas de ce que je dis, c'est pour votre bien.

Conscience sourit.

Le maire continua :

— Comme vous êtes un innocent, peut-être vous êtes-vous trompé; peut-être ne savez-vous pas bien votre âge; peut-être, dame ! si vous aviez un an de moins, par hasard, trouverait-on moyen de remettre cela à l'année prochaine; et d'ici à l'année prochaine, hum ! hum ! hum ! (il entonna les premières notes d'une petite chanson), d'ici à l'année prochaine il passera de l'eau sous les ponts.

Conscience secoua la tête.

— C'est vrai, monsieur Mussart, dit-il (le maire de Villers-Cotterets s'appelait Nicolas-Brice Mussart) ; c'est vrai, je suis un innocent, mais cependant je sais mon âge. Je suis né le 10 mars 1796 ; nous sommes aujourd'hui le 26 novembre 1813; j'ai donc aujourd'hui dix-huit ans et huit mois, et me trouve dans les conditions de la loi.

— De la loi, de la loi, murmura le brave homme de maire, comme s'il y avait une loi qui autorisât de prendre les enfans à leur mère pour les envoyer à la boucherie, surtout quand elles n'ont que celui-là et que celui-là est un pauvre innocent. Va ! Conscience, va ! mon enfant, Dieu est là qui corrige les lois des hommes, et qui, lorsqu'ils les font par trop cruelles, renverse ceux-là qui les ont faites.

— Je le sais, monsieur, dit Conscience, et je suis bien aise que vous le sachiez aussi : cela prouve que vous marchez dans la route du Seigneur.

— Tiens ! tiens ! dit le maire en le regardant s'éloigner, il aura entendu dire cela au curé de son village.

Et, reprenant sa petite chanson :

— Toinette, dit-il, le déjeuner pour neuf heures, attendu que le tirage commence à onze, et allez dire à Hiraux de venir manger une omelette au lard avec moi.

Puis rentrant dans son cabinet :

— Avez-vous vu ce petit bonhomme ? comme il vous a dit cela ; c'est que, parole d'honneur ! l'abbé Grégoire n'aurait pas mieux répondu.

Pendant ce temps, Conscience et Mariette continuaient leur tournée, et après avoir servi quelques pratiques, étaient arrivés chez le médecin de l'endroit.

Là, ce fut la femme qui voulut les voir.

— Eh bien ! mes pauvres enfans, dit-elle, c'est donc aujourd'hui le grand jour, le jour douloureux.

Mariette se mit à pleurer.

— Heureusement, madame Lécosse, dit Conscience, vos enfans sont encore petits, à vous !

— Oui, certainement, il y en a un qui a dix ans, et l'autre huit; mais voilà déjà qu'il les prend, cette année, à dix-huit ans. L'année prochaine, il les prendra à seize; l'année d'ensuite, à quatorze peut-être : on en tue tant, de ces pauvres malheureux ! Tu vois bien que, dans trois ou quatre ans, mon pauvre Conscience, j'en serai où en est ta mère... Ah ! c'est bien triste !

Et madame Lécosse essuya au coin de son œil une larme à la fois égoïste et sympathique.

— Madame, dit Mariette encouragée, est-ce que Conscience ne pourrait point parler à monsieur Lécosse !

— Si fait, mon enfant ?... Pourquoi ?

— Dame ! monsieur Lécosse est médecin, madame.

— Ah ! je comprends, tu voudrais savoir s'il n'y aurait pas quelque motif de faire réformer le pauvre garçon ; si fait, il y a moyen de lui parler...

Et, appelant :

— Lécosse ! Lécosse !... Ou plutôt, dit-elle à Mariette en se reprenant, qu'il passe dans son cabinet... ils se diront là, entre hommes, des choses qu'il ne peuvent pas se dire devant nous.

Mariette ouvrit ses grands yeux d'azur, elle ne comprenait pas qu'il existât des choses que l'on ne pût pas dire devant tout le monde.

Madame Lécosse poussa la porte du cabinet, et Conscience fut introduit devant le docteur, qui était au fait du sujet de la visite de Conscience, ayant entendu à peu près toute la conversation.

— Eh bien ! c'est donc toi, à ton tour, mon pauvre innocent, dit le docteur. Voyons, viens ! Eh ! mon Dieu, il y a peut-être moyen... on dit que tu es simple d'esprit.

— Oui, monsieur, répondit naïvement Conscience, on dit cela.

— Et c'est vrai?

— Dame! si on le dit, il faut bien que cela soit.

— Mais toi, ton opinion là-dessus. Je ne ferais pas la question que je te vais faire à un philosophe, à un poëte, ou à un homme d'Etat; le docteur sourit. Voyons, que penses-tu de toi-même?

— Monsieur, dit Conscience sans hésitation aucune, si c'est comme intelligence que vous voulez parler, je crois que Dieu m'a rangé parmi les humbles de la création.

— Vraiment, tu crois cela? dit le docteur étonné de la netteté de la réponse dans sa pensée et dans sa forme. Ah! tu crois cela, et qui te fait croire cela?

— C'est bien simple, monsieur le docteur : à part la société de ma mère, de la mère de Mariette, de Mariette et de petit Pierre, son frère, c'est-à-dire, à part les rapports de la famille, qui sont ceux du cœur, j'aime mieux la société des animaux que celle des hommes?

— Ah! ah! murmura le docteur, tu as raison, mon enfant, c'est peut-être une preuve d'innocence, mais ce n'en est pas une d'idiotisme. Et pourquoi aimes-tu mieux la société des animaux que celle des hommes?

— Mais parce qu'ils me semblent marcher plus droit dans les vues de la nature parce que tous agissent selon leur organisation, parce que tout ce qu'ils font est le résultat de leur instinct, et que tous les animaux que Dieu a donnés à l'homme pour lui être utiles lui sont utiles, simplement, naturellement, les uns aux dépens de leur liberté, comme le cheval, l'âne et le chien; les autres aux dépens de leur vie, comme le bœuf, le mouton, les poules; parce que moi, qui sais ce qu'ils disent, étant une pauvre créature privée d'intelligence comme eux, je les entends se plaindre quelquefois, jamais maudire.

Le docteur regardait Conscience avec étonnement.

— Et qui crois-tu, demanda-t-il, qui dise aux animaux d'agir ainsi?

— Dieu, répondit Conscience.

— Ah! ah! est-ce que, grâce à ta simplicité d'esprit, tu causes avec Dieu comme tu causes avec les animaux.

— Non, car je ne puis voir Dieu comme je les vois, eux, Dieu n'est pas une chose visible et matérielle.

— Qu'est-ce que Dieu, alors?

— Dieu est l'âme universelle répandue dans la nature, et dont cette âme que nous avons en nous n'est qu'un atome, une parcelle, un souffle, et qui cependant suffit pour nous animer. On ne voit pas Dieu, monsieur le docteur, on le sent.

L'étonnement du brave homme montait jusqu'à la stupéfaction.

— Qui t'a appris cela, demanda-t-il?

— Les longues nuits passées à rêver dans la forêt, le murmure du vent dans les grands arbres, le bruit du ruisseau dans les prairies, la vue des fleurs dans les prés.

— Ce n'est point le curé de ton village?

— Le curé de mon village ne parle jamais de ces choses-là; j'ai voulu lui en parler une fois, et il a haussé les épaules en disant : « Oui, mon ami! oui, mon ami! » Puis il s'est eloigné plein de compassion en murmurant ces mots : « Pauvre innocent! »

— Alors, tu n'en parles jamais?

— Si fait, monsieur le docteur.

— Avec qui en parles-tu, alors?

— Avec les choses qui en parlent : avec la nuit, avec le vent, avec le ruisseau, avec les fleurs.

— Donc, si, là-bas, au conseil de révision, on t'interrogeait sur ta faiblesse d'esprit, voilà comme tu répondrais?

— Sans doute, monsieur le docteur.

— Tu ne pourrais pas répondre, tu ne pourrais pas dire tout simplement : « Je ne sais pas, » ou : « Je ne comprends pas. »

— Si fait, monsieur, si je ne savais pas ou si je ne comprenais pas.

— Oui, mais si tu savais, si tu comprenais?

— Ce serait mentir, monsieur le docteur.

— Tu ne mentirais pas pour ne pas être soldat?

— Non, monsieur.

— Mais si ta mère, même si Mariette t'en priaient?

— Oh! elles ne m'en prieraient pas; si je mentais, je ne serais plus un simple d'esprit, un innocent, comme vous dites, je ferais comme font les hommes, non plus comme font les animaux.

Il secoua la tête.

— Oh! non, continua-t-il, quand Mariette, quand ma mère m'en prieraient, je ne mentirais pas.

— Pardieu! dit le docteur, voilà un drôle d'idiot; je n'en ai pas encore vu comme celui-là.

Puis, saisi d'une grande pitié pour le pauvre enfant :

— Voyons le corps, dit-il, puisqu'il n'y a rien à espérer du côté de l'âme.

Et il fit déshabiller Conscience.

Conscience n'avait aucune idée de la pudeur telle que l'entend la société; sa pudeur à lui ce n'était pas de se montrer plus ou moins nu; les animaux, les fleurs, les arbres, ne se montraient-ils pas nus à lui? sa pudeur était de ne pas tromper, de ne pas mentir, de ne pas commettre une action blâmable.

Sur l'invitation du docteur il défit donc tous ses vêtemens.

Le pauvre Conscience! il n'avait rien non plus à espérer de ce côté : le corps était aussi beau et aussi pur que l'âme : on eût dit une épreuve vivante du Ganymède ou de l'Apollon.

Le docteur secoua la tête à son tour.

— Rien à espérer encore de ce côté-là, dit-il. Rhabille-toi, mon enfant. Ah! peut-être la vue?

Puis appelant d'un signe Conscience auprès de lui :

— Voyons tes yeux, dit-il.

Conscience s'approcha.

— Oh! c'est singulier, dit-il, tu es nyctalope.

— Je ne comprends pas, monsieur.

— C'est-à-dire que tu vois la nuit comme le jour.

— C'est vrai, j'y vois même mieux; les objets sont tous de la même couleur; seulement d'un beau bleu d'azur plus ou moins foncé, selon que l'obscurité est plus ou moins épaisse.

— Et tu vois de loin!

— Oh! de très-loin, monsieur.

— N'importe! essayons; on a vu de ces sortes de phénomènes.

Le docteur prit une paire de lunettes garnies d'oreillettes vertes, et les appliqua sur les yeux de Conscience.

— Eh bien? demanda-t-il.

— Ah! monsieur le docteur, dit Conscience, enlevez-moi ces vilaines lunettes, elles me rendent aveugle.

— Tu n'y vois pas, alors?

— Je suis dans un brouillard.

— Voyons, essaye : quelle est la chose que j'étends devant toi.

— Il me semble que c'est le tapis de la table.

— De quelle couleur est-il?

— Il me semble qu'il est gris.

— C'est cela, dit le docteur; dans l'obscurité le rouge foncé paraît gris; allons! allons! il n'y a pas moyen de le faire passer pour myope.

Et il enleva les lunettes des yeux de Conscience.

— En effet, dit Conscience, le tapis était rouge, c'est moi qui me trompais.

— Non mon ami, ce n'était pas toi qui te trompais, la nature ne se trompe jamais; seulement un de tes sens était voilé par une interposition de l'art. Allons, Conscience, recommande-toi à Dieu, car il n'y a maintenant qu'une bonne chance qui puisse te sauver.

—Merci, monsieur Lécosse, dit Conscience en poussant un soupir; je m'en doutais bien; mais, pour faire plaisir à Mariette, j'ai voulu vous consulter comme elle le désirait.

— Va, mon enfant! va! dit le docteur, à mon grand regret, je ne puis rien pour toi.

— Je ne vous en suis pas moins reconnaissant, monsieur, dit Conscience avec sa douce voix.

Le docteur haussa tristement les épaules et regarda s'éloigner le jeune homme en poussant un soupir.

Conscience reprit Mariette et continua avec elle le cours de ses visites.

Après être entré encore dans deux ou trois maisons, il arriva chez l'inspecteur des forêts.

Il venait de passer l'inspection de ses gardes, qu'il avait reçu l'ordre d'établir sur un pied de guerre.

Son fils, pour lequel il avait déjà payé deux remplaçans, avait été forcé de partir comme garde d'honneur.

— Ah! c'est toi, mon pauvre Conscience, lui dit-il; n'es-tu pas du tirage d'aujourd'hui.

— Hélas! oui, monsieur l'inspecteur.

— En ce cas, mon cher garçon, je te donne le conseil de prendre tout de suite le numéro 1, afin que tous ces brigands-là ne te fassent pas languir.

— Pour moi, monsieur l'inspecteur, dit Conscience, cela me serait bien égal, mais c'est pour ma mère Madeleine, pour ma mère Marie, pour Mariette que voilà, à qui mon départ fera grand'peine, et portera peut être quelque préjudice.

— Quant à la peine, dame! tu as raison, et comme j'ai déjà bien de la peine à consoler ma femme, je n'irai pas essayer d'en consoler trois autres. Quant au préjudice, (il regarda Conscience avec une certaine pitié,) je ne sais pas trop à quoi un pauvre innocent comme toi pouvait leur être bon. Mais enfin ton départ n'empêchera pas Mariette de nous apporter son lait, et quant à tes deux autres mères, je leur ferai leur provision de bois pour l'hiver, et, sois tranquille, elles n'auront jamais été si bien chauffées.

Conscience fut profondément touché de cette offre. Monsieur Deviolaine, c'était son nom, monsieur Deviolaine avait le visage dur; mais, on le voit, ce visage, c'était un masque: l'homme était bon, le cœur excellent.

— Monsieur l'inspecteur, lui dit-il, je vous remercie du fond de l'âme, pour moi d'abord, puis pour Mariette que voilà, et qui ne peut vous remercier parce qu'elle pleure, puis pour mes deux mères.

Et en effet la pauvre Mariette s'était remise à pleurer.

— Allons! allons! va, dit l'inspecteur, mille tonnerres! depuis quelque temps on voit assez de larmes ici sans les vôtres; va, car si ma femme et mes filles descendaient et la voyaient pleurer, ce serait un prétexte pour elles de répandre de nouvelles larmes, et nous aurions une averse à coucher tous les blés de la plaine Saint-Remy. Va! mon garçon, va!

Et frappant affectueusement l'épaule de Conscience, il le poussa dehors.

Conscience savait qu'on pouvait se fier à la parole de l'inspecteur, et ce lui fut une grande consolation de savoir que, si le malheur voulait qu'il partît, du moins les maisons des deux mères seraient bien chauffées en son absence.

X

LE TIRAGE.

Il était dix heures et demie, le tirage devait commencer à onze heures; mais comme les villages du canton de Villers-Cotterets et Villers-Cotterets lui-même ne tiraient que par lettre alphabétique, Haramont ne venait que le troisième ou quatrième.

Haramont ne tirerait donc qu'à midi ou une heure.

Cela donnait le temps à Conscience de reconduire Mariette jusqu'au village.

Hélas! le pauvre enfant sentait qu'il avait si peu de temps à rester avec elle, qu'il désirait ne pas perdre une minute de ce temps.

Puis il lui semblait avoir mal embrassé sa mère Madeleine, et il avait besoin de l'embrasser mieux.

Les deux enfans se mirent donc en chemin à pied, côte à côte, à travers le parc.

Il y avait dans le jardin de l'inspecteur une porte qui donnait sur ce parc, ce qui les avait dispensés de passer par la ville.

Ils marchaient à pied; Bernard, qui savait le chemin mieux que le facteur de la poste, marchait devant eux, se retournant de temps en temps, non pour s'assurer si les enfans le suivaient, son instinct le lui disait mieux que sa vue, mais pour les regarder tendrement.

Bernard, depuis huit jours, savait bien qu'il y avait un grand chagrin dans les deux maisons; nous n'oserions dire qu'il savait lequel, mais il était, depuis ces huit jours, devenu plus affectueux encore pour Conscience, comme s'il eût su que c'était particulièrement Conscience qui courait un danger, et que ce danger devait l'éloigner de lui.

Cependant, arrivé à un endroit du parc qu'on appelle la Faisanderie et où se trouve l'embranchement des deux routes qui conduisent à Haramont, et qu'on appelle, l'une la grande route, l'autre la sente, Bernard, contre son habitude, parut se tromper de chemin, et, au lieu de prendre comme d'ordinaire la sente, prit la grande route.

Conscience le rappela pour qu'il prît avec lui et Mariette le chemin accoutumé, mais Bernard secoua la tête et continua d'aller en avant.

Conscience, qui était déjà à vingt pas de lui, le rappela une seconde fois; mais au lieu d'obéir, Bernard regarda les deux enfans et s'assit.

Mariette voulut le rappeler une troisième fois, mais Conscience l'arrêta.

— Bernard ne se trompe pas, Mariette, dit-il: Bernard a quelque chose à me dire:

Alors s'approchant du chien,

— Eh bien! lui demanda-t-il, moitié parlant, moitié grognant, mon pauvre Bernard, qu'y a-t- il donc?

Bernard hurla doucement sans qu'il y eût rien de triste dans son hurlement, et leva la patte du côté de la forêt.

— Oui, mon bon Bernard, oui, dit Conscience, tu as raison, tu es un animal, toi, et ton instinct ne te trompe pas.

— Eh bien! demanda Mariette en venant rejoindre son ami, que dit Bernard?

— Bernard dit que par la grande route viennent probablement nos deux mères, Mariette, de sorte que, si nous eussions pris la sente, nous les eussions manquées.

— Tu crois, dit Mariette, toujours étonnée des interprétations que donnait Conscience aux faits et gestes de Bernard.

— Tiens, dit celui-ci, regarde.

Et, la main étendue vers la forêt, il lui montra, débouchant de la lisière du bois et venant à eux, un vieillard monté sur un âne, et suivi de deux femmes vêtues de noir comme deux veuves qu'elles étaient d'ailleurs, et marchant appuyées au bras l'une de l'autre.

Un enfant suivait à la main d'une des deux femmes, se faisant traîner comme c'est l'habitude des enfans.

Cet homme et cet âne, c'étaient le père Cadet et Pierrot.

Ces deux femmes, c'étaient Madeleine et dame Marie. Cet enfant, c'était le petit Pierre.

Comme pour les soutenir dans l'isolement qu'il leur préparait, le Seigneur avait permis que les deux mères eussent reçu au baptême les noms des saintes femmes.

Les deux groupes marchèrent au-devant l'un de l'autre et se confondirent en un seul.

La pauvre famille n'avait pu prendre sur elle d'attendre si loin la décision du sort; et de son côté le père Cadet, qui, deux heures auparavant, en donnant hypothèque sur sa terre, l'avait arrondie de trois nouveaux arpens, était venu pour apporter à maître Niguet, notaire, le premier tiers du prix de son acquisition, c'est à dire huit cents francs.

La moisson avait été bonne et le père Cadet voyait avec satisfaction, à la lourdeur du sac qu'il portait dans la poche de son habit marron, et qu'il avait serré le plus possible avec une ficelle afin que par leur son argentin les écus ne dénonçassent point leur présence, le père Cadet voyait avec satisfaction, disons-nous, que le prix de la moisson de chaque année suffirait, en y ajoutant deux ou trois cents francs à peu près, à payer en trois ans le prix du terrain.

Nous ne voulons pas dire qu'au milieu du malheur qui venait de fondre sur la pauvre famille, le père Cadet ne fût préoccupé que de sa terre ; ce serait grandement faire insulte au cœur du vieillard ; mais nous dirons que, de même que le vin et la paresse se partagent le cœur de Figaro, de même la terre du père Cadet et son petit-fils se partageaient le cœur du vieillard.

Il avait donc avec empressement saisi cette occasion de venir à Villers-Cotterets, et avait consenti à se séparer de son cher argent, quoique l'époque du payement ne fût que dans huit jours.

Il résulta de cette réunion que tout le monde s'achemina vers Villers-Cotterets.

Il était onze heures passées lorsque l'on arriva à la ville; la ville tout entière était amassée aux environs de la mairie, c'est à dire dans la rue de l'Eglise et sur la place du Château, la mairie attenant à l'église et donnant sur la place du château.

Là, formant des groupes aussi désolés que ceux des Israélites pleurant sur les bords de l'Euphrate, étaient les pères, les mères, les sœurs des jeunes gens qui devaient tirer à la conscription, et, parmi ces groupes, les jeunes gens eux-mêmes, pauvres enfans sortant à peine de l'enfance, et remarquables par leur faiblesse, leur pâleur, et surtout par leurs larmes.

Quelques-uns avaient cherché une consolation dans l'ivresse, et leur bruyante insouciance, dont il était facile de voir la cause, était peut-être plus douloureuse encore que la tristesse et les larmes des autres.

Ces groupes ne se mêlaient pas. Chacun se formait des habitans d'un village, et chaque village regardait l'autre avec haine, demandant à Dieu que la plus forte part de ce terrible impôt du sang tombât sur son voisin et non sur lui-même.

On attendait la sortie de la messe pour commencer le tirage.

La sortie de la messe fut triste et nombreuse. L'église était si pleine qu'on voyait des gens à genoux jusqu'au milieu de la rue : les jours de malheur sont les jours de piété.

Cette sortie achevée, un roulement de tambour annonça l'ouverture du tirage.

Ce roulement retentit funèbre au fond de tous les cœurs. C'était une espèce d'appel prématuré; le son de ce tambour était depuis trois ou quatre ans bien maudit des mères !

Le maire, ceint de son écharpe, accompagné de ses deux adjoints, suivi du brigadier de gendarmerie et de quatre gendarmes, passa.

Chacun lui fit le salut le plus respectueux possible. Ceux qui avaient l'honneur de le connaître un peu lui envoyaient des saluts nominatifs, auxquels il répondait par un geste protecteur de la main.

On voulait se rendre le maire favorable. Il semblait à tous ces pauvres cœurs qu'ils avaient besoin, dans leur détresse, de se faire des appuis de tous côtés, et que monsieur le maire était un grand appui, même auprès de la Providence, même contre le hasard.

Derrière le maire, entra dans la salle du tirage tout ce que cette salle pouvait contenir de curieux, enfermés dans des barrières pareilles à celles que l'on met à la porte des théâtres.

Puis on appela le village dont le nom était le plus rapproché de l'A.

C'était Boursonne.

Alors commença un spectacle doublement douloureux : doublement douloureux parce que la joie des uns faisait la douleur des autres, et parce que la douleur de ceux-ci faisait la joie de ceux-là.

En effet, ceux qui étaient joyeux l'étaient d'avoir pris un numéro élevé, qui leur donnait la chance de ne pas partir, et ce numéro élevé, retiré de l'urne, était une chance heureuse de moins pour ceux qui restaient.

De là, la joie des uns et la tristesse des autres.

Au contraire, un numéro inférieur faisait la tristesse de celui qui l'avait tiré et la joie de ceux qui restaient, attendu qu'en condamnant le tireur il laissait une chance de plus à ceux qui n'avaient pas encore tiré.

De là, la tristesse de ceux-ci et la joie de ceux-là.

Cette joie et cette tristesse, éclose dans la salle du tirage d'abord, se répandait immédiatement au dehors.

Le conscrit, après avoir tiré son numéro, proclamé par le maire, consigné sur les registres, si le numéro était bon, s'élançait au dehors, et, les bras ouverts, le regard au ciel, éperdu de joie, clamait du haut du perron son bonheur et celui de sa famille, et portait haut et triomphalement le numéro sauveur.

Si, au contraire, la chance lui avait été mauvaise, le conscrit, toujours au haut de ce perron, apparaissait morne et les bras pendans, secouant la tête, s'inquiétant peu de ce qu'était devenu le numéro fatal qui, proclamé par le maire, était inscrit sur les registres par la main du greffier, et bien plus profondément encore inscrit dans son cœur par la main du désespoir.

Cette scène se renouvelait invariablement de minute en minute ; seulement, comme sur cent quatre-vingts numéros déposés dans l'urne, trente ou quarante seulement étaient réputés bons, les alternatives de tristesse étaient bien plus rapprochées que les alternatives de joie, et la douleur débordait en flots plus pressés hors de la fatale enceinte que ne le faisait la consolation.

Et cette douleur était d'autant plus profonde, que chaque village avait vu partir quelques-uns de ses enfans pour les deux terribles campagnes de 1812 et de 1813, et qu'aucun de ces enfans n'était revenu, sinon quelque pauvre mutilé; de sorte que les mères, toutes pleurantes, pressaient contre leur cœur ces pauvres enfans, tâtant leurs pauvres membres chéris, et murmurant :

— Oh! les balles! Oh! les boulets! Mon Dieu! mon Dieu! est-ce donc de votre consentement qu'un homme fait ainsi de la chair à canon de la chair de ces pauvres innocens?

Trois villages passèrent ainsi devant Haramont : c'étaient le village de Boursonne, que nous avons déjà nommé, et ceux de Corcy et de Dampleux.

Deux de ces villages semblèrent visiblement protégés par le ciel; ce furent Boursonne et Dampleux. A peine, selon les probabilités, sur trente conscrits, devaient-ils fournir six ou huit partans; presque tous les bons numéros étaient passés entre leurs mains.

Corcy, on ne sait pourquoi, avait été écrasé.

On remarquait dans tous les tirages de ces sortes de fatalités, dont on cherchait en vain la raison.

Après Dampleux, on appela Haramont.

Conscience se sépara des deux mères, de Mariette et du petit Pierre, avec bien des baisers et des larmes.

Bernard voulut le suivre, mais les chiens étaient impitoyablement proscrits de l'intérieur. Bernard, chassé, revint tristement s'asseoir aux pieds de Mariette.

Quant au père Cadet, il était allé chez le notaire, aimant autant ne pas être là au moment de l'explosion, si l'explosion était fatale.

Conscience, inscrit sous son nom de Jean Manscourt, venait le cinquième.

Les deux premiers qui sortirent sortirent tristes et abattus : ils avaient pris de mauvais numéros ; le troisième tenait à la main un numéro douteux; le quatrième s'élança joyeux du perron, acclamant le numéro 164.

Les pauvres mères, Mariette et le petit Pierre savaient que Conscience venait le cinquième.

Ce qui se passa d'angoisses et de douleur dans le cœur des trois femmes pendant cette minute d'attente, Dieu le sait! Dieu seul a compté les battemens précipités de leurs pouls! Dieu seul a compris combien était mortelle la pâleur de leur visage!

Au moment où Conscience mettait la main dans l'urne, les trois femmes calculèrent cela depuis, à ce moment même le chien leva lentement et tristement la tête, et fit entendre un long et lugubre hurlement. Les femmes frissonnèrent.

Le hurlement n'était pas achevé que Conscience, triste mais résigné, paraissait du haut du perron avec son doux et mélancolique sourire sur les lèvres.

Les trois femmes jetèrent un cri.

Elles avaient compris que leur malheur était accompli !

Il s'approcha lentement, les enveloppant toutes trois pour confondre leur triple douleur dans un unique embrassement.

Puis, avec un accent dont il serait impossible de rendre la tristesse :

— Dix-neuf, dit-il, juste le chiffre de mon âge.

— Mon Dieu ! mon Dieu ! dirent les deux mères en tombant à genoux et en glissant entre les bras de Conscience, sommes-nous assez éprouvées?

Mariette resta debout, et seule, par conséquent, entre les bras de Conscience, qui la rapprocha vivement de sa poitrine en murmurant :

— Mort, ou vivant, Mariette, tu sais bien que je suis à toi.

Et pour la seconde fois les lèvres du jeune homme pressèrent celles de la jeune fille.

En ce moment, le père Cadet, revenant de chez son notaire, apparaissait au coin de la rue de l'Église, traînant son âne par la bride.

Il vit les deux femmes à genoux et les mains levées au ciel ; il vit Mariette, éperdue de larmes, dans les bras de Conscience, et devina tout.

— Ah! murmura-t-il, va-t-il donc en être de celui-ci comme de mon pauvre Guillaume?

Puis il ajouta en faisant un effort sur lui-même :

— J'aurais cependant bien donné cinq cents francs pour qu'il eût pris un bon numéro... là, foi d'homme!

XI

OU CEUX QUI ONT MAL JUGÉ LE PÈRE CADET ET BASTIEN REVIENDRONT PEUT-ÊTRE SUR LEUR COMPTE.

Napoléon était pressé d'avoir les trois cent mille conscrits : aussi le conseil de révision était-il fixé au dimanche suivant.

C'était un dernier espoir pour les deux mères, pour Mariette et pour le père Cadet; il leur semblait que leur pauvre innocent serait réformé, quoique, dans son orgueil maternel, Madeleine secouât quelquefois la tête en disant :

— Oh ! non, non ! ils ne le réformeront jamais : il est rop beau !

Quant à Conscience, depuis sa conversation avec le docteur Lécosse, il savait parfaitement à quoi s'en tenir sur ce sujet.

Aussi, lorsque les femmes parlaient de ce dernier espoir, se contentait-il de sourire tristement sans rien répondre, car, même pour consoler sa mère, un mensonge lui eût coûté.

La route de Villers-Cotterets à Haramont présentait un singulier spectacle. Haramont fournissait neuf jeunes gens. Sur ces neuf jeunes gens, cinq étaient tombés au sort. Haramont, on le voit, n'avait pas été trop maltraité.

Les quatre qui avaient échappé ou qui croyaient avoir échappé, car à cette malheureuse époque on n'était sûr de rien, revenaient avec leur numéro entouré de flots de rubans tricolores, cloué à leur chapeau, chantant, riant, dansant, faisant retentir la forêt des éclats de leur joie.

Parmi les cinq autres, deux avaient cherché dans l'ivresse une consolation à leur malheur, et chantaient, dansaient, criaient comme les autres, mais si tristement, si convulsivement, si douloureusement, qu'on eût dit des fantômes tirés du tombeau, et forcés de partager pour un instant la joie inconnue ou oubliée des vivans.

Les trois autres, qui avaient conservé leur sang-froid, et de ceux-ci était Conscience, revenaient sans bruit, sans rubans, sans éclat, humbles, modestes et chrétiens dans leur douleur...

Ceux qui avaient pris les bons numéros arrivèrent les premiers, apportant la nouvelle de leur joie, à eux, et de la tristesse des autres ; et, il faut le dire, quand on apprit que Conscience était tombé au sort, la douleur fut générale.

Conscience était si bon, si doux, si inoffensif, que chacun l'aimait.

Bastien était au cabaret lorsqu'il apprit la nouvelle ; Bastien, comme cela lui arrivait quelquefois, avait déjà bu plus qu'il ne convenait, et, les yeux animés, la langue agile, il entamait le récit de ses campagnes, coupant de temps en temps ce récit de tostes au vainqueur d'Austerlitz et de Wagram. Il portait le verre à sa bouche, après le cinq ou sixième toste, quand ces mots arrivèrent jusqu'à lui :

— Conscience est tombé au sort.

Il faut le dire, si près que fût le verre des lèvres du hussard, le verre ne toucha point ses lèvres.

— Comment dites-vous donc là-bas, à la porte? demanda-t-il.

Un des conscrits avança dans le cabaret sa tête enrubannée.

— Nous disons que Conscience est tombé au sort, dit-il, voilà tout.

— Voilà tout?... Morbleu ! s'écria Bastien en posant son verre sur la table, c'est bien assez, je présume ; c'est trop même, ajouta-t-il d'un air sombre, car c'est le malheur de deux familles !

Et, d'un air plus sombre encore :

— Pauvre Mariette ! dit-il, va-t-elle pleurer !

Et, se levant, sans toucher à son verre à moitié plein, sans regarder sa bouteille à moitié vide, il sortit du cabaret, et, s'adressant au joyeux groupe de ceux que le sort avait favorisés :

— Et où est-il, ce malheureux Conscience? demanda-t-il.

— Il vient derrière nous.

— Par la sente, ou par la grande route ?

— Par la sente.

— Bon ! je vais aller le consoler, si c'est possible.

Et il s'achemina vers la sortie du village.

Plus de cent personnes réunies attendaient à la sortie du village, et, de loin, à travers les arbres, on voyait venir le lent cortége.

Conscience marchait devant avec sa mère ; son cœur, si parfaitement complet comme appréciation de sentimens, avait compris que, dans un pareil moment, il se devait tout à sa mère.

Puis venaient dame Marie et Mariette.

Puis le père Cadet et quiot Pierre, montés tous deux sur l'âne, et silencieux comme les autres, quoique l'enfant ne comprît bien ni les causes ni l'importance de cette douleur.

Tout ce monde qui les attendait alla au-devant d'eux en les apercevant : Bastien le premier, Bastien en tête. Il lui avait semblé qu'il avait une foule de bonnes raisons à donner à Conscience, une foule d'horizons à lui ouvrir ; il lui avait semblé que ces raisons étaient si bonnes, ces horizons si joyeux, qu'il serait infailliblement consolé au bout de dix minutes de conversation avec lui ; mais en l'apercevant, il sentit sa langue comme paralysée ; et, ralentissant sa marche, il se laissa successivement rejoindre et dépasser, d'abord par les premiers, puis par ceux du milieu, puis enfin par les derniers ; et, en voyant la profonde tristesse des deux familles, il secoua la tête en disant :

— Je me trompais, il n'y a que le bon Dieu qui puisse quelque chose pour ces pauvres gens.

Tout le monde était de l'avis de Bastien, à ce qu'il paraît, car personne ne hasarda un mot de consolation ; on n'entendit que le bruit des sanglots et celui des « hélas ! »

Bastien n'était plus même sur leur route, il s'était rangé pour les laisser passer, résolu à ne pas même donner signe d'existence à Conscience, envers lequel il se sentait bien quelques petits torts, si Conscience ne faisait point attention à lui ; mais Conscience avait de grands yeux bleus auxquels rien n'échappait. Conscience aperçut Bastien, et lui qui lisait si bien dans les cœurs, il vit une telle compassion dans celui du hussard, qu'il quitta sa mère et marcha droit à lui.

Bastien le vit venir, et jeta un regard à droite et à gauche pour s'assurer si c'était bien pour lui que Conscience se dérangeait ; il n'y avait point à en douter : il était seul sur le bord du fossé, en dehors de tous les groupes.

Aussi marcha-t-il vers Conscience les bras étendus.

En même temps, il sentait un sentiment tout à fait inconnu qui s'emparait de lui et lui bouleversait le cœur.

— Ah ! mon pauvre Conscience ! mon pauvre Conscience ! s'écria-t-il en l'embrassant, tu vas donc partir, morbleu ! Tu es donc tombé au sort, mille tonnerres ! Ça n'est pas juste, en vérité Dieu !... Un brave garçon comme toi, la perle des bons enfans, quoi... qui m'a sauvé la vie à moi !... à moi Bastien, qui vous parle... Oui, à moi, continua le hussard en s'adressant aux paysans, qui le regardaient étonnés de cette expansion de sensibilité toute nouvelle chez lui ; à moi, la vie ! Oui, je disais toujours : « C'est Bernard ! » C'est vrai, en effet, que c'est Bernard qui m'a tiré de l'eau ; mais Bernard ne serait pas venu m'y chercher tout seul, dans l'eau ; plus souvent qu'il se serait mouillé les pattes pour moi, ah ! ouiche ! il ne m'aime pas assez pour cela ! Non, c'est ce bon Conscience qui l'a envoyé à mon secours... c'est lui qui m'a tendu la main... c'est lui qui... Tenez ! c'est comme le soir de l'incendie de Julienne : eh bien ! j'ai fait bien des bavardages, bien des vanteries depuis ; eh bien ! ce soir là encore, c'est Conscience qui a tout fait ; c'est Conscience qui a sauvé les chevaux, les bœufs, les moutons ; c'est Conscience qui a été chercher l'enfant au milieu des flammes ; car, voyez-vous, Conscience, c'est un gaillard qui a l'air de ne pas y toucher, n'est-ce pas ? eh bien ! moi, je le regarde comme le plus brave, comme le plus courageux, comme le meilleur de nous tous ! Tiens ! va, Conscience, car ta mère t'appelle, car ta mère t'attend... Mais c'est égal, vois-tu, tu as dans Bastien un ami, à la vie, à la mort ! et quand Bastien dit cela, c'est vrai ; et s'il trouve l'occasion de le prouver autrement que par des paroles, il le prouvera !... Va, Conscience... va !

Et il repoussa le jeune homme du côté de sa mère, qui l'attendait en effet, toute reconnaissante à Bastien de ce qu'il venait de faire, parce qu'elle sentait en effet que ce qu'il venait de faire était pour ainsi dire une éruption du cœur.

Les deux familles, comme d'habitude, à l'exception du père Cadet, rentrèrent à la chaumière de droite, et laissèrent la porte ouverte pour que toutes les sympathies pussent arriver jusqu'à ceux qui en étaient l'objet.

Tout à coup, au milieu de cette foule d'amis qui entouraient les pauvres désolés, une femme s'ouvrit un passage : c'était Julienne, la fermière de Longpré. Elle tenait son enfant dans ses bras. Elle vint droit à Conscience, qui était assis sur un escabeau près de sa mère, et déposant son enfant aux pieds du jeune homme :

— Conscience, dit-elle, aussi vrai que tu as sauvé la vie à cet enfant, je voudrais qu'il eût l'âge de partir à ta place ! Conscience, aussi vrai que tu lui as sauvé la vie, il partirait, non pas demain, non pas ce soir, mais à l'instant même, et, toi, tu resterais près de ta mère et de Mariette.

Et la pauvre mère prononça ces paroles avec un tel accent de reconnaissance, que tous les assistans éclatèrent en sanglots, et que Madeleine alla se jeter dans ses bras.

Bastien était en dehors, appuyé au bras de Catherine ; il avait vu ce qui venait de se passer ; il avait, à travers la porte, entendu ce qui venait d'être dit.

Il posa sa main sur le bras rond et potelé de Catherine.

— Tiens, dit-il, répondant à la pensée que venait d'éveiller dans son esprit l'action de Julienne ; en effet, mille noms d'un sabre ! c'est une idée, cela.

— Quoi ? demanda Catherine.

— Rien, la belle enfant... si ce n'est que, comme tu ne mourras probablement pas de chagrin de me perdre, ainsi que fera cette pauvre mère si elle est séparée de son enfant, je ne risque pas ta santé de te dire que je vais faire un petit voyage.

— Et où cela, mon Dieu ! demanda Catherine.

— Oh ! sois tranquille, pas loin, à Soissons, sous-préfecture de l'Aisne ; et, comme je présume que le père Mathieu ne me refusera pas un cheval, grâce au quadrupède, je serai de retour ici demain soir, ou après-demain matin au plus tard.

— Mais pour y rester, Bastien ?

— Qui sait ?

Et se dégageant du bras de Catherine :

— Allons ! mes amours, dit-il, embrassez-moi ; souhaitez-moi un bon voyage, et permettez-moi de décamper ; plus tôt je serai parti, plus tôt je serai revenu.

Catherine connaissait Bastien ; elle savait que, lorsqu'il avait logé une idée dans son cerveau, il n'était pas facile de l'en faire déloger. D'ailleurs Bastien parlait si souvent des belles connaissances qu'il avait dans les régimens ou dans les administrations, qu'elle crut qu'il avait, à Soissons, quelque belle connaissance à laquelle il pouvait recommander Conscience.

Et comme, au bout du compte, elle était bonne fille, elle ne fit, dans l'espérance d'un prompt et fructueux retour, aucune difficulté de laisser partir Bastien.

Ce que Bastien ne manqua pas de faire à l'instant même, ayant obtenu du père Mathieu le cheval qu'il désirait.

De son côté, le père Cadet était rentré chez lui, il avait reconduit Pierrot à son étable ; il avait retourné son sac vide, pour voir s'il ne restait pas au fond quelque écu caché ; puis, le voyant vide et bien vide, il l'avait enfermé dans un vieux bahut, et était revenu s'asseoir dans son grand fauteuil de bois, d'où, par la double porte ouverte, il voyait de chez lui ce qui se passait chez dame Marie.

Et, il faut le dire, ce qui se passait chez dame Marie l'attristait profondément.

Le père Cadet aimait à la manière des vieillards, pour lui-même. Le malheur qui frappait les autres n'était pas pour lui un malheur direct, mais un malheur de contrecoup. A la rigueur il n'éprouvait pas le besoin absolu de voir tous les jours Conscience et son chien, qu'il traitait parfois de fainéans tous les deux. Conscience se fût, dans des conditions ordinaires, éloigné trois mois, six mois, un an, en laissant dans la chaumière une certitude de retour, que le père Cadet eût dit, sans trop d'émotion, adieu à Conscience ; mais il n'en était pas ainsi. Conscience s'en allait, où ? l'on n'en savait rien, ou plutôt on le savait trop, à la boucherie. Il laissait, en s'en allant, des cœurs désespérés, des yeux en larmes, des voix plaintives. Tout cela dérangeait les vieilles habitudes du père Cadet, qui, au retour de sa terre, désirait trouver des visages rians et le souper prêt. C'était donc un changement dans sa vie, et il y a un âge où tout changement dans la vie est mortel ; avec ses soixante et dix-sept ans, le père Cadet était arrivé à cet âge-là.

Et puis, quoiqu'en disent les socialistes, l'idée de l'hériritage est un grand aiguillon pour l'homme. Amasser, pour laisser à un enfant qui amassera à son tour, et laissera au sien le double de ce qu'on lui a laissé à lui; s'endormir du sommeil éternel, dans l'espérance qu'une terre de trois, quatre, cinq ou six arpens fera la boule de neige, deviendra une propriété aux mains du fils, un domaine aux mains du petit-fils, un fief aux mains des descendans, c'est là un de ces rêves de l'orgueil qui berce doucement le passage de ce monde dans l'autre, et le père Cadet voyait ses neuf arpens, sur lesquels il ne devait que seize cents francs qu'il pouvait payer parfaitement en deux années, grandir aux mains de Conscience, et, comme un tapis d'or, grandissant toujours, couvrir aux mains de ses descendans toute la plaine de Largny; ce qui lui faisait un horizon de froment, de trèfles et de colzas des plus agréables, comme étendue et comme variété de couleur.

Or, Conscience parti et tué; or, lui, le père Cadet, mort, à qui revenaient ces neuf arpens? réalité à laquelle le rêve donnait une si magnifique extension; — à Madeleine, qui mourrait sans enfans, et qui léguerait en mourant sa terre non augmentée; car quelle augmentation pouvait faire une femme seule; et puis, fît-elle des augmentations à cette terre, à qui serviraient ces augmentations, puisque l'héritage sortirait de la famille?

Ce n'est point que le père Cadet n'eût eu dans sa vie quelque inquiétude à l'endroit de ce qu'il appelait la fainéantise de Conscience; mais cette fainéantise qu'il reprochait au jeune homme, le père Cadet n'était pas bien sûr qu'elle fût réelle, et que Conscience ne produisît pas plus dans les trois ou quatre heures de travail auxquelles il se laissait aller, pour ainsi dire, dans la journée, que lui, père Cadet, dans la journée tout entière. Il avait vu, certains jours où il était forcé d'aller au marché de Villers-Cotterets, de Crépy ou de Compiègne, pour vendre ou acheter du grain, il avait vu Conscience aller à sa place à la terre avec Pierrot et Tardif, soit que la terre eût besoin d'être labourée, soit qu'elle eût besoin d'être hersée, et, le lendemain, il avait trouvé la terre si avancée, que l'on n'eût pas cru que c'était un seul jour de travail, mais deux jours, mais trois jours, qui venaient de passer sur elle. Alors le père Cadet s'était étonné, s'était émerveillé, s'était enquis à Conscience des causes de la célérité de ce travail, et Conscience avait tout bonnement répondu : « J'ai chanté aux bêtes, père Cadet, et les bêtes ont bien travaillé. » Et comme à cette réponse le père Cadet n'avait rien compris, quoiqu'il y eût réfléchi longtemps, un jour de labourage il avait emmené Conscience avec lui. Arrivé à la terre, l'âne et le bœuf attelés à la charrue, il s'était assis sur une borne, et avait dit à Conscience : « Voyons! petit, chante donc aux bêtes, que je voie comment tu t'y prends. » Et Conscience, à l'instant même, avait placé Tardif et Pierrot sur la ligne qu'il voulait parcourir, avait placé à l'extrémité de cette ligne, pour leur servir de guide plutôt qu'à lui, une baguette d'épines, et était revenu s'asseoir tranquillement sur la charrue, les pieds appuyés au soc, pesant sur l'instrument de tout son poids au lieu de peser de toute sa force, ce qui est moins fatigant, et il avait commencé une chanson, ou plutôt un air doux et monotone, qui avait paru au père Cadet tout à fait dans le double caractère de Pierrot et de Tardif, et qui était si bien dans leur caractère, en effet, que tous deux, sur cet air, s'étaient mis, sans avoir besoin le moins du monde d'être excités par l'aiguillon, à tirer à qui mieux mieux, faisant double besogne de celle qu'ils faisaient lorsqu'ils étaient guidés par le père Cadet; ce qui avait tant donné à réfléchir à celui-ci, que, le lendemain, le vieillard, qui croyait bien la veille que personne n'avait rien à lui apprendre en agriculture, voyant les résultats obtenus, avait voulu, abandonnant la méthode Cadet, adopter la méthode Conscience. En conséquence, il avait attelé Pierrot et Tardif à la charrue; il avait été planter à l'extrémité de sa pièce la même baguette d'épines; il était revenu s'asseoir sur la charrue au même endroit où s'était mis Conscience, et avait essayé d'entonner le même air. Mais soit à l'attelage, soit à la baguette, soit à la manière dont le père Cadet était assis, soit probablement et surtout à cette chanson avec laquelle, comme le disait Conscience, il chantait aux bêtes, il manquait sans doute quelque chose, et même quelque chose de première importance, car le père Cadet, du haut de sa charrue, comme un empereur romain du haut de son char, eut beau chanter, interrompre sa chanson par du dialogue, et même son dialogue par des jurons, ni Tardif ni Pierrot ne bougèrent, et le père Cadet, après avoir perdu une heure en essais infructueux, fut obligé de revenir à la vieille méthode, c'est-à-dire à la méthode Cadet, que le vieillard était au fond de son cœur obligé de s'avouer être inférieure à la méthode Conscience.

Le père Cadet réfléchissant donc que si, au lieu de partir, Conscience restait; que si, au lieu d'être tué, Conscience vivait; que si, au lieu d'être obligé, lui père Cadet, de tout laisser à Madeleine, il trouvait dans Conscience son héritier naturel, malgré cette fainéantise dont se plaignait parfois le père Cadet pour se plaindre de quelque chose, tout prospérerait bien certainement aux mains de Conscience, qui semblait dans tout ce qu'il faisait être secondé par la bénédiction de la Providence.

Donc, si le père Cadet se décidait à faire un sacrifice momentané pour garder Conscience près de lui, ce sacrifice serait facilement racheté par l'application des facultés de Conscience au travail du labour et du hersage.

Il en résulta que, le lendemain, après avoir passé la nuit à écouter les sanglots de Madeleine, le père Cadet se leva au jour, et, avant même que Conscience et Mariette, fidèles jusqu'à la fin à leurs habitudes, fussent partis avec Bernard, il avait fait sortir Pierrot de l'écurie, lui avait mis la bâtière sur le dos, et était parti lui-même pour la ville.

C'est ainsi qu'à Haramont on appelle pompeusement Villers-Cotterets.

Maintenant, qu'allait faire à Villers-Cotterets le père Cadet? et qu'était allé faire Bastien à Soissons?

C'est ce que nous apprendrons probablement dans le prochain chapitre.

XII

CE QUE LE PÈRE CADET AVAIT ÉTÉ FAIRE A VILLERS-COTTERETS.

Quoique le père Cadet soit parti le dernier, comme c'est lui qui accomplit la course la plus courte et qui, par conséquent, sera le premier de retour, qu'on nous permette de le suivre d'abord et de nous occuper de ce qu'il va faire presque en cachette à Villers-Cotterets.

Le père Cadet et Pierrot arrivèrent à Villers-Cotterets au petit jour : tous deux firent leur entrée par la rue de l'Église, descendirent jusqu'à la grande place, prirent la rue de Soissons, et s'arrêtèrent à l'angle de la rue, à gauche de la ruelle du Pieux.

Tous deux étaient arrivés à la porte de l'étude de maître Niguet.

Le père Cadet, qui était assis de côté et à la manière des femmes, comme ne manquent jamais de faire nos vieux paysans de la Picardie, qui sont bien convaincus que les femmes ne s'assoieraient pas ainsi si ce n'était pas la meilleure manière de s'asseoir, le père Cadet se laissa glisser jusqu'à terre, attacha Pierrot au contrevent de maître Niguet, et frappa à la porte.

Ce fut madame Niguet qui vint lui ouvrir; elle reconnut le vieillard.

— Eh! bon Dieu! père Cadet, lui demanda-t-elle, que venez-vous donc faire à pareille heure? Est-ce qu'hier, dans votre compte, vous vous seriez trompé? Est-ce que vous auriez donné à mon mari un écu de trop?

— Non, madame Niguet, répondit le vieillard, non, cela ne m'est jamais arrivé de donner un écu en moins ou en trop; je compte toujours deux fois : c'est une bonne précaution, attendu qu'à la rigueur on peut se tromper la première fois; non, je ne viens point pour cela, je viens pour parler d'affaires à monsieur Niguet.

— Mais c'est donc d'affaires pressées, que vous venez à sept heures et demie du matin?

— Très pressées, madame Niguet. Ainsi faites-moi entrer, je vous prie, dans l'étude.

— Mais, dans l'étude, mon cher monsieur Cadet, il n'y a encore personne, pas même le saute-ruisseau.

— Je n'ai point affaire au saute-ruisseau, ma bonne dame; j'ai affaire à monsieur Niguet.

— Mais le poêle n'est pas allumé, et vous gèlerez.

— Je n'ai jamais froid.

— Pourquoi ne venez-vous pas ici pendant que monsieur Niguet se lève?

— Ah! voilà; parce que je crois que c'est Mariette qui vous approvisionne de lait, n'est-ce pas, madame Niguet?

— Oui, Mariette... une charmante fille.

— Je crois qu'elle vous apporte son lait accompagnée de Conscience?

— Oui, votre petit-fils, un charmant garçon. Malheureusement...

Madame Niguet s'arrêta, de peur de faire de la peine au père Cadet.

— Malheureusement, reprit celui-ci, un pauvre idiot, n'est-ce pas, madame Niguet!

— Dame! père Cadet, je ne suis pas la première qui vous le dis, n'est-ce pas?

— Non, bien certainement. Eh bien! madame Niguet, je ne veux pas que Conscience me voie.

— Ah! ah!

— Non.

— Eh bien! Pierrot qui est à la porte... Il va reconnaître Pierrot.

— Vous avez, ma fine, raison! N'avez-vous pas une cour qui donne dans le Pleux?

— Oui.

— Eh bien! faisons-y entrer Pierrot; nous fermerons la porte derrière lui, et Conscience ne le verra pas.

— Bon, je vais éveiller monsieur Niguet; prenez Pierrot par la bride, tournez par le Pleux, vous trouverez la porte de la cour ouverte, et, de la cour, je vous introduirai dans l'étude.

— C'est dit, madame Niguet, c'est dit.

Et le père Cadet, prenant Pierrot par la bride, tourna par le Pleux, entra dans la cour dont il trouva la porte ouverte, et fut introduit dans l'étude où il trouva monsieur Niguet enveloppé d'une robe de chambre de futaine, coiffé d'un bonnet de coton assuré sur sa tête avec un ruban Pompadour, et chaussé de pantoufles brodées par madame Niguet, il y avait quelque vingt ou vingt-cinq années.

Le dessous du costume n'étant pas descriptible, nous n'essaierons pas de le décrire.

Monsieur Niguet, tout au contraire de certaines gens qui ont le réveil maussade, était toujours de bonne humeur quand sa femme le réveillait; car il connaissait sa femme, et savait qu'elle ne l'eût pas éveillé pour rien.

Il accueillit donc à merveille le visiteur matinal.

— Eh! c'est le père Cadet, dit-il joyeusement; asseyez-vous et causons, père Cadet.

— Monsieur Niguet et la compagnie, j'ai bien l'honneur de vous saluer, dit le père Cadet.

Monsieur Niguet ne regarda pas même autour de lui pour savoir à quelle *compagnie* le père Cadet s'adressait : c'était la manière de saluer du père Cadet, que la personne qu'il visitait ou rencontrait fût seule ou en compagnie.

Il trouvait cela plus joli que de dire monsieur tout court.

— Asseyez-vous, asseyez-vous.

— Oh! je vous remercie, monsieur Niguet, je ne suis pas fatigué.

Et le père Cadet s'assit, attendu qu'il ne parlait ainsi que par suite de son système de politesse.

— Eh bien! voyons, père Cadet, dit monsieur Niguet, lorsque son client fut assis, vous voilà donc à Villers-Cotterets?

— Eh! mon Dieu! oui, maître Niguet.

— Pour une affaire?

— Pour une affaire, oui.

Et le père Cadet poussa un gros soupir.

— Ah çà! dit maître Niguet en riant, est-ce que nous voulons acheter tout le terrain de Largny?

Le père Cadet tourna tristement la tête sur ses épaules.

— Oh! non pas, maître Niguet, au contraire.

— Voudriez-vous vendre?

— Peut-être bien que j'y serai forcé; mais, cependant, je ne voudrais pas vendre non plus... oh! non, je ne voudrais pas vendre!

— Que voulez-vous donc alors? demanda le notaire, qui ne voyait pas où le vieillard voulait en venir.

— Alors je disais donc, maître Niguet, que... vous savez bien, n'est-ce pas, que c'était hier le tirage?

— Oui, et même que votre pauvre Conscience est tombé au sort.

— Oui, maître Niguet.

— Ce qui m'a fait bien de la peine, je vous juré.

— Vous êtes trop bon, maître Niguet et la compagnie, dit le père Cadet; oui, il est tombé au sort, pauvre enfant?

— Le numéro 19, je crois?

— Le numéro 19, oui... Alors j'avais donc dit, le jour où le tirage avait été annoncé : Ma fine! je donnerais bien cent écus pour que Conscience prît un bon numéro.

— Ah! vous avez dit cela, père Cadet?

— Oui, foi d'homme! j'avais dit cela : de sorte qu'hier, quand il est tombé, il faut vous avouer, là, en conscience, que cela m'a fait tant de peine que j'ai dit : « Vingt dieux! je donnerais bien cinq cents francs pour que le pauvre Conscience ne fût pas tombé au sort. »

— Diable! vous aimez donc bien votre petit-fils?

— Je l'aime beaucoup, oui, maître Niguet; ah! je l'aime beaucoup tout de même.

— Quoique...

Maître Niguet comprenant qu'il avait entamé une phrase qui pouvait être désagréable au père Cadet, s'arrêta; mais le père Cadet reprit tranquillement la phrase où maître Niguet l'avait abandonnée :

— Quoiqu'il soit idiot?... oui, maître Niguet.

— C'est bien de votre part, cela, père Cadet.

— Je ne sais pas si c'est bien, mais c'est comme ça. Eh bien! alors, voilà la chose, maître Niguet : comme un honnête homme n'a que sa parole, même quand cette parole n'est engagée que vis-à-vis de lui-même, ce matin je me suis levé avec le jour et je me suis dit comme cela : « Eh bien! je vais monter sur Pierrot et aller trouver maître Niguet. » Et me voilà!

— Eh bien! après? demanda le notaire, qui s'impatientait de ne pas voir arriver l'affaire en question.

— Eh bien! après... voilà, quoi! maître Niguet : j'ai dit que je donnerais bien cinq cents francs pour que Conscience ne partît pas.

— Eh bien! après? répéta avec une impatience croissante maître Niguet.

— Eh bien! répondit le père Cadet avec son même flegme, je suis prêt à les donner, voilà.

Maître Niguet commençait à comprendre.

— Ah! ah! fit-il, c'est-à-dire que vous voudriez que Conscience ne partît pas.

— Je donnerais cinq cents francs pour cela, quoi!

— Ah ! diable! pauvre père Cadet, je comprends; mais, voyez-vous, cinq cents francs, ce ne serait point assez.

— Ça ne serait point assez! vous croyez?

— Non.

— J'avais bien pensé à cela, dit le père Cadet avec un soupir, aussi ma résolution était prise tout bas. Dame! j'aimerais mieux, vous comprenez, maître Niguet, en être quitte avec cinq cents francs; mais s'il le faut absolument, voyez-vous...

— Eh bien? demanda le notaire, qui étudiait en observateur la lutte que se livraient l'avarice et la paternité dans le cœur du vieillard.

— Eh bien! s'il le faut absolument, dit le père Cadet d'une voix étouffée, j'irai jusqu'à mille.

Maître Niguet secoua la tête.

Le père Cadet vit le mouvement.

— Hein ! fit-il.

— Père Cadet, dit le notaire, n'arrêtez plus votre esprit là-dessus, laissez faire Dieu ; de plus riches que vous ont été forcés d'y renoncer. Vous avez fait ce que vous deviez faire, plus même; car, vous le savez, l'intention est réputée pour le fait. Soyez donc en paix avec votre conscience.

— Eh! oui, dit le père Cadet... Vous dites donc que c'est trop cher, n'est-ce pas?

— Oui.

— Et qu'il n'y faut pas penser?

— Non.

Le père Cadet se leva.

— Merci, monsieur Niguet, fit-il. Dame! voyez-vous, j'étais venu à vous, moi, comme à un confesseur; mais si c'est trop cher pour ma pauvre bourse...

— C'est trop cher, père Cadet.

— N'en parlons plus alors... Adieu, monsieur Niguet.

Et le père Cadet, à pas lents, se grattant l'oreille, alla jusqu'à la porte, posa la main sur le bouton, puis revenant :

— Ça irait peut-être jusqu'à quinze cents francs, n'est-ce pas, monsieur Niguet?

Le notaire lui prit une main dans les deux siennes.

— Ça irait plus loin que cela, cher papa Cadet.

— Ah ! c'est que, voyez-vous, je sais bien que quinze cents francs c'est une somme, reprit le père Cadet; mais enfin, voyez-vous, on n'a qu'un enfant, et si, pour quinze cents francs, je pouvais racheter la vie de mon pauvre Conscience, et en même temps empêcher sa mère, la pauvre Madeleine, de mourir de faim..... Eh bien! dame! là, je dirais : Que voulez-vous? c'est quinze cents francs perdus... mais comme au bout du compte, vous comprenez bien, maître Niguet, c'est à lui que la terre reviendra après ma mort, eh bien! ce serait à lui de travailler pour rattraper les quinze cents francs perdus. Mais si c'est plus de quinze cents francs..... Ce serait donc plus de quinze cents francs, maître Niguet?

— Ce serait plus que votre terre tout entière en la vendant ne pourrait donner, mon pauvre père Cadet.

Le vieillard resta tout abasourdi.

— Comment! dit-il, qu'est-ce que vous dites donc là? ma terre tout entière... ma terre que depuis quinze ans je laboure moi-même, je herse moi-même, je sème moi-même, je fume et je moissonne moi-même..... ma terre tout entière ne suffirait pas?

— Non, mon ami. Ainsi n'y pensez donc plus.

— Ah! maître Niguet, il faudra donc qu'il parte, le pauvre Conscience?

— Il faudra qu'il parte, si le conseil de révision le juge bon.

— Oui. Et le conseil de révision le jugera bon.

—C'est probable. Que voulez-vous? ce n'est pas l'intelligence qu'ils cherchent, tous ces gaillards-là! c'est la santé, la force. Pour apprendre à faire demi-tour à droite, demi-tour à gauche, et la charge en douze temps, il ne faut pas être un homme de génie comme monsieur Racine, ou un homme d'esprit comme monsieur Demoustier. Attendez-vous donc à ce que Conscience parte, mon pauvre père Cadet.

— Dame! reprit le vieillard les yeux fixes et la respiration suspendue comme s'il étouffait, dame! il faudra bien que je m'y attende, puisque même en vendant la terre tout entière ça ne l'empêcherait pas de partir.

Et il resta immobile et comme prêt à défaillir.

— Eh bien! père Cadet, eh bien! demanda le notaire, qu'est-ce que c'est donc que cela?

— Oh! maître Niguet, dit le bonhomme en secouant lentement et tristement la tête, savez-vous ce que vous venez de faire là?

— Non, mon ami.

— Eh bien! vous venez de nous donner le coup de la mort, à Madeleine et à moi.

— Allons donc! père Cadet.

— Oui... car il sera tué comme Guillaume, voyez-vous, le pauvre Conscience! Comment voulez-vous qu'il se défende, d'ailleurs? un innocent! Et le pauvre Conscience tué, sa mère en mourra. Alors, Madeleine morte, que voulez-vous que je fasse dans ce monde, moi?... et puis, je serai bien assez vieux pour mourir; de sorte que la terre, elle, appartiendra... à qui? aux Manscourt de Pisseleux ou de Vivières, à des cousins éloignés. Voilà pourquoi je me disais en venant chez vous : Dame ! si en vendant la terre on pouvait sauver le cher enfant?... Eh bien! continua le père Cadet avec le plus douloureux soupir qu'il eût encore poussé, peut-être que le mieux eût été de vendre la terre?... Allons, allons, adieu, maître Niguet et la compagnie! je ne vous en suis pas moins reconnaissant, je ne... Bon! voilà que je ne sais plus ce que je dis, et que je ne trouve plus la porte... Ah! mon Dieu! tout tourne, maître Niguet, tout tourne, et il me semble que je vais mourir... Foi d'homme! je meurs. Adieu, maître Niguet et la compagnie... a...di...eu!

Et le père Cadet, après avoir chancelé un instant, tomba écrasé par le poids de son émotion entre les bras de maître Niguet, qui l'assit dans un fauteuil en appelant sa femme à son aide, juste au moment où elle disait à Conscience :

— Mon bon ami, êtes-vous bien sûr de l'amitié du père Cadet?

— Pourquoi cela, madame?

— Parce que j'ai l'idée, comme cela, qu'il a envie de vous déshériter.

Mais Conscience secoua doucement la tête, et s'en alla sans rien craindre de ce côté-là.

Il refermait la porte de la rue derrière lui et Mariette, lorsque madame Niguet entendit son mari qui l'appelait.

Ce qui avait fait naître cette fâcheuse idée dans l'esprit de madame Niguet, c'était la précaution que le père Cadet avait prise de cacher à son petit-fils sa présence chez le notaire, et le soin qu'il avait eu de faire rentrer Pierrot dans la cour.

Aussi courut-elle aux cris de son mari, en se répétant à elle-même.

— Quoi que dise le pauvre Conscience, il y a quelque chose là-dessous.

Il y avait là-dessous que le père Cadet venait d'être frappé d'une attaque d'apoplexie, qui eût bien certainement été mortelle si l'on n'eut à l'instant même envoyé chercher ce bon docteur Lécosse, qui par bonheur arriva à temps pour saigner le vieillard; saignée qui, à cette époque où l'homœopathie n'était pas encore inventée, se présentait comme le seul remède à faire contre l'apoplexie.

XIII

CE QUE BASTIEN ÉTAIT ALLÉ FAIRE A SOISSONS.

Bastien, comme nous l'avons dit, avait emprunté un cheval au voisin Mathieu, avait sauté dessus et l'avait lancé au grand trot sur la route de Soissons.

Mais, quoiqu'il n'eût mis que deux heures et demie à faire les sept lieues qui le séparaient de la vieille ville mérovingienne, il n'en était pas moins arrivé comme la nuit était tombée, et par conséquent après la fermeture des bureaux.

Il en avait pris son parti, était descendu à l'hôtel des *Trois-Pucelles*, et avait attendu au lendemain.

Le lendemain, à l'ouverture des bureaux, il s'était présenté à la sous-préfecture, et avait si bien fait qu'il était arrivé jusqu'au sous-préfet lui-même.

Le sous-préfet était un de ces fournisseurs de chair humaine comme il en fallait à celui qui dévora tant d'enfans, qu'on ne trouva pas d'autre nom à lui donner, quand il fut tombé, que celui d'*ogre de Corse*.

Donc, dans tout homme qui lui apparaissait, notre fonctionnaire public voyait une créature soumise, pour le présent ou pour l'avenir, à la loi du recrutement; par conséquent, une chose à lui appartenant, et dont il avait le droit de disposer au profit du gouvernement.

Il y avait sur ce point une grande émulation parmi les sous-préfets de 1813 et de 1814 : c'était à qui fournirait le plus d'hommes; il y en avait qui ne se contentaient pas de fournir le contingent, qui le dépassaient.

Ceux-là étaient nommés préfets d'emblée.

Notre sous-préfet mourait d'envie d'être nommé préfet.

Aussi, dès qu'il sut que Bastien demandait à lui parler pour affaire de recrutement, au lieu de se refuser à le recevoir ou de lui faire faire antichambre, il ordonna qu'on l'introduisît immédiatement.

Bastien entra, les bras arrondis, le colbach sur l'oreille, le dolman sur l'épaule, la croix au côté, et faisant sonner ses éperons en homme qui connaît son importance.

Le sous-préfet était debout devant la cheminée, une main dans son gilet, le jarret tendu, le nez au vent.

On savait que c'était ainsi que d'habitude recevait l'empereur, et tout le monde, surtout l'estimable classe des fonctionnaires publics, classe de tout temps fort indépendante, avait l'ambition de se modeler sur lui.

Il examina Bastien d'un coup d'œil rapide et connaisseur, reconnut un homme de vingt-huit à trente ans, petit de taille, et bon à la fois pour le service de trois ou quatre armes différentes.

D'ailleurs, sous ce rapport, Bastien paraissait avoir fait son choix, puisqu'il apparaissait au sous-préfet sous son uniforme de hussard.

— Monsieur le sous-préfet, dit Bastien en se dandinant, la main collée à son colbach, j'ai pris la liberté de vous importuner pour vous dire...

— Oui, mon ami, interrompit le sous-préfet, je comprends; pour me dire que vous vous trouvez dans des conditions de rappel, et que vous désirez rejoindre votre régiment, n'est-ce pas?

— Non, monsieur le préfet. Vous faites erreur.

— On va vous délivrer votre feuille de route; ce n'est pas moi que cela regarde, mais n'importe, vous avez bien fait de vous adresser à moi. Sa Majesté l'empereur et roi a besoin d'hommes, et il est de notre devoir de faciliter à tout militaire la reprise du service.

— Pardon! pardon! mon sous-préfet, dit Bastien; non, il ne s'agit pas de rappel; on a son congé définitif, avec sa pension de retraite et sa croix, comme vous pouvez voir, par conséquent le droit de rester les pieds croisés sur le chenets dans ses foyers respectifs. Voici la pancarte parfaitement en règle, ornée de son poulet d'Inde en manière de frontispice; et si je suis venu vous trouver en uniforme, c'est que je trouve que l'uniforme me favorise dans mes agrémens naturels.

— Alors que voulez-vous? que désirez-vous? parlez.

— Ce que je veux, ce que je désire, mon sous-préfet, j'allais vous en faire part quand vous m'en avez empêché en me coupant intempestivement la parole.

— Comment, intempestivement? répéta le sous-préfet en fronçant le sourcil.

— Pardon, mon sous-préfet, mais le mot intempestivement est une façon de parler dont nous nous servions au régiment pour dire à tort, sans raison, intempestivement enfin.

— Alors, expliquez-vous... Qu'alliez-vous dire si je ne vous eusse pas intempestivement coupé la parole, comme vous disiez au régiment?

Bastien regarda le sous-préfet dans le blanc des yeux, pour savoir s'il n'y avait pas quelque insulte cachée dans les paroles du fonctionnaire public.

— Oui, dit-il, oui, au rrrégiment nous disions cela... aussi, ah! nom d'un nom! au rrrégiment c'était le plaisir.

— J'attends, monsieur le hussard, dit le sous-préfet, que vous veuillez bien m'apprendre dans quel but vous m'avez fait le plaisir de me déranger.

— Si vous m'aviez laissé dire, vous le sauriez déjà. Je vous ai dérangé pour vous annoncer que je suis du village d'Haramont.

— Qu'est-ce que c'est que cela, le village d'Haramont?

— Comment! vous ne savez pas ce que c'est que le village d'Haramont et vous êtes sous-préfet du département de l'Aisne? Ah! bon, en voilà un drôle de sous-préfet...

Le sous-préfet avait bonne envie de sonner deux domestiques et de faire mettre Bastien à la porte: mais Bastien avait son sabre à la ceinture et sa croix au côté, et, à cette époque où les sabres etaient tirés pour des batailles sérieuses, et où les croix ne pleuvaient pas tous les matins par averse dans le *Moniteur*, c'était quelque chose, même en présence d'un personnage aussi important qu'un sous-préfet dans une sous-préfecture, que d'avoir un sabre à la ceinture et une croix au côté.

Au lieu d'engager une polémique avec Bastien, le sous-préfet alla donc à un tableau cloué contre le papier du cabinet, et cherchant des yeux et du doigt à la fois :

— Heu! heu! heu! Haramont, c'est cela ; canton de Villers-Cotterets, soixante-six feux, quatre cents âmes; levée de 1814, neuf conscrits.

— Bon! dit Bastien, vous savez maintenant ce que c'est qu'Haramont; nous allons pouvoir causer.

— Neuf conscrits, répéta le sous-préfet; eh bien! a-t-il fourni les neuf conscrits, votre village?

— Mon village fournira ce qu'il doit fournir, dit Bastien, piqué des manières du sous-préfet, et la preuve, c'est qu'il a tiré à la conscription hier; je viens même ici pour cela.

— Mais alors dites donc pourquoi vous venez.

— Puisque je vous le dis : je viens pour cela!

— Comment, pour cela?

— Oui, pour la conscription.

— Allons donc! vous n'êtes pas conscrit, puisque vous avez votre congé.

— Prenez garde, mon sous-préfet, vous n'engendrerez jamais, vous êtes trop vif, comme on dit au rrrégiment.

Le sous-préfet fit un mouvement d'impatience.

— Oh! du calme, du calme, dit Bastien; quand je dis que je viens pour cela, je viens pour remplacer un de ceux qui sont tombés.

— Alors, accouchez tout de suite! C'est bien; vous venez donc, dites-vous, pour remplacer un de ceux qui sont tombés?

— Oui.
— Ainsi, vous vous vendez?
— Non, monsieur le sous-préfet, je me donne,
— Comment!.. vous vous donnez? fit le sous-préfet étonné.
— En ai-je le droit, oui ou non?
— Sans doute.
— Si j'en ai le droit, il n'y a pas de mais; donc, vous entendez, je me donne... à la condition cependant que celui à qui et pour qui je me donne ne partira pas.
— C'est trop juste, puisque vous partez en son lieu et place.
— En son lieu et place, c'est cela! Ainsi donc, enregistrez-moi et expédiez-moi; le plus tôt sera le mieux... puisque vous dites que le Petit Tondu a tant besoin d'hommes, il ne faut pas le faire attendre.
— Comment! le Petit Tondu?
— C'est comme cela que nous l'appelions dans le temps. Dame! peut-être cela ne l'arrangerait-il plus dans le quart d'heure actuel? Il se peut qu'il soit devenu plus fier aujourd'hui qu'il ne l'était dans ce temps-là; ça ne me regarde pas. Si on le rencontre, on l'appellera Votre Majesté... Mais nous battons légèrement la campagne; revenons à nos moutons, s'il vous plaît.
— Ah çà! demanda le sous-préfet, mais c'est donc votre parent, votre neveu, votre frère, celui que vous voulez remplacer?
— Ce n'est rien de tout cela.
— Et vous feriez un pareil sacrifice à un étranger?
— D'abord Conscience n'est pas un étranger; c'est... c'est Conscience, quoi!
— Il s'appelle Conscience?
— Oui; ça vous étonne?
— En vérité, ces paysans ont parfois de singuliers noms.
— Oui, n'est-ce pas? On n'en donne pas de pareils aux gens des villes.
— Et vous êtes bien décidé à partir pour Conscience?
— Très décidé.
— Vous avez fait toutes vos réflexions?
— Parbleu!
— C'est bien! on va vous donner un mot pour le docteur, afin qu'il s'assure si vous n'avez pas quelques infirmités.
— Eh! dites donc, monsieur le sous-préfet!..
— Eh bien?
— Eh bien! il me semble que l'on n'a pas l'air d'un infirme.
— N'importe, c'est une formalité.
— Oh! si c'est une formalité, on n'a rien à dire; on la subira.
Et Bastien attendit tranquillement que le sous-préfet eût écrit sa lettre.
— Tenez, dit le sous-préfet, quand il eut écrit, plié et cacheté sa lettre, portez ce billet au docteur. Mais qu'est-ce donc que vous avez là à la main?
— Oh! ne faites pas attention, dit Bastien en reportant sa main droite derrière lui, et en allongeant la main gauche pour prendre le billet.
— Non, dit le sous-préfet, pas à cette main-ci... à l'autre. Il me semble qu'il vous manque deux doigts.
— Eh bien! après? Certainement qu'ils me manquent On ne peut pas me les avoir coupés et qu'ils y soient encore.
— Ah! mais, c'est que, si vous avez les deux doigts coupés, c'est un cas de réforme.
— Comment! un cas de réforme?
— Sans doute, un seul suffirait. Ah! vous comprenez; Sa Majesté l'empereur et roi veut des hommes complets.
— Oh! oh! monsieur le sous-préfet, vous êtes bien vétilleux, ce me semble.
— Si vous partiez pour votre compte, mon cher ami, on n'y regarderait peut-être pas de si près; mais vous voulez partir pour un autre qui a probablement tous ses membres, et raisonnablement nous ne pouvons pas accepter le troc.
— Hein! c'est-à-dire que vous me refusez?
— Je dis que vous n'êtes plus bon pour le service militaire.
— Ah! mille tonnerres! on vous donnera des gaillards bâtis comme moi pour que vous marchandiez avec eux.
— Mon cher ami, il fallait commencer par me montrer votre main; on n'aurait pas marchandé avec vous; on vous eût dit tout de suite: « Ce n'est pas possible, » et c'eût été fini.
— Si bien que vous ne voulez pas de moi au lieu et place de Conscience?
— Désespéré de vous être désagréable, mon cher monsieur; mais c'est impossible.
— De sorte que le pauvre Conscience partira?
— Dame! à moins qu'il ne lui manque quelque chose comme à vous, c'est probable.
— Vous ne savez pas que c'est le désespoir de toute une famille que vous causez là!
— Peuh!
— Que sa mère en mourra!
— Bah! si toutes les mères en étaient mortes, on n'en rencontrerait pas tant en deuil.
Bastien demeura effrayé devant le cynisme de cette réponse.
— C'est bien! dit-il avec une certaine dignité dont on l'eût cru incapable; Dieu m'est témoin que j'ai fait tout ce que j'ai pu pour sauver ces braves gens du désespoir, et vous pour les y maintenir; Dieu nous jugera selon nos mérites. Adieu, monsieur le sous-préfet.
Et il sortit.
— Ah çà! dit le sous-préfet en le regardant s'en aller, ce drôle-là ne sait donc pas qu'avant trois mois il sera rappelé sous les drapeaux pour son propre compte, et que si j'acceptais l'offre qu'il vient de me faire, ce serait un homme que j'escamoterais au gouvernement?

XIV

LES RENSEIGNEMENS.

Le père Cadet avait été ramené sur son âne à Haramont par le saute-ruisseau de maître Niguet.
Ce fut une diversion à la douleur de la pauvre famille que cette nouvelle douleur.
Le docteur Lécosse avait fait accompagner le vieillard d'une prescription qu'il s'agissait de suivre avec la plus grande ponctualité.
Malgré la promptitude et l'efficacité des soins donnés, comme l'épanchement sanguin avait eu lieu à droite, le côté gauche était menacé d'une paralysie complète, et la langue, épaissie, avait peine à articuler quelques sons.
Cependant le docteur Lécosse promettait une amélioration, mais toutefois sans garantir une guérison radicale. Ce qu'il y avait de plus clair dans tout cela, c'est que le père Cadet devenait incapable de continuer à cultiver sa terre, juste au moment où le départ de Conscience allait, les bras du père Cadet demeurant paralysés, laisser cette terre inculte.
Mais c'était là le malheur à venir, et personne, excepté peut-être le père Cadet, dans son pauvre cerveau troublé, personne ne voyait au delà du malheur présent.
Bastien revint au village deux heures après le retour du père Cadet. L'accident arrivé au pauvre vieux bonhomme était le bruit de tout Haramont; ce fut la première nouvelle dont on le salua.
— Bon! il ne leur manquait plus que cela, dit-il.
Et il vint à la chaumière de gauche s'informer de la

santé du père Cadet, sans dire un mot ni de son voyage à Soissons, ni de la cause de ce voyage.

Seulement, de temps en temps, ce qui ne lui arrivait jamais auparavant qu'avec orgueil, il regardait sa main mutilée avec douleur, en disant :

— Maudite main, va !

Le lendemain, Mariette et Conscience allèrent porter leur lait à la ville et revinrent à l'heure accoutumée.

En entrant dans la chaumière, Conscience, sans paraître remarquer ni sa mère, ni dame Marie, ni Mariette, ni Catherine, qui étaient là, alla droit au lit du vieillard, se mit à genoux devant ce lit, et, secondant l'effort que le pauvre malade faisait pour soulever ses deux mains et les lui poser sur la tête :

— O bon père ! dit-il, je te demande pardon d'être la cause de l'accident terrible qui t'est arrivé, et le Seigneur seul peut savoir combien je t'en suis reconnaissant !

Les femmes regardaient et écoutaient Conscience avec étonnement.

Mais Mariette leur dit tous bas :

— Le père Cadet a voulu vendre la terre pour acheter un remplaçant à Conscience ; maître Niguet nous a tout dit.

Les femmes joignirent les mains et vinrent à leur tour s'agenouiller devant le vieillard.

La terre du père Cadet, c'était son cœur, plus que son cœur. Le père Cadet avait donc voulu donner plus que son cœur à Conscience !

Il paraît que ce spectacle monta l'imagination de Catherine, car tout à coup elle s'écria :

— Ah ! par ma foi ! du reste, il n'est pas le seul.

— Que voulez-vous dire, mon enfant ? demanda Madeleine.

— Je veux dire que des gens qui ne sont pas même ses parens ont voulu faire pour Conscience autant que le père Cadet, qui est son grand-père, et que, n'ayant pas eu de terre à offrir, ils se sont offerts eux-mêmes.

Madeleine, dame Marie et Mariette regardaient Catherine avec stupéfaction.

Conscience, la tête inclinée sur le lit du vieillard, semblait prier.

— Oui, continua Catherine ; et je pourrais citer un brave garçon, qui n'est pas loin d'ici même, et qui a été à Soissons pour s'offrir au lieu et place de Conscience, et si le sous-préfet ne l'avait pas refusé à cause de sa main, à l'heure qu'il est on n'aurait plus à s'occuper ici que du vieux.

— Bastien ! s'écrièrent toutes les voix.

— Hein ! qu'y a-t-il ? qui appelle Bastien ? dit le hussard paraissant sur la porte.

— Oh ! Bastien, crièrent à la fois Madeleine, dame Marie et Mariette, vous avez fait cela !

Et les trois femmes éclaterent à la fois en sanglots.

— Bon ! dit Bastien, voilà Catherine qui a parlé ! Oh ! les maudites femmes ! Et quand on pense qu'elles ne peuvent pas taire leur langue !

— Oh ! ma foi, tant pis ! dit Catherine ; je n'ai pas pu y tenir, moi ; j'ai dit que vous aviez été à Soissons...

— C'est pas vrai !

— Que vous aviez vu le sous-préfet...

— C'est pas vrai !

— Et qu'il vous avait refusé à cause de votre main.

— C'est pas vrai ! c'est pas vrai ! c'est pas vrai !

Madeleine saisit cette main mutilée de Bastien et la porta à ses lèvres, tandis que dame Marie appuyait l'autre sur son cœur, et que Mariette, passant entre les deux femmes, présentait son front à baiser au hussard.

— Qu'est-ce que c'est que cela ? dit Bastien tout étonné.

— Tu vois bien ce que c'est, dit Catherine ; Mariette te donne son front à embrasser, imbécile !... Ah !... oui, je comprends, tu n'es pas habitué à embrasser au front, toi !

— Mariette ! dit Bastien, vous aussi !

— Comment ! dit Mariette, vous avez donc fait cela, Bastien ?

— Ce n'est pas vr... C'est drôle ! je ne puis pas mentir à vous, Mariette, et je mens si bien à Catherine.

— Voyez-vous ! fit Catherine.

— Eh bien ! quand ce serait vrai, dit Bastien, la belle affaire ! Est-ce que Conscience ne m'a pas sauvé la vie ? est-ce que ma vie, qu'il a sauvée, ne lui appartenait pas ? est-ce que, d'ailleurs, c'était une si grande affaire pour moi que de retourner au feu ?... Le feu ! ça me connaît ; j'en ai mangé pendant sept ou huit ans, tous les jours, quelquefois le matin et le soir, et encore pendant la nuit... Mais que voulez-vous ? Ils m'ont refusé... ce n'est pas ma faute, c'est celle de ma maudite main... Allons, n'en parlons plus ! Viens, Catherine ; tu as eu tort de parler de cela devant des femmes... ou plutôt, non, tu as eu raison, puisque ça m'a valu l'honneur d'embrasser mademoiselle Mariette.

— Voyez-vous ! voyez-vous ! monsieur le hussard ! dit Catherine.

— Allons ! allons ! viens ; je sens que je m'attendris, et je suis bête comme tout quand je pleure... Viens, Catherine, viens !...

Et il entraîna Catherine hors de la chaumière ; mais sur la porte il rencontra Conscience.

— Ah ! bon ! dit Bastien, tu m'attendais là, toi ; ça va être ton tour.

— Non, dit Conscience, parce que je comprends ce que tu as fait, Bastien ; seulement, je voulais te parler.

— A moi ?

— A toi.

— A moi seul ?

— A toi seul.

— Tout de suite ?

— Non ; demain, pendant que Mariette sera à la ville et que le docteur Lécosse sera près du grand-père.

— C'est bon ! En menant les chevaux du voisin Mathieu à l'abreuvoir, je t'attendrai là, derrière la maison, aux trois chênes.

— Merci, Bastien.

— Ah ! dit Catherine en s'en allant, il n'est pas démonstratif, monsieur Conscience.

— Catherine, dit Bastien, c'est possible ; mais, dans deux circonstances, il m'a prouvé que ce ne sont pas ceux qui font le plus de bruit qui font le plus de besogne.

La journée se passa pour la pauvre famille dans ses détails habituels, plus les larmes et les incidens nouveaux suscités par la maladie du père Cadet. De même que Conscience paraissait comprendre la langue des animaux, il semblait que le Seigneur lui avait encore donné cette faculté de deviner l'inintelligible bégaiement du vieillard. A peine le père Cadet désirait-il une chose, que, cette chose, il l'avait ; à peine son regard vitreux se tournait-il vers un objet quelconque, que Conscience avait l'objet entre les mains et en tirait, au profit du malade, tout le profit que le malade lui-même semblait désirer qu'on en tirât.

Le lendemain matin, Conscience, au lieu de partir avec Mariette pour porter le lait à Villers-Cotterets, dit à Mariette d'y aller seule, et de commencer sa tournée par le docteur Lécosse, en le priant, s'il n'était point encore parti pour Haramont, de s'y rendre à l'instant même.

Mariette ne demandait jamais à Conscience la raison de ce qu'il faisait ; elle savait que, grâce à cette espèce d'illumination intérieure dont elle voyait les rayons déborder dans ses regards, toute action de Conscience avait sa raison en soi-même. Elle partit avec Bernard, qui eut besoin d'un ordre trois fois réitéré de Conscience pour se décider à le quitter et à se mettre en route avec Mariette.

C'était à neuf heures du matin que, d'habitude, Bastien menait les chevaux du voisin Mathieu à l'abreuvoir. Ce jour-là, pressé de rendre à Conscience le service que Conscience avait sans doute à lui demander, il était à neuf heures moins dix minutes en vue des trois chênes.

Conscience était couché au pied de l'un d'eux. En apercevant Bastien il se leva.

Bastien, de son côté, en l'apercevant, pressa le pas de ses

trois chevaux, et, en arrivant aux trois chênes, sauta à terre et voulut les attacher par leur longe à la branche d'un arbre.

— Non, dit Conscience, c'est inutile; je n'ai que deux mots à te dire, Bastien.

— Quatre, mon pauvre Conscience... Par ma foi! nous n'avons pas si longtemps à causer ensemble; nous pouvons nous en passer le plaisir.

— Je voulais te prier, mon cher Bastien, dit Conscience, de me raconter, mot pour mot, ce qui s'est passé entre toi et le sous-préfet.

— Ah! bon! dit le hussard, si c'est pour cela que tu m'arrêtes, ce n'est, ma foi! pas la peine.

Et il fit un mouvement pour reprendre ses chevaux.

— Si fait, c'est la peine, dit Conscience; car j'ai besoin de savoir tout ce qu'il t'a dit, Bastien.

Conscience parlait si gravement, que Bastien se sentit dominé par cette voix douce et ferme, qui priait et qui ordonnait en même temps.

— Bien vrai, dit-il, tu as besoin de savoir cela?

— J'en ai besoin... oui, Bastien.

— Eh bien! voilà... Dame! tu comprends, je t'en demande bien pardon, mais j'ai cru voir que tu n'avais pas grande vocation pour l'état de soldat...

— C'est vrai, dit Conscience.

— Quoique je déclare, après ce que je t'ai vu faire, qu'il n'y en a pas un dans toute l'armée, et même parmi les vieux, la! parmi les grognards, qui soit plus brave que toi.

— Ce n'est pas de la bravoure, Bastien, dit doucement Conscience, c'est de la confiance en Dieu.

— Enfin, c'est ce que c'est... Je dis donc que, m'étant aperçu de ton peu de vocation pour l'état de soldat, j'avais eu l'idée, moi, en écoutant ce qu'avait dit la pauvre mère Julienne, quand elle a déposé son enfant à tes pieds; en voyant aussi les larmes de tout le monde, j'avais eu l'idée de partir à ta place.

— Bon Bastien!

— Eh! oui, c'était une idée que j'avais eue comme cela... J'aime l'état militaire, moi... je ne suis bon qu'à cela. Et puis, vois-tu, dans l'état militaire, on ne mange pas toujours de la vache enragée... Il y a des bons jours et des nuits qui ne sont pas mauvaises... Mais tu ne sais pas tout ça; de sorte que tu n'as pas de vocation pour être soldat. J'ai été tout lestement dire au sous-préfet: « Dame! monsieur le sous-préfet, vous comprenez, il faut s'entr'aider dans ce monde. Conscience est tombé au sort... Il ne se soucie pas de partir, et me voilà prêt à partir à sa place. »

— Donne-moi ta main, Bastien.

— Ah! oui, la maudite main! c'est elle qui a tout gâté... C'était dit, c'était convenu; il avait écrit la lettre pour le docteur; il me la présente, je tends la main pour la recevoir... « Bon! dit-il, qu'avez-vous donc à la main? » Tu comprends: il n'y avait pas moyen de nier. « Ce que j'ai à la main? une misère, une bagatelle... deux doigts emportés par une balle autrichienne, à Wagram! Mais ça ne fait rien; donnez-moi la lettre tout de même. — Non, non, non! merci! dit-il en secouant la tête, un seul doigt coupé, ce serait un cas de réforme; à plus forte raison deux! Sa Majesté l'empereur et roi ne veut pas de soldats estropiés! »

— Et pourquoi un doigt coupé est-il un cas de réforme? demanda Conscience.

— Un doigt coupé est un cas de réforme, dit Bastien, prenant un air important, parce que, tu comprends, Conscience, si tu es dans l'infanterie et que ce doigt coupé soit l'index, tu peux bien charger ton fusil, mais tu ne peux plus le tirer, puisqu'il te manque le doigt avec lequel il faut appuyer sur la gâchette. D'un autre côté, l'absence de ce même doigt, si tu entres dans la cavalerie, dans les hussards, par exemple... parce que, tu comprends, si tu entrais dans la cavalerie, et qu'on te laissât le choix du corps, je pense bien que tu n'entrerais pas ailleurs que dans les hussards... eh bien! l'absence de ce doigt-là, justement, empêche de manier carrément le sabre... Voilà pourquoi un doigt coupé est un cas de réforme.

— Merci! Bastien, dit Conscience; c'est là ce que je voulais savoir.

— C'est tout?

— Oui, tout.

— Eh bien! tu le sais... Si tu as besoin d'autres renseignemens, ce sera avec le même plaisir.

— Maintenant, embrasse-moi, Bastien.

— Oh! ça, de grand cœur! Mais tu ne pars pas encore?

— Non.

— Et nous nous reverrons avant que tu partes?

— Bien certainement.

Bastien détacha ses chevaux et s'élança sur l'un d'eux.

— Mais, dit-il en abaissant sa main sur ses yeux, qu'est-ce donc que ce cavalier qui nous arrive par la route de Villers-Cotterets? On dirait le docteur Lécosse.

— C'est lui, en effet, dit Conscience; il avait promis de venir faire une visite au père Cadet, et il vient... Va abreuver tes chevaux, Bastien, va!

Conscience prononça ces paroles d'un air si sérieux, que Bastien le regarda avec étonnement.

— A quoi penses-tu donc, Conscience? lui demanda-t-il presque inquiet.

— Je pense, répondit Conscience, qu'il y a peut-être un moyen pour que la mère Madeleine ne meure pas de douleur et le père Cadet de faim.

Bastien réfléchit un instant; mais, voyant qu'il n'arrivait pas à pénétrer la pensée de Conscience:

— Au fait, dit-il, avec toi, il ne faut jamais désespérer de rien... Allons, houp! l'escadron, à l'abreuvoir... Ah! au rrrégiment, c'était le plaisir!

Et il partit au grand trot du côté de la place du village, où cet abreuvoir était situé, tandis que Conscience rentrait lentement chez le père Cadet par la porte de derrière.

XV

LE DOIGT COUPÉ.

C'était en effet le docteur Lécosse qui arrivait sur sa jument pour faire une visite au père Cadet, qu'il n'avait pas vu depuis vingt-quatre heures.

Le docteur était attendu avec impatience par toute la pauvre famille. La nuit avait été agitée; la fièvre, qui la veille avait redoublé vers les sept heures du soir, venait à peine de quitter le malade couché au fond d'une alcôve où le jour pénétrait à peine.

Le docteur fit allumer une lampe pour examiner le vieillard plus à son aise. Le visage était pâle, les yeux caves; le pouls s'était un peu relevé, il est vrai, mais la langue, tremblante et ne faisant entendre que des sons inarticulés, avait peine à sortir de la bouche; le malade ne pouvait faire mouvoir que faiblement le bras gauche, et pas du tout la jambe.

Cependant comme, malgré tout cela, l'état du malade présentait un mieux sensible; comme, la veille, il lui avait tiré une palette et demie ou à peu près six onces de sang, le docteur ne voulut pas risquer une seconde saignée, toujours dangereuse en pareil cas, chez les paysans surtout, c'est-à-dire chez des hommes dont le sang est souvent appauvri par une mauvaise nourriture. Il se contenta donc de recommander, pour les pieds, des cataplasmes saupoudrés de farine de moutarde, et, pour la tête, qui devait être tenue élevée, des compresses trempées dans l'eau de source, et renouvelées de temps en temps afin qu'elles demeurassent constamment fraîches.

Le père Cadet était sauvé, mais il était probable qu'il ne pourrait jamais se servir de son bras, et que, s'il marchait encore, ce serait difficilement.

Toutefois, c'était déjà beaucoup pour cette malheureuse famille, dont Conscience était l'âme, mais dont le père Cadet était la tête, de savoir que, si alourdie qu'elle fût, cette tête lui serait conservée.

Le docteur sortit donc de la chaumière au milieu des bénédictions des femmes ; quiot Pierre lui tint sa jument par la bride; il se mit en selle, et reprit le chemin de Villers-Cotterets.

Mais à cent pas sur la route, il aperçut Conscience.

Conscience était debout, très pâle, et tenait sa main droite enveloppée dans une serviette mouillée et toute tachée de sang.

— Oh! mon Dieu! s'écria le docteur Lécosse en arrêtant son cheval, qu'as-tu donc, mon pauvre Conscience?

— Monsieur le docteur, dit Conscience avec sa voix douce, mais toujours calme, un grand malheur vient de m'arriver...

— Lequel, mon cher enfant?

— En fendant du bois avec une hache, dans la cour du père Cadet, je me suis abattu un doigt de la main.

Et, en disant ces mots, Conscience, en effet, démaillotant son poignet, montra au docteur sa main mutilée.

L'index, coupé au-dessous de la deuxième phalange, manquait entièrement, et le sang s'échappait avec une abondance qui pouvait faire craindre une hémorragie de la petite artère.

— Combien y a-t-il de temps que l'accident est arrivé?

— Dix minutes à peu près, monsieur le docteur.

— Et pourquoi n'es-tu pas accouru tout de suite pour réclamer mes soins ?

— J'eusse par trop effrayé mère Madeleine, Marie et Mariette, et j'ai mieux aimé venir vous attendre ici.

— Mais, mon ami, lui dit le docteur, tu sais qu'il me reste à te faire une opération fort douloureuse.

— Je m'en doute, monsieur, répondit tranquillement Conscience.

Le docteur examina la blessure de plus près, et, comme s'il eût voulu prendre la mesure du courage de Conscience :

— Tu sais, lui dit-il, que je vais être obligé de te désarticuler le doigt.

— Faites, monsieur le docteur, répondit Conscience, comme s'il n'eût pas entendu, ou comme s'il n'eût pas compris la terrible signification du mot.

— Mais où, demanda le docteur.

— Comment? où? répéta Conscience.

— Oui. où ferai-je cette opération?

— Sous ces trois arbres, dit Conscience ; ne serons-nous pas très-bien là ?

Le docteur regardait le jeune homme avec stupéfaction.

— C'est bien, dit-il ; mais qui m'aidera dans l'opération?

— Moi, monsieur le docteur, répondit Conscience.

— Comment! toi?

— Oui, moi.

— Et si les forces te manquent, si tu t'évanouis?

Conscience sourit comme devaient sourire les martyrs antiques.

— Oh! il n'y a pas de danger, monsieur le docteur, dit-il.

— N'importe! dit le docteur, si ce n'est pour toi, c'est pour moi, Conscience... J'aurai l'artère digitale à lier, et il me faut, pendant ce temps-là, un homme vigoureux qui me comprime l'arcade palmaire. Attends-moi ici ; appuie comme cela avec ton pouce gauche dans le creux de ta main droite, afin de perdre le moins de sang possible, et je cours jusqu'au village pour ramener quelqu'un...

Le docteur fit, en effet, un mouvement pour mettre son cheval au trot.

— Inutile, monsieur le docteur, dit Conscience, voilà justement l'homme qu'il nous faut.

Et, d'un mouvement de tête, il montra au docteur Bastien, qui ramenait rapidement ses chevaux de l'abreuvoir, un peu en retard qu'il était, ayant sans doute profité de la circonstance pour s'abreuver légèrement lui-même.

— Ah! oui, Bastien! dit le docteur, un ancien soldat... A merveille.

Et il lui fit signe de s'approcher plus vivement encore.

Bastien vit le signe du docteur, interrompit sa chanson des *Hussards en campagne*, mit ses chevaux au galop, et, en un instant, fut près du docteur et de Conscience.

— Hein! qu'y a-t-il donc? s'écria-t-il en voyant à terre la serviette toute sanglante, et Conscience qui comprimait sa main mutilée.

— Il y a, mon cher Bastien, dit Conscience, que monsieur le docteur va avoir une opération à faire, et qu'il a besoin de toi.

Les yeux de Conscience et de Bastien se rencontrèrent. Sans doute, en ce moment, Bastien se souvint de la conversation qu'un quart d'heure auparavant il venait d'avoir avec Conscience.

— Oh! le malheureux! murmura-t-il.

— Eh bien? demanda le docteur, nous aidez-vous, Bastien?... En ce cas, il n'y a pas de temps à perdre.

Bastien sauta à terre, attacha ses chevaux à l'un des trois chênes, tandis que le docteur laissait sa jument, bête d'humeur fort douce, brouter paisiblement, sur le revers des fossés, les touffes d'herbe que l'hiver n'avait point encore desséchées.

— Oh! oh! dit Bastien en s'approchant du docteur, qui venait de tirer sa trousse et choisissait son meilleur bistouri, pendant que Conscience l'examinait d'un œil curieux, c'est donc grave?

— Une opération chirurgicale est toujours grave, mon cher monsieur Bastien, dit le docteur. Mais, d'abord, vous devez savoir ce qu'est celle-ci, puisque vous en avez subi une à peu près semblable.

— Oui, oui, dit Bastien, je sais...

— Et puis, d'ailleurs, vous avez dû en voir bien d'autres, vous, un soldat?

— Parbleu! certainement que j'en ai vu d'autres... aussi me voilà, docteur. Je mets à votre disposition un gaillard qui ne bronchera pas... Allons! Conscience, mon ami, du courage... allons, allons!

Et il était facile de voir que Bastien, fort impressionné, quoi qu'il en dît, faisait ce qu'il pouvait pour se donner à lui-même ce courage qu'il recommandait à Conscience. Celui-ci, souriant avec sa douceur ordinaire, se contenta de dire :

— J'attends.

Et l'on eût dit que cette âme sereine planait au-dessus des choses de ce monde, et que la douleur même ne pouvait l'atteindre.

Cependant, craignant que les forces ne manquassent à Conscience pendant l'opération, le docteur chargea Bastien de tenir la main qu'il allait opérer et de comprimer l'artère. Jusque-là, c'était Conscience lui-même qui l'avait comprimée.

Le docteur avait choisi son bistouri, il avait préparé ses bandes, tout était prêt.

Il s'approcha du patient.

— Allons! mon enfant, lui dit-il, assieds-toi sur le revers du fossé.

— Pourquoi cela, monsieur le docteur? demanda Conscience, il me semble que vous serez moins à votre aise que si je me tiens debout.

— Oui, mais auras-tu la force de te tenir debout?

— Je vous ai dit d'être tranquille, monsieur le docteur.

— Eh bien! alors, appuie-toi au moins contre un arbre.

— Ah! pour cela, volontiers.

— En effet, dit Bastien, cela me sera plus commode aussi.

Conscience s'appuya contre le tronc ; Bastien embrassa l'arbre de sa main droite, et de sa main gauche maintint celle de Conscience.

— Allons, docteur, dit-il, procédons, et vivement.

— C'est l'affaire de deux minutes, dit le docteur.

— Et deux minutes sont bientôt passées, dit Conscience.

Le docteur jeta bas son habit, retroussa ses manchettes,

et, avec une sûreté de main qui dénotait en lui l'ancien chirurgien-major de régiment, fit d'abord, et d'un seul mouvement, une incision circulaire à quelques lignes au-dessus de l'articulation palmaire, tira la peau vers le poignet pour faire saillie aux muscles, et, toujours avec la même sûreté de mouvement, entama les chairs, les ligaments et la membrane synoviale, tout cela sans que Conscience poussât une plainte ou jetât un soupir!

Le pauvre enfant semblait être soutenu par une force surhumaine.

Mais, il faut l'avouer, malgré les promesses faites, il n'en était pas ainsi de Bastien. Bastien qui avait, comme il le disait lui-même, vu couper bras et jambes sur les champs de bataille, Bastien toussait, Bastien poussait des exclamations, enfin Bastien comprimait la main de Conscience avec une force toute convulsive, et qui tenait bien moins à la tension de ses muscles qu'à l'exaspération de ses nerfs.

Aussi, vers la fin de la seconde minute, et lorsqu'on en fut à la désarticulation du doigt, les forces de Bastien étant à bout, il pâlit affreusement, murmura quelques paroles inintelligibles, et, se laissant glisser le long de l'arbre, s'affaissa sur lui-même.

— Monsieur le docteur! monsieur le docteur! dit Conscience, je crois que voilà le pauvre Bastien qui s'évanouit!

— Eh! morbleu! dit le docteur, laisse-le s'évanouir, et occupons-nous de toi... Reprends ta main comme il la tenait, et ne bouge pas... tout est fini.

— Déjà? dit Conscience en comprimant de nouveau l'artère comme il avait fait d'abord. Ça n'a pas été long, monsieur le docteur.

— En vérité, murmura le docteur tout en achevant son opération, si je n'avais pas eu avec ce garçon-là la conversation de dimanche, je le croirais idiot jusqu'à l'insensibilité.

— Est-ce fini, monsieur le docteur? demanda Bastien en revenant à lui.

— Oui, mon ami, dans une seconde.

En effet, la section faite, le docteur avait rabattu les chairs, et, les tenant réunies par une première ligature, était déjà occupé à passer en écharpe les bandelettes de sparadrap, en ayant bien soin de ne pas trop les serrer, de peur d'augmenter l'inflammation.

On en était donc là quand Bastien releva la tête et embrassa d'un même coup d'œil l'opération et l'opéré.

Le docteur paraissait vivement impressionné; quant à Conscience, calme et les yeux au ciel, il semblait puiser dans la contemplation des choses invisibles à des regards ordinaires, cette force presque surnaturelle dont il venait de faire preuve.

Pendant que le docteur achevait de panser la main droite de Conscience, Conscience tendait la main gauche à Bastien, qui, tout chancelant encore, se remettait sur ses jambes.

— Ah! dit-il en s'essuyant le front, vous n'avez plus besoin de moi, docteur?

— Non, mon ami, dit le docteur, et même je vous préviens d'une chose, c'est que si, une autre fois, j'ai besoin d'un aide pour quelque opération du même genre, je m'adresserai à un autre que vous.

— Et vous aurez raison, docteur, répondit Bastien en secouant la tête, surtout si cette opération vous la faites sur Conscience.

— Pourquoi cela? demanda le docteur; il me semble, au contraire, que, cette opération, Constance l'a stoïquement supportée.

— Et c'est justement cela, dit Bastien; quand sur les champs de bataille ou à l'ambulance je voyais couper les bras et les jambes, ceux à qui on les coupait criaient, hurlaient, sacraient... On pouvait leur dire : « Mais taisez-vous donc, tas de piaillards! » tandis que Conscience, voyez-vous, avec son regard doux, son sourire éternel, ah! ça m'a bouleversé, quoi!... le cœur m'a tourné, la tête de même, et bonsoir!... Mais maintenant, c'est fini. Je reconduis les chevaux du voisin Mathieu, et je suis à toi, Conscience.

Sur quoi, remontant à cheval, il s'éloigna au grand trot en disant :

— C'est égal! j'aime mieux les gens qui crient, moi... Ah! au rrrégiment, c'était le plaisir!...

— Bon Bastien! dit Conscience en le regardant s'éloigner.

Bastien n'avait pas fait cinquante pas, qu'on entendit, du côté de la chaumière, un hurlement douloureux.

— Qu'est-ce que cela? demanda le docteur en tressaillant malgré lui.

— Oh! rien, répondit Conscience : c'est Bernard qui arrive de porter son lait avec Mariette, et, comme il sait qu'il m'est arrivé un accident, il se plaint...

— Quoi! il sait qu'il t'est arrivé un accident? dit le docteur Lécosse en achevant d'assurer sa bande autour du poignet avec une épingle; et comment sait-il cela?

— Ah! dame! fit Conscience, vous m'en demandez là plus que je ne puis vous en dire... Il le sait, voilà tout... et la preuve, tenez...

On entendit un second hurlement, plus plaintif encore que le premier.

— Alors, demanda le docteur, pourquoi ne vient-il pas te rejoindre?

Conscience sourit.

— Oh! dit-il, soyez tranquille : aussitôt qu'il sera dételé, il va accourir... seulement, j'ai peur qu'il n'amène avec lui ma mère... Eh! tenez! que vous disais-je?

En effet, au même instant, on put voir apparaître, à l'angle de la chaumière du père Cadet, Bernard, qui, même sans avoir besoin de s'orienter en prenant le vent, accourait de toutes ses forces, piquant droit sur les trois chênes.

— C'est merveilleux! dit le docteur Lécosse en suivant d'un œil étonné la course rapide du chien.

Mais le regard de Conscience était demeuré fixe; on voyait qu'il attendait autre chose.

Presque aussitôt, Madeleine et Mariette apparurent à leur tour à l'angle de la chaumière.

— Vous voyez bien, monsieur le docteur, que je ne m'étais pas trompé, dit Conscience.

— Mais enfin m'expliqueras-tu?...

— Oh! cela, dit Conscience, c'est plus facile... Ma mère me croyait, comme d'habitude, à Villers-Cotterets avec Mariette; en voyant Mariette revenir seule, elle s'est inquiétée. Alors le chien a su l'accident qui m'était arrivé; il a hurlé une première fois; cela a donné l'éveil à ma mère; puis une seconde fois, et ma mère a dit : « Il est arrivé quelque chose à Conscience! » Puis enfin, une fois dételé de sa petite voiture, Bernard a pris, en hurlant une troisième fois, sa course du côté où j'étais, et ma mère et Mariette l'ont suivi...

Pendant que Conscience donnait cette explication, Bernard l'avait rejoint, sautant, moitié triste, moitié joyeux, autour de lui, cherchant sa main droite pour la lécher doucement, tandis que, de sa main gauche élevée au-dessus de sa tête, Conscience faisait, pour les tranquilliser, des signes à Madeleine et à Mariette.

Malgré ces signes, la pauvre mère s'approchait très pâle et très-effarée, car elle voyait à terre la serviette ensanglantée, et sur le revers du fossé la trousse encore ouverte du docteur.

Celui-ci alla au-devant d'elle pendant une vingtaine de pas.

— Oh! mon Dieu! mon Dieu! docteur, s'écria-t-elle, qu'est-il donc arrivé à mon pauvre Conscience?

Et Mariette, qui n'osait parler, interrogeait du regard.

— Rien, dit le docteur, ou plutôt un accident sans gravité...

— Un accident!... Conscience! Conscience!...

— Ma mère, fit le jeune homme, ne craignez rien; me voilà.

— Un accident, mon Dieu! s'écria la pauvre mère, un accident!

Et elle cherchait à voir cette main que Conscience lui cachait en la portant derrière son dos.

Mariette, alors, vit ce que ne pouvait voir Madeleine.

— O ma mère! s'écria-t-elle. Conscience n'a plus que quatre doigts à la main.

— Et c'est un grand bonheur, dit le docteur Lécosse, car, grâce à cet accident, qui n'a rien de dangereux, Conscience, maintenant, ne saurait manquer d'être réformé.

— Et tu comprends, bonne mère, je ne te quitterai pas... je ne quitterai pas Mariette...

A ces mots, Madeleine se laissa tomber à genoux, et, levant ses deux mains au ciel :

— Mon Dieu! dit-elle, ce que vous faites est bien fait; que votre nom soit béni sur la terre comme au ciel!

— Conscience! murmura Mariette, c'est donc pour cela que tu m'envoyais seule à Villers-Cotterets?

— Silence! dit le jeune homme.

En ce moment on vit, derrière une petite montée, Bastien qui, ayant rentré les chevaux à l'écurie, revenait à toutes jambes comme il en avait fait la promesse à son ami.

— Allons! allons! dit le docteur Lécosse en remontant sur sa jument, tranquillisez-vous... Je reviendrai demain; et, comme vous êtes de braves et honnêtes gens, espérons que tout ira pour le mieux.

XVI

LA RÉVISION.

Tout, en effet, alla pour le mieux, au commencement du moins. Comme il arrive presque toujours dans les cas de paralysie, l'intelligence du père Cadet s'embrouilla, pendant les premiers jours de sa maladie, au point qu'il n'y eut pas d'explication à lui donner sur l'accident arrivé à Conscience, et dont il ne s'aperçut même pas.

Le docteur Lécosse revint le lendemain, comme il avait promis. Les deux malades étaient aussi bien que possible. Conscience souffrait beaucoup et avait une grande fièvre, mais il supportait cette souffrance avec tant de tranquillité, qu'à ses yeux seuls brillant d'une flamme inaccoutumée, il était possible de s'apercevoir de cette souffrance.

Cependant, au milieu du malheur qui frappait la double chaumière, était née cette espérance, éveillée par un mot du docteur, que Conscience, devenu impropre au service militaire, serait réformé le jour de la révision.

Ce jour, on se le rappelle, était fixé au dimanche suivant, le cinquième jour après l'accident.

Il y a sept lieues du village d'Haramont à la sous-préfecture. Tous les autres conscrits, pour pouvoir être à dix heures du matin à Soissons, devaient partir dans la nuit et faire ces sept lieues à pied. Mais, quoique Conscience eût prétendu qu'il était assez fort pour accomplir ce voyage comme ses camarades, sur l'avis du docteur Lécosse, Bastien ne voulut rien entendre, et, le dimanche, à six heures du matin, il était à la porte de la chaumière du père Cadet, avec une carriole que lui avait prêtée le voisin Mathieu.

Les femmes ne voulurent point se séparer ainsi de Conscience. D'abord, Mariette avait son lait à porter à Villers-Cotterets; c'était une occasion de faire une lieue et de rester plus longtemps avec son bien-aimé; puis Madeleine, en sa qualité de mère, demanda à profiter de l'occasion; dame Marie, la moins mère des deux, puisqu'elle ne l'était que par le lait, et non par le sang, resta seule à la garde du père Cadet.

Bernard, avec la petite carriole, devait suivre la grande voiture.

Au moment de se laisser atteler, le pauvre animal fit de grandes difficultés. Il comprenait que l'on projetait un voyage dont il ne serait probablement pas, et l'expérience lui ayant appris que lorsqu'il quittait son maître pour deux heures seulement, il lui arrivait malheur, sans doute craignait-il en le quittant pour un temps plus long, qu'il ne lui arrivât un malheur plus grand.

Le père Cadet voyait tous ces préparatifs d'un œil atone, et comme on voit pendant un rêve, c'est-à-dire sans lucidité et sans certitude. On lui dit que Conscience allait faire un petit voyage, et cela lui suffit.

Les deux femmes, après avoir embrassé dame Marie, montèrent dans la carriole; puis Conscience se mit sur la seconde banquette; Bastien s'assit près de lui, fouetta le cheval, et l'on partit.

Bernard poussa un triste et long hurlement, et suivit la grande voiture.

Le village, ce jour-là, était éveillé bien avant l'heure ordinaire. Les conscrits, qui avaient sept lieues à faire à pied pour arriver jusqu'à Soissons, étaient partis à trois heures du matin, et, comme si la douleur entrée dans chaque maison tenait à s'y faire visible, les portes étaient restées ouvertes, les chandelles allumées, et, par ces portes ouvertes, à la lueur de ces chandelles, on voyait soit une mère isolée, immobile, essuyant des larmes silencieuses, soit quelque groupe pleurant et confondant ses pleurs.

La mort elle-même eût frappé à toutes ces portes, qu'elle ne les eût pas tendu d'un deuil plus sombre et plus douloureux.

Ceux qui avaient pris des numéros élevés étaient appelés comme les autres, car, quoiqu'on fût devenu fort difficile en matière de réforme, il fallait toujours bien réformer ceux qui n'avaient point la taille ou qu'une infirmité quelconque rendait complétement impropres au service militaire; par conséquent, chaque réformé faisait monter d'un numéro la mauvaise chance.

Au point du jour, on était à Villers-Cotterets; il était sept heures; à dix, il fallait être à Soissons; restaient six lieues à faire : il n'y avait donc pas de temps à perdre.

Bastien, pour donner quelques instans de plus à ses pauvres amis, ne s'arrêta qu'au bout de la ville, sur la route même de Soissons. Là, il fallut bien se dire adieu.

C'était la première séparation. Jamais, depuis sa naissance, Conscience n'avait quitté sa mère un jour entier.

Qui sait pour combien de jours on se quittait!

Cette espérance avec laquelle on avait vécu, qu'on avait nourrie, choyée, caressée, tant que le jour de la séparation n'était pas venu; cette espérance à laquelle on avait cru comme à une réalité, voilà qu'en ce moment on l'appelait, on la cherchait, on l'évoquait; et voilà qu'elle échappait aux bras qui voulaient la saisir, comme échappe une vapeur, comme échappe un nuage, comme échappe une chimère!

Les embrassemens furent longs et douloureux; Conscience ne pouvait point embrasser Mariette comme il embrassait sa mère; aussi, serrant Madeleine contre son cœur avec sa main mutilée, il donnait l'autre main à Mariette, et Mariette, le front incliné sur cette main, la baignait de larmes.

Comme s'il eût compris son humilité, Bernard, l'œil fixé sur le groupe désolé, ne cherchait pas même à réclamer sa part d'intérêt; mais, si l'on eût regardé de son côté, il eût été facile de voir quelle profonde douleur vivait en lui.

Sept heures et demie sonnèrent : on n'avait plus que deux heures et demie pour faire les six lieues. Tout en essuyant une larme avec le coin de sa manche, Bastien commença de faire claquer son fouet comme pour faire comprendre à toutes ces mémoires oublieuses que le moment de la séparation était venu. Alors les larmes silencieuses devinrent des sanglots, les paroles entrecoupées s'échappèrent des lèvres à travers les baisers, et, tout en disant à Bastien, non moins ému que les autres : « Encore une minute, Bastien! encore une seconde! » on se sépara.

Cependant une plainte, qui semblait l'expression d'une douleur humaine, vint frapper le cœur de Conscience, qui s'apprêtait à remonter dans la carriole.

— Oh! Bastien, dit Conscience, le pauvre Bernard! je l'avais oublié!

Et il courut vers Bernard, qui se tenait modestement à vingt pas en arrière, et qui, voyant que Conscience se souvenait de lui, vint de son côté à son maître avec une telle rapidité, qu'il en fit sauter la moitié du lait hors des vases de ferblanc où il était contenu.

Qu'on ne rie pas de ce que nous allons dire. L'embrassement fut tendre entre le maître et le chien. Conscience lui adressa tout bas quelques paroles auxquelles le chien sembla répondre par des aboiemens inintelligibles pour tout autre que le pauvre innocent. Mais cependant une promesse était échangée entre les deux amis : Conscience donnait Bernard à Mariette pour tout le temps où il serait absent, et Bernard s'engageait à la servir et à la défendre.

Un dernier baiser, rapide comme un souffle matinal, et, comme lui, arrosé de larmes, fut déposé sur les joues de Madeleine, erra sur tout le visage de Mariette, puis Conscience, tiré par l'implacable Bastien, remonta en voiture.

La voiture partit; mais Conscience, penché en dehors, put, pendant cinq minutes encore, répondre de la tête et de la main aux signes de sa mère et de Mariette, et ce ne fut qu'au tournant de la route que tout disparut.

Alors Madeleine s'assit sur le revers du fossé, laissant tomber sa tête sur ses deux genoux; Mariette la regarda longtemps, le front incliné, le visage baigné de larmes et les bras pendans : puis, respectueuse pour cette grande douleur maternelle, qui semble toujours un abîme près des autres douleurs, elle rentra dans la ville avec Bernard, bien sûr que, sa tournée finie, elle retrouverait Madeleine où elle la laissait.

Quand à la carriole qui emportait Bastien et Conscience, elle continuait de rouler sur la route de Soissons.

A dix heures sonnant, elle s'arrêtait à la porte de la sous-préfecture. Comme la révision se faisait ainsi que s'était fait le tirage, c'est-à-dire par lettre alphabétique, le canton de Villers-Cotterets ne devait être appelé que vers les quatre heures.

C'étaient cinq heures au moins que Conscience eût pu passer avec Madeleine et Mariette et qu'il passa assis sur les marches d'une porte avec Bastien.

Si lentes qu'elles soient, les heures finissent toujours par s'enfoncer, les unes après les autres, dans cet abîme du passé qu'on appelle le temps. Le tour d'Haramont vint, et les cinq jeunes gens tombés au sort furent introduits, suivis des quatre qui espéraient échapper au service, grâce à l'élévation de leurs numéros.

La salle présentait un aspect assez sévère : sur une estrade étaient assis le sous-préfet, le maire, les autorités municipales. Deux médecins de la ville et deux chirurgiens militaires se tenaient debout dans l'espèce d'hémicycle où s'avançaient les conscrits; une douzaine de gendarmes tapissaient la muraille.

L'ordre de la révision observé pour la ville était interverti pour les villages : on avait réuni les jeunes gens dans une même salle, et ils étaient appelés suivant le chiffre du numéro qu'ils avaient tiré, c'est-à-dire que celui qui avait tiré le numéro 1 était appelé le premier, et ainsi de suite jusqu'à ce que le contingent fût fourni.

Conscience devait donc paraître le dix-neuvième, puisqu'il avait le numéro 19.

Ceux qui étaient réformés avaient permission de sortir et de retourner chez eux à l'instant même; ceux que l'on jugeait bons étaient retenus, introduits dans une salle voisine, inscrits, enrégimentés, envoyés à une caserne provisoire, et, dans les deux ou trois jours, acheminés vers leurs régimens respectifs.

Parmi les dix-huit premiers qui passèrent devant le conseil de révision, trois seulement furent réformés; l'un parce qu'il n'avait pas la taille, l'autre parce que, ayant eu le genou brisé dans une chute qu'il avait faite du haut d'un toit, en exerçant son état de couvreur, il était resté boiteux, et le troisième, parce qu'on le reconnut atteint d'une phthisie arrivée au second degré.

Puis vint le tour de Conscience.

Son nom fut appelé, la porte s'ouvrit, il entra.

Elle allait se refermer derrière lui, lorsque, par l'entrebâillement de cette même porte, passa la tête de Bastien.

Un gendarme voulut forcer cette tête de disparaître; mais reconnaissant un militaire, et un militaire décoré, il y mit un peu plus d'égards qu'il n'en eût mis avec tout autre.

— Camarade, dit-il, la consigne est positive : on n'entre pas qu'on n'ait l'honneur d'appartenir aux autorités constituées, d'être médecin, chirurgien, conscrit ou gendarme.

— Diable! fit Bastien, c'est la consigne, bien vrai?

— Vous comprenez que je ne voudrais pas mentir à un brave, dit le gendarme.

— Alors, la consigne ne permet pas que j'entre?

— Elle ne le permet pas.

— Elle ne permet pas que je passe ma tête, comme cela, dans la salle?

— Elle ne le permet pas non plus.

Et le gendarme fit un mouvement pour repousser la porte.

— Attendez donc, dit Bastien : si elle défend que j'entre, si elle défend que je passe la tête...

— Elle le défend.

— Bon... elle ne défend pas que, par mégarde, sans y faire attention, pour faire plaisir à un vieux, pour rendre service à un camarade, vous laissiez la porte entr'ouverte, poussée tout contre même... tenez, comme cela, de manière à ce que j'y applique alternativement l'œil et l'oreille, selon que je voudrai voir ou entendre... et vous comprenez, gendarme, je tiens beaucoup à voir et à entendre ce qui va se passer, m'intéressant indéfiniment au conscrit que l'on révise à cette heure.

Le gendarme se retourna vers son camarade :

— Eh! dit-il, tu entends?

— Oui, bien.

— Qu'en penses-tu?

— Je pense que ce n'est pas un grand crime que faire ce qu'il désire.

— C'est bien, camarade, dit le gendarme à Bastien; les amis ne sont pas des Turcs.

— Ah! à la bonne heure!

— Ecoutez, regardez, mais ne dites pas un mot, sinon je vous prends l'oreille ou le nez dans la porte.

— Soyez tranquille, on sera sage, dit Bastien.

— Chut! voilà l'autorité qui parle, dit le gendarme; taisons-nous...

— Trop juste, fit Bastien.

Et il écouta.

Pendant le dialogue que nous venons de rapporter, on avait appelé Conscience en face de l'estrade où était assis monsieur le sous-préfet; on lui avait demandé ses nom et prénoms, et on s'était informé près de lui des motifs qu'il avait à faire valoir pour être exempté.

Alors il avait tiré sa main mutilée du mouchoir qui la supportait,

Deux chirurgiens s'étaient aussitôt approchés de lui, avaient enlevé l'appareil et mis à nu la blessure, qui commençait à se cicatriser.

A la vue de cette blessure si caractéristique, les deux chirurgiens échangèrent un regard avec le sous-préfet, puis se sourirent entre eux.

— Mon ami, dit d'un ton doucereusement goguenard un des deux chirurgiens, quand vous est arrivé cet accident que vous invoquez comme cas de réforme?

— Monsieur, dit Conscience, il m'est arrivé mardi dernier.

— Deux jours après le tirage?

— Oui, monsieur.

— Et, par conséquent, deux jours après que vous avez eu amené le numéro 19 ?

— Oui, monsieur.

— Eh bien ? demanda le sous-préfet.

— Eh bien ! monsieur le sous-préfet, dit le chirurgien goguenard, le cas n'est pas nouveau : les Romains faisaient parfois ce que ce garçon vient de faire; seulement, comme le fusil n'était pas inventé de leur temps, c'était le pouce qu'ils se coupaient. Pouce coupé, *pollex truncatus*, était un cas assez fréquent et assez significatif pour qu'il ait enrichi la langue française du mot français *poltron*.

Et, après avoir donné cette preuve d'érudition, le docteur salua gracieusement le sous-préfet, qui, non moins gracieusement, lui rendit son salut.

— Diable ! diable ! fit Bastien, il me semble que cela va mal !

— Silence! dirent à la fois les deux gendarmes.

— Vous entendez ce que dit monsieur le chirurgien, jeune homme ? dit le sous-préfet.

— Oui, monsieur, répondit naïvement Conscience; j'entends, mais je ne comprends pas,

— Vous ne comprenez pas que vous êtes un *pol-tron?*

— Je crois que vous faites erreur, monsieur le sous-préfet, dit Conscience avec la même simplicité, je ne suis pas poltron.

— Et pourquoi donc vous êtes-vous coupé, non pas le pouce, mais le doigt... car vous vous êtes coupé le doigt vous-même, et exprès, sans doute ?

— Oui, moi-même, monsieur, et exprès, comme vous dites.

— Eh bien ! au moins il n'est pas menteur, dit le sous-préfet.

— Je n'ai jamais menti, monsieur, dit Conscience. D'ailleurs, à quoi cela sert-il de mentir, puisque, en supposant qu'on parvienne à tromper les hommes, on ne peut tromper Dieu.

— Alors, pour quelle raison vous êtes-vous coupé le doigt? Voyons, puisque vous ne mentez jamais, dites-nous cela.

— Pour ne point partir, monsieur.

Les autorités étaient dans un moment d'agréable humeur : elles éclatèrent de rire.

— Ça va mal ! ça va mal ! dit Bastien en secouant la tête. L'imbécile ! ne pouvait-il pas dire que c'était par accident... Ah ! si j'étais à sa place, comme je les blaguerais, moi !

— Silence donc! firent les gendarmes, ou nous fermons la porte.

— Oui, gendarme, dit Bastien, je me tais; vous avez raison.

— Ainsi, dit le sous-préfet, vous ne vouliez pas partir ?

— Je désirais ne point partir, oui, monsieur.

— Et ce n'était pas par poltronnerie que vous désiriez rester ?

— Non, monsieur.

— Pourquoi était-ce donc alors ?

— Parce que, si je pars, répondit Conscience de sa voix grave et douce, j'ai un vieux grand-père malade qui risque de mourir de faim, et une pauvre chère mère tout en larmes qui risque de mourir de douleur.

L'accent avec lequel Conscience prononça ces paroles était si profond, que l'autorité elle-même cessa de rire.

— Ah ! murmura Bastien, bien répondu, mordieu !

— Vous tairez-vous ? dirent les gendarmes.

— Moi ! je n'ai point parlé, dit Bastien.

Les officiers municipaux échangèrent un regard.

Puis le sous-préfet continua la série de ses questions, qui peu à peu avaient pris la forme d'un interrogatoire.

— Et, demanda-t-il, qui vous a inspiré cette malheureuse idée de vous couper le doigt ?

— Vous-même, monsieur le sous-préfet, répondit Conscience.

— Hein ! moi ? plaît-il ?... Ah ! par exemple ! Voici la première fois que je vous vois et que je vous parle.

— C'est vrai, monsieur ; mais un de mes amis, qui est venu à Soissons lundi dernier, a eu l'honneur de vous voir et de vous parler.

— A moi ?... un de vos amis ?

Bastien poussa la porte et passa la tête entre les deux battans.

— C'était moi, mon sous-préfet, dit-il; me reconnaissez vous ?

— Eh bien ! dirent les deux gendarmes en repoussan la porte chacun de son côté, et en prenant Bastien par le cou.

— Eh! eh ! s'écria Bastien, faites donc un peu attention à vos gestes... Vous m'étranglez, camarades !

Et, ouvrant la porte avec violence, il passa entre le deux gendarmes et se trouva dans la salle.

Le premier mouvement du sous-préfet avait été de faire sortir Bastien; mais l'uniforme de hussard, mais sa croix, produisirent leur effet accoutumé; d'un mouvement de tête le fonctionnaire public fit signe aux gendarmes de tolérer sa présence dans l'enceinte sacrée.

Bastien, encouragé par ce signe de tête, jugea que c'était à lui de prendre la parole et de donner l'explication.

Conscience s'était retourné de son côté, et lui souriait doucement.

Bastien se sentit encore enhardi par ce sourire.

— Voilà donc la chose, mon sous-préfet, dit-il. Je suis venu, comme vous savez, m'offrir au lieu et place de Conscience.

— Oui, je vous reconnais.

— Oh ! quand vous ne me reconnaîtriez pas, ce serait vrai tout de même ; à preuve que vous m'avez refusé sous prétexte qu'il me manquait deux doigts, et, vous voyez, messieurs, les deux doigts manquent en effet.

— Eh bien ! quelle coïncidence cela peut-il avoir avec ce que disait tout à l'heure le conscrit?

— Co-in-ci-dence ! répéta Bastien, visiblement choqué du mot... Enfin ! n'importe!... La coïncidence qu'il y a, la voici : c'est que Conscience, que voilà, a appris par une femme... les femmes, vous le savez, mon sous-préfet, il leur est parfaitement impossible de taire leur langue... il a donc appris par une femme... par Catherine... la fille du père Pinot le sabotier.... il a donc appris que j'étais venu à Soissons; j'avais eu l'imprudence de lui confier cela, à cette Catherine !... que j'étais donc venu à Soissons, que je vous avais vu, que je vous avais offert de partir au lieu et place de Conscience, et que vous m'aviez dit : « Mon cher monsieur Bastien, je suis désolé de vous refuser, mais vous ne pouvez pas remplacer Conscience, attendu qu'il vous manque deux doigts ; » vous avez même ajouté, vous devez vous le rappeler, monsieur le sous-préfet : « Un, ce serait déjà de trop ! »

— Oui, sans doute, j'ai dit cela.

— Eh bien ! justement, voilà où est l'imprudence ! Comme j'ai eu l'honneur de vous le dire, Conscience l'a su. Alors, mardi matin, au moment où je menais les chevaux à l'abreuvoir, il est venu me questionner, me tirer les vers du nez, comme on dit... J'aurais dû me douter de quelque chose, mais il vous a un air innocent, ce farceur-là, à mettre dedans le diable lui-même ! Alors je lu ai dit que l'empereur ne voulait pas de soldat avec deux doigts, et même avec un doigt de moins... Alors, il m'a dit : « C'est bon; merci ! adieu, Bastien ! » mais là, comme je vous le dis, pas plus ému que cela ; après quoi, il sera rentré à la maison, et se sera fait sauter le doigt... N'est-ce pas, Conscience, que voilà finalement comment la chose a dû se passer ?

— Elle s'est passée ainsi, en effet, dit Conscience.

— Un quart d'heure après, je l'ai rencontré. Oh ! mon Dieu ! tout était dit, et on lui faisait l'amputation; et même... c'est honteux à avouer pour un vieux soldat, mais, comme dit Conscience, la vérité avant tout... et même que je me suis trouvé mal ! Enfin, jusqu'à présent, je m'étais cru un homme ; je me trompais : je n'étais qu'un enfant, qu'une femmelette, qu'un... je ne sais pas quoi ! Mais il n'en est pas moins vrai que, s'il y a une faute commise, il faut vous en prendre à vous ou à moi, et pas du tout à Conscience. Allons ! allons ! Conscience, monsieur le sous-préfet reconnaît son tort... Viens, allons-nous-en. L'empereur ne veut pas de soldats estropiés. Monsieur le sous-préfet, votre serviteur.

— Un instant, dit le sous-préfet étendant la main.

— Comment ! un instant ?

— Gendarmes, faites faire silence.

— Mais, sacrebleu ! s'écria Bastien.

— Silence ! firent les deux gendarmes en tirant Bastien en arrière.

Bastien comprit qu'en insistant il allait gâter l'affaire de Conscience, si toutefois ce n'était pas déjà fait, et il se tut.

— Conscrit, dit le sous-préfet à Conscience, ce que vous avez fait est un délit prévu par le code militaire : vous pourriez donc en porter la peine, et ce ne serait même pas de la sévérité, ce ne serait que de la justice.

— Comment cela ? comment cela ? fit Bastien, puisque Conscience...

— Silence, donc ! lui crièrent à la fois les deux gendarmes.

— Mais, continua le sous-préfet, la simplicité de votre aveu désarme vos juges. Messieurs les chirurgiens, déclarez dans quelle arme peut, malgré sa mutilation, servir le conscrit.

— Dans quelle arme ? dit Bastien. Dans aucune, j'espère bien ; sans quoi je partirais pour lui.

— Faites sortir le hussard, dit le sous-préfet impatienté.

— Eh bien ! non, non, monsieur le sous-préfet... Foi de Bastien ! je ne dirai plus mot... Laissez-moi seulement ici jusqu'à la fin.

— Mais, dirent les chirurgiens après s'être consultés, malgré sa main mutilée, le conscrit peut faire un bon pionnier ou un excellent soldat du train.

— C'est bien, dit le sous-préfet ; faites passer le conscrit à droite, et inscrivez-le dans les équipages de l'armée.

A cette décision, Conscience pâlit affreusement, car il songea à la douleur qu'allaient éprouver ses deux mères et sa fiancée.

Mais il n'en obéit pas moins, en jetant un regard d'adieu et de remercîment.

— Ah ! mon pauvre Conscience ! s'écria Bastien les bras étendus vers lui et les larmes aux yeux, enfoncé dans *Royal-Cambouis !*... comme on dit au rrrégiment... Quelle humiliation !...

Et il sortit désespéré, non point de ce que Conscience n'eût pas été réformé, mais de ce qu'il partait comme soldat du train.

XVII

CE QUI SE PASSAIT EN FRANCE DU 10 NOVEMBRE 1813 AU 6 AVRIL 1814.

Ce n'était pas sans raison que le sous-préfet de Soissons, dans son désir d'être nommé préfet, demandait avec tant d'instance des soldats pour Napoléon : Napoléon en avait réellement bien grand besoin.

Il n'y avait rien d'exagéré dans ces paroles prononcées par lui au sénat le 10 novembre 1813 :

« Toute l'Europe marchait avec nous, il y a un an ; aujourd'hui, toute l'Europe marche contre nous. »

Seulement il eût dû dire :

« Toute l'Europe marchait avec *moi*, il y a un an ; aujourd'hui, toute l'Europe marche contre *moi*. »

Ce léger changement, qui faisait un pronom personnel d'un pronom collectif, eût fort éclairci et simplifié la question.

Pour la seconde fois, l'Europe se trompait à l'endroit de la France : la première, c'était en 1792, quand, au lieu de laisser la révolution se concentrer dans ce grand cratère que l'on nomme Paris, elle avait forcé Paris à répandre sur le monde cette lave révolutionnaire qui l'avait embrasé.

La seconde fois, c'était en 1813, quand, au lieu d'accorder à Napoléon la paix qu'il demandait, de le circonscrire dans nos anciennes limites, de l'y garder à vue pour qu'il n'en sortît plus, elle le poussa à bout comme un sanglier blessé, l'accula à l'île d'Elbe, lui fit faire le plus beau retour historique qui jamais ait illuminé l'histoire d'un sillon de feu, et, en le crucifiant à Sainte-Hélène, mit à la fin de sa vie ce magnifique calvaire qui en fit un dieu, non-seulement pour la France, mais encore pour le monde !

Et, en effet, comme il faut être juste, même envers les hommes de génie, — bel exemple que nous donnons, et que nous voudrions bien voir suivi par nos contemporains, — nous avouerons que cette paix qu'on lui proposait alors, il ne pouvait l'accepter.

Le 5 novembre, le prince régent d'Angleterre déclare devant le parlement qu'il n'est ni dans l'intention de l'Angleterre, ni dans celle des puissances alliées, de demander à la France aucun sacrifice incompatible avec son honneur et ses justes droits.

C'était parfaitement joué, puisque, si la guerre continuait après une pareille déclaration, on ne pouvait attribuer cette persistance dans la voie sanglante qu'à l'amour de l'empereur pour la destruction.

Oh ! nous le répétons, l'Angleterre joue parfaitement bien ; seulement, elle triche parfois.

Le 14 novembre, monsieur de Saint-Aignan arrivait à Paris.

Monsieur de Saint-Aignan était un homme de beaucoup d'esprit, jouissant d'une grande faveur près de Napoléon, faveur conquise par un admirable à-propos de flatterie.

Comme il était préfet, des Hautes-Alpes, je crois, l'empereur visitait un jour avec lui son département, et l'interrogeait sur toutes choses avec sa manière brusque et saccadée.

Bonaparte aimait les réponses rapides ; il s'agissait moins de lui répondre juste que de ne pas balbutier en lui répondant.

Les questions s'étaient multipliées vis-à-vis de monsieur de Saint-Aignan, et chaque question avait obtenu immédiatement sa réponse, rapide comme une riposte.

— Combien d'hommes, monsieur le préfet ?

— Tant, Sire.

— Combien d'arpens de bois ?

— Tant.

— Combien d'hectares de terre ?

— Tant.

— Combien d'oiseaux de passage ?

— Un seul, sire, un aigle !

L'empereur, ennuyé à la fin de ces vives réponses qu'il aimait tant, avait voulu embarrasser monsieur de Saint-Aignan, et lui avait donné la réplique de cette splendide flatterie.

Napoléon se regarda comme battu, et récompensa le vainqueur en l'appelant au conseil d'Etat d'abord, en le nommant plus tard son écuyer, puis en l'attachant à la cour de Weymar comme ministre résident de France.

L'envahissement de l'Allemagne forçait monsieur de Saint-Aignan à revenir en France. Monsieur de Metternich avait résolu de profiter de ce retour pour faire parvenir de nouvelles *propositions de paix* à l'empereur.

Le 9 novembre, le jour même de la rentrée de Napoléon dans ces Tuileries si fatales aux rois, et où nous l'avons laissé demandant les trois cent mille conscrits dont le pauvre Conscience devait faire partie, ce même jour, à Francfort, monsieur de Saint-Aignan recevait de monsieur de Metternich, de monsieur de Nesselrode, ministre de

Russie, et de lord Aberdeen, ministre d'Angleterre, l'ultimatum suivant :

« Les alliés offrent la paix, à la condition que la France abandonnera l'Allemagne, l'Espagne, la Hollande, l'Italie, et se retirera derrière ses frontières naturelles des Alpes, des Pyrénées et du Rhin.

» On choisira une ville des bords du Rhin pour tenir le congrès ; mais les négociations ne suspendront en aucune façon les opérations militaires. »

Les conditions étaient dures, surtout pour un homme qui avait pris l'habitude de faire des conditions et non d'en recevoir.

Abandonner l'Allemagne, il le fallait bien, puisque l'Allemagne, envahie par les alliés, nous était reprise.

Abandonner l'Espagne, c'était chose arrêtée déjà. La résistance acharnée des Espagnols, soutenue par l'or et le fer de l'Angleterre, avait lassé Napoléon.

Mais abandonner la Hollande, toute entière à nous, et si pleine de ressources pour la France et de menaces contre l'Angleterre ; mais abandonner l'Italie, intacte et occupée par Murat et Eugène ; c'étaient là de ces sacrifices terribles que l'on ne pouvait faire qu'à une paix prompte, de ces retranchemens cruels que l'on ne pouvait faire que dans l'espoir d'une guérison absolue.

Or, rien de tout cela n'était positif, puisque les négociations ne devaient aucunement suspendre les opérations militaires.

Ces ouvertures inacceptables ne furent cependant point repoussées tout à fait ; seulement, Napoléon se prépara à subir son destin jusqu'au bout, et à faire de sa fortune la fortune de la France.

De là, la rigueur des ordres donnés aux préfets et aux sous-préfets à l'endroit de la conscription.

En même temps, tout s'apprêtait pour repousser la guerre d'invasion dont la France était menacée, et menacée d'une façon bien autrement inquiétante qu'en 1792.

D'abord, en 1792, la France n'avait contre elle que la Prusse et l'Autriche, tandis qu'en 1813, elle avait l'Europe tout entière.

En 1792, elle se battait pour la conquête de sa liberté ; en 1813, elle se battait pour le maintien du despotisme.

Enfin, en 1792, il s'agissait d'être ou de ne pas être ; en 1813, il s'agissait tout simplement que Napoléon fût encore ou ne fût plus.

La question s'était bien amoindrie en cessant de se faire nation et en se faisant homme.

Maintenant, au lieu de l'enthousiasme national, restait le génie individuel.

Voyons en peu de mots ce que va faire ce génie, réduit à ses propres forces par l'abandon de la France épuisée du sang qu'elle a perdu, victorieuse ou vaincue, sur tous les champs de bataille de l'Europe.

Hélas ! nous le répétons pour la seconde fois, l'histoire des grands de ce monde est tellement mêlée à celle des petits, qu'à notre suprême regret, nous sommes obligés de nous occuper des puissans quand nous voudrions ne nous occuper que des humbles.

Les propositions transmises par monsieur de Saint-Aignan avaient été communiquées au corps législatif, Napoléon déclarant que, si dures que fussent ces conditions, il était prêt à les accepter, si elles devaient amener la paix.

Par malheur, Napoléon prenait le corps législatif dans un moment de mauvaise humeur. Napoléon lui avait, pendant son dernier voyage à Paris, imposé un président sans présentation de candidat.

Nous ne professons pas une admiration profonde pour monsieur Baour-Lormian. Cependant, comme nous tenons à notre réputation d'impartialité, nous avouerons qu'il y a, dans sa tragédie de *Mahomet II*, deux beaux vers.

Il s'agit de ce corps des janissaires, si fort dédaignés des sultans.

Qu'ils nous font payer cher les mépris qu'ils endurent:
Si le trône chancelle, à l'instant ils murmurent !

dit Mahomet II.

Il en fut du corps législatif comme du corps des janissaires ; le trône de Mahomet II chancelait : il murmura.

Une commission de cinq rapporteurs, composée de messieurs Lainé, Gallois, Flauguergues, Raynouard et Maine de Biran, hostiles tous les cinq au système impérial, fut nommée, et rédigea une adresse dans laquelle se glissa timidement le mot *liberté*, oublié depuis douze ans.

Si peu de place que le pauvre mot tînt dans l'adresse, Napoléon le remarqua. Le mot *liberté*, c'était sa tête de Méduse à lui ; il déchira l'adresse, et ajourna le corps législatif.

Le 2 décembre, le duc de Vicence, qui remplace le duc de Bassano aux affaires étrangères, écrit à monsieur de Metternich que Napoléon adhère aux bases générales proposées par monsieur de Saint-Aignan.

Le 10 décembre, on reçoit de monsieur de Metternich la nouvelle inattendue que les alliés, ne pouvant prendre aucune détermination sans le concours de l'Angleterre, ont écrit au cabinet de Saint-James et attendent sa réponse.

L'espoir d'une négociation franche et loyale a donc disparu, et Napoléon doit, comme dernier moyen de salut, accepter franchement la guerre.

D'ailleurs, pendant ces négociations illusoires, les alliés ont continué leur marche. Ils apparaissent maintenant sur nos trois frontières de l'est, du nord et du midi.

Les Anglais ont passé la Bidassoa, et vont franchir les Pyrénées.

Le prince de Schwartzemberg, avec la grande armée forte de cent cinquante mille hommes, est en train de violer la neutralité de la Suisse.

Blücher est entré dans Francfort, autre viol, avec cent trente mille Prussiens.

Bernadotte a envahi la Hollande, et pénètre en Belgique avec cent mille Suédois et Saxons.

Sept cent mille hommes, enfin, formés par leurs défaites même à la grande école de la guerre napoléonienne, s'apprêtent à franchir les frontières de la France, négligeant toutes les places fortes, et se répondant les uns aux autres par ce seul cri : « Paris ! Paris ! Paris ! »

Le 21 décembre, les souverains alliés publient à Lœrrach les proclamations qui donnent le signal des hostilités.

Désormais ce n'est plus qu'à force de soumission ou d'énergie que l'on sauvera la France.

Napoléon est pour l'énergie ; c'est une raison au corps législatif d'être pour la soumission. Après l'avoir ajourné, Napoléon le casse.

Les coups d'Etat signalent les commencemens et indiquent la fin des pouvoirs monarchiques.

Cependant les nouvelles se pressent plus désastreuses les unes que les autres.

Le 28 décembre, le général Bubna a pris possession de Genève.

Le 30, le prince de Schwartzemberg a poussé ses colonnes sur Epinal, Vesoul et Besançon.

Le 4 janvier 1814, l'ennemi entre à Vesoul.

Le 9, Besançon est investi.

Voilà où en est la grande armée étrangère, composée d'Autrichiens, de Bavarois et de Wurtembergeois, et avec laquelle marche la garde impériale russe.

Quant à Blücher, arrêté pendant quelques temps sur les bords du Rhin, comme par une crainte irrésistible de toucher le sol de la France, il a enfin traversé le fleuve sur trois points dans la nuit du 1er janvier.

Au centre, les corps du général Laugeron et du général d'York ont franchi le Rhin à Caub.

A l'aile droite, le corps du général Saint-Priest a franchi le Rhin à Neuwied, où nous-mêmes l'avons franchi deux fois aux jours des vieilles victoires républicaines.

Enfin, à l'aile gauche, les corps de Sacken et de Kleist ont franchi le Rhin devant Manheim.

Nous avons déjà dit où était l'armée anglo-espagnole, commandée par Wellington.

Cependant, il va se faire une halte d'un instant.

Le duc de Bellune évacue Strasbourg avec une armée qui ne se monte pas à dix mille hommes; mais il reçoit de Napoléon l'ordre de disputer pied à pied les passages des Vosges. Le duc de Trévise arrive avec une division de la garde, pour le soutenir, par la route de Langres.

Le duc de Raguse, avec une vingtaine de mille hommes, obligé de battre en retraite d'abord, s'appuiera le plus longtemps possible sur les nombreux glacis des forteresses de la Lorraine.

Le duc de Castiglione défendra Lyon, où il se rend en toute hâte pour organiser la résistance de la seconde ville de l'empire ; il sera secondé par le général Deschamps, qui pourvoit à la sûreté de Chambéry, et par le général Desaix, qui organise des levées en masse dans le Dauphiné.

Le duc de Tarente est à Liége, occupé à pourvoir à la sûreté des places du bas Rhin et de la Meuse, avec ordre de rentrer dans la vieille France par la porte des Ardennes.

Le duc de Dalmatie, après un combat de quatre jours, et malgré la désertion des troupes allemandes, qui, le 11 décembre au soir, ont passé en masse dans le camp espagnol, s'est arrêté sur les glacis de Bayonne.

Le duc d'Albuféra, qui recule depuis le cœur de l'Espagne, s'est arrêté sur le Lobrégat, et a établi son quartier général en Catalogne.

Eugène, en Italie, défend le passage de l'Adige contre les Autrichiens, qui n'ont pu le forcer.

Cette halte, commandée par Napoléon, s'est donc opérée, pendant un instant, sur toute la ligne circulaire qui enveloppe la France, de la bouche de l'Escaut aux bouches de la Garonne.

Cet instant, si court qu'il soit, suffit à Napoléon pour jeter les yeux sur son échiquier.

L'ennemi s'avance avec sept cent mille hommes, c'est vrai ; mais l'ennemi, qui, dans trois mois, aura cinq cent mille hommes au centre de la France, ne peut commencer les opérations qu'avec deux cent cinquante mille.

Encore faut-il espérer que l'ennemi s'amusera à bloquer les villes de guerre, et que ses forces seront diminuées par ces nombreux blocus.

Lui, Napoléon, de son côté, compte encore deux cent cinquante mille hommes; mais ces deux cent cinquante mille hommes, qui le rendraient maître des événemens, s'ils étaient sous sa main, sont répartis ainsi qu'il suit :

Cinquante mille hommes sur l'Elbe ;

Cent mille aux pieds des Pyrénées ;

Cinquante mille au delà des Alpes.

Les autres cinquante mille sont aux mains de Raguse, de Castiglione, de Tarente et aux siennes.

Ce n'est donc, en réalité, que sur cinquante ou soixante mille hommes de vieilles troupes et sur ses nouvelles recrues qu'il peut compter.

En outre, quelle que soit son activité, il n'entrera pas en campagne avant la fin de janvier.

Ce retard, d'ailleurs, lui donnera un peu de temps pour tirer des troupes de son armée d'Espagne et de son armée d'Italie.

C'est pour arriver là qu'il vient de sacrifier les prétentions, qui, depuis quatre ans, sont l'objet de ses querelles avec l'Espagne et avec Rome.

Dès les premiers jours de décembre, la liberté a été donnée au prince Ferdinand d'Espagne, et, le 11, un traité a été signé avec lui.

Vers le 15 du même mois, le pape a été rendu à l'Italie, et, dans le commencement de janvier, il est en route pour remonter sur le trône de Rome.

Son retour dans la ville éternelle, Napoléon en a l'espoir du moins, préservera l'Italie de l'envahissement de l'Autriche, et la restauration de Ferdinand mettra un terme à l'influence de Wellington à Madrid.

Mais cette halte, qui a suffi à Napoléon pour établir son plan de campagne, a été courte : de tous côtés, nos lignes de défense ont été forcées, trop faibles qu'elles étaient pour résister.

Bubna a intercepté la route du Simplon. Le Valais est enlevé à la France.

Schwartzemberg a forcé le passage des Vosges; Blücher est au cœur de la Lorraine ; Yorck est devant Metz.

Depuis le 13 janvier, la vieille France, la France de Louis XIV est envahie.

Le 14, le prince de la Moskowa a évacué Nancy.

Le 16, le duc de Trévise a évacué Langres.

Le 19, le duc de Raguse est en retraite sur Verdun.

Napoléon n'a plus un instant à perdre.

Déjà, depuis le commencement du mois, il a envoyé, dans les départemens, des commissaires extraordinaires chargés de prendre part aux levées d'hommes et aux mesures de défense.

« Français! s'écrie-t-il dans la proclamation dont ils sont porteurs ; Français, un dernier effort! J'appelle ceux de Paris, de la Bretagne, de Normandie, de la Champagne, de la Bourgogne et des autres départemens au secours de leurs frères de la Lorraine et de l'Alsace. A l'aspect de tous ces peuples en armes, l'étranger fuira ou signera la paix. »

En même temps, toutes les troupes reçoivent l'ordre d'acculer leur retraite sur la Champagne. C'est sur la Champagne que l'on dirigera et les troupes qui arrivent du fond de la France, et les nouvelles levées qu'a fournies la dernière conscription.

Le 20 janvier, le prince de Neufchâtel part de Paris pour annoncer aux troupes la prochaine arrivée de l'empereur.

Le 23, Napoléon signe les lettres patentes qui confèrent la régence à l'impératrice ;

Le 24, il lui adjoint le prince Joseph, sous le titre de lieutenant général de l'empire.

Le 25, à deux heures du matin, il brûle ses papiers secrets ; à trois heures, il embrasse sa femme et son fils, et, à trois heures dix minutes, il monte en voiture avec le comte Bertrand.

Voyons maintenant ce qu'était devenu Conscience, pauvre atome perdu dans ce grand mouvement qui agitait le monde.

XVIII

LA BATAILLE DE LAON.

Tandis que Bastien allait porter à Haramont la terrible nouvelle qui devait jeter le désespoir dans le cœur des trois malheureuses femmes, Conscience, attaché à l'artillerie de la jeune garde, était envoyé à Fismes, où l'on rassemblait un parc assez considérable, tiré de l'arsenal de La Fère et de la ville de Soissons.

L'éducation militaire de Conscience fut faite avec la rapidité qui présidait aux études d'une époque où la pratique était complétement substituée à la théorie. Huit heures de manœuvres par jour lui apprirent, en moins d'un mois, son double service comme conducteur et comme défenseur du caisson auquel il était attaché. Son instructeur, qui était un vieux soldat auquel rien n'échappait des bonnes ou mauvaises dispositions de ses élèves, ne fut point sans remarquer cette espèce d'affinité existant entre le nouveau conscrit et les animaux auxquels il avait affaire. Aussi Conscience fut-il officieusement chargé de l'inspection spéciale des chevaux de sa batterie, qui reconnurent bientôt un ami aux soins dont ils étaient l'objet, et qui, de leur côté, pleins de reconnaissance pour cette amélioration dans leur sort, redoublèrent à la fois de vigueur et de docilité.

Mais ce n'était pas seulement parmi les animaux que Conscience s'était fait des amis, c'était encore parmi ses compagnons, jeunes gens au cœur triste, aux yeux pleins de larmes, venus, comme lui, de tous les points de la France, et qui, peu enthousiastes pour l'état qu'on les forçait d'embrasser en les arrachant à leurs mères, étaient loin, malgré ces huit heures d'exercice par jour, de faire des progrès satisfaisans.

Conscience devint leur consolateur : il les soutint, les encouragea, et, au bout d'un mois de cohabitation avec eux, de même que son influence bienfaisante s'était fait sentir sur les animaux, dont elle avait doublé la vigueur et la docilité, elle se fit sentir sur les hommes, qui lui durent au moins la résignation, lorsqu'ils ne lui durent pas le courage.

Le 20 janvier, le prince de Neufchâtel, en passant, donna l'ordre de concentrer toutes les forces sur Châlons.

Deux après après, la batterie à laquelle appartenait Conscience se mit en route. Le même soir, elle faisait halte à Reims; puis, la même nuit, après quatre heures de repos, elle se remettait en route pour Châlons, où elle arrivait le 21 au soir.

Là, on sent qu'on approche de l'ennemi, et le spectacle des malheurs de l'invasion frappe, pour la première fois, les yeux de Conscience. Ce sont des pauvres paysans de Bar-le-Duc, de Vassy et de Saint-Dizier, qui fuient en emportant leur mobilier dans des charrettes, les unes traînées à bras, les autres attelées d'ânes ou de chevaux. Quelquefois, au sommet d'une de ces charrettes, une mère, assise sur un matelas, courbée en avant, comme pour mieux le protéger, serre contre sa poitrine un enfant qu'elle allaite, en le berçant avec une modulation si triste et si monotone qu'elle ressemble bien plus à une plainte qu'à un chant. Cette procession désolée, qui va sans savoir où, qui fuit pour fuir, s'arrête sur les places, trop pauvre qu'elle est pour se risquer dans les auberges. Là, elle vit de la charité publique, du vin que lui apportent de jeunes filles compatissantes, du pain que partagent avec elles les soldats, d'aumônes que leur font les bonnes âmes en leur disant : « Dieu vous conduise! »

Conscience, qui mange à peine, encore tout souffrant qu'il est de sa blessure, donne à ces malheureux tout son vin et les trois quarts de son pain, et comme ils joignent les mains en le bénissant, il leur dit :

— Si vous croyez me devoir quelque reconnaissance, faites prier vos enfans pour trois pieuses femmes, qu'on appelle Madeleine, Marie et Mariette; le Seigneur les connaît, j'espère, et saura que c'est pour elles que vous priez.

Et, si on lui demande pourquoi il recommande les trois femmes aux prières des jeunes lèvres :

— C'est, dit-il, que les prières des enfans, étant plus pures, sont plus agréables au Seigneur.

Puis, parfois il songe avec terreur que l'ennemi continue d'avancer toujours, et que si Napoléon, dont on parle beaucoup mais qu'on ne voit point encore, ne parvient pas à l'arrêter, il y aura peut-être un moment où les trois pauvres femmes de son cœur fuiront dans une charrette traînée par Pierrot, ainsi que ces malheureux qu'il voit fuir, et avec lesquels il partage son pain et son vin; et il espère que, comme il fait lui-même, d'autres feront aussi, et qu'elles trouveront sur leur route le pain et le vin de la charité.

D'heure en heure les fuyards deviennent plus nombreux ; c'est que, d'heure en heure, l'ennemi se rapproche.

En effet, le 21, l'ennemi n'est plus qu'à quinze lieues : ses avant-postes se sont faits voir à Bar-le-Duc.

Le 22, il n'est plus qu'à dix lieues : des partis de Russes et de Prussiens ont été signalés à Vitry-le-Français.

C'est à la fois la grande armée russe autrichienne et bavaroise, commandée par Schwartzemberg, et l'armée prussienne, commandée par Blücher, qui s'avancent.

La première, descendue des Vosges par plusieurs routes, dirige sa plus forte colonne sur Troyes. La vieille garde, commandée par le duc de Trévise, est poussée devant elle, et, quoique disputant le terrain pied à pied, sa retraite commence à encombrer les rues de Vitry-le-Français, et vient battre de ses premiers flots les faubourgs de Châlons.

La seconde a dépassé la Lorraine, vient d'occuper Saint-Dizier, et se porte diagonalement sur l'Aube.

Si Napoléon n'arrive pas d'ici à deux jours, les troupes qui sont à Châlons, et qui n'ont pas d'ordres, seront obligées de se mettre en retraite sur Paris.

Le 25, au matin, les fuyards commencent à paraître dans les rues de Châlons; ils roulent avec leurs flots un reste de paysans attardés qui ont laissé leurs maisons en flammes, et qui, voyant que Dieu, malgré leurs prières, ne les a point gardés du malheur, appellent à leur aide ce Napoléon dont pendant douze ans on leur a fait un autre dieu.

Mais, dans les rues même de Châlons, ces fuyards se mêlent aux premières colonnes des troupes qui arrivent de Paris et qui annoncent l'empereur. Trois jours auparavant, elles ont été passées en revue dans la cour des Tuileries, et Napoléon leur a dit : « Partez, je vous suis! »

Enfin, vers cinq heures de l'après-midi, comme on écoute avec inquiétude le canon qui se rapproche, les cris de *Vive l'empereur!* se font tout à coup entendre dans le faubourg de Paris. Cinq voitures, dont la première attelée de six chevaux et les autres de quatre, traversent la ville, s'arrêtent à la porte de la préfecture, et Napoléon descend de la première.

Il est calme et froid, comme d'habitude, l'homme de marbre! seulement, son sourcil, légèrement froncé, et sa tête un peu inclinée, non pas sur son épaule comme celle d'Alexandre, mais sur sa poitrine comme celle de Frédéric, indique que le poids de ce monde qu'il porte commence à le fatiguer.

En une seconde, une immense acclamation a retenti dans toute la ville. On dirait que son aigle aux ailes rapides a lui-même répandu la nouvelle de son arrivée.

Il descend de voiture, fait un signe de la main, pour répondre aux cris mille fois répétés de *Vive l'empereur!* qui éclatent autour de lui, monte lestement les six marches du palais préfectoral, et entre dans l'appartement qui lui est préparé, en disant :

— Qu'on me fasse venir le prince de Neufchâtel, le duc de Valmy et le duc de Reggio.

Et il se jette dans un fauteuil, en attendant ces hommes aux titres sonores qu'il a demandés, et qui vont accourir obéissant à son appel.

Celui qui arrive le premier, c'est le duc de Neufchâtel. Il accourt des avant-postes; il a eu le temps de se renseigner depuis quatre jours. Le duc de Bellune et le prince de la Moskowa, après avoir évacué Nancy, se sont retirés par Void, Ligny et Bar, sur Vitry-le-Français. Le duc de Raguse est derrière la Meuse, entre Saint-Mihiel et Vitry. Le duc de Trévise est en retraite sur Troyes, disputant à l'ennemi chaque pouce de terrain, s'arrêtant quand il est pressé de trop près. Le canon qu'on a entendu la surveille, c'est le sien; le canon qu'on a entendu dans la journée, c'est le sien encore. Ces deux haltes enflammées s'appelleront les combats de Colombey-les-Deux-Eglises et de Bar-sur-Aube, et l'histoire dira que la vieille garde y est restée à la hauteur de sa réputation.

On annonce le duc de Valmy.

— Venez, venez, Kellermann, dit Napoléon; il y a vingt ans que vous avez gagné le titre sous lequel on vient de vous annoncer à moi, dans ces mêmes plaines où nous allons manœuvrer contre les Prussiens. Vous savez comment il faut s'y prendre pour les battre, et vous m'aiderez de vos conseils.

Kellerman s'inclina sans répondre.

En effet qu'eût-il répondu?

« Oui, sire, voilà vingt ans que j'ai battu ici les Prussiens; mais, il y a vingt ans, je représentais, sous mon simple nom de Kellerman, la France révolutionnaire, qui voulait à tout prix être libre, tandis qu'aujourd'hui, sous ce titre de duc de Valmy, je ne représente plus qu'un homme commandant à une France épuisée de sang et d'enthousiasme, et qui demande le repos, le calme, la paix, même au prix de la honte! »

Puis paraît Oudinot à son tour.

— Ah! vous voilà, lui dit Napoléon, je vous attendais avec impatience. Vous êtes du pays, n'est-ce pas?

— Je suis de Bar-sur-Ornain, sire.

— A merveille!... Nous allons passer la soirée à reconnaître le pays.

Et, se retournant vers ses officiers d'ordonnance Gourgaud et Mortemart :

— Qu'on laisse entrer tous ceux qui pourront me donner des renseignemens importans, dit-il.

En effet, pendant toute la soirée, Napoléon, penché sur une carte des départemens de l'Aube, de la Marne et de la Haute-Marne, marque avec des épingles à tête rouge les positions probables de cet ennemi qu'il espère surprendre par la rapidité de sa course et la vigueur de ses mouvemens.

Pendant ce temps, à la lueur d'un feu allumé sur la place publique, à vingt pas d'un parc d'artillerie gardé contre ce feu lui-même par de nombreuses sentinelles, un jeune homme revêtu de l'uniforme des soldats du train écrit, au crayon et sur ses genoux, la lettre suivante :

« Ma bonne et honorée mère,

» Vous avez déjà dû recevoir une lettre de moi, datée de Fismes, où j'étais en dépôt. Nous n'étions qu'à seize lieues à peu près l'un de l'autre, et cependant, excepté par le cœur, nous étions aussi séparés que si nous eussions été, vous d'un côté du monde et moi de l'autre.

» Vous avez bien souffert, ma bonne mère! vous avez bien pleuré! Mais j'espère qu'en recevant la première lettre que j'ai écrite, ce que j'ai fait aussitôt que ma main me l'a permis, Dieu vous a donné la force, non-seulement de supporter votre propre douleur, mais encore de consoler celle des autres.

» Cette fois, je vous écris de Châlons, c'est-à-dire de dix-huit lieues plus loin que la première fois. Je vous écris au feu du bivouac, au moment où dix heures sonnent à la cloche d'une petite église dont le timbre me rappelle celui de l'horloge d'Haramont, où tout le monde dort à cette heure, excepté vous, ma bonne et honorée mère, qui veillez sous la garde du Seigneur, assise au pied du grand-père, qui va de mieux en mieux, n'est-ce pas? absorbée que vous êtes dans le souvenir de votre fils, qui vous respecte.

» Bien au contraire d'Haramont, toutes les portes sont ouvertes ici, toutes les maisons sont éclairées, tout le monde veille, car l'empereur Napoléon est arrivé vers cinq heures.

» Je l'ai vu, ma bonne et honorée mère, cet homme qui nous sépare et qui vous coûte tant de larmes; je l'aurais cru d'un visage dur et d'un aspect repoussant. Hélas! il a l'air aussi triste, plus triste même qu'un homme ordinaire, et l'on dit ici ce que l'on ne croit pas chez nous, ce que l'on ne croit nulle part, je pense, c'est que c'est à regret qu'il fait la guerre, et qu'il n'a quitté Paris qu'après avoir épuisé tous les moyens d'obtenir la paix.

» S'il en était ainsi, ma bonne et tendre mère, il faudrait le plaindre et non le détester, prier pour lui et non le maudire.

» Au reste, lors de son arrivée, on a beaucoup crié ici *Vive Napoléon!* Mais était-ce par amour de lui ou par haine des Prussiens et des Russes? C'est ce que le Seigneur, à qui rien n'est caché, distinguera facilement.

» Je vous écris cette longue lettre, ne sachant plus trop maintenant quand je vous écrirai; car, cette nuit sans doute, nous allons marcher en avant, soit sur Sainte-Menehould, soit sur Vitry-le-Français. L'empereur décide cela en ce moment avec ses maréchaux. D'où je suis, et en levant la tête, je vois les fenêtres de l'hôtel de la préfecture éclairées comme si le feu était dans l'hôtel, et, de temps en temps, derrière les rideaux, son ombre qui passe. Lui aussi veille, comme vous voyez, et l'on dit dans l'armée qu'il y a huit jours qu'il n'a dormi.

» Il paraît que c'est décidément à Vitry que nous allons, car un officier d'ordonnance vient, du haut du perron de l'hôtel, de donner tout haut l'ordre aux équipages de la maison de l'empereur de filer sur Vitry, et à la garde impériale de les suivre. Si, à notre tour, nous suivons la garde impériale, ce sera six lieues de plus mises encore entre nous, ma bonne et honorée mère.

» Dites à Bastien, s'il est encore à Haramont, ce dont je doute, car, d'après les dernières nouvelles, je crois que tous les soldats en congé ont dû rejoindre leurs régimens ou être incorporés dans d'autres de la même arme, dites à Bastien que je le remercie bien de toutes ses bontés pour moi; que je m'habitue au service du train, qui n'est pas aussi désagréable qu'il le disait, et que je me suis fait deux bons amis que je quitte rarement : ce sont les deux chevaux qui traînent mon caisson. En effet, quoiqu'il n'y ait que quinze jours que nous sommes ensemble, nous nous comprenons presque aussi bien qu'avec Pierrot et Tardif, ces vieux amis de dix ans, que je n'ai pas plus oubliés que la vieille vache noire, qui, toute vieille qu'elle est, donne toujours de bon lait, je l'espère.

» Enfin, ma bonne et honorée mère, dites à Mariette, qui, après vous, est celle que je regrette le plus au monde, comme, après vous, dame Marie est celle que je respecte le plus; dites à Mariette que, tandis que j'étais à Fismes, je ne me trouvais plus qu'à douze lieues de Notre-Dame de Liesse, qui a encore ici plus de réputation que de nos côtés. Je sais que la pauvre enfant avait fait vœu d'y aller si je ne tombais pas au sort. J'aurais voulu pouvoir y aller moi-même, en son nom, pour acquitter son vœu, et puis pour demander à la bonne Vierge, que l'on assure être très miraculeuse, de faire que Mariette m'aimât toujours; mais, si je reviens, grâce que le bon Dieu, j'espère bien, nous fera à tous, nous irons ensemble pour le remercier, non-seulement de cette dernière faveur qu'il m'aura accordée, mais encore de toutes celles qu'il m'a faites depuis ma naissance en permettant que je fusse aimé de trois saintes femmes comme vous.

» Adieu, ma chère et honorée mère; nous recevons à l'instant même l'ordre de partir; des aides de camp sont envoyés sur la route d'Arcis-sur-Aube, pour annoncer au duc de Trévise l'arrivée de Napoléon, et lui ordonner de tenir devant l'ennemi. Nous allons donc nous trouver aux prises avec ce qu'on appelle la grande armée, et je vais, hélas! voir de mes propres yeux ce que c'est que cette terrible chose qu'on appelle la guerre.

» Un petit enfant de dix à douze ans qui s'est sauvé de son village, et que j'ai recueilli pleurant ses parens qu'il a perdus, se charge de mettre à la poste cette lettre, que je n'ai pas le temps d'y mettre moi-même, attendu que je monte à cheval; je lui donne la moitié de mon pain de la journée en échange du service qu'il me rend.

» Dites un mot à Dieu dans vos prières, afin que le morceau de pain que je lui donne dure au pauvre petit jusqu'à ce qu'il ait retrouvé ses parens.

» Je vous embrasse bien tendrement et bien respectueusement, ma chère et honorée mère, ainsi que ma bonne Marie et ma chère Mariette.

» Votre fils,

» CONSCIENCE.

» Mes respects au grand-père, qui doit être bien malheureux de ne plus pouvoir visiter sa terre. »

Et en effet, comme le jeune soldat remettait à l'enfant qui s'était chargé de la porter à la poste cette lettre, non cachetée, faute de temps et faute de cachet, la trompette sonnait le départ, et Conscience, faible unité dans ce chiffre de cinquante mille hommes que Napoléon allait, avec l'audace du génie, opposer aux masses autrichiennes, russes, bavaroises et prussiennes, prenait, tirant, lui deuxième, son caisson bourré de poudre, la route de Vitry-le-Français.

XIX

AU VILLAGE.

Nous n'avons pas besoin, nos personnages étant connus du lecteur comme ils sont, d'essayer de peindre la douleur qui accueillit le retour de Bastien apportant la mauvaise nouvelle que Conscience, malgré l'accident qui lui était arrivé, avait été jugé bon pour le service militaire. Ce n'était pas, comme aux yeux de Bastien, l'arme humiliante dans laquelle allait servir Conscience qui déterminait chez la pauvre famille un surcroît de désespoir ; du moment où Conscience quittait le village, qu'importait l'arme où il allait servir ? Du moment où il était soldat, toutes les armes, pendant ces jours de destruction, ne devenaient-elles pas aussi dangereuses les unes que les autres ?

Mais, chose étrange ! Madeleine, la pauvre mère, sur laquelle le coup portait le plus cruellement, était soutenue dans son malheur par un autre malheur : elle sentait qu'elle ne se devait pas toute à son fils, mais un peu aussi à ce pauvre grand-père que le coup avait, de son côté, frappé si durement.

Ce qui tourmentait le plus le père Cadet, c'était, comme le prévoyait bien Conscience, l'idée de l'abandon de sa pauvre terre. Bastien, qui avait bon nombre d'heures de reste, se serait bien mis à la disposition du père Cadet ; mais Bastien était un pauvre agriculteur, aux mains inexpérimentées duquel on ne pouvait guère abandonner une terre si bien choyée, si bien soignée, si bien caressée jusque-là, qu'elle allait s'apercevoir, rien qu'au toucher brutal de Bastien, que ce n'était plus ce maître si doux, si bon, si patient pour elle, qui la cultivait.

Heureusement, le voisin Mathieu était là. Le voisin Mathieu, opérant sur une grande échelle de cent ou cent cinquante arpens, n'avait pas certainement la délicatesse de toucher et les petits soins journaliers du père Cadet ; mais il savait son métier. C'était un rude lutteur, qui avait été plus d'une fois aux prises avec des terres rebelles, et qui, à force de volonté, de puissance, nous dirons presque de menaces, avait vaincu toutes les rébellions.

Donc, cette année, ce que la terre du père Cadet ne donnerait point par la persuasion, elle le donnerait par la force, et l'on n'avait à s'inquiéter de rien, sinon du chagrin que ressentirait la pauvre terre d'être brutalisée ainsi.

Puis, les jours s'étaient écoulés. Dès que la main mutilée de Conscience lui avait permis d'écrire, une première lettre était arrivée, comme l'a dit Conscience, datée de Fismes. La pauvre Madeleine, qui, sans nouvelles de son enfant, le croyait déjà mort, avait éprouvé une grande joie en reconnaissant son écriture ; puis, comme si elle eût compris que cet amour qu'éprouvait pour elle Conscience était si grand qu'il débordait sur les autres, et que, par conséquent, elle n'avait pas le droit de le garder à elle toute seule, avant de décacheter la bienheureuse lettre, le père Cadet prévenu le premier, elle avait, du seuil de sa chaumière, fait signe à dame Marie et à Mariette d'accourir, levant la lettre pour qu'elles vissent bien à quelle fête elles venaient d'être convoquées.

Les deux femmes accoururent, Mariette suivie de Bernard ; car Bernard, de même qu'il semblait avoir compris que c'était à Mariette qu'il avait été donné, semblait comprendre encore qu'il avait droit, comme elle, de recevoir sa part des nouvelles de son ancien maître.

D'après la seconde lettre, que nous avons mise sous les yeux de nos lecteurs, on peut comprendre à peu près ce qu'était la première.

On envoya chercher Bastien, qui connaissait tout. On lui demanda s'il connaissait Fismes ; on voulait se faire une idée du pays qu'habitait Conscience.

Quant aux trois femmes, leurs connaissances géographiques ne s'étendaient pas, à l'ouest, plus loin que la ferme de Vez ; à l'orient, plus loin que Villers-Cotterets, au nord, plus loin que Taille-Fontaine, et, au sud, plus loin que Boursonne.

Malheureusement, Bastien ne connaissait pas Fismes.

Il est vrai que, lorsqu'on lui eût dit que Fismes n'était qu'à dix-huit ou vingt lieues d'Haramont, il offrit à l'instant de partir pour aller prendre des nouvelles de Conscience, et pouvoir, à son retour, tracer aux trois femmes un plan de la ville.

Il va sans dire que cette offre pleine de dévouement fut refusée. Les trois femmes savaient que Conscience vivait ; elles savaient dans quelle ville il se trouvait ; elles savaient qu'il se portait bien et pensait à elles : c'était tout ce que, pour le moment, elles osaient demander à Dieu.

D'ailleurs, comme l'avait prévu Conscience dans sa seconde lettre, Bastien avait, un beau matin, reçu une feuille de route ; les militaires en congé étaient rappelés sous les drapeaux, du moment où ces congés n'étaient point appuyés sur des infirmités qui rendissent les congédiés tout à fait inhabiles au service militaire.

C'était le lendemain du départ de Bastien que Madeleine avait reçu de son fils la lettre que nous lui avons vu écrire à Châlons.

Cette fois, la joie était mêlée d'une certaine terreur : Conscience se portait bien ; mais il faisait mettre sa lettre à la poste au moment de partir pour aller se battre. A l'heure qu'il était, on s'était battu, et qui pouvait savoir ce qui était arrivé ?

On décida qu'il fallait répondre, lui donner des nouvelles de tout le monde ; seulement c'était une grande affaire que d'écrire.

Le père Cadet n'avait jamais su que signer son nom ; Madeleine et dame Marie faisaient leur croix aux bas des actes, mais pas autre chose. Mariette, seule, en sa qualité de fille du maître d'école, avait su écrire autrefois, dans son enfance ; mais elle avait si peu l'occasion d'exercer ce talent, qu'elle avait à peu près désappris.

Il n'en fut pas moins décidé que ce serait elle qui servirait de secrétaire.

Il s'agissait de répondre vite : on espérait qu'en adressant la lettre à Vitry-le-Français, Conscience la pourrait recevoir encore.

On avait bien reçu la sienne.

Mariette alla chercher chez l'épicier du papier à lettre, de l'encre, et une plume toute taillée.

Elle trouva Catherine qui faisait juste la même emplette qu'elle.

— Pour Bastien ? demanda Mariette.

— Pour Conscience ? demanda Catherine.

Et toutes deux répondirent : « Oui. »

Quand Mariette revint, elle trouva la table préparée au pied du lit du père Cadet : les deux femmes étaient assises, l'une filant, l'autre tricotant ; le petit Pierre faisait, dans un coin, des pâtés avec du sable et un dé à coudre ; Bernard avait le cou étendu sur le fauteuil préparé pour Mariette, comme s'il eût gardé sa place.

Ce fauteuil, c'était celui du père Cadet, qu'on avait préparé pour elle : on avait pensé que mieux elle serait assise, mieux elle écrirait.

A peine fut-elle en place, que le petit Pierre se leva et quitta ses pâtés de sable pour venir voir ce qu'allait faire sa sœur, occupation qui, étant toute nouvelle dans la maison, lui paraissait bien autrement curieuse.

— Oh ! petit Pierre, dit Mariette, prends garde, tu remues la table, et j'aurai bien assez de mal à écrire, sans que l'on me tourmente encore pendant que j'écris.

— Je ne te tourmente pas, dit petit Pierre, je te regarde.

— Eh bien ! je t'en prie, reprit Mariette en trempant la plume dans l'encrier, après l'avoir mouillée du bout de ses lèvres afin qu'elle prît mieux l'encre, regarde-moi d'un peu plus loin.

Mais, en se reculant, petit Pierre, de mauvaise humeur sans doute de se trouver distancé ainsi, fit un mouvement si brusque, que la secousse imprimée à la table gagna le bras de Mariette, et qu'un énorme pâté tomba au beau milieu de la feuille.

— La ! dit Mariette, regarde un peu ce que tu as fait !

— Méchant enfant ! dit dame Marie, ne laisseras-tu donc jamais ta sœur tranquille ?

Petit Pierre s'en alla boudant et tournant les épaules.

Mariette employa d'abord le procédé ordinaire en pareil cas; elle essaya d'enlever la tache d'encre avec sa langue : mais le seul résultat de cette manœuvre fut de faire une tache grise au lieu d'une tache noire ; seulement la tache grise était quatre fois grande, après l'opération, comme l'était la tache noire auparavant.

Heureusement, Mariette avait prévu le cas : elle avait acheté, non pas une seule feuille, mais tout un cahier.

Elle enleva la première feuille, qui fut abandonnée à petit Pierre, lequel prit une allumette, la vint tremper dans l'encre et s'en retourna sur la huche, sinon écrire, au moins faire semblant d'écrire de son côté.

Malgré ce que le pâté en avait enlevé, il restait encore suffisamment d'encre à la plume de Mariette, ce qui prouvait qu'au bout du compte toute la faute n'était pas à petit Pierre.

— Voyons, dit-elle, comment faut-il commencer la lettre ?

— Voyons, père, votre avis ? demanda Madeleine.

Le père Cadet était en voie de convalescence, et commençait à parler, quoiqu'il eût la langue épaisse.

— Eh bien ! dit le père Cadet, commence par lui dire que nous sommes tous en bonne santé ; c'est toujours comme cela que commencent les lettres.

— Mais, grand-père, dit Mariette, comment voulez-vous que je lui écrive que nous sommes tous en bonne santé, puisque vous êtes encore au lit, et qu'hier vous avez voulu vous lever sans pouvoir en venir à bout ?

— Tu as raison, dit le vieillard en poussant un soupir. Eh bien ! dis-lui que vous êtes en bonne santé, excepté moi, qui suis malade à ne m'en relever jamais.

— Grand-papa, reprit Mariette, pourquoi voulez-vous commencer la lettre par une chose qui lui fera de la peine ?

— Au fait, dit Madeleine, pauvre enfant, il en a déjà assez de peine, sans ajouter encore à celle qu'il a.

— Avec tout ça, dit petit Pierre, vous ne commencez pas, tandis que moi, tenez, j'en suis déjà au tiers de ma page.

Et, en venant tremper de nouveau son allumette dans l'encre, il montra sa page, déjà griffonnée, en effet, jusqu'au tiers.

— Tu as raison, petit Pierre, dit Marie, commençons.

— Eh bien ! mets d'abord son nom au haut du papier, dit le grand-père.

— « Conscience ? » demanda Mariette.

— Oui.

— Comme cela, tout court ? reprit la jeune fille.

— Tu as raison, dit Madeleine, Conscience tout court, c'est bien froid ; mets plutôt : « Mon cher enfant, » ou : « Mon fils bien-aimé. »

Mariette fit une grimace. De cette façon, la lettre n'était plus que de Madeleine, puisqu'elle ne pouvait pas, elle, Mariette, appeler Conscience ni son *cher enfant*, ni son *fils bien-aimé*.

Dame Marie comprit.

— Si nous mettions : « Cher ami ?... » dit-elle.

Ce fut alors le cœur de Madeleine qui se révolta à son tour

— Oh ! dit-elle, « Cher ami, » c'est ainsi que l'on écrit à un étranger.

— Oui, dit Mariette. Si, au lieu de tout cela, nous mettions : « Cher Conscience ? »

— Ah ! très-bien ! dirent en chœur le grand-père, Madeleine et dame Marie.

— Moi, j'avais mis : « Cher Conscience, » dit petit Pierre en montrant sa page pleine d'hiéroglyphes.

— Eh bien ! dit Mariette, écartez-vous un peu de la table, et retenez petit Pierre loin de moi, afin qu'il ne me pousse pas.

Et elle écrivit, d'une écriture un peu tremblée, mais fort lisible cependant :

« Cher Conscience... »

— Et maintenant ? demanda-t-elle.

Tout le monde se regarda ; les cœurs étaient pleins. Si Conscience eût été là, les anges eussent souri de joie à ce que ces trois femmes lui eussent dit. Mais écrire, ce n'était plus un élan du cœur, c'était une opération de l'esprit.

Le grand-père rompit encore le premier le silence.

— Eh bien ! dit-il, écris que tu mets la main à la plume pour lui demander des nouvelles de sa santé.

— Mais grand-père, dit Mariette impatiente, puisque je lui écris, il saura bien que je mets la main à la plume; je n'écris pas avec une allumette, comme petit Pierre ; et quant à sa santé, Dieu merci ! nous savons qu'elle est bonne, puisque nous répondons à une lettre dans laquelle il nous dit qu'il se porte bien.

— Alors écris ce que tu voudras, dit le père Cadet, visiblement humilié d'avoir émis deux avis si justement repoussés.

— Je crois que c'est encore ce que nous pouvons faire de mieux, dit Madeleine, dont le cœur maternel se fiait au cœur de la jeune fille.

— Voulez-vous? dit Mariette, toute joyeuse et toute fière d'être arrivée à ce but.

— Oui, répondirent ensemble tous les membres du conseil épistolaire.

— Eh bien ! alors je vais aller écrire chez nous, pour n'être pas dérangée comme je le suis ici. Quand la lettre sera finie, je vous la rapporterai, et vous en enleverez ou vous y ajouterez ce que bon vous semblera.

— Va ! dirent toutes les voix.

Et Mariette, suivie du seul Bernard, se retira dans la chaumière de droite, où elle emporta plume, encre et papier, et dont elle ferma la porte derrière elle.

Au bout d'une demi-heure, elle revint. Les quatre pages de son papier étaient couvertes. Il est vrai que cette grande extension de la pensée tenait peut-être à la majesté de certaines lettres, à l'exagération des alinéas et au peu de sûreté des lignes dans le chemin qu'elles avaient pris à droite, et dont elles avaient dévié peu à peu, au fur et à mesure qu'elles avançaient à gauche.

A son apparition, tout le monde se leva, et de toutes les bouches ou plutôt de tous les cœurs sortit le mot : « Voyons ! »

Mariette commença à lire d'une voix tremblante, et en auteur qui doute de son succès :

« Cher Conscience,

» Nous avons été bien heureuses de recevoir ta lettre...

— Eh bien ! et moi donc, interrompit le père Cadet, est-ce que je n'ai pas été heureux aussi ? Bon ! voilà qu'on m'oublie, moi, comme si j'étais déjà mort !

— Oh ! c'est vrai, grand-père, dit Mariette, excusez-moi, mais c'est bien facile à corriger. Petit Pierre, va chercher l'encre et la plume.

L'enfant traversa la rue en courant et rapporta les objets demandés.

Mariette prit la plume, intercala deux mots et relut :

« Cher Conscience,

» Nous avons été bien heureux et bien heureuses de recevoir ta lettre : d'abord, parce qu'elle nous a appris que tu étais en bonne santé, et ensuite que tu nous aimais toujours comme nous t'aimons. C'était d'ailleurs la seconde lettre que nous recevions de toi ; mais comme personne ne sait écrire à la maison, excepté moi, un tout petit peu, comme tu vois, nous n'avions pas osé te répondre la première fois. Aujourd'hui, comme tu pourrais croire que c'est par indifférence que nous ne te répondons point, bien ou mal, je t'écris pour te dire et pour te répéter, cher Conscience, que nous t'aimons de tout notre cœur... »

Mariette s'arrêta tout émue.

— Est-ce bien comme cela ! demanda-t-elle.

— Oui ! oui ! oui ! dirent toutes les voix.

Petit Pierre battit des mains, tant il trouvait cela beau.

— Alors, dit Mariette encouragée, je continue :

« Tu as raison de croire, cher Conscience, que nous avons bien souffert et bien pleuré. Mais, puisque tu nous dis de prendre confiance au bon Dieu, nous allons tâcher de ne plus penser qu'au bienheureux moment de ton retour.

» Comme tu l'as pensé, Bastien est parti hier, et pour Châlons justement. Si nous avions su que tu fusses dans cette ville, nous l'aurions chargé d'une lettre ou tout au moins de nos amitiés pour toi ; mais nous ne connaissions par cette ville, même de nom. D'ailleurs, aurait-il pu te trouver au milieu de tant de monde ?

» Tu as vu l'empereur Napoléon, et tu dis qu'il ressemble à un autre homme. Nos bonnes mères ne peuvent croire cela, qu'il ressemble à un homme, celui qui enlève les enfans aux mères, les frères aux sœurs, les maris aux femmes ; elles croient bien plutôt qu'il ressemble à ce vilain démon qui est sous les pieds de saint Michel, en entrant à gauche, dans l'église de Villers-Cotterets.

» Je suis bien aise que tu n'aies pas été à Notre-Dame de Liesse tout seul ; il me semble maintenant que c'est impossible que nous allions visiter la bonne Vierge autrement que nous deux, et nous irons immédiatement après ton heureux retour...

» Quant à ce que tu dis, que tu voulais y aller pour lui demander que je t'aimasse toujours, crois bien que c'est inutile, mon cher Conscience, et que je t'aimerai toujours sans cela... »

Mariette s'arrêta une seconde fois, mais sans oser lever les yeux ; car elle trouvait que c'était bien hardi ce qu'elle venait d'écrire là.

Elle eût pu, puisque personne ne savait lire, sauter pardessus ce paragraphe, comme si ce paragraphe n'eût pas existé, mais la chaste enfant était incapable d'une pareille tromperie.

D'ailleurs, tout le monde aimait tant Conscience dans les deux chaumières, que personne ne s'étonna que Mariette promît que, de son côté, cet amour n'aurait pas de fin.

Aussi tout le monde applaudit-il à la rédaction de la seconde partie de la lettre, comme on avait applaudi à celle de la première.

Mariette continua donc :

« La fin de ta lettre nous tourmente beaucoup, comme tu dois le penser, mon cher Conscience, puisqu'elle nous annonce que tu vas te battre ; aussi comme, en allant chercher chez l'épicier une plume, de l'encre et du papier, j'ai rencontré le sacristain, je lui ai commandé une messe pour demain, sans rien dire ni à maman Madeleine, ni à maman Marie... »

— Chère Mariette ! interrompirent les femmes en tendant leurs bras à la jeune fille.

— Oh ! mon Dieu ! s'écria celle-ci, et moi qui écris à Conscience que je ne vous en ai rien dit.

— N'importe ! tu as fait ce que je comptais faire, dit Madeleine.

— Et moi aussi, dit dame Marie.

Mariette continua :

« Mais nous espérons que tu te ménageras bien. D'ailleurs, nous nous sommes informés auprès de Bastien, et il nous a dit que les soldats du train étaient moins exposés que les grenadiers ou les hussards, qui décidaient ordinairement de toutes les victoires ; ce qui faisait, a-t-il ajouté, qu'ils étaient moins estimés dans l'armée que les grenadiers et surtout que les hussards. Mais tout cela nous est bien égal, mon cher Conscience, pourvu que tu nous reviennes sain et sauf.

» C'est le vœu que nous faisons tous du fond du cœur en te disant adieu, ou plutôt au revoir.

» Pour le grand-père, pour mère Madeleine, pour mère et pour petit Pierre,

» TA MARIETTE, qui t'aime. »

— Mon Dieu ! mon Dieu ! dit dame Marie en larmes, où donc prend-elle tout cela ?

— Je le sais bien moi ! dit Madeleine en appuyant sa main sur son cœur.

— Attendez, dit Mariette, il y a encore douze ou quinze lignes.

— Voyons ! dit tout le monde.

» Bernard se porte bien ; il lève la tête et remue la queue toutes les fois que l'on prononce ton nom, ce qui est la preuve qu'il sait qu'on parle de toi.

» Pierrot et Tardif semblent tout étonnés de ne pas te voir et de n'avoir plus personne avec qui causer ; l'un brait et l'autre mugit si tristement parfois, que c'est à fendre le cœur.

» La vache noire a mis bas un veau tout bigarré ; on l'a vendu, pauvre petite bête ! à monsieur Mauprivez, le boucher de Villers-Cotterets, moyennant trente francs. Cela est cause que, pendant six semaines, je n'ai pu contenter que les deux tiers de nos pratiques ; mais ceux qui n'ont pas pu avoir de notre lait pendant ces six semaines me promettent bien de revenir à nous aussitôt que nous en aurons, attendu, disent-ils, que notre lait, à nous, est le meilleur de tous les laits.

» Demain, en allant à Villers-Cotterets, je mettrai cette lettre à la poste.

» Au revoir, encore une fois, cher Conscience ; que le bon Dieu te garde ! »

— *Amen!* répétèrent d'une seule voix le père Cadet, Madeleine, dame Marie et le petit Pierre.

XX

L'INVASION.

Pendant que la lettre de Mariette, mise à la poste à Villers-Cotterets, le lendemain du jour où elle avait été écrite, courait après Conscience, qu'elle ne devait pas rejoindre, Napoléon arrivait au point du jour à Vitry-le-Français, engageait le combat entre cette ville et Saint-Dizier, poussait pendant trois lieues l'ennemi devant lui, et, vers dix heures du matin, entrait à Saint-Dizier, occupé depuis deux jours déjà par l'ennemi.

L'étonnement des habitans fut extrême. Depuis trois jours, ils entendaient, dans notre langue, répéter par les Russes que Napoléon était perdu ; que, dans huit jours, les armées alliées camperaient sous les murs de Paris ; que la France allait être partagée, comme autrefois l'Angleterre, lors des conquêtes saxonnes et normandes, et tout à coup, au milieu des fuyards, au moment où ils ne comprennent rien à cette fuite, dans un nuage de fumée déchiré par les bordées d'artillerie et le pétillement de la fusillade, calme, immobile sur son cheval blanc, pareil au cadavre du Cid poursuivant les Maures épouvantés, ils voient apparaître l'homme qu'ils croyaient déjà prisonnier, vaincu, mort, et qui leur dit de sa voix que n'altérait jamais une émotion quelconque :

— Soyez tranquilles, mes enfans, me voici !

Dès lors, parmi ces populations lassées, écrasées aux pieds des chevaux, chassées comme des troupeaux devant les lances des cosaques, ce ne furent plus seulement des exclamations de joie, ce furent des cris d'enthousiasme.

Dès lors, Conscience, qui venait derrière le sauveur, c'était, hélas ! ainsi qu'il apparaissait, le faux Christ, dès lors Conscience, quelle que fût la justesse de son esprit, lui aussi se sentit pris de cette ardente admiration qui forçait les ennemis même de cet homme à s'incliner devant lui.

C'était entre Vitry-le-Français et Saint-Dizier que Conscience avait entendu pour la première fois le sifflement des boulets et des balles; il avait, à ce premier ouragan de fer, fait le signe de la croix et prononcé tout bas une prière, double action qui avait éveillé la gaieté de son compagnon monté sur les deux premiers chevaux de l'attelage. Mais, au moment où il riait, un boulet l'avait coupé en deux, et un autre soldat qui n'avait rien vu que la chute de son camarade était venu prendre sa place, sans la moindre envie de rire.

Quand à Conscience, il s'était contenté de dire :

— Mon Dieu, Seigneur, prenez son âme!

Mais bientôt les accidens pareils à celui qui venait d'initier Conscience à la vie militaire s'étaient renouvelés avec tant de rapidité et en si grand nombre, qu'il n'avait plus eu le temps de rien dire, et qu'il s'était contenté de regarder la chute des morts et des blessés avec une espèce de stupeur, assez grande pour qu'il ne lui vînt pas même dans l'esprit que quelque chose de pareil à ce qui arrivait aux autres pouvait arriver à lui.

Mais, ce qu'il avait dû d'abord à la stupeur, il le dut bientôt à son courage ou plutôt à sa confiance en Dieu.

Pendant ce temps, toute la journée s'est passée pour Napoléon à prendre, sur les lieux mêmes, des renseignemens plus précis qu'il n'avait pu les prendre à Châlons.

Ce corps ennemi auquel on vient d'avoir affaire appartient à l'armée prussienne commandée par Blücher. Le corps russe qui l'a précédé doit être en ce moment du côté de Brienne, et marche sur Troyes pour donner la main aux Autrichiens.

Napoléon commence à ne plus croire à sa fortune et à douter de son génie. Il a recours à la fatalité.

Brienne, le nom a résonné heureusement à son oreille! c'est là que s'est écoulée sa jeunesse inconnue; c'est là que se sont faites ses premières études. Où l'aiglon a pris son vol l'aigle va s'abattre; après tant de revers, le destin lui doit une revanche. Il datera de Brienne la première victoire de la campagne de **1814**.

Napoléon donne l'ordre de marcher sur Brienne à travers la forêt de Montiérender.

On espère surprendre l'ennemi à Brienne.

Malheureusement, un officier que Napoléon dépêche à Mortier, pour lui donner l'ordre de se rapprocher de lui, est pris par les Prussiens, et ses dépêches apprennent à Blücher l'arrivée de Napoléon.

L'ennemi, qu'on croyait surprendre, se retourne et nous attend. On se bat deux jours; le premier couche, sans résultat, trois mille hommes de chaque côté sur le champ de bataille; le second jour, Napoléon est obligé de battre en retraite, laissant quatre mille morts de plus étendus dans cette plaine, horizon de sa jeunesse, et où, trompé par la fatalité comme il l'a été par la fortune et par le génie, il abandonne trois mille prisonniers et cinquante-quatre pièces de canon!

Mais, grâce à cette influence que notre jeune soldat acquiert sur les animaux, les chevaux que conduit Conscience semblent infatigables, et la batterie à laquelle il appartient est une de celles qui peuvent suivre la retraite sur Troyes.

Alors Conscience s'élance dans le tourbillon qui l'entraîne. De temps en temps, Napoléon disparaît et semble se perdre; puis, tout à coup, dans une direction inattendue, gronde le canon et retentit un cri de victoire.

C'est Champaubert! Montmirail! Château-Thierry! Montereau! En dix jours, Napoléon a tué quatre-vingt-dix mille hommes à l'ennemi. Mais aussi, partout où Napoléon n'est pas, sa fortune est absente; derrière lui, l'ennemi se reforme, et, toujours vaincu, avance toujours. Les Anglais sont entrés à Bordeaux; les Autrichiens occupent Lyon; les débris des armées qu'il a battues forment, en se réunissant, des armées trois fois nombreuses comme la sienne; ses maréchaux sont mous, paresseux, fatigués; chamarrés de cordons, écrasés de titres, gorgés d'or, ils ne veulent plus se battre. Trois fois, les Prussiens, qu'il croit tenir à sa merci, lui échappent : la première fois, sur la rive gauche de la Marne, par une gelée subite qui raffermit les boues dans lesquelles ils devaient s'engloutir; la seconde fois, sur l'Aisne, par la reddition de Soissons, qui leur ouvre un passage au moment où il croit les acculer à ses murailles; la troisième fois, à Montereau, par la faute de Victor qui, en retard d'une heure, leur livre le pont qu'il eût dû occuper. Tous ces présages n'échappent point à Napoléon; il sent que, malgré ses efforts, la France lui glisse entre les mains. Sans espoir d'y conserver un trône, il veut au moins y obtenir un tombeau. A Montereau, il redevient simple artilleur, pointe les pièces, reste au milieu des boulets sifflans, espérant toujours, mais en vain, qu'il y en aura un pour lui, comme il y en a eu un pour Lannes, pour Duroc, pour Bessières. A Arcis-sur-Aube, un obus tombe à ses pieds; il repousse dessus son cheval tout frissonnant; l'obus éclate, le couvre de terre et éventre son cheval sans le toucher, lui! Enfin, à Laon, où il attaque cent mille hommes avec trente-trois mille soldats, il arrive à une demi-portée de canon de l'ennemi avec une batterie volante, la place lui-même sous le feu de l'artillerie prussienne, et comme il s'approche afin de parler à un jeune soldat qu'il lui semble reconnaître pour l'avoir déjà vu plusieurs fois calme et souriant au danger, un obus tombe dans le caisson que ce jeune soldat conduit, au moment où celui-ci, descendu de cheval, s'apprête à l'ouvrir, y met le feu, le fait éclater, et enveloppe Napoléon et son cheval dans un cratère de flammes et de fumée qui dévore tout ce qui l'entoure et l'épargne seul!

Décidément, la mort ne veut pas de lui.

On sait les moindres détails de cette campagne, qu'on relit toujours dans cette espérance étrange que l'histoire a reçu de Dieu la permission d'en changer le dénoûment.

Enfin, après avoir, dans des élans de lion, bondi de Méry-sur-Seine à Craonne, de Craonne à Reims, de Reims à Saint-Dizier, il reçoit à Troyes, où il a poursuivi Wintzingerode, la nouvelle que les Prussiens et les Russes, sans s'inquiéter davantage de lui, marchent en colonnes serrées sur Paris.

Aussitôt il part, arrive le 1er avril à Fontainebleau, continue sa route, et apprend, en relayant à Fromenteau, près des fontaines de Juvisy, que depuis le matin l'ennemi occupe la capitale.

Dès lors, trois partis lui restaient à prendre.

Il avait encore à ses ordres cinquante mille soldats, les plus braves et les plus dévoués de l'univers, réunis, massés, pressés autour de lui. Il ne s'agissait, pour que leur dévouement et leur courage portassent leurs fruits, que de remplacer les vieux généraux, qui avaient tout à perdre, par de jeunes colonels, qui avaient tout à gagner. A sa voix, encore puissante, la population pouvait s'insurger; mais Paris était sacrifié; les alliés, selon toute probabilité, brûleraient Paris en se retirant; et détruire Paris, ce grand centre d'intelligence, de lumière et de civilisation, c'était décapiter la France, c'était jeter l'Europe dans une obscurité pareille à celle des éclipses; et qui sait, pendant cette éclipse, si courte qu'elle fût, ce qui pouvait arriver!

Il n'y avait qu'un peuple comme les Russes que l'on pût sauver par un tel remède. Moscou avait été brûlé sans inconvénient; Moscou, ce n'était que des pierres et du bois.

Le second parti était de gagner, avec les cinquante mille hommes qui restaient, l'Italie, la terre des vieilles victoires républicaines, en ralliant à soi les vingt-cinq mille hommes d'Augereau, les dix-huit mille hommes du général Grenier, les quinze mille hommes du maréchal Suchet, et les quarante mille hommes du maréchal Soult. On y retrouvait Eugène avec cinquante mille hommes environ. Napoléon commandait encore à près de deux cent mille hommes! Mais, pendant ce temps, la France restait occupée; de nouveaux intérêts se créaient, les anciens disparaissaient; c'était presque, au bout de trois mois, et il fallait au moins trois mois pour cette opération, c'était presque une conquête à faire.

Puis, peut-être aussi craignait-il que ces beaux champs de bataille de Lodi, d'Arcole et de Rivoli ne lui criassent, en passant, vengeance pour la république égorgée au 18 brumaire...

Restait un troisième parti, qui était de se retirer derrière la Loire et de faire la guerre des partisans, la guerre de Charrette, de Stofflet et de La Rochejacquelein : une Vendée impériale.

C'était bien pauvre près des campagnes d'Italie, de Prusse et d'Autriche!

Une déclaration des alliés parut, portant que l'empereur Napoléon était le seul obstacle à la paix générale.

Cette déclaration ne laissait plus que deux ressources à l'homme qui en était l'objet :

Sortir de la vie à la manière d'Annibal;

Descendre du trône à la manière de Sylla.

Il se décida pour la première.

Le poison de Cabanis fut impuissant, c'était la dernière trahison dont il devait être victime. La mort le trahit, comme eût pu faire un de ses diplomates ou de ses maréchaux.

Alors il eut recours à la seconde, et, sur un chiffon de papier aujourd'hui perdu, il écrivit les lignes suivantes, les plus importantes peut-être qu'une main mortelle ait jamais tracées :

« Les puissances alliées ayant proclamé que l'empereur Napoléon était le seul obstacle au rétablissement de la paix en Europe, l'empereur Napoléon, fidèle à son serment, déclare qu'il renonce, pour lui et ses héritiers, au trône de France et d'Italie, parce qu'il n'est aucun sacrifice personnel, même celui de la vie, qu'il ne soit prêt à faire à la France. »

Il y avait bien de la grandeur dans cette renonciation, ou peut-être bien de la fatigue, tout simplement.

Le bruit de tous ces événemens, qui n'avaient d'importance réelle pour les habitans de nos deux chaumières qu'en raison de l'influence qu'ils pouvaient avoir sur le sort de Conscience, leur était arrivé affaibli par l'éloignement, défiguré par la transmission. Seulement, un jour, ils avaient entendu le canon à Neuilly-Saint-Front; une autre fois, à La Ferté-sous-Jouarre; une autre, enfin, à Meaux, et ce canon avançait de plus en plus sur Paris.

Et chacun de ces coups de canon avait eu un écho dans leur cœur, car chacun de ces coups de canon pouvait être la mort de leur enfant.

Puis, un jour, ils avaient vu repasser en déroute tout le corps d'armée du duc de Trévise.

Ils avaient entendu dire que le maréchal avait laissé prendre, à Villers-Cotterets, son parc d'artillerie.

Son parc d'artillerie! Peut-être Conscience était-il venu jusque-là! peut-être Conscience n'avait-il été, un instant, qu'à une lieue d'Haramont! peut-être Conscience était-il tombé, là, entre les mains de l'ennemi!

Deux fois ils avaient reçu des nouvelles de Conscience : une fois, de Montereau, après la bataille. Il avait été de ces intrépides artilleurs qui avaient servi les pièces avec lesquelles l'empereur avait foudroyé, revenant, lui aussi, à son ancien état d'artilleur, les Wurtembergeois sur le pont et dans les rues de Montereau.

Là, il lui avait entendu dire, par lui-même et à demi-voix, ces paroles si caractéristiques, tout en pointant les canons dont les boulets portaient la déroute et la mort chez l'ennemi :

— Allons Bonaparte, sauve Napoléon!

Mais Bonaparte, puissant à sauver la France en 1790, était impuissant à sauver Napoléon en 1814.

Une autre lettre était arrivée encore de Château-Thierry. Conscience, comme par miracle, avait été préservé jusque-là; tous ses compagnons avaient été tués ou blessés; trois chevaux étaient tombés sous lui. Napoléon l'avait remarqué et lui avait dit :

— Voici déjà deux fois que je te trouve au milieu du feu, calme et tranquille comme un vieux soldat. La troisième fois que je te rencontrerai, tu me feras souvenir que je te dois la croix.

C'était une belle promesse! Aussi, Conscience, tout fier, le soir même avait écrit, et l'avait transmise à ses parens. Tout le monde avait été bien joyeux dans les deux chaumières, à cette idée que Conscience pouvait revenir avec la croix, s'il rencontrait une troisième fois l'empereur. Mais Madeleine, avec son cœur de mère plein de pressentimens funèbres, avait secoué la tête en murmurant :

— Hélas! c'est au milieu des balles et des boulets qu'ils se rencontrent. Qu'arrivera-t-il s'ils se rencontrent une troisième fois?

Puis on n'avait plus entendu parler de Conscience.

Seulement, quelques jours après la lettre datée de Château-Thierry, qu'avait reçue Madeleine, car c'était toujours à sa mère que Conscience écrivait, Catherine en avait reçu une de Bastien, lettre écrite par un camarade, attendu que, sous le spécieux prétexte qu'il lui manquait deux doigts à la main droite, Bastien n'écrivait jamais lui-même, quoique, à l'entendre, il écrivît autrefois, et, avant la balle de Wagram, à rendre jaloux, non-seulement maître Pierre, l'ancien maître d'école d'Haramont, mais encore monsieur Oblet, le maître d'école actuel de Villers-Cotterets.

Bastien avait rencontré deux fois Conscience : une fois, à Troyes en Champagne; une autre fois, à Craonne. Les deux amis s'étaient tendrement embrassés; mais, comme les hussards et les soldats du train ne marchaient pas d'habitude ensemble, il avait fallu se quitter.

Cependant, il comptaient se retrouver, le lendemain, l'un près de l'autre, sur le champ de bataille de Laon.

La lettre de Bastien était datée du 7 mars au soir.

— Depuis ce temps, on n'avait plus entendu parler de Bastien ni de Conscience.

On avait eu l'idée d'écrire une seconde lettre à Conscience; mais comme il n'avait probablement point reçu celle qui lui avait été adressée à Vitry-le-Français, on avait renoncé à ce grand travail d'esprit et de cœur, que l'on regardait d'avance comme un travail perdu.

Puis, ainsi que nous l'avons dit, on avait entendu le canon se rapprochant de Paris.

Puis on avait vu repasser, par Villers-Cotterets et Vauciennes, tout le corps d'armée du maréchal Mortier en déroute.

Puis on avait vu apparaître des uniformes étrangers; on avait entendu une langue étrangère...

Un jour, le canon avait retenti à l'ouest.

Le lendemain, d'un air joyeux, l'ennemi avait crié : « Paris! Paris! Paris! »

Puis les journaux avaient annoncé que *l'ogre de Corse* était enfin précipité du trône, qu'il ne s'était jamais appelé *Napoléon*, mais que son nom était *Nicolas*, et que, par grâce spéciale, on lui donnait pour résidence une petite île au milieu de la Méditerranée.

Cette île se nommait l'île d'Elbe.

Les Bourbons lui succédaient sur le trône, et nos bons amis les Russes, les Prussiens, les Autrichiens, les Wurtembergeois et les Saxons, allaient rester trois ou quatre mois en France, c'est-à-dire le temps que l'on croyait nécessaire au nouveau ou plutôt au vieux trône pour s'affermir.

XXI

CE QUI ÉTAIT ARRIVÉ A CONSCIENCE LA TROISIÈME FOIS QU'IL AVAIT RENCONTRÉ L'EMPEREUR.

Tout cela, comme nous l'avons dit, était bien vague aux yeux et aux oreilles des habitans des deux chaumières.

Il s'inquiétaient peu que l'ex-empereur se fût appelé

Napoléon ou Nicolas, le lion du désert ou le vainqueur des peuples.

Ils ignoraient complètement ce que c'était que l'île d'Elbe.

Ils savaient à peine ce que c'était que les Bourbons.

Ce que le père Cadet savait, c'est que les Russes étaient campés sur sa terre, si bien labourée, si bien ensemencée, si bien hersée par le voisin Mathieu, et qu'il ne fallait pas compter sur la récolte de la prochaine année, écrasée aux pieds des chevaux.

Ce que savaient Madeleine, dame Marie et Mariette, c'est que l'on ne recevait point de nouvelles de Conscience, et que plus d'un mois s'était écoulé depuis qu'il avait écrit.

Bastien gardait le même silence.

Au reste, la poste avait, pendant quinze jours à peu près, cessé de marcher, et venait d'être rétablie depuis huit jours à peine. Les chemins, coupés de tous côtés par les armées ennemies, étaient rendus peu à peu à la circulation. La tranquillité de Paris, l'établissement du gouvernement nouveau apportaient à la province une amélioration qui devenait de jour en jour plus sensible.

Cependant Mariette n'avait pas encore osé reprendre le service matinal de ses pratiques de Villers-Cotterets; il n'était point séant, pour une jeune et belle fille comme elle, de s'aventurer au milieu des bivouacs qui couvraient la plaine, et de la garnison qui emplissait la ville. Les ordres les plus sévères avaient cependant été donnés par le général Sacken, qui commandait l'immense corps d'armée russe s'étendant de Laon aux limites occidentales du département de l'Aisne.

Quant à Bernard, on avait pu remarquer une chose: c'est que, pendant toute la matinée du 8 mars, il avait semblé fort inquiet. Vers une heure, il avait paru prendre le vent, s'était tourné du côté de l'est, et avait poussé un triple hurlement qui avait rappelé avec terreur aux pauvres femmes le hurlement à peu près pareil qu'il avait poussé le jour où Conscience s'était coupé le doigt.

Tardif, Pierrot et la vache noire avaient répondu à ce hurlement, chacun à sa manière et dans sa langue.

Toute la journée on avait été fort inquiet; Bernard, pendant le reste de cette journée et pendant les journées suivantes, était resté triste, mais calme; seulement, de temps en temps il poussait une plainte, comme si cette plainte correspondait à une douleur qu'eût subie une personne éloignée.

Madeleine secouait la tête tristement,

— Il est arrivé malheur à Conscience, disait-elle; il souffre puisque Bernard se plaint.

Les deux femmes essayaient de la rassurer; mais leurs consolations étaient d'autant moins efficaces qu'elles avaient les mêmes craintes au fond du cœur.

Enfin, un matin, c'était le 3 mai, Mariette se tenait pensive sur le seuil de la porte, lorsqu'à la sortie du village, et s'avançant vers les deux chaumières, elle aperçut le facteur.

Le facteur venait-il aux chaumières, où allait-il au petit château des Fossés?

Le cœur de la jeune fille battit violemment.

Mais son doute fut bientôt résolu. Le facteur l'aperçut à son tour, et, l'apercevant, éleva une lettre en l'air.

Mariette jeta un cri de joie qui retentit jusque dans la chaumière de Madeleine, et elle s'élança au-devant du facteur.

Le facteur de son côté doubla le pas.

En une seconde, Mariette fut à lui.

— Une lettre! une lettre de Conscience, n'est-ce pas? s'écria-t-elle.

— Je ne sais pas si c'est de Conscience, dit le facteur, mais c'est une lettre qui vient de Laon.

— Donnez.

— La voici. C'est dix sous, ma petite belle.

Mariette fouilla à sa poche, en tira dix sous, les donna au facteur, et jeta les yeux sur l'adresse.

L'adresse était d'une main inconnue.

Cependant, comme cette lettre semblait en contenir une autre, comme la jeune fille seule savait lire, et allait probablement être chargée de la lecture de cette lettre, elle en brisa le cachet.

En effet, la première lettre en contenait une seconde avec cette suscription.

Pour Mariette seule.

Ces trois mots étaient bien de la main de Conscience, et cependant ils étaient si singulièrement écrits, ils suivaient si peu la ligne droite, que, au lieu de rassurer Mariette, ils l'effrayèrent.

En ce moment, Madeleine parut sur la porte.

— Une lettre! une lettre! n'est-ce pas? s'écria la pauvre mère.

Mariette cacha vivement dans sa poitrine le papier destiné à elle seule; puis, s'approchant vivement, et toute tremblante de se trouver ainsi isolée de la famille par le bien-aimé de son cœur:

— Oui, dit-elle, une lettre... mais je ne sais pas si c'est de Conscience.

— Est-elle cachetée de noir? demanda la pauvre mère.

— Non, de rouge, dit Mariette.

— Dieu soit loué! s'écria Madeleine; en tous cas, elle ne m'annonce pas la mort de mon enfant.

On rentra dans la chaumière, et l'on trouva le grand-père tellement penché hors du lit, qu'il avait failli en tomber.

Lui aussi avait entendu ce cri: « Une lettre! une lettre! »

Dame Marie l'avait entendu également du jardin, où elle était occupée à cueillir quelques légumes, et, comme elle accourait de son côté, en même temps que petit Pierre, toute la famille se trouva au complet pour écouter la lecture de la lettre.

Mariette commença.

« Très chère et très honorée mère.., »

— Ah! s'écria-t-elle, quoiqu'elle ne soit pas de son écriture, la lettre est de lui.

— Mais pourquoi donc n'écrit-il pas lui-même, demanda Madeleine inquiète.

— Nous allons le savoir, dit Mariette.

Et elle reprit:

« Très chère et très honorée mère,

» Ne vous inquiétez pas trop d'abord, en voyant que cette lettre, qui vous vient de moi, n'est point de mon écriture. J'emprunte la main d'un ami pour vous donner de mes nouvelles, et vous dire qu'à la bataille de Laon, au moment où, me reconnaissant, et où, sans doute se rappelant la promesse qu'il m'avait faite s'il me retrouvait une troisième fois sous le feu, l'empereur s'avançait vers moi, un obus a fait sauter le caisson que je servais, et, m'enveloppant d'un nuage de flamme et de fumée, m'a renversé évanoui et tout à fait comme mort! En un instant, tout a disparu à mes yeux, et j'ai cessé de voir et d'entendre... »

— Oh! mon Dieu, mon Dieu! murmura Madeleine.

— Pauvre Conscience! dit Mariette en essuyant les larmes qui mouillaient ses yeux, et qui l'empêchaient de lire.

— Continue donc, dit le père Cadet.

Mariette reprit:

« La fraîcheur du soir m'a fait revenir à moi; on enterrait les morts et on enlevait les blessés. On s'aperçut à mes plaintes que je n'étais pas mort, et on m'emporta à l'hôpital. Ce fut là seulement que je m'aperçus que l'action du feu avait surtout porté sur ma vue, et que je courais risque de la perdre... »

— Perdre la vue, mon pauvre enfant! s'écria Madeleine.

— Attendez donc! dit Mariette, vous voyez bien qu'il ne l'a pas perdue, mais qu'il court seulement risque de la perdre.

— Tu as raison, dit Madeleine. Lis mon enfant, lis!

— Oui lis! lis! répétèrent toutes les voix avec un frissonnement qui indiquait l'impatience.

« Depuis ce temps, on me tient les yeux bandés, le chirurgien de l'hôpital disant que c'est nécessaire à ma guérison; mais malgré ses encouragemens, je crains beaucoup de ne plus jamais y voir comme autrefois... »

— Aveugle! aveugle! mon pauvre enfant est aveugle! s'écria Madeleine en se tordant les mains.

— Mais, pour l'amour de Dieu! dit Mariette, prenez courage, mère Madeleine; je sais bien qu'il dit qu'il craint de ne plus y voir comme autrefois, mais il ne dit pas qu'il soit aveugle.

Et, tout en essayant de consoler la mère de Conscience, Mariette éclatait elle-même en sanglots.

Dame Marie était tombée sur une chaise, et petit Pierre, qui s'était rapproché d'elle tout doucement, lui disait :

— Dis donc, mère Marie, si Conscience est aveugle, il va donc être comme le pauvre qui demande l'aumône à la porte de l'église?

Mariette reprit :

« Cependant, ma chère et honorée mère, ne vous désespérez point, car il me semble m'apercevoir qu'il y a du mieux, et, grâce à vos prières, à celles de dame Marie et de Mariette, s'il plaît au Seigneur! je guérirai.

» Je voudrais pouvoir vous donner des nouvelles de Bastien, mais celles qui sont venues jusqu'à moi sont des plus tristes. Un hussard qui est avec moi à l'hôpital, et qui faisait partie de son régiment, l'a vu tomber au milieu d'une charge, frappé d'un coup de sabre à la tête. A la quantité de sang qui coulait sur son visage lors de sa chute, on craint qu'il n'ait eu le front fendu.

» On ne l'a pas revu depuis, et personne ne sait ce qu'il est devenu.

» S'il est mort, c'est un brave soldat et un honnête garçon de moins, et, comme il nous a rendu de véritables services, j'espère, ma très chère et très honorée mère, que vous et nos amis ne l'oublierez pas dans vos prières.

» Adieu, ma très-chère et honorée mère, faites-moi écrire par Mariette, à l'hôpital de Laon. La lettre me parviendra et me fera une grande joie, malgré le chagrin que j'éprouverai de ne pas pouvoir la lire.

» Je vous embrasse bien tendrement et bien respectueusement, vous priant d'embrasser de ma part dame Marie, Mariette et petit Pierre, et de demander au grand-père sa bénédiction pour moi.

» Votre fils,

» CONSCIENCE. »

Puis, après le nom du jeune homme tracé par sa main, venaient, en manière de *post-scriptum*, ces deux lignes, que l'on reconnaissait pour être de la même écriture que le corps de la lettre.

« Vous voyez bien, ma chère et honorée mère, que j'ai pu signer moi-même, ce qui est la preuve que tout n'est pas encore perdu! »

La lettre commencée dans la crainte avait fini dans les larmes. Les trois femmes pleuraient; l'enfant pleurait en les voyant pleurer; le grand-père s'était renfoncé dans son lit.

Mais celle qui pleurait le plus douloureusement, quoique, grâce à un effort plus grand, elle parvînt à cacher ses larmes, c'était Mariette; car elle pensait avec terreur à cette seconde lettre contre laquelle son cœur battait, et qui contenait, selon toute probabilité, la vérité, que Conscience n'avait pas osé dire à sa mère.

Aussi, comme elle avait hâte de connaître cette vérité, quelle qu'elle fût :

— Allons, dit-elle à Madeleine, du courage, bonne mère! du moment où Conscience a signé son nom, c'est qu'il n'est pas aveugle tout à fait; du moment où il ne l'est pas, c'est qu'il ne le sera pas... Tenez! moi, j'ai bon espoir, et la preuve...

Elle chercha dans son esprit un prétexte pour s'éloigner, et, apercevant la faucille pendue à la muraille :

— Et la preuve, continua-t-elle, c'est qu'au lieu de me désoler avec vous, je vais aller faire de l'herbe pour la vache noire, qui nous donnait ce bon lait que nous allions vendre à Villers-Cotterets avec Conscience. Allons! priez pour lui, comme il le demande; moi, je vais travailler, puisque monsieur le curé dit que, « travailler c'est prier. »

Et, en affectant une gaieté qui était bien loin de son cœur, Mariette détacha la faucille de son clou, embrassa les deux femmes, et s'éloigna vivement, marchant vers la partie la plus rapprochée de la forêt, qui était celle où elle avait l'habitude d'aller couper de l'herbe, et poussant sa brouette devant elle avec une force nerveuse qu'elle devait à la surexcitation dans laquelle elle se trouvait.

Mais à peine eut-elle dépassé les dernières maisons du village, à peine fut-elle arrivée sous l'ombre des premiers arbres, qu'elle arrêta sa brouette, s'assit dessus, prit en tremblant la lettre dans son fichu, en rompit le cachet, et lut ce qui suit :

« J'ai voulu t'écrire cette lettre tout entière de ma main, ma chère Mariette, quelque peine que tu doives avoir à la lire, car il y a des choses que je veux dire à toi, et qui ne peuvent point passer par la plume d'un autre... »

Et, en effet, ces quelques lignes, comme les suivantes, étaient presque illisibles, les lettres s'enchevêtrant les unes dans les autres, et les lignes se brouillant sans cesse.

— Ah! pauvre Conscience, murmura Mariette, qui, à la vue de ce triste désordre devina tout.

Et, poussant un soupir, elle continua :

« Mariette, je n'ai point osé l'écrire à ma mère, parce que c'est trop affreux, Mariette, je suis aveugle!... »

Mariette jeta un cri; des larmes jaillirent de ses yeux, et, quoiqu'elle les essuyât avec une espèce d'acharnement pour arriver à la suite de la lettre, elles coulaient avec tant d'abondance, que la pauvre enfant ne pouvait lire à travers le voile humide qui se renouvelait sans cesse devant ses yeux.

Cependant, grâce à la puissance de sa volonté, elle parvint, sinon à tarir, du moins à suspendre ses larmes, et continua :

« Mariette, l'explosion a brûlé mes yeux! je suis aveugle pour la vie! Je ne vous verrai plus jamais avec les regards du corps, ni toi, ni mère Madeleine, ni dame Marie, ni le grand-père, ni l'enfant, ni personne de ceux qui m'aiment!

» Oh! Mariette, Mariette! j'en mourrai, bien sûr!... »

Mariette ne s'apercevait pas qu'elle lisait tout haut, et qu'elle sanglotait en lisant.

« Inutilement je veux appeler à moi cette résignation que je croyais trouver au fond de mon âme dans les grands malheurs; c'est impossible! Je me répète sans cesse : « Malheureux, tu es aveugle! malheureux, tu ne la verras plus!... plus jamais! jamais! jamais! jamais!... »

» Mais ne crois pas, par tout ce que je te dis là, que je sois assez égoïste pour exiger que tu penses encore à moi, et que tu te croies encore liée à moi; non, Mariette... Voilà le printemps qui revient; quoique je ne voie plus les petites feuilles vertes des arbres, les nuages du ciel, je sens cependant que le vent s'est adouci, que l'air est doux et parfumé, et qu'il m'apporte parfois des senteurs champêtres, comme il m'en apportait lorsque tu venais au devant de moi avec un gros bouquet de fleurs des prés ou des bois.

» Et, avec les feuilles des arbres, avec les nuages roses, avec l'air plus doux, vont revenir les fêtes de nos villages, les fêtes de Longpré et de Vivières..., Mariette, elles sont faites pour toi encore, ces jolies fêtes, où tu dansais si joyeusement. Tu iras à ces fêtes, Mariette, et tu profiteras de ton beau et jeune temps; car, si tu devais souffrir et te priver pour moi, je préférerais qu'une balle m'eût frappé au cœur, et qu'on m'eût, moi aussi, couché dans cette grande fosse où, tandis que l'on m'emportait encore à moitié évanoui, j'ai entendu jeter tant de mes pauvres camarades!

» Mais, Mariette, j'ai une prière à te faire, et c'est pour cela surtout, et non pour te faire de la peine, que je t'écris; Mariette, prépare peu à peu ma pauvre mère au malheur qui nous arrive... et veille à ce qu'elle ne tombe pas dans le désespoir, ô ma bien-aimée Mariette !

» TON PAUVRE CONSCIENCE,

» Qui te rend ton amour, mais qui gardera le sien jusqu'à la mort !

» *P.S.*—Si tu trouves une occasion, envoie-moi Bernard; j'aurai bien besoin de lui lorsque je commencerai à sortir. »

— O mon Dieu ! c'est trop de douleur ! s'écria la jeune fille; mon Dieu ! mon Dieu ! ayez pitié de nous !

Et elle essaya de tomber à genoux; mais les forces lui manquèrent, et elle s'affaissa, les bras pendans et la tête renversée sur le brancard de sa brouette.

Elle resta un instant ainsi, inanimée, presque évanouie.

Mais l'air chaud et caressant du printemps, les rayons du soleil matinal du mois de mai la ranimèrent; le sang circula de nouveau dans ses veines; elle leva la tête, chercha à rassembler ses idées, se souvint de l'horrible malheur, ramassa la lettre, tombée près d'elle, la plia, la remit dans sa poitrine après l'avoir baisée; puis, se redressant comme mue par une force supérieure, elle prit sa faucille, et, coupant et arrachant l'herbe à la fois, elle en eut, en moins de dix minutes, rempli sa brouette.

Alors, elle revint rapidement à la maison. Son œil était fixe, son sourcil à demi froncé, sa lèvre entr'ouverte. Elle partagea l'herbe en deux rations, en jeta une dans le râtelier de la vache noire, et, faisant le tour de la maison du père Cadet, elle alla porter l'autre à Tardif.

Puis elle rentra dans la chaumière de gauche par la porte de la cour.

Tout le monde était encore, chacun ou chacune, où elle l'avait laissé, excepté le petit Pierre, qui avait déjà oublié le chagrin des autres et le sien, et faisait voler un hanneton au bout d'un fil.

— Ma mère, dit Mariette en entrant à dame Marie, je pars demain pour aller voir Conscience.

Dame Marie tressaillit.

— Que dis-tu là, mon enfant? demanda-t-elle.

Madeleine crut avoir mal entendu : elle tendit l'oreille.

Le père Cadet reparut hors du lit.

— Je dis, ma mère, reprit Mariette avec la même fermeté, que, demain matin, je pars pour aller voir Conscience.

— Mais, mon enfant, s'écria dame Marie, c'est très loin, Laon... au bout du département, à ce que l'on dit.

— Ma mère, fût-ce au bout du monde, j'irai !

— Mais tu ne sais pas le chemin...

— Je dirai sur ma route, à tous ceux que je rencontrerai : « Je vais voir un aveugle qui est à l'hôpital de Laon, indiquez-moi mon chemin; » et ils me l'indiqueront.

— Mais il est donc aveugle? s'écria Madeleine avec désespoir.

— Oui, dit Mariette presque égarée, il l'est !...

Madeleine vint s'agenouiller devant la jeune fille, et, les deux mains jointes :

— Oh ! Mariette ! dit-elle, si tu fais cela pour mon enfant, je m'en souviendrai jusque sur mon lit de mort.

— Si je le ferai ! s'écria Mariette, si je le ferai ! oh ! oui, car je l'ai juré devant Dieu !... mère Madeleine, je reverrai Conscience... je vous le ramènerai, ou je mourrai à la peine !

— Et tu lui porteras ma bénédiction, qu'il demande, sainte enfant, dit le père Cadet en étendant, par un effort suprême, ses deux mains vers la jeune fille.

C'était la première fois, depuis qu'il avait été frappé de paralysie, que le bras gauche du père Cadet retrouvait la vie et le mouvement.

XXII

LE LAISSEZ-PASSER.

Une fois le voyage de Mariette décidé, et il l'était, la première chose qu'il fallait se procurer, c'était un laissez-passer russe.

Les routes étaient couvertes de troupes alliées, et, même avec un laissez-passer, une jeune fille de l'âge et de la beauté de Mariette avait bien encore quelques dangers à courir.

Il est vrai qu'elle aurait avec elle un défenseur qui, certes, ne permettrait pas que qui que ce fût la touchât du bout du doigt.

C'était Bernard.

Mais Bernard, qui pouvait quelque chose contre un ou même contre deux hommes sur une grande route, dans un chemin de traverse, ou au coin d'un bois, ne pouvait rien contre une sentinelle gardant une porte, contre la consigne veillant aux barrières d'une ville, contre un régiment rangé en bataille et fermant un passage.

Ce qui pouvait quelque chose contre de pareils obstacles, nous l'avons dit, c'était un laissez-passer russe.

Par bonheur, le général en chef Sacken était à Villers-Cotterets, où il venait passer une grande revue, et demeurait chez l'inspecteur de la forêt, une des bonnes pratiques de Mariette.

Il était quatre heures de l'après-midi. Mariette fit signe à Bernard de la suivre, et partit pour Villers-Cotterets.

Trois quarts d'heure après, elle sonnait à la porte de l'inspecteur.

Tout le monde connaissait et aimait la belle laitière, et comme, depuis plus d'un mois, on ne l'avait pas vue, on lui fit grande fête, à elle et à son chien.

Mais elle, après avoir répondu à toutes ces avances par un triste sourire et de doux signes de tête, manifesta le désir de parler au général russe.

La chose parut si étrange, que les domestiques se regardèrent entre eux, et, se mettant à rire, lui demandèrent quelles affaires elle avait à régler avec Son Excellence moscovite?

— Une affaire d'où dépend ma vie, répondit si sérieusement Mariette, que les rires cessèrent aussitôt, et que l'un des serviteurs dit :

— Eh bien ! il faudrait prévenir madame.

— Mais, répondit la cuisinière, madame est à table avec Son Excellence et tout l'état-major; madame ne se lèvera certainement pas de table pour mademoiselle Mariette.

La cuisinière était de mauvaise humeur. On lui avait fait faire, par le domestique qui servait à table, des reproches sur un sauté de lapin dont la sauce était mal liée.

— Si fait, dit le même domestique qui avait pris Mariette sous sa protection, madame se lèvera quand on lui dira qui la demande, car madame aime beaucoup sa « jolie laitière, » comme elle dit, et hier elle demandait encore de ses nouvelles.

— Alors, monsieur, je vous en prie, dit Mariette.

— Oui, mon enfant, oui, répliqua le domestique, j'y vais, et il ne sera pas dit qu'au risque d'une rebuffade, je n'aurai pas fait ce qu'une si jolie bouche m'a si gentiment demandé.

— Flatteur ! dit la cuisinière en haussant les épaules et en tournant le dos pour veiller à une omelette soufflée.

Mais, sans faire attention à l'apostrophe, le domestique entra dans la salle à manger, dit deux mots tout bas à sa maîtresse, qui se leva et sortit.

— Comment ! c'est toi, ma petite Mariette ! dit-elle en apercevant la jeune fille; tu nous as donc oubliés tout à fait depuis un mois?

— Vous voyez bien, madame, que je ne vous ai point oubliés; tout au contraire, répondit Mariette, puisque, dans notre grand chagrin, je viens à vous.

— Et quel est ce grand chagrin? demanda l'inspectrice.

— Oh ! madame, ce serait bien long à vous raconter, car il faut que je parte ce soir, ou demain matin au plus tard, pour un voyage qui va me conduire tout au bout du département. Mais, si vous voulez bien me faire parler au général russe, comme je serai forcée de lui dire tout, ayant une grâce à lui demander, alors vous saurez combien nous sommes malheureux...

— Au général russe! toi, mon enfant? dit la femme de l'inspecteur tout étonnée.

— Oui, madame, répondit fermement Mariette, au général russe; du reste, si je ne puis lui parler en ce moment, permettez-moi de rester, soit dans la cuisine, soit dans la cour, soit dans le jardin; j'attendrai.

— Non, mon enfant, non, dit la femme de l'inspecteur, étonnée de cette gravité mélancolique; non, si l'affaire dont tu as à parler au général est si pressée, il faut lui parler tout de suite... Viens avec moi.

— Oh! madame, que vous êtes bonne et que je vous remercie! s'écria la jeune fille en s'élançant vivement sur les pas de son introductrice.

La femme de l'inspecteur passa devant, et ouvrit la porte d'une salle à manger où achevaient de dîner une douzaine d'officiers russes.

Mariette la suivit. Le dévoûment chez elle avait vaincu la timidité.

— Général, dit la maîtresse de la maison en s'adressant à l'officier qui tenait le milieu de la table, voici une jeune fille qui a une grâce à demander à Votre Excellence, et que je me permets de vous recommander.

— Eh donc! recommandée par vous, dit le général avec ce léger accent qui indique un Russe parlant français, recommandée par vous, elle est la bien venue.

Puis, reculant sa chaise, et la faisant pivoter en arrière de manière à s'isoler de ses deux voisins :

— Venez ici, ma belle enfant, dit-il.

Mariette s'approcha, les yeux baissés, tout émue de paraître devant cet homme, qui pour elle était le représentant de la Providence, puisqu'il allait lui ouvrir le chemin qui conduisait à Conscience.

— Me voici, monsieur, dit la jeune fille.

— Comment vous appelez-vous?

— Mariette, monsieur.

— Mais c'est qu'elle est vraiment charmante! dit le général Sacken en caressant de la main le menton de la jeune fille.

Mais Mariette, avec une dignité incroyable, prit cette main trop familière dans la sienne et la baisa respectueusement, comme fait devant un puissant une jeune fille humble, mais qui veut être respectée.

Le général sentit cette nuance pleine de délicatesse, et, retirant sa main :

— Ah! mademoiselle, dit-il, c'est autre chose... Que désirez-vous?

— Monsieur, dit-elle, je désirerais un laissez-passer pour aller à Laon.

— Comme cela, toute seule?

— Oh! non, monsieur, pas toute seule... avec Bernard.

— Qu'est-ce que Bernard? demanda le général.

En ce moment, Bernard, qui était respectueusement resté en dehors de la porte, entendant prononcer son nom deux fois, pensa qu'il ne serait point indiscret à lui de se présenter, et, pesant sur la porte, poussée seulement tout contre, il entra et vint se ranger près de Mariette.

— Voilà ce que c'est que Bernard, dit la jeune fille.

Le général regarda ce magnifique animal, qui fixait sur lui des yeux ardens, prêt à franchir, sur un mot de sa maîtresse, toutes les nuances intermédiaires entre la douceur et la colère.

— Peste! dit-il, c'est en effet un bon compagnon de route, mon enfant. Mais qu'allez-vous faire à Laon?

— Je vais chercher un pauvre soldat qui est à l'hôpital.

— Blessé dans une bataille?

— Aveuglé par un caisson qui a sauté.

— Et ce soldat! est votre frère.... votre cousin.... votre parent?

— Ce soldat, c'est Conscience....

— Ah!... et Conscience est votre amoureux, alors, puisqu'il n'est ni votre parent, ni votre cousin, ni votre frère, puisqu'il est Conscience tout court?

— Ce soldat est l'homme que j'aime et que je dois épouser.

— Comment! vous si jeune et si jolie, vous allez épouser un soldat infirme, aveugle, impotent?... Allons donc!

— Je croyais vous avoir dit que je l'aimais, monsieur.

— Oui, mais avant son malheur.

— Oh! monsieur, s'écria Mariette en pleurant, depuis son malheur je l'aime bien davantage.

— Mais, en vérité, dit le général, moitié riant, moitié attendri, c'est intéressant comme une idylle de Kriloff. J'ai bien envie, non-seulement de donner à cette belle enfant le laissez-passer qu'elle me demande, mais encore ma voiture avec une escorte de cosaques.

— Monsieur, dit Mariette, ne vous moquez pas de moi, je vous prie! Je vous parle au nom du Seigneur, qui m'a dit de quitter mon village et ma mère pour aller chercher Conscience. Je n'ai pas besoin de voiture, car je marche bien; je n'ai pas besoin d'escorte, car j'ai Bernard qui m'accompagne; je n'ai besoin que d'un laissez-passer, pour que, sur le chemin, personne ne m'insulte ou ne m'arrête.

— C'est bien, mon enfant, dit le général tout à fait touché de cette simplicité; je ne veux point ôter à votre dévouement une parcelle de son mérite ou de sa grandeur; je ferai donc pour vous ce que vous me demandez, rien de plus, rien de moins.

Puis, se tournant vers un jeune homme qui lui servait d'aide de camp,

— Élim, lui dit-il, préparez pour cette jeune fille un laissez-passer en trois langues, russe, allemande, française; mettez-y mon cachet, et apportez-le moi à signer.

— Merci, monsieur! j'espère que Dieu vous récompensera de votre bonté, dit Mariette en se reculant et en allant attendre contre la muraille le retour de l'aide de camp.

Au bout de cinq minutes, celui-ci revint, apportant le laissez-passer tout écrit, et une plume trempée d'avance dans l'encre, afin que le général n'eût plus qu'à signer.

Sacken prit le papier de la main gauche et la plume de la main droite, et lut :

« Il est ordonné aux officiers, soldats et autorités russes, prussiennes ou françaises, de laisser circuler dans toute l'étendue du département de l'Aisne la jeune fille munie du présent laissez-passer, et même de lui accorder aide et protection en cas de besoin. »

Après avoir lu, le général fit un signe de tête équivalent à une approbation, et écrivit au-dessous du triple laissez-passer, russe, allemand et français :

« Le général commandant en chef
le département de l'Aisne,

» SACKEN. »

Puis il présenta le papier à la jeune fille.

Celle-ci voulut de nouveau lui baiser la main; mais, se levant et l'attirant à lui, le général l'embrassa paternellement au front en lui disant :

— Va, mon enfant, et que saint Newski te protége!

Mariette devint rouge comme une cerise, et cependant elle avait compris toute la chasteté du baiser qu'elle venait de recevoir.

Puis se jetant sur la main de la femme de l'inspecteur, qu'elle baisa malgré elle :

— Oh! madame, madame, s'écria-t-elle, combien je vous remercie du fond de mon cœur!

Et elle s'élança hors de la salle.

Bernard, joyeux de sa joie, bondit derrière elle, et disparut à sa suite.

Et l'on se remit au dîner, dont la fin tout entière fut consacrée aux explications que l'inspecteur et sa femme donnèrent sur Conscience, Mariette, le père Cadet et le reste de la famille, tant l'impression qu'avait faite l'apparition de la jeune fille avait été vive sur le général et les officiers russes.

Trois quarts d'heure après, précédée de Bernard, qu

annonçait son retour, Mariette, triomphante, traversait le village d'Haramont, et rentrait dans la chaumière de gauche, son laissez-passer à la main.

Ainsi, rien ne s'opposait plus au départ de Mariette.

Le père Cadet se retourna dans son lit, et tira de sa cachette son vieux sac de cuir.

Hélas ! dans le vieux sac de cuir, il ne restait plus qu'une pièce d'or !

— Tiens, ma fille, dit-il avec un soupir en offrant l'unique pièce d'or à Mariette, prends, et ramène-nous Conscience.

Mais celle-ci, qui n'ignorait pas la gêne où était tombée la famille du père Cadet depuis la maladie du vieillard et depuis le départ du jeune homme, secoua la tête en disant :

— Merci, grand-père, gardez votre pièce d'or, j'ai tout ce qu'il me faut.

Puis, se tournant vers dame Marie :

— Mère, dit-elle tout bas, n'est-ce pas que tu permets qu'en passant demain à Villers-Cotterets, je prenne chez le boucher les trente francs qu'il nous doit pour le veau que nous lui avons vendu, il y a deux mois ?

— Fais ce que tu voudras, mon enfant, dit dame Marie. Est-ce que ce n'est pas le Seigneur qui t'inspire ? Ce serait fâcher Dieu que de te contrarier !

XXIII

LE VOITURIER ET SA PATACHE.

Le lendemain, au point du jour, Mariette, après avoir pris congé de tout le monde, partit triste et joyeuse à la fois :

Triste du malheur qui était arrivé à Conscience ;

Joyeuse de le revoir, même au milieu de son malheur.

Le ciel avait cette limpidité matinale qui promet une journée splendide.

D'un côté les dernières étoiles scintillaient à l'occident, plus resplendissantes que jamais dans le voile encore épais de l'azur nocturne ; de l'autre le firmament commençait à se colorer sous les premiers rayons du soleil, et allait passer des nuances du rose le plus pâle aux teintes du pourpre le plus foncé. Avec l'aube tout s'éveillait, habitans des plaines, hôtes des bois. L'alouette élevait verticalement son vol, saluant les premières flammes du jour de son chant clair et joyeux ; les grillons couraient dans les herbes; les rouge-gorges sautillaient dans les buissons ; l'écureuil se balançait suspendu aux branches des arbres ; seules, quelques chauves-souris attardées protestaient, réfugiées aux endroits les plus ténébreux de la forêt qu'elles sillonnaient de leur vol silencieux et intermittent, contre l'envahissement de la lumière et le progrès de la clarté.

On sentait qu'on venait d'entrer dans un de ces premiers jours de printemps qui, les pieds dans la rosée, descendent du haut des montagnes pour réveiller la nature engourdie, en lui soufflant au visage leur haleine tiède et parfumée.

Mariette, malgré son habitude de traverser la forêt à l'aurore, n'était point insensible à tous ces changemens qui s'opéraient autour d'elle. La jeune fille avait le cœur plus léger, ce jour-là, que les autres ; aussi remarquait-elle tous ces élancemens joyeux de la terre vers le ciel ; sans doute c'était la bonne action qu'elle était en train d'accomplir qui rassérénait à la fois son esprit et son front.

Mais, si son cœur était léger, ses petits pieds étaient plus légers encore. Elle traversa la forêt en moins d'un quart d'heure, entra dans le parc, ne s'arrêta dans la ville que pour prendre chez le boucher les trente francs qui devaient servir à faire sa route, et reprit son chemin vers Soissons.

Le surlendemain, elle comptait être à Laon : bien renseignée, elle savait qu'elle avait quatorze ou quinze lieues à faire; c'était sept lieues chacun des deux premiers jours, et une lieue seulement le troisième. Elle avait coupé ses étapes ainsi, car elle se doutait bien qu'arrivant à Laon le soir, elle ne pourrait voir Conscience que le lendemain; et elle aimait mieux coucher dans quelque village des environs de la ville que dans la ville elle-même.

Il n'y avait point à se tromper, la route de Villers-Cotterets à Laon étant une grande route de première classe.

Vers sept heures du matin, Mariette sortit de Villers-Cotterets par la rue de Soissons. Le soleil printanier des jours précédens avait séché la terre ; elle marchait sur le bas côté de la route, où un joli chemin, pareil à celui d'un parc, s'offrait aux piétons; Bernard courait devant elle, revenait joyeux en bondissant, et reprenait sa course comme un éclaireur chargé de visiter chaque arbre, chaque pierre, chaque buisson.

On eût dit, à ses bonds, à ses allées, à ses retours, qu'il savait que la jeune fille était en chemin pour rejoindre Conscience, et sans doute, en effet, le savait-il, ce bon Bernard, car il n'eût pas été si joyeux sans cela.

Mariette avait déjà fait une demi-lieue à peu près, et rien ne lui semblait aussi facile que de marcher ainsi toute la journée, lorsqu'une voix retentit derrière elle :

— Eh ! Mariette ! disait cette voix.

Mariette se retourna, et vit une voiture dont, depuis quelques instans, elle entendait le roulement derrière elle : c'était celle du voiturier qui, à cette époque où les diligences étaient rares, faisait le service de Villers-Cotterets à Soissons.

— Ah ! c'est vous, monsieur Martineau ? dit Mariette.

— Oui, c'est moi... Et où allez-vous donc ainsi, la belle enfant ?

Mariette s'approcha de la voiture, s'appuya sur le brancard, et raconta au voiturier, et aux quatre voyageurs qu'il conduisait, la cause et le but de son voyage.

Les voyageurs écoutèrent d'abord avec impatience cette jeune fille qui les arrêtait au milieu de la route; puis, peu à peu, l'intérêt succéda à l'impatience.

D'ailleurs, Martineau, sur le siége de sa carriole, était maître aussi absolu qu'un capitaine sur son bord; et les voyageurs avaient beau murmurer, Martineau allait au pas de son cheval, pas auquel, y compris les haltes accordées au cheval pour se reposer, il faisait en quatre heures les six lieues de poste qui séparaient Villers-Cotterets de Soissons.

Le récit de la jeune fille intéressa plus vivement encore, à ce qu'il paraît, Martineau que les voyageurs, car, à peine l'eut-elle achevé :

— Eh ! dit-il, la belle enfant, il est inutile de vous fatiguer, comme vous le faites, en marchant à pied.

— Mais, dit Mariette en riant, il faut bien que je marche à pied, monsieur Martineau, puisque je n'ai pas de voiture.

— Eh si, pardieu ! vous en avez une.

— Laquelle ?

— La mienne, pardieu !

Mariette se recula.

— Monsieur Martineau, vous riez, dit-elle, car vous savez bien que je ne suis pas assez riche pour monter en voiture; vous prenez quarante sous par voyageur, et je n'ai que trente francs en tout pour aller chercher Conscience et le ramener; c'est lui qui aura probablement besoin de monter en voiture, et non pas moi..... D'ailleurs, votre carriole est pleine.

— Et qui vous parle de payer, la belle enfant ? Il n'est, Dieu merci ! pas question de cela ; et, quant à une place, s'il n'y en a plus dans la voiture, il y en a encore sur le siége..... on se serrera. Et puis, ajouta Martineau avec un ton des plus galans, il n'est pas désagréable d'être serré par une jolie fille comme vous.

— Merci, monsieur Martineau, dit Mariette en se reculant.

— Allons, montez donc ! dit le voiturier, pas de façons,

mon enfant. Vous désirez voir Conscience le plus tôt possible?

— Oh! oui, s'écria la jeune fille.

— Eh bien! grâce à la patache, vous arriverez à Soissons à onze heures au plus tard; elle est douce comme un berceau d'enfant; vous ne serez donc pas fatiguée. Rien n'empêchera que vous ne séjourniez point à Soissons, et qu'après avoir mangé un morceau avec moi, vous ne repreniez votre route. Qui sait? vous irez peut-être coucher ce soir à Clavignon, et même à Etouvelles, de sorte que demain matin vous verrez votre bon ami, au lieu de ne le revoir qu'après demain matin. C'est vingt-quatre heures net de bénéfice! Que dites-vous de cela, la belle fille?

— Acceptez donc! dirent les voyageurs moitié par intérêt, moitié parce que, Mariette une fois sur le siége, la patache reprendrait, selon toute probabilité, son mouvement.

— Ma foi! dit Mariette, vous m'offrez en effet la chose de si bonne grâce, monsieur Martineau, que j'ai bien envie d'accepter.

— Allons, houp! dit le voiturier en lui prenant la main et en l'aidant à s'enlever, malgré un reste de résistance.

Mariette, toute rougissante, se trouva assise près du voiturier.

— Et voilà! dit celui-ci. En route, mauvaise troupe!

Et fouettant son cheval, il se remit en chemin.

Ainsi que le programme l'avait annoncé, on fut aux portes de Soissons à onze heures. Les portes étaient gardées par des soldats russes; mais Martineau, en sa qualité de voiturier patenté, avait un laissez-passer parfaitement en règle, Mariette n'eut donc même pas besoin de montrer le sien.

La pauvre enfant n'avait jamais vu une si grande ville.

Ces portes fermées, ces herses suspendues, ces canons sur les remparts, ces sentinelles se promenant l'arme au bras, tout cela l'avait fort effrayée à la première vue, et, en songeant qu'elle aurait pu avoir à traverser de pareilles difficultés toute seule, elle était fort joyeuse d'avoir accepté l'offre de Martineau.

Le voiturier descendait à l'hôtel des *Trois-Pucelles*. On savait l'heure de son arrivée, qui ne variait guère que de onze heures à onze heures et demie. Il trouva donc son déjeuner prêt.

Un vieux proverbe gastronomique, et qui cependant est renié par les vrais gastronomes, dit que, lorsqu'il y en a pour un, il y en a pour deux.

Le voiturier était si bien traité à l'hôtel, que non-seulement son déjeuner était suffisant pour deux, mais même pour trois. Il montra la table toute servie à la jeune fille. Celle-ci, comme pour monter sur le siége, refusa d'abord, mais finit par céder, s'assit et mangea de bon appétit; ce que fit aussi Bernard, il faut le dire à sa louange.

Puis, quand le déjeuner fut fini :

— Restez-là, ma belle enfant, dit le voiturier à Mariette, je vais m'occuper de vous.

Et, lui faisant un petit signe de tête, il sortit.

En quoi allait-il s'occuper d'elle? C'est ce que Mariette, ne savait pas elle-même.

Mais c'est ce qu'elle sut un quart d'heure après.

Martineau rentra tout joyeux.

— Allons, dit-il, la chose est arrangée, et nous verrons notre ami Conscience demain.

— Comment cela? demanda Mariette toute joyeuse.

— Oh! c'est bien simple, dit le voiturier. J'ai trouvé un bon garçon, une vieille connaissance à moi, un voiturier de Chavignon. Il est venu vendre ses légumes au marché de Soissons, il s'en retourne à vide. On mettra deux ou trois bottes de paille pour faire des banquettes, et il vous prendra avec lui. Ce soir, à trois heures, vous serez à Chavignon. Vous vous reposerez bien, dans un bon lit que vous donnera sa femme, et, demain, fraîche et alerte, vous vous mettrez en route au point du jour. Ça fait que, sur quinze lieues, vous n'aurez été obligée d'en faire que quatre ou cinq à pied.

— Ah! monsieur Martineau, que de remercîmens! dit Mariette les larmes aux yeux.

— Bah! il n'y a pas de quoi, dit le voiturier en faisant claquer ses doigts. Ma foi! s'il n'y avait pas un bon Dieu pour les braves gens, pour qui donc y en aurait-il un?

— Et quand partons-nous? demanda Mariette.

— Allons, dit Martineau.

Tous deux sortirent précédés de Bernard, qui, bien repu et bien reposé, paraissait tout prêt à se remettre en chemin.

L'ami de Martineau était un bon gros marchand d'artichauts, l'été; de choux et de carottes, l'hiver.

Il reçut Mariette en homme prévenu, et aussi pressé d'arriver chez lui que pouvait l'être la jeune fille elle-même de faire quatre ou cinq lieues de plus.

Voiturier et maraîcher échangèrent quelques paroles. Puis, le maraîcher, qu'on appelait Gros-Charles, qualification qu'il devait probablement à la rotondité de son corps et à la rondeur de ses joues, invita sans façon Mariette à monter dans la charrette, attendu, disait-il, que Javotte l'attendait, et qu'il ne ferait pas attendre Javotte, même pour la plus belle fille de la terre.

Mariette ne se fit pas prier. Elle tendit la main à Martineau, et monta légèrement dans la charrette, tandis que Bernard se dressait contre la voiture, et regardait à travers les ridelles, comme pour s'assurer si sa maîtresse serait bien.

Il paraît qu'il fut satisfait de l'inspection, car il retomba sur ses quatre pattes, et se mit à hurler joyeusement.

— Jarni! dit Gros-Charles, vous avez là un camarade de route qui ne serait pas facile à manier, je crois, si l'on vous disait un mot plus haut que l'autre?

— Bah! dit Mariette, et qui voulez-vous qui insulte une pauvre fille comme moi, monsieur Charles?

— Hum! Hum! fit le voiturier en la regardant, faudrait pas trop se fier sur les grandes routes, le soir, pleines comme elles sont d'un tas de gueux de tous les pays.

— Croyez-vous donc que nous ayons quelque chose à craindre, monsieur Charles?

— Oh! non; d'ailleurs nous arriverons de bonne heure. Mais, je vous le répète, le soir, à la nuit, ou le matin, de trop bon matin, je ne m'y fierais pas.

— Mais, dit Mariette, j'ai un laissez-passer, en trois langues, du général russe qui est à Villers-Cotterets chez monsieur l'inspecteur.

— Bon! dit Gros-Charles en riant, un laissez-passer, c'est pour ceux qui savent lire; mais pour ceux qui ne le savent pas?

— En effet, dit Mariette. Vraiment! vous me faites peur, monsieur Charles.

— Ah bah! c'est pour rire, dit celui-ci. Allons, adieu, Martineau. Merci de la bonne compagnie que tu me donnes... Êtes-vous bien, la belle enfant?

— Oui, monsieur Charles.

— Eh bien! hu, Blücher! hu!

Blücher était le nom de baptême du cheval de Gros-Charles.

C'était une profession de foi politique tout entière que le bonhomme faisait là, une espèce de manifestation, de protestation même, contre les événemens qui venaient de s'accomplir.

Ces mots de : *Hu, Blücher!* furent accompagnés de deux vigoureux coups de fouet, que le robuste et patriotique Gros-Charles eût été capable d'adresser au vrai Blücher lui-même, s'il l'eût trouvé seul et en tête à tête dans quelque endroit écarté où l'affaire n'eût eu d'autres témoins que les bois, les champs ou les nuages,

A la porte, on fit, pour laisser sortir Gros-Charles, les mêmes difficultés que l'on avait faites pour laisser entrer Martineau. Mais le voiturier tira de son portefeuille un papier légèrement altéré dans sa couleur primitive, sur lequel étaient écrites quelques lignes et apposé un cachet qui eurent le pouvoir d'aplanir tous les obstacles; de sorte que, dix minutes après son départ de la Boule-Rouge, et comme une heure sonnait à la cathédrale, Mariette se retrouva de l'autre côté de Soissons, et trottant d'un pas qui faisait honneur à la fois aux jambes de Blücher et à l'amour de Gros-Charles pour Javotte.

XXIV

GROS-CHARLES ET SA FEMME.

Pendant toute la route, Gros-Charles n'entretint Mariette que de son bonheur conjugal.

Avant d'arriver à Crouy, c'est-à-dire à trois quarts de lieue de Soissons, Mariette savait que Gros-Charles était marié depuis deux ans avec Javotte, qu'il en avait trois enfans, ce qui prouvait qu'il n'avait pas perdu de temps, et que ces trois enfans étaient deux garçons et une fille.

Intérieurement, Mariette ne comprenait pas trop comment on pouvait avoir trois enfans en deux ans; mais son instinct de jeune fille lui disait tout bas qu'il ne fallait pas trop faire de questions là-dessus.

A vrai dire, elle savait que Javotte était courte, grasse, blonde et jalouse; qu'elle avait la main légère, et que, dans ses momens de mauvaise humeur, elle n'y regardait pas plus à frapper sur Gros-Charles que celui-ci, dans ses moments de gaieté, ne regardait à frapper sur Blücher.

A la distance d'une demi-lieue de Chavignon, Gros-Charles essayait de faire distinguer à Mariette le toit et la fumée de sa maison, entre toutes les fumées et tous les toits des maisons du village.

Mariette écoutait avec complaisance les indications de Gros-Charles; mais, au fond, elle pensait à une chose, c'est que Chavignon n'est éloigné de Laon que de quatre lieues, et que, dans la même journée, elle allait avoir fait, presque sans fatigue et sans aucune dépense, un peu plus de douze lieues, ou près de deux étapes.

Elle se disait même tout bas que, comme Blücher, secondant l'impatience de Gros-Charles, avait fait la route en moins de deux heures, peut-être serait-il possible que, dans cette même journée, elle fît encore deux ou trois lieues, de sorte que, le lendemain, vers sept ou huit heures du matin, elle pourrait être à Laon.

Il faut même l'avouer, cette pensée avait fait de tels progrès dans son esprit, qu'elle s'en était emparée tout entière au moment où Gros-Charles, après avoir annoncé son arrivée par un concert de coups de fouet, arrêtait Blücher à la porte de sa maison.

Au bruit de ces coups de fouet, Javotte parut sur le seuil, portant un premier marmot dans ses bras, et suivie d'un second accrochée au pan de sa jupe. Quant au troisième, il dormait dans son berceau.

De toutes les réputations que le Gros-Charles avait faites à Javotte pendant la route, sa réputation de jalousie fut d'abord celle qui, aux yeux d'un observateur impartial, eût paru la plus méritée.

— Oh! oh! dit-elle en apercevant Mariette, où avons-nous pêché cette jeunesse-là, s'il vous plaît?

Le début n'était pas gracieux; aussi Mariette sentit-elle la rougeur de la honte lui monter au visage; mais Gros-Charles lui donna un coup de genou, et lui fit, du coin de l'œil, signe de ne pas faire attention.

— Où on l'a pêchée? On va vous dire cela en deux mots entre quatre-z-yeux, madame Javotte; laissez-moi seulement le temps de descendre et de vous embrasser.

— Oh! m'embrasser, dit Javotte, nous avons pardi bien le temps!

— Jamais, dit Gros-Charles, jamais!

Et, sautant à bas de la charrette, il s'avança les bras ouverts du côté de Javotte, qu'il repoussa tout doucement dans l'intérieur de la maison, tandis que Mariette, restée dans la charrette, caressait le bon gros museau que Bernard, debout contre la roue, passait entre deux ridelles de la charrette.

Il paraît que les raisons données par Gros-Charles à Javotte parurent bonnes à celle-ci, car, dix minutes après être rentrée dans la maison, elle reparut sur le seuil de la porte en disant :

— Allons, belle fille, descendez, et soyez la bien venue.

Or, comme il n'y avait pas à se tromper à l'accent de bienveillance de Javotte, Mariette ne se fit pas prier, et descendit en souriant.

— Ah! dit Gros-Charles paraissant à son tour, et clignant de l'œil à Mariette, comme pour lui dire : « Vous voyez bien qu'il n'y a que la façon de s'y prendre, et que j'en fai tout ce que je veux; » ah! nous allons donc réintégrer le général en chef à l'écurie, et dîner un peu crânement, car, moi, j'enrage la faim. Allons, Blücher, allons, mon bonhomme! allons!

Et, faisant crier la grande porte sur ses gonds, il rentra dans la cour cheval et charrette, laissant Mariette achever sur Javotte la séduction qu'il avait commencée.

La chose ne fut pas difficile : la ménagère était bonne femme, et surtout femme, au fond; en deux mots elle comprit tout ce qu'il y avait de dévouement et d'élévation dans le cœur de la jeune fille; et comme l'action que celle-ci accomplissait était en l'honneur du sexe en général, Javotte se félicita d'y concourir en quelque chose.

Il est vrai que Mariette, dans sa douce bienveillance, s'était déjà emparée d'un des deux enfans, qu'elle caressait et embrassait, tandis que Bernard, couché aux pieds de l'autre, se laissait retourner les oreilles et fourrer la main dans la gueule, comme un bon et brave animal qu'il était.

Javotte profita de ce moment de répit pour descendre à la cave, d'où elle remonta avec une bouteille à chaque main, spectacle dont parut s'extasier Gros-Charles, qui reparaissait par la porte de la cour tandis qu'elle reparaissait par celle du caveau.

Cinq minutes après, on était à table, et Gros-Charles prouvait qu'il n'était tombé dans aucune exagération quand il avait parlé de la faim enragée dont il était atteint.

La maladie était sérieuse, et la convalescence fut longue.

Quant à Mariette, qui avait dîné à midi avec Martineau, elle mangea peu, songeant beaucoup à la façon dont elle aborderait la question de continuer son chemin le même jour.

Mais on eût dit véritablement qu'un bon ange était avec elle, et donnait l'inspiration à tous ceux qui l'entouraient.

Vers la fin du dîner, Gros-Charles cligna de l'œil à Mariette, comme pour lui faire comprendre que ce qu'il allait dire n'était pas tout à fait indigne d'attention.

Javotte surprit le coup d'œil.

— Eh bien! après? dit-elle.

— Après? fit Gros-Charles. Eh bien! la mère, je voulais te demander un peu ce que c'est que l'âne que j'ai trouvé dans l'écurie, et qui se léchait les babines en mangeant dans le râtelier les restes du général en chef.

— Comment! tu ne l'as pas reconnu, imbécile?

— Si fait, dit Gros-Charles; c'est justement parce que je l'ai reconnu que je te demande des explications sur lui : c'est l'âne de la mère Sabot?

— En personne.

— Ne faites pas attention au nom, la belle enfant, dit Gros-Charles; nous l'appelons la mère Sabot parce qu'elle est la femme de Guillaume le sabotier; seulement, pour le moment, il n'est question ni de la mère Sabot, ni de Guillaume : il est question de leur âne. Comment leur âne se trouve-t-il ici, Javotte?

— Dame! parce qu'on l'a prêté à la nourrice, qui est de Pargny, afin qu'elle n'échauffe pas son lait en marchant trop. Elle a passé aujourd'hui avec l'enfant, laissant l'âne ici, et disant qu'on était convenu avec la mère Sabot qu'on le renverrait par la première occasion qui se présenterait.

— Allons donc! dit Gros-Charles d'un air fin, je savais bien, moi!

— Eh bien! que savais-tu, grosse bête?

— Je savais que cette belle enfant-là trouverait encore un moyen de faire sa route sans fatiguer ses petits pieds... As-tu vu ses petits pieds, Javotte? Et dire qu'elle s'était mise en route pour faire treize lieues avec cela, hein? faut-il être brave!

— C'est bon, c'est bon, dit Javotte, qui n'aimait pas que son mari s'étendît ainsi sur les perfections des autres femmes. Après?

— Eh bien! après, c'est que l'occasion est toute trouvée; demain matin, on mettra cette belle enfant sur l'âne de la mère Sabot, on tournera au baudet la tête du côté de Chivry, on lui dira : « Hu! » et il ira tout droit, sans s'arrêter, jusqu'à sa porte.

— Tiens, en effet, c'est une idée, ça, dit Javotte, tu n'es pas encore si bête que tu en as l'air, notre homme.

Et un coup d'œil de Javotte disait en même temps à Gros-Charles qu'il y avait des momens où elle ne le trouvait pas bête du tout.

Pendant ce dialogue parlé et muet, l'imagination de la pauvre Mariette, toujours tendue vers le but de son voyage, venait de faire du chemin.

— Mon Dieu! madame Charles, dit-elle avec timidité, je pense à une chose.

— Et à laquelle, mon enfant?

Gros-Charles continuait à cligner de l'œil.

— Je pense qu'il est quatre heures de l'après-midi à peine, que nous avons encore trois heures et demie de jour, et que si le baudet de la mère Sabot n'était pas trop fatigué, au lieu de le reconduire demain, je pourrais le reconduire ce soir.

— Oh! oh! ce soir, dit Gros-Charles, vous êtes bien pressée de nous quitter, mon enfant.

— Vous vous trompez, monsieur Charles, je ne suis pas pressée de vous quitter, au contraire; Dieu merci! vous m'avez trop bien reçue pour cela; mais je suis pressée de revoir mon pauvre Conscience.

— Dame! c'est bien naturel, cette jeunesse, fit Javotte.

— C'est qu'il y a du risque, fit Gros-Charles.

— Du risque?

— Oui, pour une fille seule.

— Lequel?

— Celui de traverser le petit bois d'Étouvelles : il y a garnison russe à Étouvelles, et l'on a bientôt fait une mauvaise rencontre.

— Oh! il n'y a pas de danger, dit Mariette en souriant : qui voudrait du mal à une pauvre fille?

— Eh! fit Gros-Charles en riant de son rire jovial, je ne dis pas précisément que ce serait du mal que l'on vous voudrait.

— Veux-tu te taire? dit Javotte.

— Je me tais, la femme, je me tais... mais avoue que je n'ai pas déjà si grand tort.

— Le fait est, dit Javotte, que ce serait plus prudent d'attendre à demain.

— Oui, dit Mariette, c'est possible, mais ce serait deux heures de perdues, et, s'il n'y avait pas d'inconvénient à partir ce soir...

— Eh! puisque je vous dis justement qu'il y en a, dit Gros-Charles.

— Oh! madame Charles, dit Mariette en joignant les mains, pensez donc au pauvre aveugle abandonné; pensez donc que les heures sont des siècles pour lui, et qu'en partant ce soir, je serai demain près de lui deux heures plus tôt.

— Dame! mon enfant, dit Javotte, si vous prenez cette résolution-là, il faut la prendre plus tôt que plus tard.

— Avec votre permission, madame Charles, dit Mariette en se levant, elle est toute prise, et s'il ne dépend que de moi...

— Allons, dit Javotte, va mettre la bâtière à Margot; tu vois bien que la pauvre enfant dessèche d'être arrivée à Laon.

— Il n'en est pas moins vrai, insista Gros-Charles, que j'aimerais autant qu'elle ne traversât que demain au jour le bois d'Étouvelles.

— Eh bien! quoi, dit Javotte, tu l'accompagneras jusqu'à Chivry, cette enfant! Ne seras-tu pas bien malade de faire quatre lieues à pied, fainéant?

— Eh! non, dit Gros-Charles en prenant Javotte entre ses bras; eh! non, je ne serai pas malade, et la preuve, c'est que je reviendrai tout courant pour être plus tôt auprès de toi. Oh! tu es une bonne femme, sans que tu en aies l'air, comme tu dis.

Et Gros-Charles, pressant Javotte dans ses bras, appliqua deux bruyans baisers sur ses joues roses, et se lança dans la cour.

— Ah! dit Mariette, vous me paraissez bien heureuse, madame Charles.

— Oui, dit la bonne femme, en rajustant l'économie de sa toilette, un peu dérangée par l'expression de la tendresse de Gros-Charles. Dieu nous a fait la grâce que nous nous aimions.

— Et, répondit Mariette en levant les yeux au ciel, je crois que c'est la plus douce grâce qu'il puisse faire.

Deux larmes coulèrent de ses beaux yeux, car elle songeait à Conscience, et pensait que leur amour, à eux, serait peut-être aussi tendre que celui de ces braves gens, mais ne serait jamais aussi joyeux.

Madame Charles devina ce qui se passait dans l'esprit de la jeune fille, et, avec une délicatesse de cœur dont on ne l'eût pas crue capable, elle vint à elle, et l'embrassa.

— Bah! mon enfant, dit-elle, Dieu est bien grand; allez, espérez en Dieu.

Puis, tout bas à l'oreille :

— Écoutez, mon enfant, dit-elle; une fois à Laon, vous ne serez plus qu'à quelques lieues de Notre-Dame de Liesse; c'est une bonne sainte Vierge bien miraculeuse; tous les jours, nous voyons revenir bon nombre de malheureux guéris par son intercession. Si vous alliez jusque-là.

— Oh! dit Mariette, j'y ai déjà pensé, madame, et d'ailleurs, en y allant, j'aurai tout simplement accompli ma promesse, car j'en ai fait le vœu.

— Bon! bon! alors, dit madame Charles, tout ira bien, en ce cas.

Comme son mari apparaissait au seuil de la porte, tirant Margot par la longe, elle embrassa une dernière fois la jeune fille en lui souhaitant un bon voyage.

Sur quoi, Mariette se mit non pas en selle mais en bâtière, Bernard partit devant, Gros-Charles emboîta le pas de Margot, et la caravane, en faisant des signes d'adieu et d'amitié à Javotte, restée sur le seuil de sa maison, s'éloigna peu à peu, et disparut à l'extrémité du village, continuant son chemin vers Chivry, et par conséquent vers Laon.

XXV

OU IL EST DÉMONTRÉ QUE QUINZE PAS SONT QUELQUES FOIS PLUS DIFFICILES A FAIRE QUE QUINZE LIEUES.

Margot ne marchait ni comme le cheval de Gros-Charles ni même comme celui de Martineau; on mit donc deux heures et demie pour gagner ce fameux bois d'Étouvelles qui inquiétait tant Gros-Charles.

Hâtons-nous de dire que cette inquiétude avait été fort exagérée par l'honnête maraîcher; il voulait compléter sa bonne action en accompagnant Mariette le plus loin possible, mais il n'osait le faire sans la permission de Javotte; et, pour obtenir cette permission, il avait créé un danger qui n'existait pas, ou qui n'était pas aussi redoutable qu'il voulait le faire croire.

Et comme Mariette avait ce doux privilége d'attirer les cœurs à elle, Javotte avait d'elle-même été au-devant des désirs de son mari.

Cependant le bois d'Étouvelles eût bien pu donner quelques inquiétudes à Mariette, si elle l'eût traversé seule. Elle y rencontra d'abord une espèce de patrouille de cosaques composée de sept ou huit hommes qui l'effrayèrent fort avec leurs barbes rousses, leurs longues lances, leurs étriers de cordes; puis des soldats isolés ou en groupes; trois de ceux-là même, au moment où la petite caravane allait sortir du bois, s'arrêtèrent comme pour lui barrer le passage. Sans doute l'intention n'était pas bonne, car Bernard s'arrêta aussi, et gronda en montrant des dents de lion. Ce grondement fut secondé d'un moulinet supérieur que Gros-Charles exécuta avec un noueux bâton d'épine qu'il portait à la main, et ces deux démonstrations, soutenues par la présence d'un jeune officier qui sortit tout à coup du bois, ayant tout vu, clouèrent les malintentionnés à leur place.

En effet, à la vue de leur supérieur, les trois grenadiers russes étaient restés debout, immobiles comme des termes antiques, le petit doigt de la main gauche à la couture de leur pantalon, la main droite à la hauteur de leur bonnet doré.

Non-seulement cet officier était jeune, mais encore c'était presque un enfant; car cet autre empereur, celui du Nord, qui était venu se ruer sur nous, avait lui aussi été forcé d'épuiser d'hommes sa terre stérile et glacée. Pourtant, si jeune que fût l'officier, si blonds que fussent ses cheveux, si rose que fût son teint, il y avait sur cette physionomie juvénile quelque chose comme un vernis de barbarie, qui la rendait plus terrible que telle figure dure et virile que Mariette avait rencontrée dans son chemin.

Il fit de la main un signe à la jeune fille, qui, voyant que ce jeune homme avait l'intention de lui parler, arrêta Margot.

Gros-Charles n'était pas sans inquiétude; mais Mariette lui montra en souriant Bernard, qui, d'un air caressant, allait au-devant du jeune homme.

Celui-ci s'avança, et, d'un ton moitié familier, moitié poli:

— Eh! ma belle enfant, lui dit-il, qu'y a-t-il donc?

— Rien, monsieur l'officier, répondit Mariette un peu tremblante, seulement j'ai eu peur.

— Peur de quoi?

— Mais de ces trois soldats qui paraissaient disposés à me barrer le passage.

— Eux? dit l'officier avec un accent de mépris et de menace impossible à rendre.

— Oh! mais, dit Gros-Charles en exécutant son dixième ou douzième moulinet, nous étions là, nous!

— Vous? dit l'officier avec un accent à peu près semblable dans sa double expression.

— D'autant plus, se hâta de dire la jeune fille, que j'avais un laissez-passer du général en chef.

— Ah!...

Et elle tendit vivement le papier au jeune russe.

Celui-ci le déplia lentement, un œil fixé sur les trois hommes, qui demeuraient aussi immobiles que s'ils eussent été de pierre, et, avec un certain étonnement, lut dans les trois langues la triple injonction du général en chef.

Puis, le laissez-passer dans la main gauche, il alla en faire lecture aux trois grenadiers, leur donna à chacun, de la main droite, un vigoureux soufflet, sous lequel ne sourcillèrent point ces faces esclaves. Après quoi, revenant à Mariette:

— Mademoiselle, dit-il avec un certain respect, où allez-vous!

— Aujourd'hui, monsieur l'officier, je vais jusqu'au village de Chivry, qui est à une lieue d'ici à peu près.

— Bien, dit l'officier en lui remettant le laissez-passer; non-seulement vous pouvez continuer votre chemin, mais encore vous le continuerez avec une escorte.

Et, se retournant vers les soldats, il leur donna, en russe, d'une voix claire et impérative, un ordre dont Mariette et Gros-Charles ne comprirent pas la teneur, mais dont ils virent l'exécution.

Après avoir répondu au salut de l'officier, et avoir remis Margot au pas pour profiter de la permission, Mariette et Gros-Charles virent les trois soldats russes pivoter sur eux-mêmes; et, se mettant en marche, les suivre à vingt pas comme trois automates, la main gauche à la couture de la culotte, la main droite à la hauteur de l'espèce de casque pointu qui couvrait leur tête.

Ils devaient faire la lieue ainsi, aller et retour, et se retrouver dans la même position devant la porte du jeune officier, à quelque heure qu'il rentrât, et, cela, sous peine de vingt coups de verges chacun.

Le jeune officier reprit tranquillement son chemin vers Étouvelles, en faisant un dernier signe de la main à Mariette.

Il était bien sûr que son ordre serait exécuté à la lettre.

Mariette fut attristée dans son bon cœur de ces soufflets donnés et de cette punition infligée à ces trois hommes; mais nous devons dire que, tout au contraire, Gros-Charles non-seulement ne partagea pas sa pitié, mais encore qu'il donna l'essor à son hilarité, chaque fois qu'en se retournant il voyait, toujours à la même distance, les trois Russes marchant au pas, et ayant, comme les ailes d'un moulin à vent, un bras en bas et l'autre en l'air.

On arriva ainsi à Chivry: les trois Russes, c'était leur consigne probablement, s'arrêtèrent à l'entrée du village, pivotèrent sur leurs talons, comme ils avaient déjà fait, mais en sens contraire, et reprirent, toujours avec la même raideur et la même attitude, la route d'Étouvelles.

Chivry est un petit village de soixante à soixante et dix maisons à peine: celle de la mère Sabot était située presque à l'extrémité, du côté de Laon.

Plusieurs fois elle était déjà venue sur le seuil de sa porte, interrogeant la route, pour voir si on ne lui ramenait pas Margot. Une course que son mari avait à faire le lendemain au point du jour, pour transporter une partie de marchandises, lui rendait ce retour urgent.

Mariette se ressentit donc du bon accueil que l'on fit à sa monture; d'ailleurs, accompagnée et recommandée comme elle l'était par Gros-Charles, tout devait aller de soi-même.

Gros-Charles raconta l'histoire de Mariette, histoire qui faisait toujours son impression sur les femmes, et le souper et le gîte furent offerts cordialement à la jeune voyageuse par le père et la mère Sabot.

Quant à Gros-Charles, heureux de sa bonne action, les jambes alertes et le cœur satisfait, il reprit tout courant, comme il l'avait promis à Javotte, la route de Chavignon, où il arriva sans accident.

Seulement, en passant à Etouvelles, il vit, devant une porte qui sans doute était celle du jeune officier, les trois grenadiers russes redevenus immobiles, et tenant toujours la main gauche à la couture de leur pantalon, et la droite à la hauteur de leur bonnet.

Le jeune officier, selon toute probabilité, n'était pas encore rentré.

Mariette dormit peu. Comment eût-elle dormi, se sentant si près de Conscience? Le premier rayon du jour la trouva debout, et quand le père Sabot, prêt à partir pour sa course, vint frapper à sa porte, croyant la trouver couchée encore, elle accourut lui ouvrir tout habillée.

Le père Sabot faisait route avec Mariette jusqu'à la hauteur de Chivry, c'est à dire jusqu'à une demi-lieue de Laon; là, il quittait la grande route, et prenait un chemin de traverse.

Mariette continua son voyage seule, elle n'avait plus à

se tromper ni à craindre : Laon était devant elle, s'élevant sur la hauteur, couronnant ces plateaux qu'avait voulu, dans un dernier élan de désespoir, escalader le titan, et sur lesquels il avait laissé inutilement quatre mille morts et trois mille blessés,

La jeune fille trouva la porte de la ville gardée par un poste russe ; mais, à cette belle et gracieuse enfant, on ne demanda pas même son laissez-passer ; elle entra donc, et pénétra jusqu'à la place où s'élevait autrefois la tour mérovingienne de Louis d'Outre-mer.

Elle dut demander son chemin, ne connaissant pas la ville ; elle s'approcha d'un factionnaire qui se promenait de long en large devant une maison où sans doute logeait quelque officier supérieur, et lui demanda où était l'hôpital.

Le factionnaire fit signe de la tête qu'il ne comprenait pas.

Alors Mariette tira son laissez-passer de sa poche, et le montra au soldat.

Celui-ci ne savait pas lire, mais, en voyant le grand cachet imprimé au bas du laissez-passer, il jugea bien que ce devait être un ordre ou une permission, et fit signe à un sous-officier de s'approcher.

Mariette salua le sous-officier plus poliment encore qu'elle n'avait fait pour le soldat, et lui montra son laissez-passer.

Le sous-officier trouva sans doute la chose assez grave pour avoir besoin d'en référer à un supérieur, car il remit respectueusement le papier à la jeune fille, et alla chercher un officier.

L'officier parut, frisant sa moustache ; la vue de Mariette produisit son effet ordinaire : il s'avança vers elle en souriant :

Puis, avec un français fortement accentué d'allemand :

— Ponchour, la pelle envant, dit-il, à guoy beud-on fous èdre acréaple ?

— Monsieur, dit la jeune fille, pourriez-vous m'enseigner le chemin de l'hôpital ?

— Il y en a teux, tes hobidals ; auguel foulez-fous aller ?

— A celui où est Conscience, monsieur.

— Gu'est-ze gue Gonzience, matemoiselle ?

— Conscience, monsieur, c'est un pauvre Français qui a eu les yeux brûlés à la bataille de Laon.

— Édaid-il cafalier ou vandassin, ce Gonzience ?

— Je ne sais pas ce que vous voulez dire, monsieur, répondit Mariette.

— Che fous temande s'il édait à chival ou à bied ?

— Il était dans l'artillerie, monsieur ; il conduisait un caisson.

— Ah ! foui, che gombrends, c'édaid un houzard à guadre roues, comme nous tissons, nous autres. Eh pien ! alors, c'est l'hobidal de la gafalerie.

Et, se retournant vers un soldat, il lui dit, en allemand, quelques paroles que celui-ci écouta respectueusement, la mains à son shako.

Puis, à Mariette :

— Suiffez ce garzon, dit-il, et il vous gontuira.

Mariette fit une révérence de remercîment à l'officier, lequel, en échange, lui envoya un baiser du bout des doigts en murmurant :

— *Der Teufel ! sehr schœn ! sehr schœn !*

Paroles qui n'eussent pas manqué de faire rougir Mariette si elle eût pu comprendre ce que disait le complaisant officier.

Mais elle était déjà loin ; légère comme une gazelle, elle s'était élancée sur les pas du soldat, qui, à son avis, allait bien doucement.

Au bout de cinq minutes, le soldat prussien s'arrêta, lui montra une grande porte surmontée d'une croix de pierre sculptée, devant laquelle se promenait, le bras gauche en écharpe et le sabre à la main droite, un factionnaire qu'à son reste d'uniforme on pouvait reconnaître pour avoir appartenu au corps des cuirassiers.

Le factionnaire regarda le prussien de travers.

— *Ihr*, dit le prussien ?

— *Ihr ?* répéta la jeune fille.

— *Ia, Ihr*, dit le prussien.

Mariette comprit.

— Ah ! dit-elle, cela veut dire que c'est ici, et que nous sommes arrivés.

— *Ia*, dit le prussien.

— Merci, merci, dit la jeune fille.

Et elle s'élança vers la grande porte surmontée d'une croix.

Mais le cuirassier lui barra le passage.

— On ne passe pas, dit-il d'une voix rude et en fronçant le sourcil.

— Comment, on ne passe pas ? dit la jeune fille, reculant effrayée.

— Non ! est-ce que vous n'entendez pas le français par hasard ?

— Si fait, mais c'est justement parce que j'entends le français, c'est justement parce qu'il me semble que je parle à un compatriote, que j'espérais pouvoir entrer.

— Vous avez tort, puisqu'on n'entre pas.

— Mon Dieu ! mais qui défend donc cela ?

— La consigne.

— Monsieur le soldat, en grâce ! je vous prie !

— Allons, arrière ! dit le cuirassier.

— Si vous saviez ! je viens de si loin...

— Allons, arrière, on vous dit !

Et il fit brutalement un pas de menace vers la jeune fille.

— Mais, monsieur, dit Mariette toute tremblante, j'ai un laissez-passer.

— De qui.

— Du général en chef.

— De quel général en chef ?

— Du général en chef russe.

— Connais pas le général en chef russe, dit le soldat, de plus en plus irrité.

— Oh ! mon Dieu ! mon Dieu ! que faire, et que vais-je devenir ! s'écria Mariette en levant les bras au ciel, et en éclatant en sanglots.

— Faites ce que vous voudrez et devenez ce que vous pourrez, cela ne me regarde pas, pourvu que vous décampiez d'ici et lestement.

— Dites donc, dites donc, camarade, s'écria une voix derrière Mariette, il me semble que vous traitez bien rudement une pauvre fille...

— Je ne connais pas les pauvres filles qui viennent conduites par des soldats prussiens, avec des laissez-passer russes.

— Le fait est, la belle enfant, dit le troisième interlocuteur, que la recommandation peut être bonne, vous comprenez, pour des Russes et pour des Prussiens ; mais, pour des Français, vaut mieux venir sans guide ni recommandation, et dire : « Camarade, j'ai affaire ici, » ou : « J'ai besoin là, laissez-moi passer. »

Mais, pendant ce temps, Mariette s'était retournée et avait d'abord reconnu un uniforme qui ne lui était pas étranger ; puis, à travers les bandes qui emmaillotaient le front du soldat, et lui cachaient un œil et une partie de la joue, elle avait deviné une figure de connaissance.

— Mon Dieu ! murmura-t-elle, est-ce que je ne me trompe pas ? est-ce que je serais assez heureuse pour vous avoir retrouvé ?... est-ce que...

— Mariette ! s'écria le hussard.

— Bastien ! s'écria Mariette ; ah ! mon ami, à mon aide, à mon secours ! Je suis venue d'Haramont pour voir Conscience, qui ne peut plus me voir, lui, et je meurs, entendez-vous, Bastien ? je meurs si je ne le revois pas ?

Et elle se laissa tomber à genoux, les bras étendus vers le hussard.

— Oh ! soyez tranquille, Mariette, dit Bastien, vous le reverrez, c'est moi qui vous le promets, ou j'y perdrai mon nom.

Puis s'approchant du cuirassier :

— Camarade, dit-il, vous voyez, c'est une compatriote, une payse, une amie à moi, qui vient pour voir son amoureux, le pauvre Conscience, vous savez bien, celui qui à eu les yeux brûlés.

— Oui, dit le cuirassier, je sais cela.

— Eh bien?

— Eh bien! la consigne défend qu'on passe, et votre payse ne passera pas.

— Oh! si, oh! si, s'écria Mariette, il ne sera pas dit que je serai partie de la maison pour voir Conscience, que j'aurai promis à Madeleine de voir son fils, que je serai venue ici à travers tant de dangers pour m'en retourner comme je suis venue... Oh! quand je devrais forcer les portes comme une voleuse, je passerai! quand le sabre de ce méchant soldat devrait me percer le cœur, je passerai!

Elle fit un mouvement en avant; mais Bastien l'arrêta. Puis, la tirant en arrière, il se mit entre elle et le cuirassier.

— Vous avez entendu? dit-il à ce dernier.

— Quoi?

— Ce qu'elle a dit, la pauvre fille! qu'elle passerait quand votre sabre devrait lui percer le cœur.

— Oh! connu toutes ces farces-là, dit le cuirassier, connu!

— Ce ne sont point des farces, dit Bastien, qui, dans son impatience, commençait à se mordre les moustaches ce qui était mauvais signe chez lui; c'est de la vraie douleur, au contraire, des larmes véritables, et un brave soldat, voyez-vous, camarade, ça peut voir couler le sang des hommes, mais ça ne peut pas voir couler les larmes des femmes.

Le cuirassier, sentant un léger accent de menace qui se glissait dans les paroles du hussard, cligna de l'œil. C'était sa manière à lui de faire comprendre qu'il n'était pas complétement satisfait.

— Et tu crois, comme cela, dit-il, que, pour les pleurnicheries de ta payse, je vas manquer à la consigne, et risquer vingt-quatre heures de salle de police? Bien obligé!

— Et depuis quand ne risque-t-on pas, entre militaires, de faire vingt-quatre heures de salle de police pour rendre service à un camarade?

Ce serait volontiers pour une autre, et encore cela dépendrait de la manière dont le camarade le demanderait.

— Pourquoi cela, volontiers pour un autre, et pas pour celle-ci?

— Parce que celle-ci connaît trop de Russes et de Prussiens pour être bonne Française.

— Cuirassier, mon ami, dit Bastien, tu sauras que c'est une bonne Française du moment où c'est la promise de Conscience et l'amie de Bastien!

— N'importe, je n'en suis pas assez sûr pour risquer vingt-quatre heures de salle de police.

La lèvre supérieure de Bastien disparut presque entièrement sous la lèvre inférieure.

— Cuirassier, mon ami, dit-il, quand c'est moi qui l'affirme, tu dois en être sûr!

Le cuirassier cligna si fort de l'œil qu'il eut l'air d'être borgne.

— Et si ta caution ne suffisait pas, hussard de mon cœur, répondit le cuirassier, que s'ensuivrait-il?

— Il s'en suivrait que, comme j'ai dit que Mariette entrerait à l'hôpital, ou que j'y perdrais mon nom, il faudra bien qu'elle y entre de gré ou de force, attendu que je ne veux pas perdre mon nom, voilà!

— Ton nom!... veux-tu me le dire, afin que, ce soir, à cinq heures, j'aille le crier assez haut derrière le rempart, pour que tu l'entendes en quelque lieu que tu sois?

— C'est bon! dit Bastien, à cinq heures, du côté de Saint-Marcel... Tu n'auras pas besoin de crier bien haut, attendu qu'on y sera, et plutôt le premier que le second, quoique tu aies des jambes plus longues que les miennes, et un sabre plus long que le mien.

— Oh! mon Dieu! s'écria Mariette toute tremblante; Bastien! Bastien! si je comprends, vous allez vous battre à cause de moi?

— Eh bien! quand ça serait, ma petite Mariette, dit Bastien en regardant la jeune fille de côté, on s'est battu quelquefois pour de plus vilains minois que le vôtre...

— Je ne veux pas... je ne veux pas, Bastien! Je vais aller demander pardon à ce méchant cuirassier, et je prierai tant, qu'il me laissera passer.

— Oh! pas de ça, Lisette, ça gâte les manchettes, comme nous disons nous autres hussards. L'affaire est emmanchée, il faut qu'elle se vide.

— Mais s'il allait vous arriver malheur par ma faute, Bastien, je ne m'en consolerais de ma vie!

— Oh! ne vous inquiétez pas, Mariette, histoire de rire! Bah! les gros talons ne sont pas si méchans qu'ils en ont l'air, et cela pourra bien finir par une bouteille bue à la santé du père à tous, de celui qui est là-bas, de Nicolas, comme ils l'appellent, les imbéciles! Ainsi laissez faire à Jean chaudron sa marche et contre-marche devant la porte de l'hôpital, et venez avec moi.

— Comment, que je m'en aille avec vous! dit Mariette; mais il faut donc que je m'en aille?

— Momentanémen, dit Bastien, c'est indubitable.

— Mais, Bastien! s'écria Mariette, je ne puis pas m'en aller sans voir Conscience! Vous avez cependant dit que je le verrais, Bastien?

— Je l'ai dit, et je ne m'en dédis pas.

Il regarda l'horloge de l'église.

— Eh bien? demanda Mariette.

— Eh bien! répondit Bastien, ce sera avant une demi-heure.

— Que je le verrai?

— Oui.

— Oh! Bastien, mon cher Bastien!

— Seulement, il faut s'éloigner, s'asseoir sur ce banc de pierre, et causer un petit quart d'heure raisonnablement.

— Oh! tant que vous voudrez, dit Mariette en s'asseyant près de Bastien; mais, dans une demi-heure, je verrai Conscience?

— C'est-à-dire, maintenant, que vous le verrez dans vingt-cinq minutes, attendu qu'il y a cinq minutes qui sont déjà passées depuis que je vous ai fait cette promesse.

— Et je le verrai malgré ce méchant cuirassier,

— Malgré lui.

— Expliquez-moi cela, Bastien.

— C'est bien simple, Mariette; il ne sera pas toujours de garde à la porte de l'hôpital.

— Ah! je comprends: à neuf heures, dans vingt minutes, un autre le remplace?

— Justement, Mariette. Et comme son successeur ne sera probablement pas aussi chien que lui, il nous accordera ce que celui-ci nous a refusé.

— Mais s'il nous refuse également?

— J'ai trouvé un moyen pour qu'il ne nous refuse pas, Mariette.

— Lequel?

— Vous verrez cela.

— Bientôt?

— Dans un quart d'heure, dit Bastien regardant à l'horloge.

— Mon Dieu! mon Dieu! que c'est long un quart d'heure.

— Ça, c'est vrai! quand on ne fume pas et qu'on ne boit pas, cela dure quinze minutes.

— Bastien, vous m'y faites songer, mon ami, vous n'avez peut-être encore rien pris?...

— Deux ou trois petits verres, voilà tout.

— Si je vous offrais quelque chose?

— Ma foi! comme je vais peut-être rester là deux heures à croquer le marmot, ça n'est pas de refus, Mariette.

— Eh bien! venez vite, dit Mariette en l'entraînant vers

un cabaret qui faisait l'angle de la rue; venez, Bastien, car nous n'avons plus que dix minutes.

— Bah! dix minutes, dit Bastien; en dix minutes on fait bien des choses.

Et Bastien entra dans le cabaret en criant:

— Garçon! une bouteille de vin, un morceau de pain et deux verres.

— Oh! monsieur Bastien, dit Mariette, moi, je ne boirai pas.

— Laissez donc, je sais un moyen de vous faire boire.

— Vous êtes bien malin, alors, monsieur Bastien.

— C'est ce que nous allons voir.

Et prenant la bouteille, il versa quelques gouttes de vin dans le verre de Mariette, et remplit le sien bord à bord.

— Même ces quelques gouttes de vin? dit-il en prenant le verre plein.

— Même ces quelques gouttes. Vous savez bien que je ne bois que de l'eau, monsieur Bastien?

Bastien leva son verre.

— A la santé de Conscience! dit-il, et à l'espoir que vous le verrez dans cinq minutes!

— Oh! s'il en est ainsi, dit Mariette, je ne refuse pas, je craindrais que cela ne me portât malheur!

Et elle répéta, la pauvre fille! en levant son verre comme celui de Bastien:

— A la santé de Conscience! et à l'espoir de le voir dans cinq minutes!

— Ah! je savais bien que vous boiriez, moi! dit le hussard en attaquant bravement le morceau de pain, qui, au bout de cinq minutes, avait à peu près disparu, et la bouteille, qui, au bout de cinq minutes également, se trouva tout à fait vide.

Neuf heures sonnèrent.

XXVI

COMMENT MARIETTE FIT ENFIN CES QUINZE DERNIERS PAS SI DIFFICILES A FAIRE.

Mariette écouta chacune des vibrations de l'horloge comme si le marteau du timbre eût frappé sur son cœur; puis, quand le bruit du dernier coup se fut éteint:

— Ah! s'écria-t-elle, les cinq minutes sont expirées!

— Venez, dit Bastien.

Il conduisit Mariette à la porte du cabaret, et là tous deux s'arrêtèrent un instant, les yeux tournés vers l'entrée de l'hôpital.

Un dragon, escorté d'un autre dragon et d'un hussard, relevait le cuirassier, recevait la consigne, et s'apprêtait à faire les deux heures de garde à son tour.

Les blessés n'avaient pas voulu avoir à leur porte de sentinelles étrangères, et avaient obtenu de se garder eux-mêmes, ou plutôt d'être gardés par les plus avancés d'entre eux en convalescence: de là venait la succession des armes et la variété des uniformes dans les factionnaires.

Le cuirassier et Bastien échangèrent chacun un regard qui, de la part du cuirassier, voulait dire:

— A cinq heures, toujours?

Et qui, de la part de Bastien, correspondait à cette réponse:

— Pardieu! c'est dit.

Puis le cuirassier s'éloigna, et disparut à l'angle d'une rue.

— La! maintenant, dit Bastien à Mariette impatiente, restez là, mon enfant, et quand le dragon m'aura cédé sa place et se sera éloigné à son tour, venez.

— Vous espérez donc toujours? demanda Mariette, le cœur palpitant et serré à la fois.

— Plus que jamais, dit Bastien. Mais attention au commandement.

Et il s'avança vers le dragon avec ce dandinement militaire qui est familier aux hussards en général, et qui était une des grâces de Bastien en particulier.

Sans être lié avec le dragon, Bastien le connaissait; d'ailleurs, il y avait entre tous ces pauvres débris de la gloire napoléonienne une grande communion religieuse: c'était la fraternité du malheur.

Le cuirassier n'avait été si rude et si tenace à l'endroit de Mariette, que parce qu'elle s'était présentée à lui conduite par un soldat prussien, et protégée par un laissez-passer russe.

C'était de l'opposition nationale pure et simple qu'il avait faite à la jeune fille; sans toutes ces circonstances, son cœur, tout habitué qu'il était à être couvert d'une enveloppe de fer, eût bien certainement cédé aux prières de Mariette et aux instances de Bastien.

Bastien n'avait rien de semblable à craindre de la part du dragon; mais il n'en résolut pas moins de ne point s'exposer à un refus.

Il adopta donc vis-à-vis du nouveau factionnaire une autre manœuvre, et, s'approchant de lui en se dandinant, comme nous l'avons dit:

— Bonjour, dragon, fit-il.

— Bonjour, hussard, répondit le factionnaire.

Il y eut une pause d'un instant.

— Dis donc, dragon, continua Bastien, serais-tu, par hasard, disposé à rendre service à un camarade?

— Toujours, répondit celui-ci, pourvu qu'il n'y ait pas d'affront pour le régiment, et pas d'infraction à la consigne.

— Eh bien! voici, dit le hussard. Tu as bien vu le grand gaillard qui montait la garde et que tu viens de relever?

— Le cuirassier?

— Oui, lui-même.

— Eh bien?

— Eh bien! nous venons d'avoir des mots ensemble.

— Bah!

— Oui.

— Et à propos de quoi?

— A propos d'une payse à moi, qui est là-bas à la porte du cabaret au coin de la place, avec un chien couché à ses pieds.

Le dragon regarda du côté indiqué par Bastien, et passa sa langue sur ses moustaches.

— Oh! oh! dit-il, belle fille, ma foi! et beau chien aussi!

— Oui, reprit Bastien. Nous avons donc eu des mots, si bien qu'à cinq heures, nous devons aller, derrière le rempart Saint-Marcel, nous tailler un ou deux abreuvoirs à mouches.

— Et tu as besoin de moi pour te servir de témoin, hussard?

— Non pas, attendu que si tu me rends le service que je vais te demander, tu seras ici tandis que nous serons là-bas.

— Comment, je serai ici?... Crois-tu donc qu'on m'a planté là pour vingt-quatre heures?

— Attends que je t'explique.

— J'écoute, dit gravement le dragon.

— Eh bien! le cuirassier avait un tic dont je n'ai pas pu le faire démordre.

— Ah! un tic?...

— Oui.

— Lequel?

— C'est de se battre aujourd'hui à cinq heures, pas avant, pas après.

— Drôle de tic! fit le dragon, qui ne comprenait point qu'on ne se battît pas toujours.

— Or, continua le hussard, j'ai été obligé d'en passer par où il a voulu, attendu que c'est moi qui l'avais provoqué.

— Eh bien?

— Eh bien! il n'y a qu'un petit inconvénient à cela, c'est

que justement, moi, je monte à mon tour ma garde de cinq à sept.

— Il fallait le lui dire.

— Je le lui ai dit, mais il n'a pas écouté.

— Oh ! Oh ! Il tenait donc bien à ses cinq heures ?

— Mais puisque je te dis que c'est une toquade ! C'est au point qu'il m'a offert d'exécuter quatre heures de faction, deux pour lui, deux pour moi, afin de se pouvoir battre à cinq heures. Que veux-tu, il paraît qu'il n'est brave qu'à cette heure-là.

— Le soldat français est brave à toute heure, répondit sentencieusement le dragon.

— C'est juste, reprit le hussard, qui ne voulait pas contrarier celui auquel il venait demander un service; mais, tu comprends bien, dragon, j'ai refusé l'offre.

— Tu as eu tort, hussard.

— Non, parce que je me suis dit : « Que diable ! d'ici à cinq heures, je trouverai bien un camarade dont je ferai la faction, à la condition qu'à son tour il fera la mienne. » Alors, quand je t'ai vu te mettre en place pour la contredanse, je me suis dit : « Bon ! voilà mon homme tout trouvé. » Comprends-tu ?

— Je ne comprends pas.

— Tu ne comprends pas que tu vas me rendre le service de me repasser la consigne, que je connais de reste, et de me céder ta place, moyennant une bouteille de vin de Clamecy, qu'on paiera au relevé de la faction, et une poignée de main qui voudra dire : « Dragon, à la vie, à la mort ! »

— Oui, dit le dragon, et alors c'est moi qui la monterai à cinq heures, tandis que vous vous allongerez sur le pré. Bon !

— Justement.

— Ça va ! dit le dragon. Seulement, ajouta-t-il en regardant l'horloge, tu me redevras dix minutes, hussard.

— Bon ! fit Bastien, on acquittera cela sur la seconde bouteille.

— C'est dit. Voici la consigne : « Porter les armes aux supérieurs, les présenter aux grosses épaulettes, russes, prussiennes ou françaises, du moment où ce sont de grosses épaulettes, quoi ! Ne pas laisser entrer à l'hôpital d'autres femmes que les sœurs grises, à moins qu'elles n'aient une permission. Ne point laisser sortir de l'hôpital les malades, à moins qu'ils n'aient leur *exeat* du chirurgien-major. »

— Connu, dit Bastien, toujours la même pour changer.

— Toujours la même.

— Merci. Alors, à cinq heures, n'est-ce pas ?

— Fidèle au poste.

— Et maintenant, dragon, comme toute peine demande salaire, passe du côté du cabaret, et dis à la jeune fille qui nous regarde, aussi poliment que tu pourras : « Mademoiselle Mariette, Bastien le hussard voudrait vous dire deux mots, à vous et à votre chien. » Elle répondra : « Merci, monsieur le dragon. » Et ce sera la récompense de ta peine.

— Sois tranquille, les dragons ont toujours été connus pour la galanterie, et ils savent comment on parle au sexe.

— En ce cas, dit Bastien, comme les dragons entendent la manœuvre de l'infanterie aussi bien que celle de la cavalerie : demi-tour à gauche, en avant, marche !

Le dragon obéit au commandement, et s'avança vers Mariette, à laquelle il dit deux mots en portant la main à son bonnet de police.

Aussitôt Mariette se détacha de la muraille à laquelle elle était adossée, et accourut.

— Eh bien ! mon cher Bastien, dit-elle, verrai-je Conscience ?

— Certainement, dit Bastien.

— Vous avez donc obtenu la permission ?

— Non, mais je vous la donne.

— Comment ! vous me la donnez ?

— Sans doute, puisque je suis de garde.

— Mais la consigne, Bastien ?

— Il n'y a pas de consigne pour vous, Mariette.

— Alors je puis entrer.

— Vous pouvez entrer. Seulement, si l'on vous demande votre laissez-passer, vous direz que vous l'avez remis entre les mains du factionnaire, qui vous le rendra en sortant.

— Bien. Oh ! merci, merci, Bastien... Bastien, mon ami, que ferai-je pour vous, à mon tour ?...

Bastien prit la jeune fille par le bras, et l'attirant à lui :

— Mariette, fit-il, vous me direz un petit mot de Catherine, pour m'occuper l'esprit pendant les deux heures de faction que j'ai à faire...

Et il ajouta tout bas :

— Et pendant les vingt-quatre heures de salle de police que je ferai probablement.

— Oh ! s'écria Mariette, qui n'avait entendu que la première partie de la phrase, est-ce Dieu possible que l'amour rende si égoïste ?...

— Égoïste ! fit Bastien.

— Je parle pour moi, Bastien, et non pour vous... Si égoïste, que je n'ai pas pensé à vous parler de Catherine.

— Eh bien ? fit le hussard, comme préparé d'avance aux plus grandes catastrophes.

— Eh bien ! Catherine vous aime toujours, mon cher Bastien. Seulement, elle vous pleure depuis le matin jusqu'au soir, parce qu'elle vous croit mort.

— Ah ! dit Bastien fort ému, elle me croit mort !... et elle me pleure, pauvre Catherine !... Que va-t-elle dire quand elle me reverra avec la tape que j'ai sur l'œil ?

— Elle vous dira que vous êtes le bien venu, Bastien, et que le jour où elle vous revoit ainsi est le plus beau de ses jours.

— Vous croyez donc que je puis lui écrire, sans crainte qu'un autre décachète la lettre ?

— Vous pouvez lui écrire, et n'avoir qu'une crainte en lui écrivant : c'est que les larmes de joie qu'elle versera ne l'empêchent de lire votre lettre.

— Ah ! bonne Catherine, fit le hussard en essuyant lui-même une larme qui perlait au coin de sa paupière, bonne Catherine !

— Eh bien ! dit Mariette, êtes-vous content ?

— Nom d'un nom ! je serais bien difficile si je ne l'étais pas ; mais à votre tour d'être contente, la belle enfant, et allez.

— Par où faut-il aller ? demanda Mariette toute joyeuse.

— Droit devant vous ; pas plus malin que cela.

— Mais par laquelle de toutes ces portes faudra-t-il que j'entre ?

— Parbleu ! dit Bastien, voyez !... Par celle devant laquelle Bernard est couché.

— Ah ! pauvre Bernard, dit Mariette, je l'avais oublié.

Et, faisant un dernier signe de remercîment à Bastien, elle s'élança dans la cour, légère comme une de ces biches qu'elle faisait parfois lever en traversant la forêt de Villers-Cotterets.

Bastien la regarda s'éloigner en murmurant :

— Je gagnerai probablement au service que je viens de lui rendre un coup de sabre et vingt-quatre heures de salle de police... Mais, bah ! je ne m'en dédis point ; elle vaut bien cela.

Et il ajouta en manière de péroraison :

— Ah ! nom d'un nom ! au rrrégiment c'était le plaisir !

XXVII

LA CHAMBRE DES AVEUGLES.

L'hôpital de Laon avait une chambre toute entière consacrée, non-seulement aux aveugles militaires, mais encore aux ophtalmiques de la ville, dont le chirurgien-major directeur de l'hôpital, fort savant dans ces sortes de cures, surveillait le traitement.

Cette chambre, destinée aux pauvres malades privés de la vue, ou menacés de la perdre, ou près de la recouvrer, avait un étrange aspect, dont le principal et même l'unique caractère était une profonde tristesse ; cette tristesse provenait surtout de ce que les vitres étaient recouvertes d'un papier vert qui, brisant à l'extérieur tous les rayons du soleil, empêchait aucune clarté d'y pénétrer. Pour les étrangers admis avec autorisation dans cette partie de l'hospice, c'était un lieu lugubre, éclairé d'une lueur plus triste que l'obscurité elle-même ; des espèces de limbes qui n'étaient pas la nuit, qui n'étaient pas le jour, et où s'agitaient des espèces de fantômes marchant silencieux et les bras étendus, ou qui, des heures entières, demeuraient assis, appuyés à la muraille, sans prononcer une seule parole.

En entrant dans ce sombre royaume de la cécité, le cœur était pris d'une anxiété secrète. On eût dit que, descendu vers les régions inférieures du monde mystérieux, on faisait une halte à moitié chemin de la vie à la tombe, dans une station funèbre qui, n'étant déjà plus l'existence, n'était pas encore le sépulcre. Avant de rien saisir distinctement, les yeux devaient s'habituer à cette teinte verte du papier qui recouvrait les vitres, et qui faisait que ceux des pauvres aveugles dont la vue commençait à revenir étaient presque aussi tristes de ce jour factice qui leur était rendu, que de l'obscurité de laquelle ils sortaient. Tous, à quelque degré qu'ils fussent de la maladie ou de la convalescence, portaient une visière verte, abaissée sur les yeux, de sorte que le chirurgien qui les traitait était obligé lui-même d'appeler ces spectres par leurs noms pour les distinguer les uns des autres, et pour appliquer à chacun le traitement que réclamait le degré d'intensité ou d'amélioration auquel était arrivée la maladie.

Au moment où nous sommes parvenus, la chambre des aveugles, immense salle de trente pieds carrés à peu près, était peuplée de huit ou dix malades seulement.

Conscience était un de ces huit ou dix malades.

Malgré le malheur qui lui était arrivé, le jeune homme n'avait perdu ni sa foi ni sa sérénité. Cette espèce de monde invisible dans lequel Conscience avait d'ailleurs toujours vécu ne lui avait point fait défaut : depuis que son regard était privé de la vue du monde extérieur, il avait, si l'on peut dire ainsi, plongé plus avant encore dans le monde intérieur où s'agitent les rêves des fous et des extatiques, deux classes de malades que les médecins, matérialistes pour la plupart, rangent dans la même catégorie.

Mais il n'en était point ainsi des pauvres aveugles compagnons de prison et d'obscurité de Conscience. Pour eux, le jeune inspiré était un puissant consolateur qui, à défaut du monde réel dont ils étaient exilés, leur révélait un autre monde, celui-là peut-être qui est visible aux yeux seuls de la mort, monde que, par un étrange privilège, Conscience avait toujours entrevu avec les yeux de l'âme, et qu'il voyait, nous l'avons dit, plus distinctement encore depuis que les yeux du corps étaient éteints.

Ils se tenaient donc d'habitude groupés autour de Conscience, qui, sentant la consolation qu'apportaient ses paroles, laissait parfois déborder de son cerveau toutes ces merveilleuses visions qui l'illuminaient. Tant que Conscience parlait d'un autre monde à la douce lumière, lumière éternelle, bonne pour le jour, bonne pour la nuit, dont Dieu était le soleil et les anges les étoiles, où tous les bons cœurs, où toutes les saintes âmes se trouvaient réunies pour recevoir la récompense éternelle du bien momentané qu'ils avaient fait pendant cette vie périssable : tant qu'il décrivait ce monde, fait à l'instar du nôtre (car telle est la faiblesse de l'homme qu'il ne peut inventer, même dans le rêve), tant qu'il décrivait ce monde fait à l'instar du nôtre, mais cependant embelli de tous les prestiges d'une imagination juvénile, ce monde de la foi, avec ses belles forêts ombreuses, ses vastes jardins bordés de fleurs, ses grands lacs paisibles, ses rivières murmurantes, ses oiseaux aux mille couleurs parlant la langue des hommes, tous l'écoutaient, et, en l'écoutant, tous voyaient si bien, que, pendant un instant, les pauvres aveugles ne regrettaient plus rien ; car Conscience leur rendait par le rêve plus qu'ils n'avaient perdu dans la réalité, et tous soupiraient, non plus pour ce monde du passé qu'ils avaient perdu, mais pour ce monde de l'avenir qui leur était révélé.

Seulement, il arrivait un moment où la parole tarissait aux lèvres du jeune homme, ainsi que dans les grandes ardeurs d'août tarit une source où l'on a trop puisé ; alors, cette lumière allumée dans les imaginations par le brûlant discours du révélateur s'éteignait peu à peu, comme après le divin service s'éteignent un à un les cierges qui éclairent une église, et font resplendir la blanche nappe et les ornemens d'or de l'autel ; alors, les pauvres aveugles se retrouvaient, non plus dans leur simple nuit, mais dans la double obscurité physique et morale où les replongeaient l'absence de la lumière et l'absence de la parole ; alors, chacun allait, silencieusement et à tâtons, s'asseoir à sa place accoutumée ; car telle est la force de l'habitude, que les aveugles eux-mêmes ont une place de préférence ; chacun, disons-nous, allait, silencieusement et à tâtons, s'asseoir à sa place accoutumée, emportant un lambeau de cette flamme, lueur du jour, dernière lumière allumée à la lampe du tabernacle, et qu'il entretenait dans son esprit avec un culte pareil à celui qu'avait la vestale antique pour le feu sacré, dont la vie était sa vie, et dont la mort entraînait sa mort.

Quant à Conscience, au contraire, tandis que ses compagnons suivaient les lueurs éparses de ses rêves, comme des voyageurs perdus suivent des feux follets bondissant sur la prairie, lui retombait dans la réalité, lui revoyait les deux chaumières, s'élevant aux deux côtés du chemin : celle de gauche avec sa couronne de pampres, celle de droite avec sa robe de lierre ; et, dans ces deux chaumières, vivant d'une vie commune, attristés par son absence et par son malheur, le vieux père Cadet, gisant sur son lit de douleur, Madeleine pleurant, dame Marie et Mariette priant, tandis que l'enfant, insoucieux comme son âge, courait, par ce beau soleil de mai que Conscience ne pouvait plus voir, après les belles mouches d'émeraude et les beaux papillons d'or et d'azur.

Il était assis dans l'angle le plus éloigné de la porte plongé dans ses sombres réflexions, lorsque tout à coup il tressaillit. Il lui avait semblé qu'un bruit imperceptible mais inaccoutumé, avait fait craquer les marches de l'escalier ; il avait cru entendre son nom prononcé par une voix de femme ; il avait perçu cette douce plainte que jette d'avance un chien qui va revoir son maître après une longue absence ; il sentait par son cœur, si accessible à ce genre d'intuition, que quelque chose de doux, de chaste, de consolateur, comme la venue d'un ange, s'approchait de lui... Instinctivement, il se leva, marcha vers la porte, haletant et les bras tendus, dans une direction aussi juste que s'il eût retrouvé la vue... La porte s'ouvrit. En ce moment, quelque chose comme une effluve magnétique s'établit entre lui et la personne qui apparaissait sur le seuil. Un seul cri s'échappa des deux poitrines : « Mariette ! — Conscience ! » et avant que ce cri fût achevé, les deux jeunes gens étaient dans les bras l'un de l'autre.

Mais à ce cri de joie succéda chez Mariette un cri de douleur. En détachant sa tête de la poitrine de Conscience, Mariette avait rouvert ses yeux un instant fermés et alanguis sous le poids de son émotion. Ses regards étaient tombés sur cette sombre salle ; elle avait vu ces spectres assis le long des murailles se soulever avec lenteur et s'approcher en trébuchant, et alors, se rejetant d'effroi dans les bras du jeune homme, elle s'écria avec ce pénible accent qui contient à la fois de l'amour, de la pitié et de la douleur :

— Oh ! Conscience ! mon pauvre Conscience !...

Et ses bras tombèrent inertes près d'elle, comme si les forces lui manquaient, et elle ne se soutint debout que grâce au point d'appui que donnaient à sa tête languissante la poitrine et l'épaule de son ami.

Conscience comprenait si bien tout ce qui se passait dans le cœur de la jeune fille, qu'il n'essaya pas même de la consoler; il la prit, la pressa dans ses bras, se contentant de murmurer son nom, de le répéter vingt fois, comme eût fait un écho venu du cœur, tandis que Bernard, qui semblait comprendre que son tour n'était pas arrivé, se tenait à deux pas, attendant que cette joie douloureuse eût épuisé ses élans et ses angoisses.

L'humble animal sentait son infériorité dans la chaîne des êtres, et attendait que la main de Conscience vînt le trouver en se baissant jusqu'au degré où l'avait placé la nature.

Et cependant la joie l'emporta bientôt sur la douleur. Un soupir moins pénible s'échappa de la bouche de Mariette; son regard s'éleva moins douloureux vers le jeune homme, et ce fut avec un accent plein de reconnaissance déjà, sinon encore plein de bonheur, qu'elle répéta une seconde fois :

— Conscience ! mon pauvre Conscience !...

Pendant ce temps, les pauvres aveugles que Mariette avait vus se mouvoir à son apparition s'étaient doucement rapprochés d'elle et avaient formé un cercle autour de leur ami. Ils touchaient des mains la jeune fille, comme s'ils eussent voulu connaître cette bonne Mariette dont Conscience leur avait si souvent parlé, et qui pénétrait dans leur enfer comme Jésus crucifié, sinon pour les racheter tous, du moins pour racheter l'un d'eux. Le toucher de toutes ces mains bienveillantes, mais curieuses, effraya Mariette et la tira de l'espèce de torpeur dans laquelle elle était plongée.

Elle serra Conscience plus étroitement encore dans ses bras, et, reculant en l'attirant à elle :

— Oh ! mon ami, dit la jeune fille, prie-les donc de ne pas me toucher ainsi... ils me font peur, car je ne sais pas quelle est leur intention et ce qu'ils veulent de moi !

— Ne crains rien, chère Mariette, répondit Conscience, tous ces gens sont mes amis, et tous ces gens-là t'aiment, par conséquent... Hélas! tu ne sais pas une chose : c'est que les pauvres aveugles voient avec les doigts. Ils touchent tes habits pour te connaître un peu ; s'ils osaient, ils toucheraient ton visage pour te connaître tout à fait. Laisse-les faire, Mariette : car il n'y a pas en eux la moindre intention mauvaise.

— Oh ! les pauvres amis ! dit Mariette, s'il en est ainsi, je leur pardonne de grand cœur ; mais enfin, Conscience, comme il me semble que cela ne doit point se faire, viens t'asseoir avec moi sur un banc, et dis-leur de nous laisser causer un peu... J'ai tant de choses, tant de choses à te dire, si tu savais !...

Et elle conduisit en effet Conscience sur un banc, où elle s'assit à côté de lui en serrant ses mains dans les siennes.

Nous n'essaierons pas de suivre les deux enfans dans ce premier épanchement du cœur, qui, après une si longue absence, jaillissait du choc de leur réunion.

Seulement, un être doué de la vue, perdu parmi les pauvres aveugles, eût pu voir le visage de la jeune fille exprimer tous les sentimens de son âme, et passer tour à tour de la joie à la douleur et de l'enthousiasme aux larmes.

Par intervalles, elle pressait plus énergiquement les mains de Conscience : c'est qu'alors elle versait avec amour le baume de l'espérance dans le cœur du jeune homme ; les sons à peine perceptibles de sa voix, tant elle parlait pour son bien-aimé seul, étaient, en ces momens-là, pénétrans et suaves comme les notes d'un chant d'amour.

De son côté, Conscience avait enlevé la visière qui couvrait ses yeux, comme si, en enlevant cette visière, il eû eu une chance de plus de revoir Mariette. Sa prunelle sans regard et recouverte d'une taie blanchâtre était levée vers le ciel, et sa tête, légèrement renversée en arrière et appuyée à la muraille, laissait voir tout son visage mélancolique empreint d'une rêveuse attention.

Tout autour d'eux, les aveugles se tenaient en cercle et à distance, écoutant, comme s'ils pouvaient entendre ce que les deux amans disaient tout bas, et regardant, comme s'ils pouvaient les voir, ce jeune homme et cette jeune fille aux bras entrelacés, aux têtes réunies, aux cœurs inséparables, avec leur chien couché à leurs pieds comme un symbole, groupe charmant, posant sous l'œil miséricordieux du Seigneur !

XXVIII

L'INFIRMIER EN CHEF.

Au milieu de cette douce et tendre causerie des deux jeunes gens, la porte d'entrée s'ouvrit tout à coup, et l'infirmier en chef entra dans la chambre.

Mariette et Conscience étaient si bien masqués par les aveugles, qu'il ne les aperçut point au premier abord.

Cependant, au bruit qu'il avait fait en ouvrant la porte, tout le monde s'était retourné, et si les aveugles ne pouvaient voir sa colère, ils la devinaient.

— Où est, demanda l'infirmier, la jeune fille qui s'est introduite ici sans permission ?

Mariette frissonna de tout son corps, et se dressa debout contre la muraille, mais sans oser répondre.

— Eh bien ! voyons, est-on muet en même temps qu'aveugle, ici? continua l'infirmier, bousculant deux ou trois malades et faisant invasion dans le cercle.

— Qu'y a-t-il donc, monsieur l'infirmier? demanda Conscience.

— Il y a que cette jeune fille, reprit celui-ci, a pénétré dans cette chambre en disant qu'elle avait remis sa permission au factionnaire, que je suis moi-même allé demander cette permission au susdit factionnaire, que celui-ci a cherché inutilement pendant dix minutes dans ses poches et a fini par dire qu'il l'avait perdue. Mais mon rapport est fait, et le hussard, en descendant de garde en aura pour ses quarante-huit heures de salle de police.

— Oh ! monsieur, dit Mariette de sa voix douce et en joignant les mains, ayez pitié, je vous prie ! ce hussard, c'est notre pays, Bastien... il sait combien j'aime Conscience, combien j'avais désir de le voir... il avait vu ma tristesse et mes larmes quand le cuirassier m'a repoussée, et il s'est dévoué pour moi. Oh ! monsieur, ne lui faites pas de peine parce qu'il a été compatissant.

— Ainsi donc, fit l'infirmier, c'était vrai, ce dont je me doutais ?

— Pardon, monsieur, demanda Mariette, mais de quoi vous doutiez-vous ?

— Que vous n'aviez pas de permission.

— Non, monsieur, dit Mariette.

— Comment, non !

— Je dis que non, que je n'ai point de permission ; j'ai seulement ce laissez-passer.

Et elle tira timidement de sa poitrine son laissez-passer russe.

L'infirmier en chef jeta les yeux sur le papier.

— Qu'est-ce que ce cachet? qu'est-ce que ce laissez-passer ? dit-il ; je ne connais pas cela ; c'est valable pour circuler sur les routes, et non pas pour se glisser dans les chambres des malades. Allons, allons, dehors, la belle fille, et plus vite que cela !

— Oh ! monsieur, s'il vous plaît! dit Mariette.

— Hein ! fit l'infirmier, étonné qu'on lui résistât, même par une prière.

— Une petite demi-heure encore, monsieur, rien qu'une petite demi-heure... Je prierai le bon Dieu pour vous, et, de reconnaissance, je vous baiserai les mains.

— Trêve d'enfantillages, jeune fille, dit l'infirmier en homme qui a sa résolution prise de ne pas céder.

— Eh bien! non, reprit Mariette, je comprends... une demi-heure, c'était trop; un quart d'heure seulement!

— Pas un instant, pas une minute, pas une seconde! Dehors! Dehors!

— Au nom du ciel! monsieur, dit Mariette au désespoir. J'arrive de l'autre bout du département... j'ai fait quinze lieues en un jour, grâce aux âmes charitables que j'ai rencontrées sur mon chemin, pour revoir Conscience. Je suis déjà cause qu'il y a un duel entre deux hommes et que le pauvre Bastien va être puni de sa pitié pour moi. Enfin, je revois Conscience, qui ne peut me revoir, lui, et à peine ai-je commencé à lui dire quelques mots de consolation que vous me chassez. Ah! si vous saviez tout ce qui nous reste à nous dire, ah! j'en suis bien sûre, vous auriez pitié de nous!

— Sortiras-tu, oui ou non? s'écria l'infirmier en frappant du pied, ou faudra-t-il que je te pousse à la porte par les épaules!

— Monsieur! monsieur! ne me faites pas mourir! s'écria la jeune fille. Tais-toi, Bernard, ne gronde pas ainsi; monsieur est bon, monsieur permettra que je reste quelques minutes encore; il aura pitié d'un pauvre aveugle, il ne voudra pas lui déchirer le cœur. Monsieur, vous êtes homme aussi, vous, et un pareil malheur peut vous arriver! Eh bien! si vous étiez privé de la vue à votre tour, et que votre mère, votre sœur ou votre amie vînt pour vous voir, est-ce que vous ne seriez pas au désespoir, dites, qu'on voulût la renvoyer?... Aussi, vous ne me renverrez point, n'est-ce pas, mon bon monsieur! Vous me laisserez ici pour soigner Conscience, non pas pendant un quart d'heure, non pas pendant quelques minutes, mais jusqu'au moment où il aura obtenu de quitter l'hôpital et de revenir à Haramont. Oh! mon bon monsieur, pour l'amour de Dieu, je vous en prie, je vous en supplie!...

Et la pauvre Mariette tomba à genoux, maîtrisant de sa petite main Bernard, qui, les yeux sanglans, l'haleine haletante, et battant, comme un lion, ses flancs de sa queue, était prêt à s'élancer sur l'infirmier.

De leur côté, les aveugles murmuraient. Cette cruauté semblait les atteindre tous dans la personne de leur ami Conscience.

Conscience se tenait debout, silencieux, mais les bras crispés; on sentait que le pieux jeune homme appelait à son secours toute la patiente bonté dont l'avait doué la nature.

L'infirmier saisit Mariette par le bras.

— Taisez-vous! dit-il aux aveugles qui murmuraient. Tais-toi! dit-il à Bernard grondant. Que tout le monde se taise et obéisse, ou je fais tuer le chien, et j'envoie la fille à l'hôpital!

Il n'avait point achevé cette double menace, que, tandis que Mariette, toujours à genoux, retenait Bernard prêt à étrangler cet homme, il sentit se serrer autour de sa gorge une espèce d'anneau de fer qui n'était rien autre chose que les deux mains réunies de Conscience, lequel, pour la première fois de sa vie, réunissait ensemble la menace et l'action.

— Ah! dit le jeune homme pâlissant et fixant sur lui ses yeux, auxquels l'absence de la vie donnait une expression terrible; ah! malheureux! méchant homme! faux chrétien! tu tueras Bernard et tu enverras Mariette à l'hôpital!... Tu es bien heureux que cette chambre soit si sombre et si sourde, que Dieu, sans doute, ne t'a ni vu ni entendu!

L'infirmier poussa un cri étouffé; la respiration lui manquait. L'indignation des pauvres malades grondait autour de lui comme un orage prêt à le submerger.

— Conscience! s'écria Mariette, retenant Bernard d'une main, et saisissant de l'autre un des bras du jeune homme, Conscience, au nom du ciel! lâche cet homme, et bien certainement de lui-même il se repentira du mal qu'il nous a fait.

— Tu as raison, Mariette, dit Conscience en laissant retomber ses deux mains à ses côtés; tu as raison; ne nous faisons pas plus malheureux que nous ne sommes. Viens, Mariette, viens, que je t'embrasse encore une fois!

Puis, sentant les efforts que faisait Mariette pour retenir le chien:

— Ici, Bernard! ici!... à moi! dit-il; pauvre ami, j'étais si heureux que je n'avais pas encore pensé à toi!

Bernard, joyeux de ces mots, les premiers que son maître lui eût adressés, oublia l'infirmier à l'instant, et, se dressant tout debout contre son maître, il passa, avec un grognement plaintif et joyeux à la fois, sa langue caressante sur ses yeux éteints.

Mais Mariette avait compris qu'un homme était là qu'il fallait désarmer.

Elle lâcha Conscience, et, avec une dignité plus calme qu'on n'eût pu l'attendre de son état et de son âge, elle s'avança vers l'infirmier, calme en apparence, mais ne pouvant retenir deux grosses larmes qui roulaient silencieusement sur ses joues.

— Monsieur, dit-elle, je m'en vais; mais pardonnez-moi, pardonnez à Conscience, pardonnez à Bastien; je vous promets que Dieu, qui nous donne à tous l'exemple de la miséricorde, vous en récompensera, car ce sera une bonne action. Vous aussi, vous avez un cœur, et c'est à ce cœur que j'en appelle; oui, n'est-ce pas, vous serez assez bon pour oublier, et moi je parlerai de vous à Dieu dans mes prières?

Soit que l'infirmier ne voulût pas s'exposer à lutter une seconde fois contre les mains de Conscience et contre les dents de Bernard, soit qu'il fût désarmé par cette soumission:

— C'est bien, dit-il, retirez-vous, et si la contravention reste secrète, si le silence est gardé, par pitié pour vous, la jolie fille, je ne dirai rien.

Mariette lui prit la main et la baisa.

— Oh! vous êtes un brave, homme dit-elle; je le savais bien; oui, monsieur, oui, je m'en vais, et sur-le-champ, rien qu'un simple adieu encore...

Et, une dernière fois, elle jeta ses bras au cou du pauvre aveugle, lui donnant un long et tendre baiser, et lui murmurant tout bas à l'oreille ces paroles magiques:

— Sois tranquille, Conscience, la journée ne se passera point que je n'aie obtenu la permission de te revoir.

Puis, cette fois, ne sachant plus contenir sa douleur, elle se dirigea en sanglotant vers la porte de la chambre. Arrivée là, elle se retourna encore une fois, jeta un cri perçant, revint sur ses pas pour rentrer dans la salle; mais elle rencontra l'infirmier qui lui barra le chemin, et force lui fut de sortir, laissant Conscience assis sur son bancs, immobile, affaissé sur lui-même, et n'ayant de force que pour retenir Bernard prêt à porter de nouveau secours à la jeune fille.

Mariette descendit l'escalier en se débattant, et arriva folle de douleur dans la cour, au seuil de laquelle Bastien continuait de monter sa garde.

Là, épuisée, chancelante, déchirée de cœur et d'âme comme une martyre, elle jeta un dernier regard autour d'elle, cherchant, avant de quitter cet asile de douleur, une créature quelconque à qui elle pût demander protection pour tenir la parole qu'elle avait donnée à Couscience, ou plutôt qu'elle s'était donnée à elle-même.

Une femme assez élégamment vêtue était à la fenêtre d'un appartement du premier étage, qui paraissait servir de demeure aux employés supérieurs de l'hospice civil, devenu en même temps, depuis l'invasion, l'hôpital militaire.

Mariette vit cette femme à travers le nuage de ses larmes; elle pensa que l'espoir pouvait lui venir de là: elle essuya ses pleurs pour la mieux voir, et, croyant lire sur son visage une expression de pitié, elle s'élança du côté de cette fenêtre les bras tendus, comme vers une madone, en s'écriant:

— Madame! au nom du Seigneur, au nom de votre

mari, au nom de votre mère, au nom de tout ce que vous aimez dans ce monde, pitié!... pitié pour un pauvre aveugle!...

La dame regarda Mariette en femme qui ne comprend rien à ce qu'elle voit, et qui hésite entre la miséricorde dont son cœur commence à être ému, et la crainte d'une scène ridicule et peut-être inconvenante.

Elle se retira à moitié comme pour fuir.

Mais, en devinant ce mouvement, dont elle comprit la cause, Mariette jeta un cri de douleur si poignant, si profond, si douloureux, que la dame s'arrêta tout émue, et regarda avec étonnement cette jeune paysanne qui levait vers elle ses yeux bleus, pleins de larmes et d'espérance, et dans lesquels on pouvait lire à la fois, et la crainte d'être repoussée, et la reconnaissance anticipée d'un bienfait reçu.

Alors la pitié l'emporta chez elle sur la crainte,

— Montez, mon enfant, lui dit-elle, et apprenez-moi quel genre de service je puis vous rendre.

Puis elle ajouta avec ce] sourire charmant dont les femmes accompagnent leurs bonnes actions :

— Et, s'il est en mon pouvoir de faire ce que vous désirez, eh bien! je m'y emploierai de tout mon âme.

Mariette n'en demanda point d'avantage, et, haletant de joie, s'élença par les dégrés.

XXIX

LA FEMME DU CHIRURGIEN-MAJOR.

La dame attendait Mariette sur le seuil de sa porte ouverte.

Elle prit la jeune fille par les deux mains, et, l'attirant dans l'intérieur de l'appartement.

—Pauvre enfant, dit-elle, venez et racontez-moi la cause de cette grande désolation.

Puis elle força Mariette de s'asseoir sur une chaise.

Mariette obéit, mais, avant de parler, toute tremblante, elle montra à la dame un officier assis, dans la chambre même où elles étaient, devant un bureau sur lequel il écrivait, et dont le collet, brodé d'or comme celui d'un général, l'intimidait fort.

La dame la comprit avec cette promptitude d'intuition que possèdent les femmes.

— Oh! ne vous inquiétez point de ce monsieur qui travaille, dit-elle; il est tout à ce qu'il fait, et ne s'occupe pas de nous le moins du monde.

—Ainsi vous permettez donc que je vous dise tout, madame?

— Je vous en prie, ma chère enfant.

Et il y avait dans la voix qui pressait Mariette un tel accent d'intérêt tendre et de douce pitié, que la jeune fille n'hésita plus.

— Eh bien! madame, voici toute l'histoire, dit-elle. Nous sommes de pauvres paysans du petit village d'Haramont, situé à l'autre bout du département, à quatorze ou quinze lieues d'ici; nous vivions, ma mère, moi et mon jeune frère, le père Cadet, Madeleine et Conscience, dans deux chaumières, situées en face l'une de l'autre; nous ne nous étions jamais quittés, jamais perdus de vue un seul instant; nous nous aimions comme si nous eussions été d'uno même famille, à l'exception que j'aimais Conscience peut-être encore plus que mon frère... Mais la conscription vint et nous emporta Conscience; nous nous quittâmes, ou plutôt il nous quitta... Nous reçûmes plusieurs lettres de lui, pleines d'espérance d'abord, et qui nous soutinrent dans la voie de la résignation. Enfin, il en vint une dernière, oh! madame... une dernière dans laquelle Conscience écrivait à sa mère qu'il avait les yeux malades, et qu'il craignait de perdre la vue; mais dans celle-là en était enfermée une pour moi où il me disait tout: c'est-à-dire qu'il était aveugle pour la vie... Oh! madame, madame! à cette nouvelle j'ai failli mourir... je suis tombée évanouie sur la route, sous les arbres, ne voyant plus ni le jour, ni le soleil, ni rien de ce qui m'entourait... Heureusement Dieu m'a vue, lui; Dieu a eu pitié de moi; il m'a rendue à l'existence, et, en me rendant à l'existence, m'a inspiré l'idée de venir rejoindre Conscience... de venir soigner le pauvre enfant, qui, depuis vingt ans, avait auprès de lui deux mères et une amie, et qui, maintenant, n'a plus personne... Alors, j'ai été toucher le prix d'un veau que nous avions vendu, et je suis partie, décidée à faire la route à pied en trois jours; mais de bonnes âmes ont eu pitié de moi, m'ont recueillie sur le chemin; de sorte que, tantôt en voiture, tantôt à âne, sans avoir rien eu à dépenser, je suis arrivé en un seul jour. Ce matin, j'ai voulu entrer à l'hôpital, mais on m'a dit que personne n'y entrait, et surtout chez les aveugles, sans une permission. A qui m'adresser? Je ne connaissais personne, et ne vous avais pas vue encore. J'implorai un pauvre garçon de mon pays, Bastien, un hussard, qui pour moi va se battre probablement aujourd'hui, ce qui ajoute encore à mon désespoir! Bastien prit la garde d'un de ses camades, et me laissa passer malgré la consigne, disant que pour moi, son amie, il pouvait bien risquer deux jours de salle de police. Alors, je suis rentrée, madame, je me suis glissée dans la salle des aveugles... Y êtes vous entrée jamais! Oh! c'est bien triste! J'y ai vu Conscience, et j'étais bien heureuse et bien malheureuse à la fois près de lui... quand l'infirmier en chef est arrivé, a voulu me faire sortir de force, et, comme je résistais, il m'a insultée, presque battue...

L'homme au collet brodé d'or fit un mouvement.

— Oh! s'écria Mariette, qui vit que, sans le vouloir, elle venait de porter une dénonciation contre un homme, il a bien dit que ce n'était point sa faute, qu'il était forcé d'agir ainsi, que sa consigne était là, de sorte que je lui pardonne... Oh! bien sincèrement, oui, de tout mon cœur... surtout depuis que je vous ai trouvée... Alors je suis sortie comme une folle, promettant à Conscience que je trouverais quelqu'un pour nous protéger, pour nous réunir, pour empêcher que nous ne fussions séparés désormais... Et, en sortant, les mains et les yeux levés au ciel, je vous ai vue, madame... et il m'a semblé, je ne sais pourquoi, que c'était vous qui alliez être cet ange protecteur que je cherchais... Voilà pourquoi je suis venue, voilà pourquoi je suis à vos pieds.

Et Mariette, en effet, était tombée aux pieds de la dame, dont le visage, pendant qu'elle parlait, s'était tout doucement couvert de larmes, et, sans que celle-ci pût l'en empêcher, elle baisait ses genoux avec autant de dévotion qu'elle eût pu faire de ceux d'une madone.

Cependant la dame ne répondit rien. Seulement, ses yeux interrogèrent l'officier au collet brodé d'or, qui se retourna, et, rencontrant le regard de la dame, fit un léger signe d'entente.

Puis, s'adressant à la jeune fille :

— Mon enfant, dit-il, je n'ai pas bien entendu le commencement de cette histoire, attendu que j'écrivais. Vous dites que ce jeune homme, ce malade, cet aveugle... s'appelle Conscience?

— Oui, monsieur le supérieur, dit Mariette, qui, aux premières paroles de l'officier, s'était relevée.

— N'est-ce pas un soldat d'artillerie qui a eu les yeux brûlés par l'explosion d'un caisson?

— Oui, monsieur le supérieur, c'est cela même,

— Et que vous est ce soldat, ma belle enfant? est-ce votre frère?

— J'ai déjà raconté à madame, dit Mariette en baissant le front.

— Oui; mais je vous ai dit aussi, moi, que je n'avais pas entendu.

Mariette releva doucement ses yeux chastes et limpides, et les fixant sur l'officier :

— Non, monsieur, dit-elle, je ne suis point sa sœur; mais depuis notre enfance nous demeurons l'un près de l'autre, presque sous le même toit. Une seule de nos deux mères, la mienne, nous a nourris du même lait; ses parens sont les miens; enfin, depuis que nous savons ce que c'est que le travail, la joie ou la douleur, douleur, joie et travail nous sont communs; si bien que j'ai cru longtemps qu'il était mon frère.

— Et vous ne le croyez plus maintenant?

— Depuis qu'il est malheureux, monsieur, j'ai compris que je n'étais point sa sœur.

L'officier se leva à son tour, quitta sa table, et s'avança vers Mariette.

La jeune fille tremblait bien fort; mais la dame lui prit la main, ce qui la rassura un peu.

— Pauvre enfant! dit la dame.

— Alors, vous l'aimez? demanda l'officier.

— Oh! oui, monsieur, s'écria Mariette avec expansion, et de toute mon âme!

— Mais cependant, à moins que vous ne soyez riche...

L'officier s'interrompit avant de finir sa phrase.

— Avez-vous quelque bien.

— Monsieur, le grand-père de Conscience avait des terres qu'il labourait lui-même avec un âne et un bœuf; mais il est tombé en paralysie, et il ne peut plus les labourer. En outre, il doit encore quelque chose sur ses terres; peut-être, ce qu'il reste devoir, ne pourra-t-il pas le payer, car les cosaques ont bivouaqué dans nos plaines, et leurs chevaux ont tout foulé aux pieds; de sorte que, j'en ai bien peur, le pauvre Conscience ne sera pas plus riche que moi.

— Eh bien! mais, ma chère enfant, s'il n'est pas plus riche que vous, vous ne serez pas raisonnable de devenir la femme d'un pauvre aveugle.

— Plaît-il, monsieur? demanda Mariette, qui n'avait pas bien compris.

— Je dis qu'il faut vous consoler du malheur arrivé à Conscience, mon enfant, et en aimer un autre.

Mariette frissonna par tout son corps.

— Moi, monsieur! s'écria-t-elle, moi, oublier Conscience, parce que, pauvre cher ami! il ne peut plus se conduire et ne sait plus marcher! moi cesser d'aimer mon frère, mon fiancé, parce qu'il est malheureux! Oh! monsieur, ne me dites plus de ces choses-là, car elles me traversent le cœur comme la lame d'un couteau, et me font froid par tout le corps!

Et la jeune fille, se renversant en arrière, sembla près de défaillir, comme si, en effet, elle eût été frappée au cœur.

La dame se leva vivement, et la soutint dans ses bras.

— Oh! mon ami... mon ami, murmura-t-elle, vous avez fait bien du mal à la pauvre enfant.

— Ce n'est point à mauvaise intention, dit l'officier, et je vais lui en donner la preuve.

Alors, se tournant vers Mariette :

— Ma belle fille, dit-il, tu serais donc contente si ton ami pouvait retourner avec toi dans son village?

Mariette releva la tête, interrogeant l'officier du regard, comme quelqu'un qui croirait avoir mal entendu.

— Pardon, monsieur, fit-elle.

— Je demande, mon enfant, si tu serais contente de retourner au village avec ton ami?

Mariette jeta un cri; une expression de joie, d'étonnement, de doute, expression impossible à décrire, passa sur son visage; ses grands yeux bleus, limpides comme l'azur du ciel, ouverts et interrogateurs, restèrent fixés sur l'officier, dont ils semblaient provoquer les paroles.

— Contente?... heureuse?... balbutia-t-elle. Oh! monsieur, une pareille question est tout près de m'ôter le sentiment. Je vous en prie, monsieur, ne me trompez pas.... Après tout ce que j'ai souffert, ce serait me tuer! Est-ce qu'un pareil bonheur est probable? est-ce qu'il est possible? est-ce que je puis l'espérer?

Et elle tendit ses mains suppliantes vers l'officier.

— Il faut toujours espérer, mon enfant, dit l'officier. Seulement, si les gens qui vous ont donné l'espoir ne réussissent pas, il ne faut point leur en vouloir pour cela.

— Oh! dit Mariette, vous allez donc essayer?

L'officier fit en souriant un signe de tête.

— Je vais faire de mon mieux, dit-il.

— Oh! madame, dit Mariette, que pourrais-je donc bien faire pour prouver à monsieur votre mari toute ma reconnaissance?

— Embrassez-moi, mon enfant, dit la dame.

— Ah! ce sont vos genoux que je dois embrasser!

La dame la prit dans ses bras et approcha son front de ses lèvres.

Quant à l'officier, qui n'était autre que le chirurgien-major, il ceignit son épée, qui était sur une chaise, prit son chapeau, fit un signe de tête à sa femme, un sourire à Mariette, et sortit.

Mariette n'avait plus la force de remercier l'officier; quelques mots inintelligibles s'échappèrent de sa bouche et semblèrent suivre son protecteur à travers les degrés, qu'il descendait rapidement.

— Et maintenant, dit la dame restée seule avec Mariette, maintenant que vous êtes un peu tranquillisée, occupons-nous des soins plus matériels de cette vie. Il est près de midi, et je suis sûre que vous n'avez encore rien pris?

— C'est vrai, madame, dit Mariette, excepté quelques gouttes de vin, ce matin, à la santé de Conscience.

— Oui, mais vous n'avez point mangé?

— Oh! est-ce que je pouvais manger, madame? C'était une chose impossible, j'avais le cœur trop serré!

— Eh bien! dit la dame, à présent que l'espoir vous a un peu desserré le cœur, il s'agit de déjeuner.

— Oh! mon Dieu! madame... dit Mariette confuse de tant de bontés.

— Qui sait? si Conscience vous est rendu...

— Eh bien! madame?

— Eh bien! vous partirez probablement de suite...

— Oh! sans perdre un instant.

— Alors, vous comprenez bien que, pour ce voyage, il vous faut reprendre des forces.

Elle sonna; la servante parut.

— Vous allez servir à déjeuner à mademoiselle, dit la dame; surtout un bon bouillon; c'est ce dont elle a le plus besoin.

— Ah! dit Mariette, il n'y a que Dieu, madame, qui puisse vous récompenser de tant de bontés.

— Et j'espère qu'il me récompensera, dit la dame, en vous donnant le bonheur.

Le cœur de Mariette débordait; elle ne savait plus dire sa reconnaissance; à peine pouvait-elle parler; elle serrait et baisait tour à tour les mains de sa bienfaitrice, et voilà tout.

Au bout de cinq minutes, la servante rentra, et annonça que le déjeuner était servi.

La femme du chirurgien-major prit Mariette par-dessous le bras, et la conduisit dans la salle à manger.

Mariette, un peu gênée d'abord, s'enhardit bientôt. Cette nature, saine et vigoureuse sous son apparence de faiblesse, avait besoin d'être soutenue; d'ailleurs sa bonne et charmante hôtesse était là, qui la servait et qui la pressait de manger.

A la fin du déjeuner, on entendit dans l'escalier un bruit pareil à celui que feraient plusieurs personnes montant cet escalier.

Parmi ces différentes personnes, Mariette, qui, dans son inquiétude, prêtait l'oreille à tout bruit, crut remarquer qu'il y en avait une dont le pas trébuchait aux degrés.

— Oh! mon Dieu! murmura-t-elle.

Et elle se retourna vers la porte, saisie d'un grand tremblement.

La porte s'ouvrit, et Conscience, poussé par le chirurgien-major, parut au seuil, le sac sur le dos, et tenant un bâton à la main.

— Mariette! Mariette! dit-il, tu es ici, n'est-ce-pas? Eh bien! j'ai mon congé, Mariette! j'ai ma feuille de route! je ne suis plus soldat, et il m'est permis de retourner à Haramont avec toi.

— Est-ce vrai, est-ce vrai, monsieur? dit Mariette, qui n'osait encore croire aux paroles de son ami.

— Mais puisque je te le dis! s'écria Conscience, puisque c'est le bon chirurgien-major qui a fait tout cela.

Et il entra dans la chambre, les mains étendues en avant pour chercher Mariette.

Mais celle-ci n'eut pas la force ou plutôt l'ingratitude de marcher au-devant de lui : elle se retourna vers la femme du chirurgien-major, et, tombant à ses genoux :

— O madame! ô ma bienfaitrice! s'écria-t-elle, si vous n'êtes pas sauvée, si le ciel ne vous est pas ouvert, qui donc sera bienheureux?

Et, sans force, l'entourant de ses deux bras, autant pour ne pas tomber elle-même la face contre terre que pour l'adorer et lui rendre grâces :

— Merci, merci! dit-elle; mon cœur se brise... je meurs de joie... merci!...

XXX

LE PÈLERINAGE.

Mariette avait dit vrai : le Seigneur venait de laisser tomber sur elle dans toute son étendue le fardeau de joie qu'elle pouvait porter; ses bras se desserrèrent, ses yeux s'éteignirent; elle poussa un soupir et s'évanouit.

Mais les évanouissemens causés par un excès de bonheur ne sont ni longs ni dangereux. Mariette revint bientôt à elle et se retrouva dans les mains de Conscience.

Il y eut dans cette réunion des deux amans, qui s'étaient crus séparés, un moment de joie suprême à laquelle participèrent les spectateurs de cette joie, qui, au reste, avaient pris une part si active à cette réunion.

Une fois revenue à elle, une fois le digne chirurgien-major et sa femme remerciés du fond du cœur, Mariette n'avait plus qu'un désir, celui de s'éloigner le plus promptement possible du lieu où elle avait tant souffert.

Ce désir était si naturel, qu'il n'eut pas besoin d'être exprimé pour être compris. Le chirurgien-major fit au pauvre malade la recommandation de se bassiner les yeux avec des émolliens, tant qu'il aurait des émolliens à sa portée, et avec de l'eau froide, quand il n'aurait pas autre chose.

Il était important surtout que les yeux restassent toujours couverts, sinon d'un bandeau qui interceptât complétement le jour, du moins d'un voile vert.

Quant au reste du traitement à suivre, partout où il y aurait un médecin, ce médecin l'ordonnerait.

Le chirurgien-major voulait absolument que Mariette et Conscience prissent la voiture de Paris, qui les eût, en passant, déposés à Villers-Cotterets; mais sans doute tous deux étaient préoccupés, car tous deux refusèrent résolûment, disant qu'ils aimaient mieux revenir à pied et seuls, que d'être séparés encore, sinon par l'éloignement, du moins par la présence d'étrangers.

Le chirurgien-major et sa femme voulurent accompagner Mariette et Conscience jusqu'à la porte de la rue, où les attendait Bastien.

La joie de Bastien fut vive lorsque la vue du chirurgien-major et de sa femme lui eut appris tout ce qui s'était passé. Mariette, de son côté, n'était pas sans inquiétude sur cette querelle que Bastien avait prise à cause d'elle, et qui devait se vider à cinq heures.

Mais Bastien la rassura; il avait préparé un coup de tête infaillible, avec lequel il devait couper la figure du cuirassier.

Mariette ne put voir cette conviction de Bastien sans la partager; elle prit donc congé du brave hussard, le cœur assez tranquille.

Bastien avait bonne envie d'accompagner ses deux amis jusqu'en dehors la ville; mais comme il supposait qu'ils allaient sortir par la porte de Soissons, et que lui avait affaire à la porte de Saint-Quentin, c'est-à-dire du côté tout à fait opposé, il n'insista pas trop pour les reconduire.

Bastien les embrassa donc, et prit congé d'eux en leur promettant d'aller les rejoindre aussitôt que possible à Haramont.

Mariette se mit en route, conduisant Conscience; mais, au détour de la première rue, elle s'arrêta.

— Conscience, dit-elle au jeune homme, n'avais-tu pas, pour vouloir revenir à pied au village, une autre raison que celle que tu as donnée à monsieur le major?

— Et toi, Mariette? dit Conscience, qui comprenait que son cœur et celui de son amie venaient de se rencontrer.

— Moi, mon ami, dit Mariette, j'ai pensé que j'avais fait un vœu...

— A Notre-Dame de Liesse, n'est-ce pas?

— Justement. Et comme dans ton avant-dernière lettre, cher Conscience, dans ta lettre datée de Châlons, tu annonçais un désir d'accord avec ce vœu, j'ai voulu te demander si tu consentais à ce que nous l'accomplissions ensemble.

— C'est étrange, dit Conscience, j'allais te le demander.

— Eh bien! mon ami, dit Mariette, tu le vois, nos cœurs sont d'accord, comme ils l'ont toujours été et comme ils le seront toujours... Partons pour Notre-Dame de Liesse.

Restait seulement à s'informer où était Notre-Dame de Liesse, et quel était le chemin qu'il fallait prendre.

Le premier passant venu fit l'affaire. Et Conscience et Mariette, suffisamment renseignés, se mirent en chemin pour gagner la chapelle miraculeuse.

Seulement, il fallait traverser à peu près toute la ville.

C'était un spectacle singulier pour les habitans, attirés sur le seuil de leur porte par leur passage, que la vue de cette belle et jeune fille de la campagne, avec son costume des dimanches, conduisant le pauvre soldat aveugle à travers les rues; d'ailleurs, Laon n'est point une grande capitale, et l'histoire du dévouement de Mariette avait déjà transpiré. Chacun était donc ému, passant ou spectateur stationnaire, à l'aspect de Conscience marchant côte à côte avec la jeune fille, son porte-manteau militaire roulé sur le dos, son voile vert étendu sur les yeux, et plus encore à la vue de l'orgueil et de la joie qui brillaient sur le visage triomphant de Mariette, et répandaient sur la physionomie et la démarche de cette jeune fille quelque chose d'éminemment noble et admirablement beau.

Il n'y avait pas jusqu'au chien lui-même, le modeste Bernard, qui n'eût sa part du triomphe de ses maîtres.

Et, pour son compte, Mariette était si fière de ce triomphe, qu'elle passait la tête haute et le visage rayonnant, pressant le pas, mais sans baisser les yeux sous les regards, curieux jusqu'à l'indiscrétion, qui la suivaient sur son passage.

C'est que, d'un autre côté, Mariette avait grande hâte de quitter la ville. La victoire remportée par elle avait été si chaudement disputée, qu'elle en était encore surprise, presque émerveillée. Il résultait de ce sentiment de doute qu'elle y croyait à peine, qu'elle tremblait à chaque instant d'être victime de quelque retour du sort, et que des frissons mortels couraient par toutes ses veines à l'idée qu'une circonstance inattendue pouvait, par un caprice du hasard ou des hommes, lui enlever ce pauvre ami qu'elle venait de reconquérir à force de persistance, de larmes et d'amour.

Enfin, elle atteignit la porte de la ville, dépassa le faubourg, vit devant elle la longue file d'arbres bordant la route, la vaste campagne, l'horizon lointain, et respira enfin librement, et pour la première fois à pleine poitrine.

Alors seulement un cri de joie, franc et sincère, sortit

de sa poitrine; car seulement alors elle se crut réellement sauvée.

— Ah! dit-elle, les yeux au ciel et en faisant le signe de la croix, ah! viens, viens, Conscience! nous sommes libres maintenant... il n'y a plus rien entre nous et le regard du Seigneur!

Conscience n'avait pas besoin d'être stimulé. Tant qu'il avait été dans la ville, il avait, sinon vu, du moins deviné autour de lui tout ce monde d'importuns et de curieux. Une fois dans la campagne, lui aussi, à son tour, se sentait libre, satisfait, heureux, aussi heureux que peut l'être une pauvre créature aveugle qui presse sur son cœur la femme bien-aimée de ce cœur, mais qui est condamnée à ne plus la voir désormais qu'avec les yeux du souvenir.

Mais ce que voyait Conscience, presque aussi distinctement peut-être qu'avec la vue réelle, c'étaient les plaines verdissantes et fleuries; c'étaient les beaux bois touffus et pleins de chants d'oiseaux; c'était ce beau ciel de mai tout azuré, avec un rare nuage blanc voyageant si lentement dans les plaines de l'air qu'il semblait une tache de lait au bleu firmament.

Cependant, si bien et si vite que marchassent les pèlerins, ils ne purent faire que cinq lieues ce jour-là, étant sortis de Laon à plus de trois heures de l'après-midi. Ils couchèrent donc à Gizy, dans l'auberge habituelle des pèlerins.

Là, Mariette commença d'entrer dans son rôle presque maternel. Elle veilla à ce que rien ne manquât à Conscience; elle bassina elle-même, avec de l'eau puisée à la source, ses yeux ternis et sans transparence; car la pellicule externe de la cornée, atteinte par l'action de la flamme, était en train de s'exfolier. Puis, après un repas qui, si modeste qu'il fût, surpassait encore de beaucoup en luxe et en délicatesse celui que le pauvre garçon faisait, depuis deux mois, à l'hôpital, elle le conduisit dans la chambre qui lui était réservée, et se retira toute joyeuse dans la sienne.

Et cependant, c'était le quitter! Mais la conviction était dans son cœur que cette absence était momentanée, que rien au monde ne les séparait plus l'un de l'autre, et que le lendemain, au point du jour, elle le retrouverait là où elle le quittait le soir.

Le lendemain, en effet, comme le soleil levant pénétrait à travers les vitres étroites de l'auberge, brillant et chaud déjà, quoique encore enveloppé de vapeurs matinales; comme les oiseaux joyeux chantaient, sautillant aux branches des arbres du jardin et faisant la toilette de leurs plumes, Mariette frappa doucement à la porte de Conscience, qu'elle trouva tout habillé et prêt à partir.

Une douzaine de pèlerins avaient passé la nuit dans la même auberge que Mariette et Conscience, et, disposés à se mettre en route, stationnaient dans la cour de l'auberge.

Il y avait des malheureux qui faisaient le voyage pour eux-mêmes, et dans l'espérance de guérir, par l'intercession divine, de maladies incurables dont les médecins avaient abandonné la guérison. Il y en avait d'autres qui étaient partis par simple dévouement, mandataires religieux de quelque pauvre infirme que son infirmité même condamnait à l'inaction. Chacun de ces pèlerins, qu'il opérât pour lui ou pour un autre, par égoïsme ou par dévouement, semblait avoir pour premier besoin celui de raconter sa douleur ou de confier son mal à son voisin, et comme en ce triste monde le doute est au fond de toute chose, d'appuyer sa foi chancelante à une foi plus robuste que la sienne.

Au bout d'un quart d'heure de marche, Conscience et Mariette furent donc au courant de toutes les tristesses et de toutes les espérances dont ils étaient entourés. Il leur fallut alors à leur tour, sous peine de paraître manquer à cette confiance mutuelle des malheureux dans les malheureux, raconter leur propre histoire. On sut ainsi, non-seulement que Conscience était aveugle, mais encore à quelles circonstances il devait sa cécité.

Ce récit de Mariette, car c'était Mariette qui parlait, tandis que Conscience, heureux de se sentir caresser par le doux son de la voix de la jeune fille, souriait et écoutait, ce récit de Mariette éveilla toutes les sympathies, qui se traduisirent aussitôt par des espérances et des consolations.

Chacun avait son histoire d'aveugle à raconter. Tous avaient connu des aveugles guéris par la miraculeuse intercession de Notre-Dame de Liesse. Quelques-uns de ces privilégiés de la bonne Vierge étaient même des aveugles de naissance: les chances, on le comprend, étaient donc bien autrement favorables encore à un aveugle par accident.

D'ailleurs, ce qui faisait toutes ces chances bien plus réelles, ce qui les changeait en certitude, c'était la foi ardente des deux beaux enfans accomplissant le pèlerinage pieux.

Cependant on avançait toujours. Tout à coup, en arrivant au sommet d'une montée, on aperçut le village de Notre-Dame de Liesse, adossé à son petit bois, et, au milieu des maisons, le clocher de l'église miraculeuse.

Aussitôt chacun tomba à genoux, et l'un des pèlerins entonna une espèce de cantique, que chacun suivit, soit de l'intention, soit de la voix.

Puis, le cantique achevé, on fit le signe de la croix, on se releva, et la petite troupe, oubliant, à la vue de l'oasis sainte, la fatigue, non pas du jour où l'on venait d'entrer, mais des jours précédens, doubla le pas pour arriver au but du voyage.

Ce fut avec une émotion profonde que les deux enfans entrèrent dans l'église, toute parfumée de l'encens, toute resplendissante de la lumière des cierges. A toutes les murailles étaient suspendus les *ex-voto* des pèlerins reconnaissans, et un grand cercle de fidèles, à genoux et priant, entouraient l'autel principal, où dans une espèce de niche, se tient debout, avec son fils entre ses bras, la Madone sainte, la Notre-Dame vénérée.

Mariette et Conscience tombèrent à genoux le plus près qu'ils purent de l'autel, et le premier sentiment fut de se plonger, chacun de son côté, dans une prière silencieuse et profonde, qui, les séparant en apparence, les réunissait en réalité, attendu que chacun d'eux, priant l'un pour l'autre, semblait animé d'une seconde âme, plus dévouée, plus exaltée, plus vibrante que la première.

Sans doute, le Sauveur, du haut du ciel, vit ces deux jeunes cœurs qui s'épanchaient aux pieds de sa Mère, et, avec un regard céleste, sourit à cet épanchement.

Lorsque les deux prières furent achevées, et elles finirent presque en même temps, les mains des deux enfans se retrouvèrent et se pressèrent de nouveau; car l'un et l'autre étaient bien persuadés, tant leur amour était chaste, que cet amour était une continuation de leur prière.

— Et maintenant, dit Conscience avec un léger serrement de main et un doux sourire, car il avait peur que ses paroles n'attristassent son amie, maintenant, Mariette, que je dois m'habituer à voir par tes yeux, dis-moi comment est la Notre-Dame aux pieds de laquelle nous sommes agenouillés, afin que je puisse la voir briller et resplendir comme une étoile dans la nuit qui est faite autour de moi.

— Oh! répondit Mariette tout bas et avec une crainte respectueuse, elle est bien belle, va! et c'est à peine si j'ose la regarder, tant elle brille!... D'abord, elle est au-dessus d'un autel tout couvert de fines dentelles, dans une belle niche de marbre; elle a une couronne de diamans, un gros collier de perles, et une robe toute d'or, avec des lis d'argent et des roses qui semblent naturelles, tant elles sont fraîches; Notre-Seigneur est sur son bras tout chargé de bracelets d'or; il est vêtu d'une robe pareille à la sienne, et nous sourit en nous tendant les bras. Tout cela est éclairé par une si grande quantité de cierges, que je ne veux pas même essayer de les compter..... Oh! si tu pouvais voir.... si tu pouvais voir, mon pauvre Conscience!

Conscience ferma un instant les yeux, croisa les mains sur sa poitrine, et, faisant une espèce de faisceau lumineux de tout ce que venait de dire Mariette :

— Merci ! fit-il en souriant, je la vois avec les yeux de l'âme....

— Sainte Notre-Dame de Liesse, murmura Mariette, faites que mon bien-aimé Conscience, qui est agenouillé devant vous, et pour lequel je donnerais ma vie, après vous avoir vue avec les yeux de l'âme, comme il dit, puisse vous revoir un jour avec les yeux du corps!

Et, comme frappée d'une inspiration subite, elle se leva, s'avança vers l'un des deux bénitiers scellés à chaque côté de l'autel, y trempa le coin de son mouchoir, et revint imbiber de l'eau sainte les paupières arides de Conscience.

— Oh ! mon Dieu, Mariette ! s'écria celui-ci, qui devinait ce que venait de faire la jeune fille, n'est-ce point un sacrilége que tu commets là?

— Ami, répondit Mariette, le sacrilége est dans l'intention, et Dieu, qui voit mon intention, la jugera.

— Oh ! Mariette ! Mariette! murmura Conscience, je crois que tu as raison, car il me semble que cette eau est plus fraîche que l'eau de la plus pure source.... Oh ! Mariette ! je crois qu'elle me fera du bien !

Mariette leva les mains et les yeux au ciel, avec une indéfinissable expression de foi, de bonheur et d'amour :

— Ainsi soit-il ! murmura-t-elle.

XXXI

LE RÊVE DE CONSCIENCE.

Il était deux heures de l'après-midi. Quoique l'on fût dans les premiers jours de mai, il faisait une de ces chaleurs de printemps qui, parfois, dépassent en intensité celle des jours les plus chauds de l'année. Une vapeur ardente qui s'était, le matin, élevée de la terre sous la forme d'un léger brouillard, semblait y redescendre en nuages de flammes. Aucun vent n'agitait les branches des arbres; les oiseaux se taisaient dans les buissons : seuls, les lézards, ces joyeux adorateurs du feu pour lesquels le soleil ne répand jamais assez de rayons, glissaient au milieu des herbes par mouvemens rapides et saccadés, tandis que les mouches à miel, laborieuses ménagères, bourdonnaient en sillonnant l'air, portant à leurs ruches civilisées ou à leurs troncs d'arbres sauvages la récolte de miel et de cire que l'homme a trouvé moyen de leur faire faire à son profit.

A part ces deux bruits, qui d'ailleurs étaient plutôt des frissonnemens que des bruits, toutes les voix de la nature gardaient le silence. Aussi loin que la vue pouvait s'étendre, on n'apercevait pas une seule âme vivante : la création tout entière, déshabituée depuis longtemps de la chaleur, semblait assoupie.

A cent pas de l'étang de Salmoucy, sur la lisière du petit bois qui porte le même nom, Conscience dormait, la tête appuyée sur son portemanteau ; les branches rapprochées de deux chênes lui faisaient, au-dessus de la tête, une voûte de feuillage, tandis qu'à genoux, près de lui, Mariette le regardait avec une compassion pleine d'amour, en écartant, à l'aide d'une branche de bruyère aux fleurs roses, les mouches qui tendaient incessamment, dans leur importune ténacité, à se reposer sur son visage.

Et tout autour de lui, non pas à la brise de l'air, car, nous l'avons dit, toute brise était morte, mais au vent que faisait Mariette en agitant sa branche fleurie, la gentiane azurée inclinait ses calices, et la campanelle frissonnait en secouant ses mille clochettes.

C'était le lendemain du jour où les deux enfans avaient fait leur station et leur prière dans l'église de Notre-Dame de Liesse.

Après cette station et cette prière, ils étaient rentrés à l'auberge des pèlerins, pauvre auberge habituée à recevoir de pauvres hôtes, car, en général, ce ne sont point les riches de ce monde qui ont assez de foi pour voter des pèlerinages, et assez de courage pour les accomplir à pied.

Ils y étaient rentrés, les pieux enfans, portant ces beaux bouquets d'or et d'argent que les pèlerins achètent à la porte de l'église, et dont, au retour, ils ornent leur cheminée et le chevet de leur lit, pour prouver plus tard à leurs descendans qu'ils ont accompli le saint pèlerinage.

Le lendemain, ils étaient partis après avoir entendu la messe; ce qui fait qu'ils n'avaient pu se mettre en route que sur les neuf heures du matin.

Puis, comme ils avaient abandonné la grande route, sur la promesse qui leur avait été faite qu'ils gagneraient deux lieues et suivraient un charmant sentier plein de fraîcheur en prenant la traverse, ils étaient arrivés vers midi à la lisière du bois de Salmoucy, où ils s'étaient assis pour se reposer, et où, après un instant de repos, Conscience, encore faible du régime de l'infirmerie, encore fatigué des émotions de la veille et de la surveille, s'était tout doucement laissé aller de la causerie au sommeil.

Il y avait donc déjà deux heures que Conscience dormait ainsi, et Mariette, qui ne voulait pas cependant le réveiller, commençait, en mesurant le reste de l'étape à faire pour aller coucher à Presles, village que, d'après les renseignemens pris, ils s'étaient donné comme le terme de la course du jour, Mariette, disons-nous, commençait à s'inquiéter de la prolongation de ce sommeil.

Puis, autre chose l'inquiétait encore, l'attentive jeune fille : c'est que le soleil, en tournant (pour Mariette, c'était le soleil qui tournait, et non la terre), c'est que le soleil, en tournant, allait atteindre de ses brûlans rayons les yeux du soldat endormi.

Alors, déposant sa branche de bruyère près de Conscience, Mariette entra dans le bois, coupa deux branches de bouleau, revint, les planta en terre entre Conscience et le soleil, et, y suspendant son tablier, elle en fit une sorte de tente dont l'ombre s'étendit sur le front du dormeur.

Puis elle reprit sa branche de bruyère et s'agenouilla de nouveau près de son ami, se plaçant de manière à être abritée en même temps que lui sous le même parasol.

Là, pendant plus d'une demi-heure encore, elle épia le sommeil de Conscience, écoutant sa respiration, comptant, pour ainsi dire, les battemens de son cœur.

De temps en temps, Bernard, couché aux pieds du jeune homme, rouvrait les yeux, levait la tête, regardait son maître, et, voyant qu'il dormait toujours, allongeait le cou sur l'herbe et se rendormait de son côté.

Cependant Mariette, dont le regard ne quittait pas le visage de Conscience, crut s'apercevoir, à quelques contractions nerveuses des muscles de ses joues, et à la précipitation de plus en plus grande de sa respiration, que quelque songe douloureux l'agitait. Elle allait en conséquence le réveiller, lorsque tout à coup il rouvrit ses yeux sans regards, jeta vivement ses mains en avant et s'écria :

— Mariette ! où es-tu, Mariette ?

La jeune fille saisit ses deux mains.

— Ah ! fit Conscience avec un soupir.

Et il laissa retomber sa tête inerte sur son portemanteau.

— Oh ! mon Dieu ! mon Dieu! demanda Mariette, qu'as-tu donc, mon ami?

Et elle passa une de ses mains sous son cou pour le soulever.

— Rien, rien, murmura Conscience.

— Mais tu trembles de tout ton corps... tu pâlis... tu vas te trouver mal !

— J'ai rêvé une chose terrible, dit-il; j'ai rêvé que, pendant mon sommeil, tu t'étais éloignée de moi, et qu'à mon réveil (chose étrange! je voyais dans mon rêve), et qu'à mon réveil, je te cherchais vainement.

Puis, laissant tomber sa tête dans ses deux mains :

— Mon Dieu! mon Dieu! murmura-t-il, je ne sais si jamais j'ai tant souffert!

— Pauvre fou! dit Mariette, qui se laisse aller à de pareilles pensées, qui me soupçonne de pouvoir l'abandonner, même en rêve..... pauvre fou, ou plutôt méchant et ingrat!

Et, d'une voix douce et enjouée :

— Dieu te punira, Conscience, dit-elle, si tu as encore de pareilles pensées.

— Mariette, dit Conscience, les rêves viennent de Dieu, et quand ils ne sont pas un présage, ils sont quelquefois un avis.

— Un avis... Que veux-tu dire, Conscience?

— Rien, bonne et chère Mariette, répondit tristement le jeune homme; je me parle à moi-même, comme cela m'arrive souvent. Aide-moi à me relever, Mariette; il doit être tard. Je ne sais, en vérité, comment je me suis laissé aller à ce lourd sommeil.

Puis, avec un soupir :

— Il faut, ajouta-t-il, que ce soit par la permission de Dieu.

Mariette le regarda étonnée.

— Mais, mon Dieu! Conscience, demanda-t-elle avec inquiétude, que murmures-tu donc là? Faut-il donc que ce soit un rêve qui te jette dans un tel accablement?... Tu as rêvé que je te quittais, Conscience? Eh bien! tu sais qu'il faut toujours prendre l'envers des rêves pour arriver à la réalité. Tu as rêvé que je te quittais? Eh bien! c'est la preuve que je suis liée à toi pour la vie.

Conscience chercha les mains de Mariette.

Il les eut bientôt trouvées, car la jeune fille les mit dans les siennes.

Alors, les serrant avec force, il fixa sur la jeune fille son œil terne, comme s'il eût voulu lui dire le douloureux secret qui oppressait son cœur. Mais tout à coup ses muscles se détendirent, il secoua la tête, et d'une voix brisée :

— Mariette, dit-il, donne-moi mon portemanteau, et remettons-nous en route.

— Remettons-nous en route, soit, dit Mariette; mais quand au portemanteau, c'est moi qui m'en chargerai.

— Mariette, toi, une femme? c'est impossible!

— Assez, Conscience; tu sais bien que je suis forte; d'ailleurs, quand je serai fatiguée, je le bouclerai sur le dos de Bernard; il est bien de taille à le porter, lui, j'espère, ajouta-t-elle en riant, dans l'espoir que son rire dériderait le visage de Conscience.

Mais, tout au contraire, en voyant ce que la jeune fille faisait pour le distraire et le consoler, le visage de l'aveugle se couvrit d'une nouvelle teinte de tristesse.

— Eh bien! dit-il, soit! Conduis-moi au milieu du chemin, Mariette; donne-moi mon bâton, et marchons.

Mariette le conduisit en effet au milieu de la route, lui mit son bâton dans la main, et lui donna le bras.

— Écoute, Conscience, dit Mariette, maintenant, si je marche trop vite, arrête-moi; c'est à moi de régler mon pas sur le tien; et cependant, Conscience, je te l'avoue, continua-t-elle en voyant que le jeune homme laissait tristement tomber sa tête sur sa poitrine, je voudrais, non pas que nous eussions des pieds, mais des ailes comme ces hirondelles, qui peuvent voler si vite et qui, dit-on, viennent de si loin..... Oh! comme nous irions d'un seul trait jusqu'à la maison!

Conscience poussa un soupir.

—Mais, sois tranquille, continua Mariette avec un enjouement qu'elle n'affectait que dans l'espoir qu'il passerait au cœur de Conscience; à défaut d'ailes, nous avons notre volonté et notre courage; avec bonne volonté et bon courage nous serons arrivés demain au soir ou après-demain dans la matinée, au plus tard. Oh! pense à ce retour, Conscience, pense à la joie de ta mère, à la joie de la mienne, à la satisfaction du père Cadet, aux cris de petit Pierre..... Oh! comme ma mère Madeleine t'embrassera avec bonheur, comprends-tu, Conscience? elle qui te croit dans un pauvre hôpital, sur un méchant grabat, entre quatre murs sombres, et qui ne se doute pas que tu viens de dormir sous le grand dais bleu du ciel, couché sur la bruyère et le serpolet, en toute liberté, comme cette alouette qui s'élève en chantant... Entends-tu, entends-tu l'alouette, Conscience?..... Oh! si tu savais comme elle est haut, comme elle monte au ciel, c'est à peine si je la vois.

— Oui, je l'entends, dit Conscience; mais, hélas! comme tu dis, Mariette, je ne la vois pas..... je ne la verrai plus, Mariette... Mariette, je suis aveugle!

— Eh bien! mon ami, est-ce que je ne vois pas pour toi? est-ce que je ne suis pas là pour te conduire, pour te guider, pour te dire la forme et la couleur des choses? N'as-tu pas vu hier la bonne Vierge, quand je te l'ai montrée? Eh bien! Conscience, je serai toujours ainsi là, devant toi, près de toi ou derrière toi... N'est-ce donc pas bien doux un malheur qui nous dit sans cesse : « Conscience ne peut plus être séparé de Mariette; Mariette ne peut plus être séparée de Conscience. »

— Oui, je sais, Mariette, dit Conscience; oui, il y a une suprême douceur dans cette idée; oui, je vois par tes yeux mieux que je ne vois par mes propres mains; oui, quand tu me parles, ta voix me fait trembler d'émotion; oui, quand je t'écoute je vois..... Tiens, dans ce moment où tu marches devant moi et où je te suis, il me semble qu'une lueur céleste pénètre dans mes yeux éteints; j'éprouve ce qu'éprouverait un homme qui, les yeux fermés, suivrait un ange de lumière. Il y a des instans, Mariette, où je crois que Dieu me rend la vue, pour te montrer à moi, dans ce monde, telle qu'il te montrera à moi dans l'autre, quand tu auras reçu de ses mains la récompense éternelle que tu as si bien méritée... Mais...

Conscience poussa un soupir et secoua la tête avec découragement.

— Mais quoi? demanda Mariette en s'arrêtant.

L'aveugle devina que Mariette s'arrêtait : il étendit le bras gauche et le passa sous le bras droit de Mariette.

— Mais, reprit-il, ma chère et bien-aimée Mariette, mon rêve de tout à l'heure m'a donné à penser.

— Que dis-tu donc là, Conscience?

— Je dis, Mariette, que Dieu, qui a fait de toi quelque chose de tendre et de resplendissant à la fois, a mis tout naturellement le dévouement au nombre de toutes les vertus; ce dévouement, Mariette, tu me l'offres, oh! de tout ton cœur, de toute ton âme, je le sais; mais, de même que tu dois me l'offrir, Mariette, moi, je ne dois pas l'accepter.

— Oh! mon Dieu! Conscience, s'écria Mariette, tu ne m'aimes donc plus? Jésus! qu'ai-je fait pour cela?

Et la jeune fille joignit les mains, les yeux fixés sur Conscience, et prête à éclater en sanglots.

— Tu n'as rien fait, Mariette, et, tout au contraire de ne plus t'aimer, je t'adore; mais mon adoration, à moi pauvre aveugle, ne saurait payer ton dévouement.

— Payer! s'écria Mariette; que parles-tu de payer?

Conscience sourit tristement.

— Laisse-moi dire, Mariette, continua-t-il, et parlons avec calme... Tu es jeune, tu es belle, Mariette; tu as le cœur fort, l'âme grande; tu es habituée au travail, et, au lieu que l'inaction soit pour toi un repos, elle est une fatigue. Eh bien! je ne puis, moi, comprends bien cela, je ne puis, moi pauvre aveugle, te prendre ta jeunesse, te prendre ta beauté, te prendre ta vie, et tout cela parce que tu m'aimes, parce que tu as pitié de moi!... Que deviendras-tu quand le temps t'aura faite vieille et que je t'aurai faite pauvre? que deviendras-tu quand nos parens dormiront sous l'herbe du cimetière? Tu seras dans l'abandon, dans la misère, dans la tristesse, et pourquoi? parce que tu te seras obstinée à m'aimer!

—Oh! mon Dieu, Seigneur! s'écria Mariette, vous l'entendez! voilà comme il me recompense, le méchant!

— Sois tranquille, Mariette. Oh! de ce que tu as voulu faire, je t'aurai, dans ce monde et dans l'autre, la même reconnaissance que si tu l'avais fait; car tu t'offrais, pauvre enfant! et c'est moi qui te refuses... Si le bon Dieu permettait, vois-tu, non pas que mes pauvres yeux me fussent rendus, ce serait trop demander à sa bonté, mais que je visse assez pour travailler un peu, pour conduire l'âne et le bœuf du père Cadet dans un sillon, ou pour aller chercher du bois dans la forêt; si je pouvais, en travaillant le double de ce que travaille un autre homme, gagner la moitié de ce qu'il gagne; si j'étais sûr seulement de te donner ce pain quotidien que nous demandons à Dieu..... oh! je tomberais ici, à l'instant même, sans faire un pas de plus, à genoux devant toi, pour te dire : « Merci, merci, Mariette, d'être si belle, d'être si bonne, d'être si miséricordieuse, et, avec tout cela, de vouloir bien être à moi! Mais, hélas! continua Conscience en secouant la tête, non, non... cela ne se peut pas!

— Au nom du ciel! Conscience, s'écria Mariette, tais-toi, tais-toi donc! Ne vois-tu pas que tu me brises le cœur, que je pleure à chaudes larmes, que je me tords les bras de désespoir?

—Je ne vois plus rien, dit Conscience, rien que la nuit... Et il ajouta, si bas qu'il fallut que Mariette lui prêtât toute son attention pour l'entendre :

— Rien que la mort!

— La mort! s'écria Mariette pâlissant, tu penses à mourir? et c'est pour cela que tu veux m'écarter de toi?... Tu as raison, car tu sais bien que si je reste à tes côtés, je ne te laisserai pas mourir..... Voyons, Conscience, ce n'est pas tout cela : tu me rends tellement triste que je ne puis plus marcher... Non, je ne continuerai pas mon chemin; non, je ne ferai pas un pas de plus vers le village, si nous ne nous expliquons pas ici. Viens, viens, Conscience, asseyons-nous encore sur le bord du chemin, car les jambes me manquent, et je ne puis plus me tenir debout.

Et elle conduisit l'aveugle, qui se laissa faire, jusqu'au talus du sentier, où il s'assit.

— Maintenant, dit-elle, voyons, explique-toi, mon ami, et dis une bonne fois tout ce que tu as dans le cœur.

— Ce que j'ai dans le cœur, le voici, Mariette : c'est qu'il faut me promettre que tu ne négligeras plus ta belle jeunesse pour moi; que tu ne me sacrifieras plus ton existence; que tu ne seras pour moi, à l'avenir, qu'une sœur! Mariette, Mariette, tu as dix-neuf ans..... Crois-moi, il y a encore de belles fêtes à Longpré, à Taille-Fontaine et à Vivières, et de beaux garçons pour t'y mener.

— Ah! voilà donc où tu voulais en venir, méchant! répondit en sanglotant Mariette; voilà donc comme tu me remercies pour ma bonté! non, je me trompe, pour mon amour!... Mais tu ne sens donc pas que tu me martyrises, que tu me tortures plus que ne ferait le bourreau? « Il y a de belles fêtes..... il y a de beaux garçons..... » Il a dit cela, mon Dieu! mon Dieu! il a dit qu'il y avait encore pour moi, pour sa pauvre Mariette, de belles fêtes et de beaux garçons!..... Comment ai-je mérité cela? Mon Dieu! répondez-moi, car vous seul le savez.

Et, cette fois, si Conscience ne put voir ses larmes, il put au moins entendre ses sanglots.

— Oh! Mariette! Mariette! s'écria-t-il en lui saisissant la main, comprends donc ma pensée, lis donc dans mon cœur... si j'avais dix yeux, et qu'il fallût me les laisser brûler les uns après les autres, je le ferais pour toi; je le ferais pour avoir le droit de t'aimer, et surtout pour avoir le droit de t'empêcher d'en aimer un autre... Mais je suis aveugle..... aveugle par accident, pour toute ma vie!..... Vois-tu, Mariette, être aveugle, c'est une souffrance que ne peut comprendre aucune créature humaine ayant ses deux yeux... Aussi, Dieu me punirait, vois-tu, si je t'associais à un pareil malheur.

— Et alors, dit Mariette, un peu consolée par cette douleur que venait d'exprimer Conscience; alors, si je suivais le conseil que tu me donnes, si j'allais aux belles fêtes avec les beaux garçons, tu oublierais Mariette comme Mariette t'oublierait?

— T'oublier! s'écria Conscience, toi qui es la seule chose humaine demeurée visible pour moi!... comment pourrais-je t'oublier, moi dont la vie doit se passer désormais à penser et à rêver? Mais à quoi rêverais-je, à quoi penserais-je, si ce n'est à toi?

— Ainsi, quand même je cesserais de t'aimer, demanda Mariette, tu m'aimerais toujours, toi?

— Oh! Mariette... moi? moi? jusqu'à la mort!

— Eh bien! alors, tout est dit!... Puisque je t'aime et que tu m'aimes, il n'y a plus de question..... Conscience, aussi vrai qu'il y a un Dieu au ciel, aussi vrai que ce Dieu a fait le soleil qui nous éclaire, Conscience, avant la Saint-Martin de l'année prochaine, je serai ta femme!...... Et si tu ne veux pas de moi, si tu me refuses, eh bien! je te le dis, Conscience, je me ferai sœur grise à l'hôpital de Villers-Cotterets, et je soignerai de pauvres aveugles qui ne me seront rien, puisque l'aveugle qui est tout pour moi aura refusé mes soins!

— Oh! s'écria Conscience, tu te marierais avec moi, avec moi, Mariette?

— Oui, je me marierai avec l'homme qui se serait fait brûler dix yeux, s'il les avait eus, pour avoir le droit de m'aimer, et surtout d'empêcher qu'un autre m'aimât.

— Mariette, c'est beau, c'est grand, c'est sublime ce que tu fais là! Mais...

— Allons, tais-toi, dit Mariette en posant sa main sur la bouche de Conscience. Tout à l'heure je t'ai écouté jusqu'au bout, n'est-ce pas, sans te contrarier, sans t'interrompre, quoique chacune de tes paroles me fît saigner le cœur? Eh bien! moi je veux parler à mon tour, sans que tu m'interrompes.

— Parle, Mariette, parle; c'est si bon de t'entendre..... Va.....

— Eh bien! si Mariette était devenue aveugle, l'aurais-tu abandonnée, toi? Aurais-tu repoussé la pauvre fille, marchant au hasard, les bras tendus vers toi? Dis, aurais-tu fait cela? Et si, dans sa misère, elle s'était obstinée à t'aimer, lui aurais-tu broyé le cœur en allant, avec une belle fille, danser et te réjouir à quelque belle fête? Voyons, voyons, Conscience, il faut me répondre... Réponds-moi donc!

— Oh! Mariette, je n'ose...

— Je crois bien que tu n'oses. Eh bien! moi, je vais répondre pour toi : Si tu avais fait cela, tu eusses été un misérable! Conscience, plus de discussion, plus de lutte, plus de refus..... Conscience, voici ma main, en attendant que Dieu nous bénisse!

Puis, posant ses deux lèvres sur celles du jeune soldat, avant que celui-ci pût réfléchir, pût penser, pût se défendre même :

— Conscience, dit-elle, je suis ta femme!

Conscience jeta un cri de joie et de douleur tout à la fois; mais dans ce cri s'exhalèrent les derniers restes de sa force.

— Oh! Mariette, Mariette! dit-il, c'est toi qui le veux...

— Oui, c'est moi qui le veux, dit Mariette, oui, c'est moi qui te conduirai à l'église, la tête haute et fière, pour te répéter devant Dieu le serment que je te fais ici!... Oui, c'est moi qui te dirai : « Dieu est là-haut, Conscience; il sait ce qui est bien, il sait ce qui est mal... Laisse-moi faire, car j'ai confiance en Dieu, et Dieu, qui sait que j'ai la foi, me soutiendra... Vois-tu, tout est possible quand la conscience est tranquille; cela rend les bras et le cœur forts. Tu crains la misère pour nous? Va, rassure-toi, au contraire, sur l'avenir; rien ne nous manquera. Je resterai toujours auprès de toi... tu as le cœur triste, je serai ta joie... tu n'y vois plus, je serai ton jour... et c'est ainsi que nous vivrons dans la paix et dans le bonheur, avec nos bons et vieux parens, qui nous quitteront selon leur âge, et que nous irons rejoindre à notre tour, et probablement ensemble, Conscience, puisque nous avons tous les deux vingt ans ; car Dieu, bon jusqu'à la fin, nous accordera cette grâce, ne nous étant pas quittés un seul instant pendant notre vie, de ne pas nous quitter, même au moment de notre mort... » Est-ce bien arrangé ainsi, dis, Conscience, et cela ne vaut-il pas mieux que de courir les belles fêtes, au bras des beaux garçons, en laissant son pauvre bien-aimé blotti, avec Bernard à ses pieds, dans un angle de la cheminée ou dans un coin de la chaumière ?

Conscience ne pouvait répondre ; il baisait les mains de Mariette en pleurant et en sanglotant.

— Allons, viens, dit-elle, il faut partir, car nous avons perdu bien du temps : toi, à dire des sottises, et moi, à les écouter. Lève-toi, et marchons, Conscience.

— Oh ! murmura Conscience, s'il restait au moins quelque espoir !...

Mariette parut près de répondre : sa bouche s'ouvrit, mais un souffle brûlant s'en échappa seul, et, passant sa main sur son front comme pour se soustraire à une espèce de vertige :

— Non, non, murmura-t-elle, si le bon chirurgien-major s'était trompé, ce serait trop cruel !

— Que dis-tu ainsi tout bas, Mariette ? demanda Conscience.

— Je prie Dieu, répondit Mariette, pour un beau garçon avec lequel j'espère encore aller aux belles fêtes du village.

Et tous deux se mirent en chemin : Conscience secouant la tête avec un reste de mélancolie ; Mariette tenant ses beaux yeux fixés au ciel, comme si elle y eût cherché l'étoile d'espérance qui conduisit les bergers à la crèche sainte de Béthléem.

XXXII

LE RÊVE DE MARIETTE.

Le lendemain, au point du jour, après avoir couché à Presles, petit village de cinq cents âmes, situé sur la traverse, à trois lieues de Laon et à cinq lieues de Soissons, les deux jeunes gens s'étaient remis en route, toujours à travers plaines et bois, suivant que leur indiquaient les paysans allant d'un village à l'autre ou travaillant dans les champs.

L'aspect du ciel n'avait pas changé : il faisait toujours un beau et vivifiant soleil, tempéré seulement par une douce brise matinale ; peut-être cette brise devait-elle être dévorée plus tard par la chaleur croissante du jour, comme ces belles et fraîches gouttes d'eau, diamans limpides et transparens, qui tremblaient aux branches des arbres et aux tiges des blés. Le chant des oiseaux, silencieux la veille, s'était réveillé, et semblait, comme une rosée d'harmonie, égrener dans l'air ses notes sonores. Les grillons chantaient, les papillons voletaient, les abeilles bourdonnaient ; chacun apportait son cri au concert universel que la terre, à son réveil, envoyait comme une hymne de reconnaissance à son créateur.

Et Mariette, toute ranimée, toute consolée, toute humide et toute rafraîchie de sa toilette du matin, comme les plantes, les arbres et les fleurs de leur rosée, Mariette semblait avoir des ailes comme les papillons, avoir un chant comme les oiseaux, et semait ce chant sur le chemin du pauvre aveugle, pour le lui rendre plus facile et plus court.

Conscience souriait : ce doux chant, cette joie continue de Mariette lui desserraient le cœur. Il marcha longtemps en silence ; puis enfin s'arrêtant :

— Mariette, lui dit-il, comme tu es gaie ce matin !

— C'est que, ce matin, je suis heureuse, dit Mariette.

— Heureuse de voir ce beau soleil, n'est-ce pas ? d'entendre ces gentils oiseaux qui chantent sa bienvenue, ces laborieuses abeilles qui bourdonnent en travaillant ? Voilà ce qui te rend heureuse !

— Oui, Conscience, cela, et autre chose encore.

— Bonne et chère Mariette, tu ne te repens donc pas de ta promesse d'hier ?

— Non, car Dieu m'en a déjà envoyé la récompense.

— La récompense ?

— Oui... Moi aussi, j'ai fait un rêve, non pas triste et maussade comme le tien, mais joyeux et étincelant. Oh ! Conscience ! le beau rêve !

— Dis-moi cela.

— Prends mon bras, marchons doucement, et je te le dirai.

— Ah ! oui, marchons doucement ; nous avons bien le temps d'arriver, n'est-ce pas ? La route est si douce avec toi, Mariette. Voyons ton rêve.

— Écoute. Hier au soir, après que je t'eus lavé les yeux avec cette bonne eau fraîche que j'ai été puiser moi-même à la source, et qui t'a fait tant de bien, je t'ai laissé dans ta chambre, et j'ai prié notre hôtesse de me conduire dans la mienne. Il y a, en vérité, une bénédiction du bon Dieu sur toi, Conscience ; tous les gens qui te voient semblent, à l'instant même, te plaindre et m'aimer. Tout en te plaignant, tout en me caressant, tout en me demandant si je n'avais besoin de rien, notre hôtesse me conduisit à une petite chambre bien blanche, bien propre, telle qu'il nous en faudrait une pour nous deux, Conscience... Dans cette chambre, il y avait un petit lit blanc comme un lit de jeune communiante ; seulement, la bonne femme s'excusa de ce qu'il n'y avait pas de rideaux à la fenêtre. « Mais bah ! dit-elle, c'est tout profit ; cette nuit la lune vous éclairera comme une lampe, et demain matin, puisque vous voulez partir au point du jour, son premier rayon vous réveillera. » Je remerciai la bonne femme ; elle m'embrassa encore, me dit qu'elle avait une fille de mon âge en service à Fismes, et qu'elle allait, en se couchant, prier pour sa fille et pour moi. Sur quoi elle me laissa seule. Une demi-heure après, j'étais couchée, ma chandelle était éteinte, j'avais fait ma prière devant mon beau bouquet de Notre-Dame de Liesse suspendu au chevet de mon lit. Mais j'avais beau être couchée, ma chandelle avait beau être éteinte, je ne sais pourquoi, je n'avais pas envie de dormir ; c'était le bonheur, sans doute, qui me tenait éveillée ; car je suis si heureuse, Conscience, depuis que nous nous sommes expliqués, si tu savais !

Elle embrassa fraternellement le jeune homme au front.

— Chère Mariette ! murmura Conscience.

— Mais ce qui m'empêchait surtout de dormir, continua la jeune fille, c'était cette belle lune toute brillante, qui semblait me regarder doucement à travers les carreaux de ma fenêtre, si bien que, moi et mon lit, nous étions tout entiers illuminés de ses rayons.

— Oh ! Mariette, Mariette, comme tu dis bien, s'écria Conscience, et comme je vois ce que tu dis ! Tu avais raison, Mariette, avec toi je pourrai me passer de mes yeux.

— Je ne sais quand je m'endormis, continua Mariette, tant fut doux pour moi le passage de la veille au sommeil. En tout cas, il me sembla qu'ouverts ou fermés mes yeux ne cessaient pas de voir cette belle lune, qui, de son côté, toute lumineuse, me regardait. Peu à peu, ces taches qui lui composaient une espèce de visage avec lequel elle me souriait se régularisèrent, et elle continua de me sourire, tandis que, non-seulement elle semblait prendre une tête, mais même un corps. Bientôt cette tête et ce corps me rappelèrent des traits et une forme connus. C'était Notre-Dame de Liesse avec son petit Jésus entre ses bras ; elle avait sa belle couronne de diamans, sa belle robe d'or toute parsemée de fleurs naturelles et de lis d'argent ; seulement, outre sa couronne de diamans, elle avait autour du front ce doux rayonnement de lumière céleste qui éclairait la lune. A cette vue, et comprenant que, celle-là, c'était la vraie madone, puisqu'elle m'apparaissait au ciel, je me laissai couler de mon lit, et je tombai sur les genoux en murmurant : « Je vous salue, Marie pleine de grâces, le Seigneur est avec vous. » Alors, je vis un rayon d'or s'étendre de ses pieds jusqu'à la fenêtre de ma chambre ; elle glissa légèrement sur une pente inclinée, venant à moi sans secousse, et, tout à coup, elle se trouva remplir le cadre de la croisée, comme, dans l'église, elle remplissait sa niche au-dessus de l'autel. Je me retournai, te cherchant, car je me sentais si heureuse de la divine apparition, que je voulais que je tu fusses de moitié dans mon bonheur ; et, en effet, je vis avec joie que tu étais là près de moi, à genoux. Comment et quand étais-tu entré? je n'en sais rien ; mais tu étais là, et de tes yeux aveugles tu regardais comme moi la Vierge miséricordieuse, vers laquelle nous tendions nos mains, soulevées par une seule et unique prière. Alors elle descendit de cette espèce de châsse dans la chambre, tenant toujours son petit Jésus entre ses bras ; elle s'approcha de mon chevet, y prit le bouquet de fleurs bénites, le mit à la main du petit Jésus, et, lui ayant dit quelques mots tout bas, elle passa devant moi en répondant à mon signe de croix par un sourire, et se dirigea vers toi... Le petit Jésus souriait aussi comme elle, et, souriant, il étendit le bras, te toucha les yeux avec la fleur d'or du bouquet bénit, et toi, aussitôt, tu t'écrias, avec un accent de joie si profond qu'il semblait être un accent de douleur : « Oh ! je vois! je vois! Merci, bonne Vierge, je vois! » Pour moi, à ce cri, je fus tellement saisie que je rouvris les yeux toute palpitante... Hélas! c'était un rêve : tout avait disparu! seule, la lune brillait toujours au ciel, et, légèrement pâlissante, commençait à descendre à l'horizon. Mais, ce qui restait de tout cela en réalité, vois-tu, Conscience, c'était la foi, la sérénité, le bonheur presque, et voilà pourquoi je suis si joyeuse ce matin ; car, avoue-le, n'est-ce pas? ce rêve est un rêve heureux.... Eh bien! eh bien! demanda Mariette après avoir attendu un instant, tu ne me réponds pas, Conscience?

— Non, je ne te réponds pas, chère bien-aimée, car j'écoute encore. Oh! pendant que tu parlais, Mariette, mon cœur débordait de joie, car, je te le répète, je voyais tout : cette belle lune resplendissante et tranquille, devenant peu à peu la Vierge sainte avec sa couronne de diamans, son auréole de flammes, sa robe d'or aux roses de pourpre et aux lis d'argent, et tout cela était si vivant, si réel, que lorsque tu m'as dit que le petit Jésus me touchait les yeux avec le bouquet bénit, j'ai senti le frôlement des fleurs, et il m'a semblé voir des milliers d'étincelles.

— Oh! tu as vu, oh! tu as senti cela! s'écria Mariette. Bonheur! bonheur! bonheur!

— Chère Mariette, dit Conscience avec mélancolie, il ne faut pas te bercer d'un fol espoir : ce que j'ai vu, ce que j'ai senti, c'est l'effet de mon imagination excitée par ta parole. Remercions Dieu de cette consolation qu'il nous envoie pendant notre voyage, mais ne lui demandons pas plus, je ne dirai pas qu'il ne veut, mais qu'il ne peut accorder.

— Oh! n'importe! n'importe! s'écria Mariette, il y a quelque bon présage là-dessous, crois-moi, Conscience; et j'aime et je vénère la mère de Dieu, depuis notre pèlerinage à sa chapelle, encore plus que par le passé. Maintenant, remettons-nous en route, et marchons un peu vite avant que le soleil monte au haut du ciel. A midi, nous nous asseoirons à l'ombre de quelque bouquet d'arbre, et nous nous reposerons; ou bien, si nous trouvons quelque village, nous y ferons une halte pour laisser passer la chaleur.

Et tous deux continuèrent leur route silencieusement, car chacun, de son côté, pensait : Mariette, au beau rêve qu'elle avait fait, et Conscience, au beau rêve qu'elle lui avait raconté.

Il résulta de cette préoccupation que Mariette, qui servait de guide, cessa de donner au chemin toute l'attention nécessaire dans un pays inconnu et sur une route de traverse.

Le sentier que suivaient les deux jeunes gens devint de plus en plus étroit, de moins en moins tracé, et finit par se perdre dans une prairie parsemée de petits bois d'aulnes.

Mariette regarda devant elle, autour d'elle, à ses pieds; mais ne voyant plus aucune trace de chemin, elle s'arrêta tout à coup.

— Eh bien! Mariette, demanda Conscience, sentant qu'elle s'arrêtait, qu'as-tu donc?

— Oh! mon pauvre Consciene, dit la jeune fille, voilà que j'ai fait un beau coup, moi!

— Qu'as-tu fait?

— J'ai marché, marché, marché en pensant à autre chose, et je me suis écartée du droit chemin, au point que nous voici arrivés sur le bord d'une petite rivière qui coupe la prairie dans toute sa longueur, sans que je voie ni pont ni pierre pour la traverser...

— C'est fâcheux, répondit Conscience; tu n'as pas idée, Mariette, combien il est fatigant de marcher sans voir clair, et de se heurter à chaque caillou du chemin, si bien que l'on soit conduit par un excellent guide comme toi. L'eau de cette rivière est-elle bien profonde?

— Oh! non, le ruisseau est large, mais on en voit le fond; et tiens, voici Bernard qui vient de le traverser, et qui nous attend déjà sur l'autre bord, sans avoir eu besoin de se mettre à la nage.

— Alors, demanda Conscience, qui empêche que nous le traversions nous-mêmes?

— Rien. Seulement nous nous mouillerons, selon toute probalibité, jusqu'aux genoux.

—Eh bien! risquons cela, Mariette, ce n'est pas un grand malheur par la chaleur qu'il fait.

— D'autant plus, répondit Mariette, que, de cette manière, nous éviterons un grand détour qui nous éloignerait peut-être encore davantage de notre chemin.

— Allons, dit Conscience.

— Allons, dit Mariette, et tiens-toi bien à mon cou.

— Pourquoi cela?

— Parce que le talus est rapide pour descendre, et rapide pour remonter. Heureusement, de l'autre côté, il y a des branches de saule qui pendent presque dans l'eau; tu t'accrocheras à ces branches, et tu t'en aideras; viens!

Conscience se laissa glisser du talus jusque dans la petite rivière, la traversa à gué, soutenu par Mariette, gagna l'autre bord, et, comme l'avait dit la jeune fille, en se faisant un appui des branches pendantes, il gravit le second talus avec facilité.

Arrivé là il s'assit.

— Ah! que tu as bien fait de te tromper de chemin, dit-il. Comme cette eau est douce et comme elle rafraîchit!... Sommes-nous bien ici pour faire une petite halte, Mariette?

— Parfaitement, mon ami, et, si tu veux même, nous déjeunerons!

— Volontiers, dit Conscience; j'ai faim. Il y a longtemps que cela ne m'est arrivé, Mariette, d'avoir faim. C'est ce bon air qui me donne de l'appétit.

Mariette tira un pain et un morceau de veau froid du double papier où ils étaient enveloppés, coupa le pain en deux, et la viande en une foule de petit morceaux, fit à Conscience sa part, comme elle l'eût faite à un enfant, et le repas commença.

— Mariette, murmura Conscience, tu es le dévouement et la bonté en personne, et je ne sais comment il me sera possible de te récompenser jamais de tant d'amour et de tant de pitié.

— Bon! dit gaiement Mariette, parlons-en! avec cela que ça en vaut la peine. Parce que je t'ai aidé à traverser un ruisseau; parce que je me suis mouillé les jambes jusqu'aux genoux, et parce que je te coupe ton pain, tu ne sais comment me récompenser jamais de tant d'amour et de pitié!... En vérité, Conscience, tu mets un trop haut prix à tous ces petits services, dont je compte bien faire le bonheur de ma vie.

— Bonne chère Mariette! dit Conscience.

Puis, après un instant:

— L'eau du petit ruisseau que nous venons de traverser est-elle pure? demanda-t-il.

— Comme un cristal, mon ami.

— Donne-moi à boire, alors.

Mariette avait acheté une gamelle de bois qui servait à boire d'abord, et ensuite à transporter de l'eau pour mouiller de temps en temps les yeux du pauvre aveugle. Mariette descendit vivement avec sa gamelle vide jusqu'à la rivière, et remonta lentement avec la gamelle pleine.

Conscience prit la gamelle à deux mains, et, après l'avoir vidée:

— Oh! la bonne eau, Mariette!

— Mais, dit celle-ci avec cette gaieté qui ne la quittait plus depuis l'explication de la veille, et surtout le songe de la nuit, mais c'est de l'eau comme une autre cependant.

— En effet, et peut-être est-ce seulement parce que c'est toi qui me la donnes...

— Ah! voilà qui est gentil! dit Mariette en faisant une révérence que le pauvre aveugle ne put voir; merci, Conscience....

— Mais mange donc, mais bois donc à ton tour, Mariette.

— Dame! j'aurais bien bu, mais tu n'as rien laissé dans la gamelle.

— C'est vrai! l'eau était si bonne.... Écoute, lorsque nous allons avoir fini, tu me laveras les yeux avec cette eau, et il me semble qu'elle me fera aux yeux un plus grand bien qu'aucune autre ne m'a encore fait.

— Alors, pourquoi attendre? dit Mariette. Si tu dois être soulagé, mon bien-aimé Conscience, autant que tu le sois tout de suite que plus tard.

— En effet, Mariette, les yeux me pleurent; cela provient sans doute de l'ardeur du soleil.

Mais Mariette était déjà à la rivière; elle remonta vers Conscience avec la sébile pleine d'eau fraîche et pure, et trempant son mouchoir dans cette eau, elle commença de laver les yeux du jeune homme.

— Ah! fit celui-ci en respirant, quelle douce et bonne sensation!... On dirait un second baptême... cette eau me fait revivre... C'est qu'aussi ta main est si légère, Mariette!

— Mon Dieu! quelle bonne récompense tu me donnes pour tout ce que je fais, en me remerciant ainsi, Conscience! mais en voilà assez, je me souviens de l'ordonnance du chirurgien-major.

— Où vas-tu donc, Mariette?

— Où je vas?

— Oui... Tu t'éloignes de moi, il me semble.

— Je vais étendre au soleil mon mouchoir qui est mouillé, et qui doit être sec pour rentrer dans ma poche, entendez-vous, monsieur le curieux?

— Va! Mariette, va!

Et, guidé par le bruit des pas de la jeune fille et par le chant dont elle accompagnait sa course, l'aveugle fixa ses yeux sans regards du côté où, sur une belle pelouse verte parsemée de marguerites et de violettes, elle étendait son mouchoir humide.

Tout à coup Conscience jeta un cri.

Mariette se retourna, et, le voyant le regard fixe, la bouche entr'ouverte, les mains étendues:

— Mon Dieu! dit-elle en courant à lui, que t'est-il donc arrivé, mon cher Conscience?

— Mariette! Mariette!... dit celui-ci tout frissonnant et en la repoussant avec douceur.

— Eh bien? eh bien?... demanda la jeune fille.

— Mariette, recule un peu, je t'en supplie... retourne où tu étais.

— Pourquoi cela?

— Par grâce... par grâce, Mariette!

Et, tout en disant ces mots, Conscience, par un effet de ses muscles, se soulevait, et, sans l'aide de ses mains, toujours étendues vers Mariette, se retrouvait debout, suppliant toujours de la voix, et nous dirons presque du regard.

Et la jeune fille obéissait sans lui demander d'autre explication, et se replaçait sous ce rayon de soleil, qui semblait ruisseler autour d'elle comme un manteau de flammes.

— Oh! Mariette! Mariette! s'écria Conscience, je te vois.... je te vois!... Mes yeux ne sont pas tout à fait morts!...

La jeune fille chancela, comme si elle eût été frappée de vertige; puis, tremblant de tout son corps:

— Conscience! dit-elle, mon bon... mon cher Conscience!... oh! ne me fais pas mourir de joie...

— Je te dis que je te vois, continua le jeune homme, comme une ombre vêtue de noir, c'est vrai... mais, enfin, je te vois... Oh! je te le répète, Mariette! mes pauvres yeux ne sont pas tout à fait morts, et c'est ton rêve qui s'accomplit...

Mariette tomba à genoux, remerciant la Vierge sainte par une fervente prière.

Conscience avait vu ce mouvement comme à travers un épais brouillard.

— Je vois, dit-il, et la preuve, c'est que tu es à genoux maintenant... Tu vois bien que je vois, Mariette... tu vois bien que je vois!

— Sainte Mère de Dieu! s'écria la jeune fille, c'est toi qui as opéré ce miracle! Sainte Mère de Dieu, nous ne l'oublierons jamais, et nous te jurons qu'avant notre mort, nous ferons un nouveau pèlerinage à ta chapelle bénie, non plus pour t'invoquer, mais pour te remercier cette fois.

Et, après cette invocation, faisant un grand effort comme pour arracher ses genoux de la terre, elle s'élança dans les bras du jeune homme en s'écriant:

— Ah! Conscience! est-ce bien vrai que tu m'as vue?...

— Je t'ai vue... répondit le jeune homme.

— Ah! murmurèrent ensemble les deux enfans aux bras l'un de l'autre, et les yeux levés vers le ciel: gloire à Dieu! qui a laissé tomber jusqu'à nous son céleste regard!...

XXXIII

OU DIEU CONTINUE DE LES CONDUIRE PAR LA MAIN.

Ce cri de joie et de reconnaissance avait été profond comme celui qui sort de l'abîme et qui monte au Seigneur, dans la prière des morts.

En effet, si Conscience revoyait la lumière du soleil et toute cette magnifique création qui resplendit à cette lumière, Conscience, comme ces damnés qui crient à Dieu du fond de l'abîme, Conscience sortait de l'enfer de l'obscurité pour rentrer dans le paradis du jour.

Alors, tout un avenir de bonheur et d'amour se déroulait à ses yeux; alors, la vie revenait à lui, non plus supportable comme allait la lui faire le dévouement de Mariette, mais resplendissante et joyeuse comme l'a faite la bonté de Dieu.

Enfin, Mariette revint la première à elle, et elle y fut rappelée par une crainte.

Une des recommandations du chirurgien-major avait été de ne jamais laisser plus de cinq minutes les yeux du malade exposés à la lumière du jour, et il y avait déjà près d'un quart d'heure que la visière de Conscience était ôtée; aussi voyait-il maintenant comme si l'air eût roulé des vagues de flammes, et comme si tout l'horizon se fût changé en un océan de feu.

Il se garda bien de dire à Mariette ce qu'il éprouvait,

mais il se prêta avec empressement à ce qu'elle lui replaçât sur les yeux la visière et le voile.

Mariette accomplissait toute joyeuse cette double opération.

— Oh! disait-elle en agrafant la visière et en nouant les cordons du voile, oh! comme je suis gaie, comme je suis heureuse, mon ami! non-seulement je ne sens plus la fatigue de mes pieds, mais encore il me semble que j'ai des ailes. Je ne sais quel changement s'est fait en moi, et quelle force m'est venue du ciel, mais je ferais maintenant, je crois, dix lieues, vingt lieues, sans être fatiguée.

— Chère Mariette!

— Oh! mon ami, mon ami, si tes yeux pouvaient guérir! quel bonheur! quelle joie! Lorsque j'y songe, j'étouffe; car je ne puis y croire encore. Ainsi, tu vois? Conscience, tu vois?

— C'est-à-dire que j'ai entrevu, Mariette, fit doucement observer Conscience.

Car, retombé dans la nuit la plus profonde, il ne voulait pas affermir au cœur de Mariette un espoir à peine entré dans le sien.

— Oh! c'est bien cela, reprit Mariette, c'est bien ce que le bon chirurgien-major avait dit; c'est ce que j'ai refusé de te répéter hier, tu sais, quand tu m'as demandé : « Mariette, mon amie, que murmures-tu tout bas? » Ce que je murmurais, c'est ce que le chirurgien m'avait dit à l'oreille: « Mon enfant, je ne réponds de rien; mais cependant il est possible que la vue de votre ami ne soit pas perdue tout à fait; il est possible qu'un œil, les deux yeux peut-être retrouvent leur transparence, car le bon Dieu lui-même a mis le principal remède à l'infirmité dont votre ami est atteint dans le glissement perpétuel des paupières, qui finira peut-être par rendre à l'œil son poli primitif. » Voilà ses propres paroles, Conscience; je les lui ai fait répéter trois fois, afin de les retenir, de les savoir par cœur, et de pouvoir les redire, si un jour l'occasion bienheureuse s'en présentait. L'occasion s'en présente, et je te les dis.

— Oh! Mariette, Mariette, s'écria Conscience en serrant la main de la jeune fille, si les choses réussissaient ainsi, vois donc comme nous serions heureux! Alors, j'accepterais de grande joie et de grand cœur ce que tu m'as proposé; nous nous marierions; je travaillerais du matin au soir, car c'est à cette heure seulement que je m'aperçois que je ne faisais absolument rien là-bas, que penser ou plutôt que rêver, ce qui est une bonne chose aussi; mais, alors, comme je te le disais, je travaillerais depuis le matin jusqu'au soir, et c'est toi, au contraire, Mariette, qui ne ferais plus rien que penser et rêver, ou qui ne travaillerais que pour te distraire.

— Et nos parents, mon bien-aimé Conscience, reprit à son tour Mariette, comme ils seraient heureux, comme ils se réjouiraient jusqu'à leur dernier jour! Quel paradis de joie et de bonheur que celui que Dieu nous promet là! Il n'y a pas jusqu'aux animaux, j'en suis sûre, jusqu'à Pierrot, jusqu'à Tardif, jusqu'à la vache noire, qui ne s'en réjouissent, comme s'en réjouit le pauvre Bernard, qui te lèche les mains, et auquel tu ne fais pas attention. Ah! quelle vie, quelle vie, Conscience, et que je suis heureuse! Mais qu'as-tu donc? Tu baisses la tête, tu pleures, il me semble?

— Mariette! s'écria le jeune homme, au nom du ciel, tais-toi; ne me parle pas de toute cette joie, qui peut nous échapper. Oh! Mariette, ce serait à me rendre fou, vois-tu, si après avoir entrevu tout cela, même en rêve, tout cela nous échappait!

— Mon ami, mon cher Conscience, la madone de Liesse est si miraculeuse, et Dieu est si grand!

— Allons, dit Conscience en secouant la tête, assez pour aujourd'hui, Mariette. Je ne suis pas encore bien fort ni de corps ni d'esprit, et je ne puis supporter de pareilles émotions. Remettons-nous en route, et faisons le plus de chemin possible, car il me semble que nous oublions un peu nos pauvres mères. Avance un peu, et, s'il y a quelque monticule, quelque point élevé, tâche de t'orienter, Mariette, et de retrouver notre chemin.

— Oui, dit la jeune fille en essuyant à son tour ses yeux avec son tablier, oui, attends, je vais voir.

Elle monta en effet sur un petit tertre, et regarda autour d'elle.

— Eh bien? demanda Conscience, qui jugea que la jeune fille devait être en observation.

— Eh bien! mon ami, à trois quarts de lieue à peu près devant nous, je vois un clocher; nous allons marcher droit dessus, et là, nous nous informerons.

Et, presque triste, elle revint prendre Conscience, qui, ayant soulevé sa visière, avait essayé de voir, et qui, triste lui-même, se remit en marche en soupirant et en murmurant tout bas :

— Mon Dieu! Seigneur! vous qui m'aviez donné la foi, ne permettez jamais que je doute ou que je désespère!

Tous deux marchèrent droit sur ce clocher entrevu par Mariette, et, au bout de trois quarts d'heure, ils entraient dans le village de Bray en Laonnois.

Là ils s'informèrent et apprirent où ils étaient. Depuis leur départ de Notre-Dame de Liesse, ils n'avaient fait qu'une dizaine de lieues, soit que la traverse qui devait raccourcir leur chemin l'eût allongé, soit que l'on voyage lentement lorsqu'on voyage au milieu des préoccupations de douleur et de joie que nous avons racontées.

Quoi qu'il en soit, Conscience se sentait brisé, et il fut obligé de se reposer un instant dans une petite auberge. Les deux jeunes gens y apprirent qu'ils avaient un peu trop appuyé sur la gauche, qu'ils étaient encore à cinq lieues de Soissons et à douze de Villers-Cotterets; que, pour se remettre dans leur chemin, il leur fallait gagner Vailly, traverser l'Aisne au bac de Celles, et aller coucher à Sermoise.

De cette façon, ils n'auraient plus à faire que sept lieues le lendemain.

On gagna Sermoise à grand'peine, et l'on s'y arrêta.

Toutes ces émotions semblaient avoir épuisé le pauvre Conscience. De dix minutes en dix minutes, il levait sa visière, essayait de discerner les objets, et, voyant l'inutilité de ses efforts, il la laissait retomber avec un soupir.

Mariette elle-même, ce cœur si plein d'espérance, n'osait plus lui parler de ce moment de bonheur que l'un et l'autre regardaient déjà comme un moment d'illusion.

Les deux jeunes gens couchèrent à Sermoise, n'ayant pas le courage d'aller plus loin; les pieds de Conscience, quoiqu'il les eût délassés en les trempant dans toutes les sources d'eau qu'il avait rencontrées, étaient brisés par le heurt continuel des cailloux, puis, surtout, ce qui chez lui était fatigué, non pas de la longueur du chemin, mais de la lourdeur de la pensée, c'était l'esprit, l'esprit constamment arrêté sur une seule idée et se cramponnant à un seul espoir.

Chose étrange! comment donc une journée, témoin d'une joie si vive et d'un pareil élan de reconnaissance, s'éteignait-elle dans un semblable affaissement et dans un doute si profond?

Oh! c'est que le cœur de l'homme est ainsi fait : rocher de granit pour la douleur, rocher de neige pour la joie.

Conscience et Mariette avaient décidé que, le lendemain, on marcherait toute la journée; il s'agissait d'atteindre Haramont. Six ou sept lieues n'eussent rien été pour Conscience allant guidé par lui-même, voyant de ses propres yeux; mais c'était une étape énorme pour Conscience aveugle et faisant chaque pas avec hésitation.

Néanmoins, fidèles à leur résolution, ils traversèrent Acy, Rosières, Busancy, où ils firent, vers onze heures du matin, une halte d'un instant; puis, si fatigué, si chancelant même qu'il fût, Conscience voulut repartir.

Depuis le matin, Mariette n'avait point passé près d'une rivière, près d'un ruisseau, près d'une source, qu'elle n'eût essayé de la vertu de l'eau en lavant les yeux de Conscience; mais c'était jour néfaste, apparemment : la nuit qui pesait sur les yeux du malheureux jeune homme, non-seulement n'avait point été éclairée d'une seule lueur, mais encore elle semblait devenue plus épaisse que jamais.

Il y avait pis. Sans doute les efforts que Conscience faisait pour voir, sans doute ce jour ardent qui était venu brûler sa vue chaque fois qu'il avait levé sa visière, et, nous l'avons dit, il la levait à chaque instant, avaient redoublé l'intensité de l'inflammation, et ses yeux lui causaient d'atroces douleurs lorsque l'eau les touchait, ou qu'il levait, soit par hasard, soit volontairement, la visière qui les abritait.

Tous deux marchèrent ainsi une heure ou une heure et demie encore sans prononcer une parole, tant ils étaient abattus; seulement, en traversant le petit village de Vierzy, ils prirent quelques informations : ce grand rideau vert qui s'étendait devant eux, c'était la forêt de Villers-Cotterets : ils n'étaient plus qu'à trois lieues d'Haramont.

Cette nouvelle rendit le courage, sinon les forces, à Conscience.

— Allons, Mariette, dit-il, songeons que nos mères nous attendent, et que, dans trois heures, nous pouvons être près d'elles.

— Oh! je ne demande pas mieux que de continuer mon chemin, dit Mariette; je ne suis point fatiguée, moi. Viens, viens, Conscience, et appuie-toi sur mon bras.

— Non, Mariette, dit le jeune homme; en marchant ainsi, je te fatigue de tous mes faux pas; non, marche devant et donne-moi le bout de ton mouchoir : je te suivrai.

Mariette n'avait point d'objection à ce que désirait Conscience; elle lui donna un bout de son mouchoir, prit l'autre et marcha la première.

Bernard, qui semblait partager leur tristesse, venait à côté d'eux, et paraissait aussi fatigué que ses maîtres.

De temps à autre, Mariette se retournait tout en marchant. Silencieux et la tête sur la poitrine, Conscience la suivait son bâton à la main, ou plutôt se traînait derrière elle. On voyait que ce qui brisait ce corps, c'était un cœur brisé; c'était la fuite et la disparition de tout espoir; c'était la perte de ce doux et bel avenir, de cette joie ineffable, de ce bonheur inouï, entrevus dans le rayon de jour qui avait, par un incompréhensible accident, pénétré dans les prunelles éteintes de Conscience, et qui avait disparu avec lui.

Hélas! le pauvre jeune homme en était arrivé à ce moment qu'il avait tant redouté : il en était aux limites du doute, il touchait à celles du désespoir.

Et Mariette, qui sentait tout ce que souffrait Conscience, parce qu'elle souffrait elle-même, non-seulement ne riait plus, non-seulement ne chantait plus, mais n'avait plus même le courage de lui adresser un mot, de peur qu'il ne comprît tout ce qu'il y avait de larmes dans sa voix.

Mais tout à coup force lui fut de parler à Conscience; celui-ci s'était arrêté et chancelait.

— Mon Dieu! mon ami, s'écria la jeune fille, qu'as-tu donc encore?

— Mariette, dit Conscience, arrêtons-nous, je te prie... je ne puis aller plus loin... les forces me manquent.

— Du courage, du courage, mon ami! dit Mariette en soutenant le jeune homme dans ses bras; nous sommes près d'une charmille qui fait l'enclos d'une jolie petite maison; vingt pas encore, et tu pourras t'asseoir à son ombre, et, si cette maison est habitée par des chrétiens, tu y trouveras du secours.

— Oh! je n'ai pas besoin d'autre secours que de repos, murmura Conscience; ce n'est pas le chemin, c'est la douleur qui me tue. N'importe! allons.

Et, se raidissant, Conscience franchit la distance qui le séparait de la charmille; mais, en arrivant au talus qu'elle dominait, il se se laissa aller, pâle et la tête affaissée, comme un homme à qui le cœur et les jambes manquent à la fois.

La jeune fille, en voyant Conscience ainsi abattu, poussa un faible cri et tomba à genoux à ses côtés.

Un léger bruit se fit entendre derrière la haie; mais Mariette n'y prit point garde.

Puis, comme Conscience fermait les yeux et laissait aller sa tête en arrière :

— Mon Dieu! mon Dieu! murmura-t-elle, après tout ce que nous avons souffert, n'aurez-vous pas enfin pitié de nous?

XXIV

UN TROISIÈME DOCTEUR.

Le bruit qui s'était fait de l'autre côté de la haie, et qui n'avait pu distraire Mariette de la douloureuse préoccupation que lui causait l'état de Conscience, était produit par l'attention que venait de prêter à la scène qui se passait sous ses yeux et à deux pas de lui un de ces personnages épisodiques que les pérégrinations de Mariette et de Conscience nous forcent de semer sur la route de nos deux héros.

Celui-ci était un vieillard de soixante à soixante-cinq ans, aux cheveux blancs, à la figure grave et douce; il était vêtu d'un pantalon à pieds de bazin blanc, et d'une grande robe de chambre de molleton gris.

Son œil était noir et vif sous des sourcils grisonnans, et une moustache grisonnante comme ses sourcils ombrageait sa lèvre supérieure.

Il y avait en lui une certaine allure militaire dénonçant l'homme des champs de bataille.

Au moment où Conscience et Mariette s'étaient arrêtés sous la charmille, il était assis sous une tonnelle, ayant devant lui une tasse de moka fumant, et tenait à la main un journal qui, de temps en temps, lui faisait grincer les dents comme s'il eût mordu dans une pomme verte.

Ce journal était l'ancien *Journal de l'Empire*, et le nouveau *Journal des Débats*.

Il y a un proverbe belge qui dit que le macaron est l'emblème du mariage : doux et amer à la fois.

Le journal, apparemment, était, pour l'homme à la tournure militaire, doux et amer à la fois, comme le macaron et le mariage; car, après l'avoir, à diverses reprises, jeté sur la petite table devant laquelle il était assis, ou déposé sur le banc qui lui servait de siége, il l'avait toujours repris et y avait mordu de nouveau.

Aussi ne fallait-il rien de moins que ce bruit que fit Conscience en s'affaissant sur lui-même, que le cri poussé par Mariette, que la prière douloureuse qu'elle adressa au ciel, pour distraire l'attention du vieux brave, car il est à peu près convenu que c'en était un, et la faire passer de la feuille de papier à l'homme, du *Journal des Débats* à Conscience.

Il se pencha donc vers la haie, et, à travers la charmille d'épine, plus claire à sa base que vers son centre, il aperçut le touchant tableau que nous avons essayé d'esquisser.

— Oh! oh! murmura-t-il, qu'est-ce que ce jeune homme, cette jeune fille et ce chien?

Et il écouta.

— Consience! Conscience! s'écriait Mariette les mains jointes, Conscience, réponds-moi donc, je t'en supplie, ou je croirai que tu vas mourir!

Mais, soit qu'il n'entendît pas, soit qu'il entendît et n'eût point la force de répondre, le jeune homme se contenta de secouer la tête en poussant un soupir.

— Conscience, mon ami! continua la jeune fille, mon Dieu! se peut-il donc que le courage te manque ainsi à l'extrémité du chemin?... Nous sommes à deux cents pas à peine de la forêt de Villers-Cotterets, c'est-à-dire bien près d'Haramont: nous pouvons y être ce soir, non pas à pied, je le sais bien, pauvre ami! tes pieds sont tout saignans... mais avec une petite carriole que nous louerons au prochain village: car, de mes trente francs, Conscience, il en reste encore dix-neuf, tant chacun a été bon pour nous! Eh bien! je te le répète, nous pouvons ce soir être près de nos mères, et, une fois arrivé, tu n'auras plus de fatigue, tu n'auras qu'à traverser d'une chaumière à l'autre, et je serai là pour te servir de guide.

— Oui, murmura Conscience, oui je le sais bien, dans deux heures nous pouvons être arrivés; mais ces deux petites chaumières si chères, je ne les verrai plus; mais ma mère Madeleine et ma mère Marie, je ne les verrai plus!.. mais le père Cadet, mais petit Pierre, mais l'âne, mais le bœuf, mais la vache noire, je ne les verrai plus!.. Ah! Mariette, Mariette, si tu savais comme à cette pensée le cœur me bat douloureusement!...

Mariette reprit un peu de forces à cette plainte de son ami; elle sentit qu'il lui fallait lutter contre ce découragement mortel.

— Et cependant, dit-elle, mon cher Conscience, il est bien certain que tu m'as vue, n'est-ce pas? entrevue, peu importe! il n'en est pas moins vrai que pour un moment tes yeux avaient recouvré leur transparence? Eh bien! cette lueur, crois-moi, elle n'est pas éteinte: tes yeux se sont fatigués; cette douleur que tu ressens, c'est de l'inflammation; mais aie patience, mon bien-aimé: le docteur Lécosse est bien savant; il entreprendra la cure de tes pauvres yeux et les guérira. Oh! mais voilà qu'au lieu de te consoler, ce que je te dis t'attriste; voilà que tu pleures, voilà que tu pâlis encore!

— Mariette! Mariette! murmura Conscience, je ne sais ce que j'ai, mon cœur se brise de désespoir... il me semble que je vais mourir.

Et, cette fois, les bras de Conscience s'affaissant sur le gazon, sa tête échappant à la main de Mariette, qui la soutenait, il retomba sur le talus complétement évanoui.

— Hélas! hélas! s'écria Mariette; au secours! de l'eau! de l'eau!

Puis, se levant comme une folle et laissant le jeune homme à la garde de Bernard, qui lui léchait doucement le visage, elle courut à la première porte : c'était celle du vieillard.

Mais, au moment où elle allait s'attacher au marteau, cette porte s'ouvrit et le vieillard parut, accompagné d'un domestique, dont l'ancienne condition se dénonçait encore plus clairement que chez son maître par un bonnet de police incliné sur l'oreille et par un reste d'accoutrement militaire.

Ce dernier tenait à la main une fiole et une petite cuillère à café.

— Oh! monsieur, monsieur! s'écria Mariette, là, à vingt pas de vous, un pauvre jeune homme qui se trouve mal... un pauvre jeune homme qui se meurt!... Oh! venez, venez, monsieur, je vous en supplie!...

— Nous y allions, mon enfant, répondit le vieillard, car j'ai tout vu à travers cette charmille; mais soyez tranquille, son mal n'est pas bien dangereux : c'est de la faiblesse, et voilà tout.

— Alors, monsieur, dit Mariette, vous allez le guérir?..

— Oui, mon enfant, oui... Viens, viens, Baptiste.

Tous deux se dirigèrent vers Conscience, suivis de la jeune fille, dont l'émotion était si grande qu'elle avait peine à marcher.

Bernard comprit que c'était du secours qui arrivait à son jeune maître, et il accourut tout joyeux et tout bondissant au-devant du vieillard.

— Ma foi! dit Baptiste en regardant alternativement Mariette, Bernard et le jeune homme étendu, m'est avis, monsieur le docteur, que ce doit-être un bon garçon, celui qui est aimé à la fois d'une si belle fille et d'un si beau chien.

De toute la phrase, Mariette n'avait entendu que ces mots : « Monsieur le docteur. »

— Oh! s'écria-t-elle, seriez-vous médecin, monsieur?...

— Oui, oui... et un fameux, allez, répondit Baptiste, et qui en a vu bien d'autres que ce qui arrive à votre bon ami.

— Oh! alors, monsieur, voilà le bon Dieu qui nous aime de nouveau, dit Mariette, puisqu'il vous envoie à notre secours.

Pendant ce temps, les deux hommes étaient arrivés près de Conscience, et, tandis que le domestique lui soulevait la tête, le vieillard versait quelques gouttes de la liqueur que renfermait la fiole, et, à l'aide de cuillère, la lui introduisait dans la bouche.

Mariette, les mains jointes et les yeux fixés sur Conscience, prononçait des paroles entrecoupées qui étaient moitié une prière à Dieu, moitié un remerciement à l'inconnu.

Il y avait une telle angoisse dans l'attitude suppliante de la pauvre enfant, que le docteur comprit qu'il ne suffisait pas de secourir le jeune homme, mais qu'il fallait encore consoler la jeune fille.

— Rassurez vous, mon enfant, lui dit-il, ce n'est rien. Il ne s'agit que d'un évanouissement ordinaire, et, dans une minute, le pauvre garçon aura repris ses sens.

— Dites-vous bien vrai, monsieur? s'écria Mariette, et n'est-ce point parce que vous comprenez que je mourrais s'il mourait, que vous me dites cela?... Oh! il ne mourra point, n'est-ce pas, monsieur?...

— Non; n'ayez aucune crainte... vous aimez donc bien ce pauvre soldat!

— Oh! monsieur...

— Et d'où venez-vous avec lui?

— De l'hôpital de Laon, où j'ai été le chercher; car ce que vous ne savez peut-être pas, monsieur, c'est qu'il est aveugle : il a eu les yeux brûlés pas l'explosion d'un caisson.

— Ah diable! fit le docteur, cela est plus grave; mais tirons-le d'abord de son évanouissement, qui me paraît simplement causé par la fatigue, et nous nous occuperons ensuite de ses yeux.

— Oh! monsieur! monsieur! s'écria Mariette, vous avez dit vrai, le voilà qui revient... Voyez, voyez, il respire... il ouvre les yeux... Laissez-moi lui prendre la main et lui parler, monsieur, car il croirait que je ne suis pas là, et cette idée lui ferait beaucoup de mal.

— Mariette... murmura le jeune homme, qui commençait effectivement à revenir à lui.

— Conscience, mon ami! répondit vivement la jeune fille, je suis là... à tes genoux. Et, avec moi, il y a un bon docteur qui promet de prendre soin de toi et de te guérir. Oh! n'est-ce pas monsieur, que vous le guérirez?...

Le vieillard regardait avec attention les yeux enflammés de Conscience.

— Depuis que l'accident vous est arrivé, mon ami, dit-il, n'avez-vous jamais éprouvé de mieux?

Conscience essaya de répondre; mais il était si faible, qu'il ne put que balbutier quelques paroles inintelligibles.

Mariette se hâta de répondre pour lui.

— Si fait! monsieur, dit-elle; hier même, il lui a semblé que le voile qu'il avait sur les yeux s'éclaircissait; hier, pendant un instant, il a cru m'avoir vue.

— Je t'ai vue, Mariette... murmura le jeune homme.

— Vous l'entendez, monsieur? s'écria la jeune fille, il le dit lui-même. Eh bien! comme, depuis ce temps-là, il n'y a pas eu d'amélioration pour ses yeux, tout au contraire, il est tombé dans le désespoir où vous le voyez; car c'est le désespoir, monsieur, bien plus que la fatigue, ajouta Mariette en pleurant, qui le réduit à l'état où il est...

— Et il a tort, dit le docteur; il est possible que la conjonctive soit seule atteinte, et qu'elle se régénère d'elle-même.

— Qui que vous soyez, monsieur, répondit Conscience, soyez béni pour l'espoir que vous nous donnez! que cette espérance se réalise ou non. Malheureusement, ajouta-t-il en secouant la tête, les médecins sont les seuls pour lesquels Dieu ait fait du mensonge une vertu.

— Apprenez, jeune homme, dit Baptiste, que mon maître est un ancien officier qui a fait, comme chirurgien-major de la garde consulaire et de la garde impériale, les campagnes de la révolution et de l'empire; ce qui signifie que mon maître ne ment jamais!

Puis il ajouta, comme indigné, et s'adressant au vieillard :

— Mais qu'est-ce que c'est donc que ce blanc-bec-là qui dit que vous mentez? Avez-vous entendu, monsieur le major?

— Tais-toi, Baptiste, tais-toi, fit le vieillard en souriant; c'est très beau ce qu'il a dit.

— Comment! il a dit que vous mentiez et vous trouvez cela beau? Alors je n'y comprends plus rien. Si l'on vous avait dit, il y a quinze ans, que vous mentiez, comme vous vous seriez coupé la gorge avec celui qui vous eût dit cela!

Puis, haussant les épaules et poussant un soupir :

— Ce que c'est que l'âge, murmura-t-il, comme on se rouille!

— Allons, mon ami, dit le vieillard à Conscience, vous voilà revenu à vous. Faites un effort et essayons de gagner la maison; nous y serons mieux qu'ici, et nous tâcherons de faire quelque chose pour vos yeux.

— Oh! monsieur, dit Conscience, ne prenez pas tant de souci de nous; avec un peu de repos, je vais me trouver en état de continuer ma route. Cette liqueur que vous m'avez fait boire m'a rendu mes forces. Mariette, joins-toi à moi pour rendre grâces à monsieur, et partons.

— Un instant, dit le vieillard, oh! non pas, il en sera autrement, c'est moi qui vous le dis. Vous êtes venu tomber devant ma porte, vous entrerez dans ma maison. Vous êtes de braves jeunes gens, et je ne veux pas que vous épuisiez ainsi vos forces. Vous ne partirez point avant de vous être reposés chez moi, et de vous être fortifiés par un verre de bon vin; et puis, peut-être en regardant ces yeux-là de plus près, y verrons-nous quelque remède.

— Oh! en ce cas-là, viens, Conscience, viens, dit Mariette; ce serait tenter Dieu que de refuser... Monsieur, je ne suis qu'une pauvre paysanne, et Conscience n'est qu'un pauvre paysan. Hélas! nous ne pourrons jamais vous payer vos soins, car nous sommes pauvres tous deux; mais j'ai des prières, monsieur, des prières inépuisables comme mon amour... et je prierai durant toute ma vie pour vous et pour les personnes qui vous sont chères. Faites de nous ce que vous voudrez, monsieur, et que Dieu vous accorde de longs jours, beaucoup de félicités dans ce monde, et, après la vie, un bonheur éternel!

Mariette adhérant ainsi, Conscience n'avait plus aucune objection à faire. Il s'appuya d'un côté au bras de la jeune fille, de l'autre à celui du docteur, et Baptiste courut devant pour ouvrir les portes.

XXXV

OU L'ESPOIR REVIENT.

Baptiste avait reçu ses instructions. En entrant dans la maison, il donna les ordres, ou plutôt il transmit les ordres de son maître à un second domestique, qui disparut aussitôt.

Quant à lui, il continua son chemin jusqu'au salon, où le docteur et Mariette le trouvèrent roulant un fauteuil pour faire asseoir Conscience.

Tous trois entrèrent. Bernard se tint modestement à la porte; ces parquets si bien cirés l'intimidaient.

Le docteur conduisit Conscience dans le fauteuil qui l'attendait, en prenant le soin seulement de lui faire tourner le dos à la lumière.

Aussitôt Conscience installé, Baptiste sortit.

Quelques secondes après, il rentra portant une bouteille et trois verres sur un plateau.

— Viens ici, dit le vieillard.

— Me voilà, major.

Le docteur saisit la bouteille par le goulot, avec cette précaution que les amateurs de bon vin ont toujours pour la vétusté de certains récipiens, et emplit les trois verres.

Il en présenta un à Conscience.

— Buvez cela doucement, à longs traits, mon ami, dit-il, et je vous promets que vous ne vous en trouverez point mal.

Conscience prit le verre.

— Pardon, monsieur, dit-il; mais, si c'est du vin, je dois vous prévenir que je n'en bois jamais.

— Tant mieux! s'écria le docteur, l'effet n'en sera que plus efficace; buvez, mon ami, buvez; c'est comme remède que je vous le donne.

Conscience s'apprêta à obéir.

Alors le docteur présenta le second verre à Mariette.

— Et vous aussi, ma belle enfant, dit-il, vous devez être fatiguée, et ce vin vous rendra des forces.

— Je crois bien, fit Baptiste, qui ne perdait point de vue ces trois verres qu'on eût dits pleins de topaze liquide; je crois bien, du vin qui ressusciterait un mort!

— Allons, dit le docteur en prenant le troisième verre, à la guérison de votre ami, ma belle enfant!

— Oh! monsieur, de grand cœur! dit Mariette.

Et tous trois portèrent simultanément le verre à leurs lèvres, tandis que Baptiste, qui n'avait pas de verre, se contentait de faire clapper sa langue en homme qui déguste par le souvenir une liqueur absente.

Le vieux docteur avala le verre d'un seul trait, et, le verre avalé, poussa un « hum! » de satisfaction.

Conscience porta le sien lentement à ses lèvres, le dégusta avec cette défiance qu'ont toujours pour avaler les aveugles, qui ne peuvent d'abord apprécier par la vue l'objet qu'il avalent. Puis, surmontant une certaine répugnance, il finit, en s'y prenant à trois fois, par vider son verre.

Quant à Mariette, aux premières gouttes qu'elle but, elle écarta le verre de ses lèvres comme si elle eût touché du feu.

— Oh! monsieur, dit-elle en tendant vivement le verre à Baptiste, je vous demande bien pardon, mais il me serait impossible de boire cela.

Baptiste reçut respectueusement le verre des mains de la jeune fille, qui se hâta d'éponger ses lèvres avec son mouchoir. On eût dit que cette liqueur était un corrosif dont elle voulait effacer jusqu'à la dernière trace.

— Bon! dit le docteur. Heureusement que Baptiste n'est pas dégoûté de vous; car vous auriez perdu là, ma belle enfant, un verre du meilleur Xérès qu'ait jamais mûri le soleil de l'Andalousie. N'est-ce pas, Baptiste, que tu n'es pas dégoûté de mademoiselle, hein?

— Non, ma foi! major, elle a de trop jolies lèvres pour cela. A votre santé, major, et toute la compagnie.

Après quoi, Baptiste avala le contenu du verre d'un seul trait, comme avait fait son maître, et, comme lui, poussa un « hum! » de satisfaction.

Seulement, le verre avait été avalé plus vite, et le *hum!* poussé d'une façon plus sonore.

Cependant l'effet prévu par le docteur était produit. La chaleur de la liqueur dorée circulait dans les veines de Conscience : il en subissait l'influence vivifiante. Les couleurs reparaissaient sur ses joues, le sourire renaissait sur ses lèvres.

— Oh! monsieur, dit Mariette, à laquelle n'échappait aucune des sensations du jeune homme, c'était bien mauvais, comme boisson, ce que vous nous avez donné, mais il paraît que c'est bien excellent comme remède. Voyez donc comme Conscience revient à lui! Tu te trouves bien mieux, n'est-ce pas, mon cher Conscience?

— Oui, dit Conscience, tout à fait mieux, plus fort et plus gai. C'est singulier, Mariette, il me semble que l'espoir me revient. J'ai faim, même.

— Oh! oh! dit le docteur, un instant. Peste! comme nous y allons, mon jeune ami! Tout à l'heure! il faut prendre un bain auparavant. Vous resterez vingt minutes dans l'eau. Tu veilleras à cela, Baptiste, vingt minutes, pas plus, pas moins. Pendant tout ce temps, le malade se bassinera les yeux avec des émolliens; puis tu le sortiras du bain, et tu nous le ramèneras. Vous entendez, monsieur le soldat? il s'agit d'obéir ici comme au régiment. Voilà la consigne.

— Vous êtes trop bon, monsieur, et vous donnez votre consigne d'une manière trop bienveillante pour qu'on n'y obéisse pas en tout point.

Puis, se levant :

— Je suis prêt, dit-il. Monsieur Baptiste, voulez-vous me conduire?

Conscience tendait les deux mains. Baptiste en prit une; Mariette s'empara vivement de l'autre.

— Ma chère enfant, dit le docteur à Mariette, j'ai à vous parler.

— Je le conduis jusqu'à la porte seulement, dit en rougissant Mariette, et je reviens à l'instant même.

— Bien! bien! allez, fit le docteur.

Mariette conduisit en effet Conscience jusqu'à la porte, et revint.

Le docteur avait retenu la jeune fille pour l'interroger sur les détails de l'accident, sur ce qu'elle pouvait se rappeler du traitement suivi, et sur cette espèce de retour à la vue qui, la veille, les avait si fort réjouis tous les deux.

Mariette donna tous les renseignemens qu'elle put donner, avec cette charmante naïveté que nous connaissons déjà, mais qui, inconnue du docteur, faisait sur lui, au fur et à mesure qu'elle se produisait, cette bonne impression de changer en tendresse presque paternelle l'intérêt philanthropique qu'il avait témoigné tout d'abord aux deux enfans.

Pendant ce temps, le docteur écoutait avec attention et approuvait ou improuvait le traitement suivi. En somme, Mariette crut remarquer que l'approbation l'emportait sur l'improbation, l'espérance sur la crainte.

— C'est bien, dit-il, quand Mariette eut fini, nous allons faire une nouvelle épreuve.

Il sonna Baptiste. Baptiste entra.

— Eh bien! lui demanda-t-il, as-tu mis notre malade au bain?

— Oui, major, répondit celui-ci. J'ai même eu grande peine à empêcher son chien de vider la baignoire : il paraît que l'animal avait très soif.

— As-tu lavé les yeux avec de l'eau de guimauve?

— Oui, major.

— Les as-tu recouverts d'un bandeau?

— Oui, major.

— Eh bien! fais sortir le malade du bain, et amène-nous-le.

Baptiste pivota sur lui-même avec une précision toute militaire, et disparut.

Le major baissa les stores du salon de manière à faire passer le jour d'une lumière ardente à une douce demi-teinte.

Mariette regardait le vieillard faire tous ces préparatifs, avec une frissonnement certes plus plein d'angoisses que s'il se fût agi d'opérer sur elle-même. N'avait-il pas dit, ce bon docteur, que l'épreuve qu'il allait tenter était décisive?

Au moindre mouvement venant du dehors, elle tressaillait, et se tournait vers la porte.

Enfin, elle entendit des pas, et reconnut la marche inquiète et hésitante de Conscience. La porte s'ouvrit, et le jeune homme parut appuyé au bras de Baptiste.

Le docteur fit signe à Baptiste de conduire l'aveugle jusqu'au milieu de la chambre.

Arrivés là, Conscience et Baptiste s'arrêtèrent. Le docteur plaça Mariette à la droite de Conscience, et se plaça lui-même à sa gauche : tous deux se tenant debout dans le cercle de son rayon visuel. Après quoi, ayant fait signe à Mariette de se taire, le vieillard ordonna à Baptiste d'enlever le bandeau qui couvrait les yeux du jeune homme.

Puis, le bandeau enlevé :

— Mon ami, dit-il à Conscience, ouvrez les yeux maintenant, et dites-nous si vous distinguez quelque chose, soit comme masse, soit comme contour?

Conscience demeura un instant les paupières clignotantes; puis sa vue parut se raffermir, son œil terne parcourut le demi-cercle qui s'étendait devant lui, et finit par s'arrêter sur Mariette.

Tout à coup, il jeta un cri et s'avança, rapide et les bras étendus en avant, du côté de la jeune fille.

Celle-ci, à son tour, voulut s'avancer vers Conscience, mais un signe du docteur la retint.

Elle demeura donc immobile, haletante, et pleine de frissons, comme si elle eût eu la fièvre.

Conscience s'était avancé jusqu'à elle. Au moment de la toucher, il s'arrêta, craignant sans doute de la heurter, et tendant sa main tremblante :

— Mariette! Mariette! dit-il, es-tu là! ou ce que je vois n'est-il qu'une ombre, qu'une erreur de mon imagination?... Oh! si tu es là! par grâce, parle-moi... touche-moi!...

— Conscience! cher Conscience! s'écria Mariette en lui saisissant la main.

— Oh! mais, alors, je vois... alors, je ne serai point aveugle... Je vois, Mariette!... je vois!

Mariette n'osait parler. On eût dit qu'elle était, ainsi que Conscience, le jouet de quelque illusion, et qu'elle craignait qu'un mot, un mouvement, un geste ne fît évanouir son rêve.

— Si vous voyez, demanda le docteur, dites-moi de quelle couleur est le châle de Mariette?

— Elle a son fichu rouge, monsieur le docteur.

— C'est vrai! s'écria Mariette. Oh! quel bonheur! Cette fois-ci, ce n'est point une erreur, Conscience... Oui, j'ai bien mon fichu rouge.

Le docteur parut étonné.

— Ton amie a son fichu rouge, dis-tu? ne te trompes-tu pas, Conscience?

— Oh! non, monsieur le docteur.

— Et tu vois rouge?

— Non, monsieur, dit Conscience, je ne vois qu'une teinte grisâtre : mais, un jour, chez lui, le docteur Lécosse m'a expliqué que, quand il fait sombre, le rouge paraît plus noir que les autres couleurs. Je vois le châle de Mariette gris foncé, et je présume, par conséquent, qu'il doit être rouge.

— C'est bien, dit le docteur, assez comme cela; embrassez-vous, mes enfans, et ayez bon espoir.

Puis, se retournant vers le domestique, tandis que les deux jeunes gens se jettaient dans les bras l'un de l'autre :

— Baptiste, dit-il, remets le bandeau sur les yeux de notre aveugle, qui, dans quelques mois, je l'espère bien, sera guéri. Puis fais-le dîner; après quoi, tu le conduiras à sa chambre; car il faut maintenant qu'il se repose, afin de pouvoir se remettre en route demain dès le matin. Quant à mademoiselle Mariette, elle dînera ici ou avec Conscience, à son choix.

— Oh! avec Conscience, monsieur le docteur. Je suis si heureuse, que j'ai absolument besoin de le voir, ou autrement je cesserai de croire à mon bonheur.

— Soit. Tu entends, Baptiste?

— Oh! monsieur le docteur, comment vous remercier? s'écria Conscience avec un accent plein d'exaltation.

— Allons, allons, du calme, fit le docteur, c'est du calme surtout qu'il nous faut, et, avec du calme, de l'eau d'alun, de l'eau de rose, et quelque pommade résolutive, nous guérirons encore cet aveugle-là.

— Et ce ne sera pas le premier, dit Baptiste. Ah! vous

n'êtes pas malheureux, jeune homme, d'être tombé entre nos mains.

— Eh bien! demanda le docteur à Mariette, tu ne suis pas ton ami, mon enfant?

— Oh! monsieur le docteur, dit-elle en tombant à deux genoux devant le vieillard, laissez-moi d'abord vous remercier!

— Es-tu folle? dit le docteur en essayant de la relever.

Mais Mariette, lui saisissant les mains et gardant son humble et reconnaissante posture :

— Non, monsieur, non, dit-elle, je ne me relèverai pas avant de vous avoir dit, du moins, que j'espère vous voir mieux récompensé de ce que vous venez de faire que si vous aviez guéri le fils d'un roi! car c'est Dieu qui se charge d'acquitter la dette des pauvres gens; et Dieu est riche en miséricorde et en bénédictions! Mon Dieu! mon Dieu! s'écria-t-elle avec un enthousiasme qui amena les larmes jusqu'aux paupières sèches du vieillard, mon Dieu! n'est-ce pas que vous bénirez notre sauveur comme nous le bénissons nous-mêmes?

— Oui, mon enfant, dit le vieillard, oui, Dieu t'entendra, ou plutôt Dieu t'a entendue; car je suis déjà récompensé au delà de mes mérites... Embrasse-moi donc, ma fille, et va rejoindre ton ami.

Et, rapprochant Mariette de lui, il l'embrassa paternellement sur le front, tandis que, de son côté, la jeune fille toute sanglotante le pressait sur son cœur; puis, s'élançant sur les traces de Conscience :

— Oh! mon Dieu! s'écria-t-elle, qui donc peut dire que les hommes ne sont pas bons?

Le lendemain matin, à sept heures, une jolie petite carriole de campagne, attelée d'un cheval gris pommelé, attendait à la porte de cette maison où, la veille, Mariette s'était présentée avec tant d'anxiété.

Un petit paysan tenait le cheval par la bride.

On vit d'abord Baptiste, un fouet sous son bras, et tressant avec un soin tout particulier la mèche de ce fouet.

Puis Bernard, sautant, gambadant, et, à chaque saut, à chaque gambade, se retournant pour regarder ceux qui venaient derrière lui.

Ceux qui venaient derrière lui, c'était le docteur, c'était Mariette, et puis Conscience, avec sa visière verte, mais le visage calme, serein, souriant.

Ce visage, on le voyait, était le reflet d'un cœur plein d'espérance.

Le jeune homme était appuyé au bras de Mariette, et tenait pressée contre sa poitrine la main du vieillard.

Arrivé au marchepied de la voiture, il hésita un instant; puis, ouvrant ses deux bras :

— Docteur, bon docteur, dit-il, je voudrais bien vous embrasser!...

Le docteur ne demandait pas mieux; il le tint serré pendant quelques momens entre ses bras.

Après quoi, le repoussant doucement :

— Allez, mon cher Conscience, dit-il; vous oubliez que votre mère vous attend.

— Oui, oui, docteur, dit Conscience, vous avez raison. Baptiste, aidez-moi à monter dans la voiture. Mariette, remercie bien encore le docteur, embrasse-le encore; dis-lui que nous l'aimerons toujours.

— Oh! oui, Dieu nous en est témoin, toujours, toujours! dit Mariette.

— Allons, allons, en voiture, en voiture, mademoiselle, on n'attend plus que vous.

Mariette s'élança à l'aide du marchepied, et, en un instant, fut sur la banquette du fond, près de son ami Conscience.

— Maintenant, voyons, dit Baptiste, quel chemin allons-nous prendre?

— Le plus court, dit Conscience.

— Alors, nous allons passer près de Fleury, laisser Villers-Cotterets à notre gauche, prendre derrière Saint-Remy, traverser les châtaigniers et tomber droit à la grande route d'Haramont. Est-ce votre avis, jeune homme?

— Oui, cela diminue notre chemin de près d'une lieue.

— En ce cas, en route, Marengo! s'écria Baptiste en enveloppant les flancs du cheval gris pommelé d'un coup de fouet, qui le fit partir au grand trot sur les traces de Bernard, qui semblait lui montrer le chemin.

— Au revoir, docteur! crièrent les deux voix de Mariette et de Conscience.

— Bon voyage, mes enfans! répondit celui-ci.

Et la voiture, au milieu d'un tourbillon de poussière, franchit la lisière de la forêt.

Cinq quarts d'heure après, elle s'arrêtait entre les deux chaumières, au seuil desquelles se groupaient, étonnés et ne pouvant croire à ce retour inattendu, d'un côté, dame Marie, petit Pierre et Catherine; de l'autre, Madeleine, soutenant le père Cadet, qui commençait à se lever.

Et, aux hurlemens joyeux de Bernard, répondaient par leurs cris et leurs mugissemens Pierrot, Tardif et la vache noire, qui, quoique enfermés dans leurs étables, ne demeuraient point étrangers à ce grand événement.

XXXVI

OU IL EST PRESQUE DÉMONTRÉ QUE MIEUX EUT VALU POUR CONSCIENCE DEMEURER AVEUGLE.

Nous n'essayerons pas d'exprimer la sensation produite sur les habitans des deux chaumières par ce retour de Conscience et de Mariette.

Au lieu de pleurer un seul enfant, les mères commençaient à en pleurer deux. Depuis son départ, Mariette n'avait point donné de ses nouvelles, et, quoique six jours ne se fussent pas encore écoulés, son absence semblait durer depuis six siècles.

Les chaumières étaient toujours là, mais comme deux cadavres dont les âmes s'étaient envolées.

Les âmes revenaient : les cadavres allaient se reprendre à la vie.

Les honneurs du retour furent d'abord pour Conscience : c'était celui-là qui était le véritable absent, absent depuis six mois.

Puis pour Mariette, l'héroïne du dévouement.

Puis enfin pour Bernard.

Mariette fut le poëte de cette nouvelle odyssée. Comme Françoise de Rimini, elle racontait, tandis que Paolo-Conscience écoutait, la tête appuyée à l'épaule de sa mère.

Bien des soupirs et bien des larmes entrecoupèrent ce simple récit; bien des bénédictions furent données aux cœurs charitables que Dieu avaient échelonnés sur la route des deux pèlerins.

Les deux bouquets de fleurs, d'or et d'argent, rapportés de Notre-Dame de Liesse, furent suspendus chacun dans une des chaumières, à l'endroit le plus apparent de la cheminée.

Puis, vers deux heures de l'après-midi, quand le cheval gris pommelé, après avoir fait connaissance avec Pierrot et Tardif, se fut bien repu à leur râtelier et bien reposé sur leur litière, quand, de son côté, Baptiste eut été bien fêté par les habitans des deux chaumières, le cheval gris pommelé fut tiré de son repos et attelé à la carriole. Baptiste, embrassé, caressé, chargé de mille bénédictions pour le vieux docteur, sortit de la chaumière de gauche, remonta dans la carriole, échangea un dernier adieu avec les heureux qu'il venait de faire, et, fouettant son cheval, il faut le dire, avec moins d'ardeur qu'au départ, reprit le chemin de Longpont, où il se retrouva deux heures après avoir quitté le village au milieu duquel son passage venait de produire une si vive sensation.

Cette sensation, hâtons-nous de le dire, une des personnes sur lesquelles elle agit le plus puissamment fut Catherine. Catherine, que le hasard avait amené chez dame Marie, au moment de l'arrivée de Conscience et de Mariette, n'avait encore reçu aucune nouvelle de Bastien, et ignorait toujours s'il était mort ou vivant. La pauvre fille aimait le hussard de toute son âme ; ce fut donc avec une immense joie qu'elle apprit de la bouche de Mariette des détails qui ne lui laissèrent aucun doute sur l'existence de Bastien, de Bastien un peu détérioré, c'est vrai, mais de Bastien toujours vivant, toujours bon garçon.

Il est encore vrai qu'au moment où Bastien avait quitté Mariette, il l'avait quittée pour aller faire une promenade avec le cuirassier du côté de la porte Saint-Quentin ; mais Bastien, en quittant Mariette, paraissait tellement compter sur son coup de figure, que, nous l'avons dit, cette promenade, tout en laissant un souvenir de reconnaissance dans le cœur de Mariette, n'y laissait aucune inquiétude ; elle ne jugea donc pas même à propos de parler à Catherine de cet incident.

Restait à craindre, pour Catherine, que Bastien ne l'eût oubliée ; mais on se rappelle la conversation du hussard avec Mariette à cet endroit, et l'on conviendra que les craintes de Catherine, sur cet oubli de Bastien, étaient on ne peut plus mal fondées.

Pendant tout le reste de la journée, une partie des habitans du village stationna sur la route entre les deux chaumières : les garçons, ce qu'il en restait du moins après le terrible abatis qui venait d'en être fait, serrant les mains de Conscience ; les jeunes filles félicitant Mariette sur son courage et le bon résultat qu'il avait eu.

Il fallut alors que Conscience racontât tous les détails de cette terrible bataille de Laon, à laquelle il avait assisté, jusqu'au moment où, en faisant explosion, le caisson l'avait aveuglé, tandis que Mariette, de son côté, racontait son voyage, à elle, le pèlerinage à Notre-Dame de Liesse, l'intervention miraculeuse de la sainte Vierge, car la jeune fille continuait d'attribuer à la madone l'heureuse guérison de son ami ; enfin la station chez le bon docteur de Longpont, où Conscience était rentré mourant et désespéré, et d'où il était sorti plein d'espérance et de forces.

Puis la nuit vint, rappelant chacun au foyer. Dans toutes les maisons du village on s'entretint, ce soir-là, de Conscience et de Mariette ; on parla de leur mariage, qui n'était plus un mystère, Conscience ayant dit les promesses que le dévouement de la jeune fille lui avait faites, alors que sans espoir de revoir jamais la lumière du jour, il considérait le reste de sa vie comme une station anticipée dans les sombres vestibules de la mort.

Et, il faut le dire, dans tout le village, il ne se trouvait pas un envieux du futur bonheur des deux jeunes gens ; au contraire, ceux qui étaient au courant des affaires du père Cadet et, dans les localités de cinq à six cents âmes il n'y a guère de secrets qui se gardent longtemps ; ceux qui étaient, disons-nous, au courant des affaires du père Cadet, plaignaient les jeunes gens, dont l'avenir allait probablement être fort compromis par le triple dérangement qu'avaient apporté dans ces affaires l'attaque d'apoplexie dont le vieillard commençait à se relever, le départ de Conscience et le retour des Bourbons.

Expliquons ce triple dommage, et mettons sous les yeux du lecteur la véritable situation du père Cadet, qui, après s'être cru un instant riche comme Crésus, était sur le point de se trouver plus pauvre que Job.

L'apoplexie dont avait été frappé le père Cadet l'avait empêché, comme on dit, de veiller au labourage et à l'ensemencement de ses terres ; mais, sur ce point, par bonheur, le voisin Mathieu lui était venu en aide. Cependant, la terre n'en avait pas moins été privée de cette visite quotidienne et même dominicale à laquelle elle était habituée, et la terre jalouse paraissait, soit à cause de cette négligence, soit à cause des mauvaises dispositions de l'année, promettre, sinon la stérilité, du moins une médiocre récolte.

Oh ! si Conscience avait été là pour veiller aux besoins de cette terre ! Conscience, qui comprenait si bien tous les cris de la nature, eût certes répondu au cri de la pauvre abandonnée.

Mais, hélas ! Conscience était parti ; Conscience mesurait de la poudre à Brienne, à Montereau, à Béry-au-Bac, à Laon : Conscience, le doux Conscience, qui n'eût point arraché une plume à l'aile d'une mésange, Conscience aidait, dans son humble sphère d'action, le vainqueur des Pyramides, de Marengo et d'Austerlitz ; besogne pour laquelle, il faut l'avouer, il n'avait ni une sympathie, ni une admiration pareilles à celles que professait son ami Bastien.

On a vu comment Conscience, doublement excusable dans ses glorieux homicides, et par la nécessité de la défense du territoire, et par la répugnance qu'il avait mise à obéir à la loi de recrutement, avait été arrêté dans le cours de cette carrière qu'il accomplissait, si peu sympathique qu'elle lui fût, avec tant de courage et de sang-froid que l'un et l'autre avaient été remarqués par l'empereur, lequel lui avait dit, on se le rappelle : « La première fois que nous nous retrouverons au milieu du feu, fais-moi souvenir que je te dois la croix ! » paroles dont il allait probablement recueillir les fruits lorsque l'explosion de son caisson l'avait fait disparaître, comme Romulus, dans un éclair.

Puis, étaient venus l'envahissement complet du territoire, l'entrée des alliés à Paris, et le rétablissement du trône des Bourbons, nouvelles causes de ruine pour le pauvre père Cadet, et même pour les deux familles.

Hélas ! au milieu de ces grandes catastrophes et de ces gigantesques événemens, l'historien ne s'occupe guère qu'à suivre la fortune ascendante ou descendante des puissans de la terre. On s'apitoie sur le trône renversé, sur le génie méconnu, sur les revirемens du sort, sur les caprices du hasard, et il est bien rare que l'on trouve une plainte, un regard, un soupir, pour les humbles existences que brisent en passant les roues de ces chars qui montent et qui descendent sur la pente des destinées.

Or, voici quelle triple source de ruine apportaient avec eux, pour les habitans des deux chaumières, ces suprêmes événemens qui venaient de changer la face de l'Europe.

L'envahissement du territoire avait d'abord amené un corps d'armée russe de trente ou quarante mille hommes à Villers-Cotterets ; il eût été difficile de loger ces quarante mille hommes dans les cinq cents maisons qui composent la ville, ou dans les villages environnans.

Ces quarante mille hommes avaient donc établi un immense bivouac qui couvrait deux ou trois lieues de terrain.

Les huit ou neuf arpens de terre du père Cadet se trouvaient compris dans ces deux ou trois lieues de terrain, et étaient couverts d'un camp de cosaques dont les chevaux avaient foulé aux pieds la tête verte des épis, juste au moment où elle commençait à sortir de terre.

Il ne fallait donc plus penser à la récolte de cette année, attendu que le sol était foulé comme celui d'un jeu de paume. Il est vrai que, grâce à la paille qui le couvrait et qui devait tout naturellement se convertir en fumier, la terre, improductive en 1814, serait, suivant toute probabilité, admirablement préparée pour l'année 1815 ; mais il y avait dix-huit mois à passer avant d'arriver là, et le père Cadet avait à payer chez maître Niguet une somme de huit cents francs, vienne la Saint-Martin.

Rien ne paraissait plus facile au premier abord que d'emprunter une somme de huit cents francs sur neuf arpens de terre qu'un travail assidu de dix ans avait fait de première qualité, et qui n'étaient grevés en tout que d'une hypothèque de seize cents francs.

Mais nous reviendrons sur ce point tout à l'heure ; car nous avons parlé de trois causes de ruine, et, après avoir exposé la première, qui était la dévastation de la terre du père Cadet, nous devons passer à la seconde ; en venant à la troisième, nous traiterons cette fameuse question de paiement, la plus grave de toutes.

La seconde cause de ruine était que, par cette occupation étrangère, les voyages quotidiens de Mariette à Villers-Cotterets s'étaient trouvés interrompus; le moyen qu'une jeune fille, sans sauf-conduit, sans escorte, belle comme était Mariette, traversât tous les jours, une fois pour aller vendre son lait, une autre fois pour en rapporter le prix, un bivouac de quarante mille hommes! Il ne fallait pas même y songer.

D'ailleurs, qu'eût-elle été vendre à Villers-Cotterets? Il n'y avait plus de vaches chez la fermière de Longpré, et, par conséquent, plus de lait; les quatre mères nourricières avaient été tuées, dépecées, rôties; la vache noire n'avait échappé à cette tuerie que par protection spéciale de l'officier commandant à Haramont, et Tardif, et même Pierrot, qu'en raison de leur grand âge, qui les rendait respectables, même à des dents de cosaques affamés.

Donc un bivouac de quarante mille hommes, plus de vaches, plus de lait, plus de commerce, c'est-à-dire toute une source de bien-être, la principale, presque la seule, tarie dans la chaumière de droite, tandis qu'un troisième désastre allait, comme nous l'avons dit, tomber sur la chaumière de gauche.

Les Bourbons étaient remontés sur le trône, et, avec eux, étaient rentrés tous les anciens serviteurs qui les avaient suivis dans l'exil. Nobles et prêtres, chacun, en rentrant, avait sa prétention; pas un seul de ces compagnons d'émigration qui n'eût été *spolié* et qui ne réclamât contre la *spoliation*.

C'était ainsi que l'on appelait alors ce grand acte de justice de 1792 qui avait enrichi le peuple de France avec les biens de ceux qui conspiraient ou qui combattaient contre lui.

Or, les neuf arpens de terre du père Cadet n'étaient rien autre chose qu'une bribe détachée des terres que possédait, sur les communes d'Haramont, de Bonneuil et de Largny, le couvent de Longpré.

Et les ayants droit du couvent, qui avaient reparu dans les environs, disaient tout haut qu'ils espéraient bien que ce vol leur serait restitué comme les autres.

Inutile d'ajouter qu'il n'était pas même question d'indemniser les nouveaux propriétaires.

Voilà donc la situation plus que précaire où le pauvre Conscience retrouva les deux familles.

On comprend dès lors combien il était important que l'espèce de miracle qui avait commencé de lui rendre la vue s'accomplît tout à fait, car, évidemment, c'était sur lui qu'allait peser la responsabilité du bien-être de tous.

Le plus urgent était d'abord de soigner cette vue convalescente. Dès le lendemain, Conscience se mit donc en route pour Villers-Cotterets, conduit par Mariette, et précédé par Bernard; c'était leur promenade ordinaire et matinale qui recommençait; seulement, le bivouac avait effarouché les oiseaux, les écureuils et les daims.

Les soldats jetaient un regard d'envie sur cette belle fille; mais ils étaient maintenus par deux sentimens : l'obéissance qu'ils devaient à leurs officiers, et le respect qu'ils devaient au malheur. D'ailleurs, au reste d'uniforme que portait Conscience, ils devinaient qu'ils avaient affaire à un soldat, que cette infirmité était la suite de quelque accident de guerre; et cette fraternité du champ de bataille qui, le combat terminé, s'établit même entre ennemis, protégeait à la fois l'aveugle et son guide.

Tous deux ou plutôt tous trois, Bernard compris, arrivèrent donc à Villers-Cotterets, où, depuis six mois, ils n'avaient point été vus.

Au milieu des graves événemens qui venaient de s'accomplir, leur absence, comme on le pense bien, n'avait point été remarquée; cependant leur présence le fut.

Tout le monde, à Villers-Cotterets, regardait d'un œil sympathique ce groupe étrange et matinal composé de deux enfans qui s'aimaient, et d'un chien qui les aimait.

L'amour attire l'amour.

Les deux jeunes gens allèrent droit à la maison du docteur Lécosse.

Le docteur savait déjà le retour de Conscience, l'accident terrible qui lui était arrivé, et le mieux qui commençait à se manifester dans son état.

Aussi le reçut-il avec une gaîté pleine d'affection.

— Ah! c'est toi, garçon, lui dit-il. Allons, viens ici, et raconte-moi ton affaire.

Et il fallut que, pour la dixième, la vingtième, la cinquantième fois, Conscience racontât l'accident avec tous ses détails.

Le docteur écouta très attentivement; puis, lorsque Conscience eut fini, il le conduisit vers la fenêtre, et, lui ouvrant de force la paupière, il examina l'œil.

— Oui, c'est bien cela, dit-il; la pellicule externe de la cornée a été atteinte; la transparence a été et est encore ternie; mais, peu à peu, la conjonctive s'exfolie et se régénère; le glissement des paupières finira par lui rendre son poli... et alors, garçon, tu y verras aussi clair qu'auparavant.

— Oh! bien vrai, monsieur? s'écrièrent les deux enfans.

— Je vous en réponds, dit le docteur.

— Maintenant, demanda la jeune fille, que faut-il faire, monsieur Lécosse?

— C'est bien simple : je vais vous remettre une petite ordonnance en vertu de laquelle le pharmacien vous préparera une pommade fondante et résolutive. Conscience s'en frottera les paupières matin et soir, et, dans quinze jours ou trois semaines, il y verra assez pour venir me demander tout seul une autre ordonnance.

Et, pendant que le docteur écrivait cette ordonnance à l'adresse de monsieur Pacquenot, pharmacien, Conscience et Mariette, dans les bras l'un de l'autre, échangeaient des larmes reconnaissantes et un baiser silencieux.

En effet, il n'y avait plus rien à craindre, puisque le premier docteur avait espéré, que le second avait promis, et que le troisième affirmait.

Les deux enfans revinrent, de leur pas le plus rapide, apporter cette bonne nouvelle à Haramont.

XXXVII

L'HORIZON SE REMBRUNIT.

Il ne fallait rien moins que cette bonne nouvelle pour adoucir un peu les inquiétudes d'un autre genre qui commençaient à planer sur les deux familles.

Avec ses neuf arpens de terre, le père Cadet était donc, comme nous l'avons dit, sur le point de se voir réduit à la misère.

Le docteur Lécosse n'avait rien voulu accepter, c'est vrai, pour les soins donnés à sa maladie; mais il n'en avait point été de même du pharmacien, et cette maladie, dont il était loin d'être guéri, avait coûté plus de cinquante écus au père Cadet.

Or, nous avons vu que, lorsqu'il s'était agi d'aller chercher Conscience à Laon, le père Cadet avait offert à Mariette, qui l'avait refusée, sa dernière pièce d'or.

Mariette avait fait le voyage avec l'argent que lui avait donné Mauprivez le boucher.

La pièce d'or du père Cadet était donc rentrée dans son sac de cuir, mais point pour longtemps; elle avait passé, avec cinq autres, produit des économies de Madeleine et de Marie, à payer les médicamens que fournissait monsieur Pacquenot.

Pour arriver à cinquante écus, il avait même fallu ajouter encore quelque monnaie.

Sur ces entrefaites, Conscience était revenu. Le retour

de Conscience, c'était une grande joie pour les cœurs, mais ce n'était point un allégement pour les bourses.

Le père Cadet devait rester impotent pendant les quelques jours qu'il avait encore à vivre. Conscience, convalescent, était lui-même incapable d'aucun travail. Petit Pierre ne pouvait compter comme un aide que dans quatre ou cinq années.

Ainsi, de ces deux familles, qui se composaient de trois hommes et trois femmes, c'étaient les soutiens naturels qui manquaient, et c'étaient les femmes qui devaient subvenir aux besoins de tous.

On sait ce que c'est au village que le travail de trois pauvres femmes, et ce que rapportent le rouet et l'aiguille.

Il est vrai aussi qu'au village on vit de peu, mais les deux malades augmentaient la dépense.

Malgré la perte de la prochaine récolte, perte assurée par le campement des cosaques sur sa terre, le père Cadet eût trouvé facilement des ressources ; mais nous avons dit quel bruit terrible se répandant, à propos des terres d'émigrés, compliquait la situation.

On savait en outre qu'il était dû, par le père Cadet, seize cents francs sur cette terre; ce qui n'était rien quand les neuf arpens valaient douze ou quatorze mille francs, mais somme énorme quand on ne savait plus si ces neuf arpens valaient même seize cents francs.

Personne ne fit donc d'offres de service au père Cadet, pas même le voisin Mathieu, qui, se trouvant dans un cas à peu près semblable, n'eût pu d'ailleurs réaliser ses offres, s'il les avait faites.

On avisa à tirer de sa situation tout ce qu'elle conservait de ressources.

Les événemens politiques y aidèrent tant soit peu.

Le 30 mai, le canon de Paris annonça que le traité entre la France et les puissances alliées était signé.

A la suite de ce traité, les troupes étrangères devaient quitter le territoire français.

Vers le 15 juin, les Russes, en conséquence, levèrent leur bivouac, et firent leurs adieux aux habitans d'Haramont, de Largny et de Villers-Cotterets, à la grande satisfaction de ces derniers.

Un instant, la France oublia, en soulevant plus librement sa poitrine écrasée, qu'elle rentrait dans ses limites de 1792, laissait échapper la suprématie du monde, et perdait dans la Méditerranée, dans le golfe du Mexique, dans la mer des Indes, Malte, Tabago, Sainte-Lucie, l'île de France, Rodrigue et Séchelles.

Elle retrouvait son sol; elle redevenait maîtresse d'elle-même; elle allait enfin rallier ses enfans, encore dispersés dans les forteresses du nord et de l'est, dans les armées d'outre-Loire et dans les hôpitaux.

Le lendemain du départ des cosaques, le père Cadet déclara une chose : c'est qu'il voulait aller voir sa terre.

Le désir était bien naturel chez ce pauvre homme, qui, autrefois, allait voir cette terre tous les jours, plutôt deux fois qu'une, et qui ne l'avait pas vue depuis plus de huit mois.

Il y avait longtemps qu'il s'essayait à ce grand voyage, en faisant chaque jour quelques pas de plus au bras de Madeleine; mais, tant que les cosaques avaient bivouaqué sur cette terre bien-aimée, il en avait, autant qu'il lui était possible, écarté ses yeux et éloigné son esprit, comme eût fait Collatin de Lucrèce profanée, si Lucrèce eût survécu au crime de Tarquin.

Madeleine offrit au père Cadet de lui donner, comme d'habitude, l'appui de son bras; mais le père Cadet refusa; il voulait être seul pour subir les émotions qui l'attendaient, et s'y laisser aller tout à son aise.

Elle manifesta quelque crainte que le vieillard ne pût accomplir une si longue course, car il s'agissait de près d'un quart de lieue; mais le père Cadet fit un effort, se redressa, traversa presque sans boiter la chaumière dans toute sa longueur, et demanda qu'on le soutînt seulement pour descendre le talus : le reste ne l'embarrassait point.

Madeleine le suivit longtemps des yeux; mais, voyant qu'il avait gagné le tournant du chemin sans fléchir, elle s'en rapporta à l'énergique volonté du vieillard.

En effet, celui-ci continua sa route, et arriva bientôt en vue de cette grande plaine dévastée.

Pendant près d'une lieue, on ne voyait plus rien que terre foulée aux pieds des hommes et des chevaux, des restes de baraques à moitié démolies, et de grandes taches noires indiquant la place où l'on allumait les feux.

C'était l'image vivante, ou plutôt l'image morte de la désolation.

Le père Cadet secoua tristement la tête et poursuivit son chemin.

Mais arrivé à l'endroit où devait être sa terre, cette terre qu'autrefois il voyait poindre sous son regard, cette terre dont il embrassait facilement, mais fièrement, les limites, arrivé, disons-nous, à l'endroit où devait être sa terre, il la chercha vainement.

Toute limite avait disparu : plus de bornes, plus de fossés, plus aucune de ces marques qui disent au propriétaire : « Ceci est à toi, et ceci est à ton voisin. »

Le père Cadet essaya de lever ses deux bras au ciel, mais le bras gauche ne put accomplir le mouvement et retomba le long du corps, inerte et sans vie.

Deux larmes coulèrent de ses yeux; un de ses bras ne pouvait plus agir, mais ses deux yeux pouvaient toujours pleurer.

— Oh! mon Dieu, Seigneur! murmura le pauvre homme, faut-il, à la fin de sa vie, voir de pareilles calamités?

Puis, comme ses souvenirs lui disaient qu'il devait être à la hauteur de sa terre, il quitta le chemin pour essayer, sous cette couche de boue et de paille, de retrouver les anciennes limites.

Un petit bois appartenant au voisin Mathieu pouvait l'aider dans cette recherche, mais il fallait retrouver aussi la place où il avait été.

Le bois était coupé.

Au fond du cœur, le père Cadet ne fut pas trop fâché de cet abatis. Ce bois, très fourré et plein d'épines, servait de repaire à une certaine colonie de lapins, qui, terrés le jour, sortaient de leurs terriers la nuit pour venir grignoter les blés et les trèfles du père Cadet.

Quelques souches qui avaient été des troncs d'arbres, et qui sortaient de terre, indiquèrent au vieillard l'ancien gisement de ce bois, et, par lui, il parvint à retrouver à peu près une de ses limites.

Il était occupé à relever la seconde, lorsqu'il sentit qu'on lui frappait doucement sur l'épaule.

Il se retourna.

C'était l'homme qui lui avait vendu ses deux derniers arpens de terre, et à qui il redevait seize cents francs.

Tout au contraire du père Cadet, triste, courbé en deux et tout cassé, le vendeur paraissait alerte et joyeux.

— Ah! bonjour, cousin Maniquet et la compagnie, dit selon son habitude le père Cadet, quoique le cousin Maniquet fût absolument seul. Comment cela va-t-il?

— Bien! très bien! répondit le cousin. Et vous, père Cadet?

Le père Cadet secoua la tête.

— Oh! moi, mal, très mal! dit-il.

— Bon! fit l'autre, on vous donnerait trente ans; vous avez l'air d'un marié.

Le père Cadet secoua la tête plus tristement encore que la première fois.

Puis, sentencieusement :

— Voisin Maniquet, dit-il, il n'y a que l'âne qui porte le bât qui sente où le bât le blesse.

— Ah! oui, je comprends; vous voulez parler de votre paralysie! Ah çà! mais ils ne veulent donc pas aller, ce diable de bras et cette diablesse de jambe gauches?

— Ce n'est pas cela ; Dieu merci! ils vont encore, puisque la jambe, toute malade qu'elle est, m'a, comme vous le voyez, conduit jusqu'ici; mais c'est la terre, cousin Maniquet, c'est la terre!

Et le père Cadet, plus mélancoliquement encore que les deux premières fois, secoua de nouveau la tête.

— Ah! oui, la terre... je comprends.

— C'est à dire, cousin Maniquet, que j'en suis à chercher mes limites, et que je ne les trouve plus, moi qui autrefois les aurais relevées les yeux fermés.

— Oh! quand aux limites, que cela ne vous inquiète point, père Cadet, nous les trouverons?

— Comment! nous les trouverons? C'est bien difficile avec le changement qui s'y est fait?

— Ah! oui, mais vous savez que, moi, je suis maraîcher à Vaumoise.

— Oui, je sais cela.

— Je vous ai même vendu les deux lopins de terre que j'avais ici, d'abord pour m'agrandir là-bas, et puis ensuite parce que je n'avais pas confiance dans cette terre, qui vient d'un couvent.

Le père Cadet poussa un soupir; le cousin Maniquet avait mis le doigt sur une de ses blessures, et celle-là n'était pas la moins vive parmi celles qui étaient en train de saigner.

— Oui, dit-il, je crois que vous avez bien fait de vous en défaire.

— Et moi aussi, je le crois, dit le cousin. Je vous disais donc que, comme vous savez, je suis maraîcher à Vaumoise; il en est résulté que, dès que les officiers m'eurent donné toute sûreté, je suis venu vendre mes légumes au bivouac.

— Ah! fit le père Cadet.

— Oui, tous les jours une pleine voiture; et comme il paraît que le roi Louis XVIII leur a donné beaucoup d'argent pour le service qu'ils lui ont rendu, ils payaient bien, ces gueux de cosaques.

— Alors vous n'avez rien perdu à l'invasion?

— Au contraire? oh! j'y ai gagné, moi, et je n'ai qu'un regret, c'est qu'au lieu de durer trois mois, cela n'ait pas duré trois ans.

— Il y en a d'autres pour qui cela eût été bien malheureux, cousin Maniquet.

— Ah dame! vous savez, père Cadet, le malheur des uns fait souvent le bonheur des autres: il n'y a que la bonne et la mauvaise chance, voilà tout; vous avez eu la mauvaise, j'ai eu la bonne: une autre fois, ça sera le contraire.

— Mais, reprit le père Cadet, qui commençait à trouver peu de charme dans la conversation du cousin, comment, avec tout cela, m'aiderez-vous à retrouver mes limites?

— Ce sera bien facile... Je venais donc tous les jours, ainsi que je vous ai dit, et, comme je me doutais de ce qui allait arriver, une fois j'ai apporté dans ma charrette une douzaine de piquets tout taillés, et je leur ai dit, aux cosaques: « Ne faites pas attention, c'est que vous êtes sur ma terre, et, tandis que les limites sont encore visibles, je veux les marquer. — Ah! ont dit ces messieurs, c'est trop juste. » Et ils m'ont laissé enfoncer mes piquets; de sorte que, grâce à cette précaution, nous retrouverons *nos* limites.

Ce pronom à moitié possessif inquiéta le père Cadet. Il regarda son interlocuteur en dessous; puis, voulant avoir le cœur net de cette petite inquiétude:

— Vous êtes bien bon de prendre un pareil souci de mes intérêts, cousin, dit-il; bien bon, en vérité.

— Ah dame! vous comprenez, fit Maniquet avec un geste plein de finesse, c'est que vos intérêts sont un peu devenus les miens, père Cadet.

— Comment cela? demanda le bonhomme, dont les pommettes se colorèrent d'une légère rougeur.

— Sans doute! vous avez encore deux payemens à me faire, n'est-ce pas?

— Oui. Deux payemens de huit cents francs chacun?

— L'un à la Saint-Martin de cette année, et l'autre à la Saint-Martin de l'année prochaine.

— Vous savez vos dates, cousin Maniquet.

— Oh! je suis un homme d'ordre.

— Mais qui a terme ne doit rien, observa timidement le père Cadet.

— Attendez... Je me suis donc dit comme cela: « La mauvaise chance est sur le père Cadet. Il est tombé paralytique; son petit-fils Conscience est devenu aveugle; les cosaques sont campés sur sa terre, et ils lui ont saccagé la récolte de l'année... »

— Eh bien! après, cousin?

— Après?

— Oui.

— « Dame! me suis-je dit, il est possible qu'à l'heure du payement il soit gêné... »

Le père Cadet étouffa un soupir.

— « Huit cent francs, continua le cousin Maniquet, ça ne se trouve pas toujours sous le pied d'un cheval, et surtout d'un cheval de cosaque. Eh bien! s'il est gêné au point de ne pas pouvoir me payer; eh bien! ça pourra s'arranger. »

— Ah! s'écria le père Cadet, comme le gage est bon, vous m'accorderez du temps, n'est-ce pas?

— Oh! non, père Cadet, non! ne vous fiez pas là-dessus. J'ai acheté de mon côté, et j'ai justement pris, pour payer, les époques où j'avais à recevoir. Oh! non, père Cadet, non! j'ai dû compter sur vous, qui avez toujours payé rubis sur l'ongle, comme on compte sur moi. Mettez-vous en mesure, cela vous regarde.

— C'est bien, dit le père Cadet d'une voix étranglée.

— Je me suis donc fait cette réflexion, continua le cousin: « Si le père Cadet, qui ne peut pas faire fonds sur la récolte de cette année, puisque la récolte est détruite; si le père Cadet est gêné et ne me paye pas; en ma qualité de prêteur hypothécaire... » car, vous savez, j'ai hypothèque en premier sur vous, père Cadet?...

— Eh! mon Dieu! oui, je le sais.

— « Eh bien donc, si le père Cadet ne me paye point, ça me coûtera, mais je serai forcé de faire vendre sa terre. »

Le père Cadet ferma les yeux et avala sa salive comme un homme qui a la corde autour du cou.

Le cousin Maniquet poursuivit avec son égoïsme d'usurier:

— « Or, comme la terre est dépréciée, attendu que tous ces imbéciles-là croient bonnement qu'on va rendre les biens aux nobles et aux calotins, j'aurai la terre pour rien ou pour pas grand'chose, pour un morceau de pain, et, dans ce cas-là, il n'y a pas de mal à ce qu'à tout hasard, je marque nos limites... » Voilà pourquoi j'ai enfoncé mes piquets.

A la grimace que fit le vieillard, on eût dit qu'un de ces piquets lui entrait dans la poitrine.

Maniquet continua:

— Ainsi vous pouvez être tranquille, père Cadet, notre terre ne sera pas confondue avec la terre du voisin, et nous la retouverons, dans un an, meilleure qu'elle ne l'a jamais été; car toute cette paille, toutes ces cendres, tout ce crottin, je n'ai pas besoin de vous dire que ça fait de fameux fumier. Oh! elle avait besoin d'un an de friche et d'un peu d'engrais, notre pauvre terre; vous l'aviez un peu surmenée, avouez ça, père Cadet... Eh bien! qu'est-ce que vous avez donc? est-ce que vous vous trouvez mal?

Et le cousin Maniquet tendit les bras au vieillard chancelant, lequel fit un effort sur lui-même, écarta le cousin, du bras qui lui restait, et dit:

— C'est bon... merci, cousin Maniquet, je suis bien aise que vous m'ayez prévenu de vos intentions; vous savez le proverbe: « Un homme prévenu en vaut deux. »

— Alors, vous me payerez à la Saint-Martin? tant mieux!

— Je ne dis pas cela, cousin.

— Alors, vous ne payerez pas?

— Je ne dis pas cela non plus.

— Que dites-vous donc?

— Je dis... je dis qu'il faudra voir.

On sait que c'était le mot du père Cadet.

— Eh bien! voyez, dit le cousin Maniquet; en attendant, je vais toujours rétablir les limites de notre terre. Adieu, père Cadet.

— Adieu, cousin et compagnie, dit le vieillard.

Et, la mort dans le cœur, il s'achemina vers le village, traînant sa pauvre jambe paralysée, et murmurant tout bas :

— Oh! Seigneur Dieu, il ne manquerait plus que cela! Une si belle terre, qui m'a coûté, à moi, plus de quatre cents bons louis d'or, ce gueux de Maniquet l'aurait pour un morceau de pain!

Et il ajoutait plus bas encore :

— Oh! ça ne sera pas! je l'étranglerais plutôt avec la main qui me reste!

XXXVIII

OU TOUT LE MONDE DÉSESPÈRE EXCEPTÉ CONSCIENCE.

En revenant chez lui, le père Cadet trouva tout l'intervalle qui s'étendait entre les deux chaumières obstrué par la population d'Haramont.

Elle s'était groupée autour de Bastien, qui venait de reparaître dans le village, la figure ornée de deux coups de sabre qu'on ne lui connaissait pas; ce qui n'avait point empêché Catherine de jeter des cris de joie en le revoyant.

Un de ces deux coups de sabre était celui que nous lui avons vu lors de sa rencontre avec Mariette devant la porte de l'hôpital de Laon.

L'autre était celui qu'il avait reçu du cuirassier.

Nous avons dit comment Bastien avait quitté Mariette, en l'invitant à être parfaitement tranquille, vu qu'il avait préparé certain coup de figure qui lui paraissait immanquable.

Par malheur, deux personnes ont parfois, en même temps, la même idée, Or, le cuirassier avait eu la même idée que Bastien en même temps que lui; il en résulta que, comme ce fut le cuirassier qui fut le plus prompt, Bastien reçut le fameux coup de figure, au lieu de le donner.

Sa première visite avait été pour Conscience. Il accourait donc, suivi de tout le village, voir son compagnon d'hôpital et s'informer comment allaient ses yeux.

On sait que les yeux de Conscience allaient aussi bien que possible. Malheureusement, ce qui venait de se passer entre le père Cadet et le cousin Maniquet prouvait que tout n'allait pas aussi bien que les yeux de Conscience.

Le père Cadet n'avait qu'un espoir, c'est que maître Niguet, qui avait surtout une clientèle de rentiers, trouverait, sur seconde hypothèque, la somme que le père Cadet avait à payer à son vendeur.

La chose était d'autant plus possible que, le cousin Maniquet payé, cette seconde hypothèque devenait première.

Or comme, le lendemain, Mariette, profitant de l'absence des Russes, comptait recommencer ses voyages à Villers-Cotterets, et tirer le meilleur parti possible du lait que donnait toujours en abondance la vache noire, il fut convenu que le père Cadet serait hissé sur Pierrot, maintenu sur le susdit Pierrot par Conscience, et se rendrait chez maître Niguet pour tenter la négociation.

Le lendemain, les deux jeunes gens et le vieillard partirent: Bernard traînant sa charrette, comme d'habitude, Pierrot portant le père Cadet.

Mariette eût retrouvé toutes ses anciennes pratiques, et même des pratiques nouvelles, si elle eût eu du lait en quantité assez abondante pour en vendre à tous les demandeurs; mais la vache noire n'en donnait que deux mesures, c'est-à-dire pour seize sous, ce qui était déjà énorme pour une vache seule. Mariette fut obligée d'avoir ses privilégiés, et, ayant ses privilégiés, de faire des jaloux.

Tandis qu'elle accomplissait sa tournée, le père Cadet, conduit par Conscience, ou plutôt conduisant Conscience, car le jeune homme avait toujours les yeux couverts de sa visière verte, se rendait chez maître Niguet.

Il trouva le digne notaire dans son étude, à la même place, dans son même fauteuil, avec ses mêmes clercs. Un trône était tombé, une invasion avait eu lieu, une dynastie était restaurée, sans que ces mémorables événemens eussent enlevé un seul grain de la vénérable poussière qui couvrait les dossiers de l'inébranlable tabellion.

Conscience s'arrêta dans la première chambre, où se trouvait madame Niguet, à laquelle il lui fallut raconter toutes ses aventures, au bout desquelles la digne dame entrevit un contrat de mariage à faire par maître Niguet. Mais Conscience accueillit assez tristement l'ouverture. Entre lui et Mariette, c'était lui qui, selon toute probabilité, serait le plus pauvre avant quelques mois. Or si, contre les prévisions du docteur Lécosse, sa vue ne se rétablissait pas, il apporterait donc à la jeune fille, en échange de son dévouement, un mari non-seulement aveugle, mais encore ruiné.

Pendant que Conscience faisait à madame Niguet le récit demandé, et que celle-ci, qui avait des remèdes pour toutes choses, désapprouvait l'ordonnance du docteur Lécosse, et en faisait à Conscience une autre à sa façon, le père Cadet, avec une langue encore fort embarrassée, exposait à maître Niguet l'affaire qui l'amenait.

Maître Niguet écouta avec la plus vive attention, mais tout en secouant la tête de temps en temps.

Le père Cadet vit ces espèces de dénégations tacites.

— Est-ce que la demande que je vous fais est impossible, monsieur Niguet? dit-il.

— Impossible, non; mais difficile, oui. Vous n'avez pas idée comme l'argent est peureux, père Cadet, et l'on dit diablement de choses sur les projets du roi Louis XVIII à l'endroit des biens des émigrés, et surtout des biens de l'Église.

— Vous croyez donc que je dois regarder un emprunt comme infaisable, monsieur Niguet?

— Je ne dis point cela, je verrai, je chercherai; mais je ne promets rien.

Le père Cadet poussa un soupir, et secoua la tête à son tour.

— Ah! dit-il, l'*autre* nous enlevait nos enfans, et nous les rendait avec les yeux, les bras ou les jambes de moins... quelquefois même il ne nous les rendait pas du tout, mais au moins il nous laissait nos terres!

— Père Cadet, père Cadet! s'écria le notaire, est-ce que vous seriez buonapartiste, par hasard? Alors, je vous prierais, quelque cas que je fasse de votre clientèle, de la porter à maître Mennesson ou à maître Lebaigne. Quant à moi je ne fais les affaires que des fidèles sujets de Sa Majesté.

— Oh! monsieur Niguet excusez-moi, si j'ai dit quelque mauvaise parole. Je ne suis ni contre l'autre, ni contre celui-ci: je suis pour ma terre, voilà tout. Celui qui me laissera ma terre, ce sera mon roi, plus que mon roi; ce sera mon Dieu, puisqu'il me donnera de quoi manger, à moi et à ma famille.

Le père Cadet se leva, et, presque aussi chancelant que la dernière fois qu'il était sorti de l'étude, il gagna la porte en secouant la tête, et en murmurant :

— Ne pas trouver à emprunter seize cents livres sur une terre qui vaut douze mille francs comme un liard!.... Ah! ce n'est pas sous l'autre que pareille chose serait arrivée.... Adieu, monsieur Niguet et la compagnie. Viens, Conscience.

Conscience ne pouvait voir encore le père Cadet, mais, au son de sa voix, plus tremblante que de coutume, à sa langue, plus embarrassée que jamais, il comprit que le vieillard n'avait rien fait de bien merveilleux dans son entrevue avec le notaire.

On retrouva Mariette et Bernard attendant sur la verte pelouse du parc. Mariette avait été plus heureuse : il ne lui restait pas une goutte de son lait.

C'était un bonheur que de sentir cette ressource assurée. Mais, avec seize sous par jour, sur lesquels Mariette devait prélever sa nourriture et celle de sa mère, il n'était pas probable que la jeune fille, si économe qu'elle fût, pût mettre de côté cette malheureuse somme de huit cents francs dont le père Cadet avait besoin à la Saint-Martin prochaine.

Dans un tout autre temps, il y aurait bien eu le voisin Mathieu à qui l'on eût pu demander service, et l'on sait si le voisin Mathieu, sous son écorce un peu rude, était obligeant. Mais la moitié des terres du voisin Mathieu étaient elles-mêmes terres de nobles ou terres d'Eglise. De plus, ainsi que sur la terre du père Cadet, les Russes avaient campé sur les terres du voisin Mathieu. Il ne fallait pas compter que, pendant cette triste année de 1814, un seul brin d'herbe pousserait sur les quatre-vingts arpens du voisin Mathieu. Si celui-ci avait de l'argent comptant, en vertu de ce triste axiome : « Charité bien ordonnée est de commencer par soi-même, » il était probable qu'il le garderait.

Mais il n'en avait sans doute pas, car on disait à Haramont, tout se sait dans un petit village de cent maisons, on disait que le voisin Mathieu, trois jours avant le père Cadet, avait fait, dans le même but que lui, une visite chez maître Niguet, et n'avait pas mieux réussi que lui.

Dans un autre temps encore, Bastien eût pu offrir une petite ressource. On pouvait compter sur son dévouement pour Conscience, car le hussard, comme tous les bons cœurs, quand il avait mieux connu le jeune homme, était passé d'une extrémité à l'autre, de quelque chose qui ressemblait à de la haine à quelque chose qui était plus que du dévouement ; on eût donc pu trouver une petite ressource en Bastien, qui, renonçant à boire le vin blanc le matin et à jouer aux quilles le soir, eût, sur les deux cent cinquante francs de sa croix et ses quatre cents livres de pension, facilement économisé une cinquantaine de francs par mois, nourri qu'il était chez le voisin Mathieu, des chevaux duquel il avait pris la direction. Malheureusement la personne de Bastien était presque aussi à l'index que la terre du père Cadet et les terres du voisin Mathieu. Bastien était devenu, depuis la rentrée des Bourbons, un brigand, un buonapartiste, un compagnon de l'ogre. En conséquence, comme un gouvernement honnête et reposant sur le droit divin et les baïonnettes étrangères ne doit absolument rien à un pareil homme, le gouvernement avait cessé de se regarder comme débiteur de Bastien, et ne lui payait ni sa croix ni sa pension ; ce qui mettait Bastien fort à la gêne, Bastien, lors de sa prospérité, n'ayant jamais songé à faire la moindre économie.

Quant à Julienne, nous avons vu brûler sa ferme ; et nous savons que les cosaques ont mangé ses vaches. Loin de pouvoir aider celui qui avait sauvé ses bestiaux et son enfant, elle avait donc, réduite à peu près à la misère elle-même, été forcée d'entrer comme ménagère à la ferme de Bonneuil.

On pensa bien un instant à vendre Pierrot et Tardif ; mais Pierrot avait fort vieilli, et son entêtement, connu à trois lieues aux environs, lui faisait grand tort, à la fois comme valeur morale et comme valeur physique ; mais Tardif, bon encore à traîner la charrue, n'était même plus bon à abattre. Les seules dents qui eussent pu mordre sur Tardif étaient celles des cosaques du Don ou du Volga, habitués à manger leurs chevaux morts de vieillesse ; mais les cosaques, nous l'avons dit, s'étaient retirés.

On n'eût pas trouvé cinquante francs de Pierrot et Tardif réunis.

D'ailleurs, Conscience qui, avec Mariette, était le seul qui ne désespérât point, les jeunes cœurs sont les arches de la foi, Conscience s'opposait à ce que l'on vendît Pierrot et Tardif. Il avait causé longuement avec chacun d'eux, à son retour, et il avait répondu, en leur nom, des services qu'ils pouvaient encore rendre.

Au reste, Conscience, était la sublime image de cette foi sainte qu'il portait dans son cœur. Complétement découragé, le père Cadet ne quittait son lit que pour son fauteuil, et son fauteuil que pour son lit, et répondait à toutes les objections par des haussemens d'épaules désespérés.

Malgré le danger que courait la terre du père Cadet de glisser de ses mains pour passer entre celles du cousin Maniquet, Conscience n'avait pas voulu négliger l'entretien de cette terre.

Il avait, en conséquence, attelé Pierrot et Tardif à la charrue, et, grâce à sa chanson devenue plus triste seulement qu'elle ne l'était autrefois, Pierrot et Tardif, retrouvant toute la force et toute l'ardeur de leur meilleur temps, avaient sillonné de rides fécondes le sein de notre mère commune.

Il était revenu à la maison à la fin du second jour, et avait dit :

— Père, la terre est labourée.

— Bien, avait dit le père Cadet ; mais qui donnera du blé pour l'ensemencer ?

— Dieu y pourvoira, avait tranquillement répondu Conscience.

— Oui, avait repris tristement le père Cadet; mais, en supposant que Dieu nous donne, au mois d'octobre, le blé pour ensemencer la terre, nous devons, au mois de novembre, huit cents francs au cousin Maniquet; qui nous donnera ces huits cents francs ? est-ce Dieu toujours ?

— Pourquoi pas ! avait répondu Conscience avec sa sublime naïveté.

Le père Cadet, vieil incrédule, avait secoué la tête.

Mais, au commencement d'octobre, Conscience s'était mis en quête.

Il avait attelé Pierrot à la charrette, et il avait été à la porte de tous les fermiers des environs, avec son charmant sourire si plein de mélancolie, et il avait dit à chacun d'eux :

— Si vous avez un peu de blé de trop pour vos terres, donnez-le moi, afin que je puisse ensemencer la terre du père Cadet. Dieu vous rendra ce peu de blé que vous m'aurez donné, en écartant l'orage de vos moissons vertes et les oiseaux de vos moissons mûres.

Et chacun avait donné à Conscience, non-seulement le blé qu'il avait en trop, mais encore une portion de celui qui lui était nécessaire. L'argent se refuse entre voisins de champ, mais pas le blé.

Tel qui ne donnerait pas un liard à un pauvre prend un couteau et lui coupe pour deux sous de pain à la miche de la famille.

Conscience revint le soir avec trois sacs de blé ; c'était un peu plus qu'il ne lui en fallait pour ensemencer les douze arpens du père Cadet.

Celui-ci fut si étonné de ce résultat qu'il leva en signe de remercîment ses deux mains vers le ciel, ce qu'il n'avait pu faire six mois auparavant que dans un geste de désespoir.

Et, le soir même, Conscience sentit sa vue si bien raffermie, qu'il alla sans rien dire prendre le livre de messe de Madeleine, l'ouvrit, et, au grand étonnement des trois femmes, qui versaient des larmes de joie, il lut tout haut cette action de grâce :

« Que rendrai-je au Seigneur pour tous les biens que j'ai reçus de lui ? Il m'a aimé et il s'est livré à la mort pour l'amour de moi ! il me remplit de grâces en ce monde et me prépare à la vie éternelle ! O mon âme ! bénissez le Seigneur, et que tout ce qui est en moi bénisse son saint nom ! »

Et Conscience, dès le lendemain, se mit à ensemencer la terre du père Cadet, comme si le vieillard n'eût pas eu, huit jours après, c'est-à-dire le 11 novembre, jour de la Saint-Martin d'hiver, à payer cette terrible somme de huit cents livres, épée de Damoclès suspendue sur la tête de toute la famille.

Seulement, tandis que Conscience ensemençait la terre, il reçut plusieurs visites du cousin Maniquet, qui l'encouragea dans cette louable occupation avec un accent trahissant tantôt l'inquiétude et tantôt l'ironie, selon que la sérénité du jeune homme effrayait l'usurier, ou que le dénûment de la famille le rassurait.

XXXIX

LES PAPIERS TIMBRÉS.

Le terme fatal du 11 novembre arriva. Maître Niguet n'avait donné de ses nouvelles, ni de vive voix, ni par messager, ni par écrit.

L'émotion, au reste, était bien certainement égale chez le débiteur et chez le créancier : le débiteur, de chagrin de ne pas payer; le créancier, de crainte d'être payé.

La journée du 11 s'écoula sans que le père Cadet proférât une seule parole; il était si bien convaincu que toute ressource lui était interdite, qu'il n'essaya d'aucune façon de se procurer la somme introuvable.

Toutes les autres personnes de la famille gardaient le silence comme le père Cadet : tous les esprits étaient tendus vers le même point, et leurs préoccupations se résumaient par cette même phrase, que chacun murmurait tout bas : « Si Dieu ne vient à notre aide, nous sommes perdus ! »

La nuit arriva : l'insomnie fut à peu près générale; Conscience, seul peut-être, dormit avec son calme juvénile et croyant.

Le lendemain 12, il partit au point du jour pour herser la terre.

En sortant du village, il rencontra le cousin Maniquet.

— Eh ! bonjour, Conscience, mon garçon, lui dit celui-ci. Où donc vas-tu, si matin que cela ?

— Et vous, cousin ? demanda Conscience.

— Oh ! moi, je vais à la ville, où j'ai affaire.

— Et moi, je vais à la terre.

— A propos de la terre, dit le cousin, tu sais, garçon ?...

— Quoi ?

— Le père Cadet... c'était hier qu'il devait me payer mes huit cents livres !...

— Oui, je sais cela.

— Eh bien ! il n'a pas payé... C'est étonnant pour un homme si exact.

— S'il n'a pas payé, cousin Maniquet, dit placidement Conscience, c'est bien certainement qu'il n'a pas pu.

— Oui, mais il payera aujourd'hui ou demain ? demanda le cousin Maniquet avec une inquiétude que lui inspirait tout naturellement cette tranquillité de Conscience.

— Je ne crois pas qu'il le puisse, répondit le jeune homme.

— Comment ! tu ne crois pas qu'il le puisse?

— Non.

— Mais, alors, tu sais que je l'ai prévenu, garçon ?

— De quoi ?

— Mais que, s'il ne payait pas à heure fixe, je ferais valoir mes droits !

— Faites-les valoir, cousin Maniquet, répondit Conscience avec la même tranquillité.

Et, d'un petit clappement de langue, il invita Pierrot et Tardif, qui s'étaient arrêtés pour lui donner le temps de causer avec le cousin Maniquet, à continuer leur chemin vers la terre, invitation à laquelle ils se rendirent à l'instant même.

Conscience emboîta le pas derrière eux.

— Et cela ne t'empêche pas d'aller herser la terre ? demanda le cousin Maniquet.

— Quoi? demanda Conscience.

— Mais ce que je viens de te dire.

— Aucunement, cousin ; la terre doit toujours appartenir à quelqu'un, soit qu'elle passe entre vos mains, soit que le bon Dieu permette qu'elle reste entre celles du père Cadet; il est donc du devoir de celui qui la détente, ne fût-ce que momentanément, de la tenir en bon état.

— Bien, garçon, dit le cousin Maniquet en raillant ; poursuis, tu es dans la bonne voie.

— Et vous, cousin, arrêtez-vous, car j'ai peur que vous n'entriez dans la mauvaise.

— Oh ! oh ! fit le cousin, sois tranquille, cela me regarde.

Et il continua son chemin vers Villers-Cotterets, et Conscience sa route vers la terre.

Seulement, il y avait entre eux cette différence, que Maniquet, silencieux, se retournait de temps en temps du côté de Conscience, s'arrêtait et passait sa main sur son front couvert de sueur, tandis que celui-ci marchait tranquillement, d'un pas égal, sans se retourner, le front pur et les yeux au ciel.

Le même jour, vers deux heures de l'après-midi, le père Cadet vit entrer chez lui maître Chaix, huissier à Villers-Cotterets, véritable descendant du bon monsieur Loyal, de Molière, lequel, avec force salutations et grand renfort d'excuses, lui remit, comme il le disait lui-même, *un petit papier timbré.*

— Posez cela sur la table, maître Chaix, dit le père Cadet, la colère dans le cœur et la honte au front, car c'était le premier huissier qui eût jamais passé le seuil de sa porte.

— Ah bien ! si vous savez ce que c'est, tant mieux, dit maître Chaix, cela fait que je n'aurai rien à vous apprendre... Au revoir, monsieur Cadet.

Et, après maintes salutations nouvelles, il sortit.

— Oui, au revoir, maître Chaix et la compagnie, murmura le père Cadet ; malheureusement au revoir, attendu que ce n'est probablement pas le dernier papier timbré que nous recevrons de vous.

Madeleine était dans un coin. Maître Chaix ne l'avait pas vue, ou avait fait semblant de ne pas la voir.

Elle pleurait, et s'essuyait les yeux avec son tablier.

Le père Cadet se leva, alla à la table, prit le papier, le tourna et le retourna.

En ce moment, Conscience rentrait, après avoir mis Pierrot et Tardif à l'écurie. La terre était hersée.

— Tiens, dit le père Cadet en lui présentant le papier timbré, voilà un billet doux du cousin Maniquet ; peux-tu nous dire ce qu'il chante?

Conscience le prit des mains du père Cadet, et le lut.

— Oui, grand-père, dit-il, c'est un commandement tendant au payement des intérêts et du capital.

— Eh bien ! qu'y a-t-il à faire?

— Attendre un second commandement, grand-père.

— Il va donc en venir un second?

— Il va en venir un second.

— Et quand cela?

— Après-demain, probablement.

— Et qui t'a si bien instruit?

— Je me suis informé, grand-père.

— Auprès de qui?

— Auprès d'un brave homme d'huissier auquel le cousin avait parlé de vous poursuivre, bien avant que le terme fût échu, et qui a refusé.

— Quel est ce brave homme? demanda le père Cadet, tout étonné qu'il existât un huissier qui avait refusé de poursuivre un débiteur.

— Monsieur Demay.

— Ah ! c'est vrai, dit en soupirant le grand-père, c'était un ami du pauvre Guillaume. Ainsi, tu dis qu'il faut attendre, garçon?

— Oui, grand-père.

On attendit.

Rien n'est exact comme un papier timbré.

Celui qu'on attendait arriva le surlendemain à son heure.

C'était un itératif commandement tendant à saisie immobilière, par lequel il était signifié au père Cadet d'avoir à payer dans les vingt-quatre heures; faute de quoi il serait poursuivi, condamné, exproprié, etc., etc.

— Entends-tu, garçon? dit le père Cadet effrayé.

— Oui, grand-père, répondit Conscience avec son calme habituel.

— Sommation de payer dans les vingt-quatre heures!

— C'est une formule de droit dont il ne faut pas vous épouvanter, grand-père; un délai de trente jours vous est accordé, *imparti*.

— Comme tu es savant, Conscience! s'écria le père Cadet étonné.

Conscience sourit.

— Grâce à monsieur Demay, toujours... oui, grand-père, je suis savant.

— Et après ces trente jours, que ferons-nous?

— Monsieur Demay nous le dira, grand-père.

— Laissez faire l'enfant, dit Madeleine, ne savez-vous pas que Dieu le mène.

Madeleine appelait toujours Conscience « l'enfant, » quoiqu'il eût près de vingt ans, et cependant elle avait raison, car ce qui fait l'enfance, ce n'est point l'âge, c'est la simplicité du cœur.

On attendit encore.

Le 15 décembre, arriva maître Chaix avec deux acolytes. Il venait pour dresser un procès-verbal de saisie, et se transporta sur les lieux pour en faire la description.

Le père Cadet refusa de l'accompagner; Conscience s'y offrit.

— Inutile, dit le père Cadet; il y trouvera quelqu'un, sur les lieux, sois tranquille.

— Qui cela? grand-père.

— Le cousin Maniquet, donc!

Maître Chaix fut ainsi obligé de chercher la terre tout seul, mais il ne la chercha pas longtemps. Après s'être assuré que ni Conscience, ni le père Cadet n'accompagnaient les huissiers, le cousin Maniquet apparut, et indiqua à maître Chaix les tenans et les aboutissans.

Derrière les huissiers, Bastien se glissa dans la chaumière.

— Eh! Conscience, dit-il, viens donc ici un peu causer d'affaires.

Conscience y alla en souriant et en lui tendant la main.

— J'ai une idée, continua Bastien.

— Laquelle?

— C'est que nous prenions chacun notre sabre... Tu as toujours ton sabre, j'espère bien?

— Oui.

— Et que nous allions nous embusquer dans la forêt, sur le chemin de Villers-Cotterets.

— Pour quoi faire?

— Pour les y attendre, donc.

— Qui cela?

— Les huissiers, pardieu! et alors nous leur donnerons une frottée que le diable en prendra les armes! ce sera le plaisir! comme on disait au rrrégiment.

— Silence, mon cher Bastien, fit Conscience, qu'on ne t'entende même pas dire une pareille chose, ce serait nous perdre tout à fait, et nous sommes déjà bien assez malheureux!

— Nom d'un nom! s'écria Bastien, et dire que ces gueux-là m'ont supprimé ma croix et rasé me pension.

Et il fit un geste de menace rappelant celui d'Ajax blasphémant les dieux.

— Aussi, continua-t-il, si jamais l'occasion se présente de les renvoyer où ils étaient, ah! ce jour-là, ce sera le plaisir!... Dans tous les cas, au revoir, Conscience, et, si tu as besoin de moi, souviens-toi qu'entre nous c'est toujours à la vie, à la mort.

Et Bastien s'en alla en murmurant :

— Oh! les huissiers! oh! les Bourbons! je vous demande un peu à quoi tout cela est bon sur la terre, si ce n'est à faire enrager les honnêtes gens?

Deux heures après, maître Chaix repassait par Haramont et laissait au père Cadet copie de sa saisie, laquelle fixait la vente à six semaines de là, c'est-à-dire à la fin de janvier 1815.

Le vieillard se fit lire le papier d'un bout à l'autre par Conscience.

— Eh bien! dit-il lorsque Conscience eut fini, tu vois?

— Oui, répondit le jeune homme, c'est vrai, grand-père, je vois que la vente est indiquée à six semaines.

— Ainsi donc, dans six semaines on vendra?

— Non, grand-père.

— Mais, malheureux, tu vois bien que le papier timbré le dit.

— Bah! grand-père, si l'on croyait ce que disent les papiers timbrés, on tremblerait toujours, en les lisant, d'être pendu ou roué.

— Plaisante; je te le conseille.

— Je ne plaisante pas : j'espère! répondit gravement Conscience.

— Tu espères qu'on ne vendra pas la terre dans six semaines?

— Oh! cela, j'en suis sûr.

— Mais, comment t'y opposeras-tu?

— Grand-père, j'irai à Soissons; je constituerai un avoué; l'avoué élèvera un incident.

— Qu'est-ce que c'est que cela, un incident?

— C'est-à-dire, grand-père, qu'il demandera au tribunal un sursis de trois mois et même de six mois, en raison des circonstances.

— Mais, un avoué de Soissons, il demandera au moins cinquante francs.

— Il en demandera cent, grand-père.

— Et où veux-tu que je les prenne, malheureux?

— Je tâcherai de les trouver, moi.

— Et quand tu les auras trouvés, quand tu les auras donnés à l'avoué, quand l'avoué aura soulevé un incident, comme tu dis, quand il aura obtenu trois mois, six mois, après?... après?... après?...

— Après?...

— Oui.

— Grand-père, il ne faut pas douter toujours comme vous faites.

— Comment ne veux-tu pas que je doute, quand j'ai beau regarder et que je ne vois rien.

— Tenez, grand-père, dit Conscience, dans ce petit coin de ciel bleu, vous ne voyez rien non plus, n'est-ce pas?

Le père Cadet ramena sa main sur ses yeux, et regarda avec la plus grande attention.

— Non sans doute, dit-il, je ne vois rien.

— Eh bien! moi, dit Conscience, je vois Dieu!

— Grand-père, dit Madeleine, ayez donc confiance dans l'enfant, je vous répète que c'est la bénédiction de la maison.

XL

OU IL SE PRODUIT UN INCIDENT QUI N'AVAIT PAS ÉTÉ SOULEVÉ PAR L'AVOUÉ DE SOISSONS.

On s'étonnera peut-être de ce que depuis si longtemps nous n'avons point parlé de dame Marie et de Mariette. Pourquoi en eussions-nous parlé? La vie des deux femmes était tellement mêlée à la vie de leur voisin, que, raconter l'une, c'est raconter l'autre. Dire que Madeleine pleurait, c'est dire que dame Marie était malheureuse; dire que

Conscience ne désespérait point, c'est dire que Mariette espérait.

Au reste, les deux pauvres enfans paraissaient s'aimer d'autant plus que leur misère augmentait. Ils s'appuyaient l'un à l'autre pour mieux résister à l'infortune.

On se rappelle que c'est à la fin de janvier qu'avait été fixé le jour de la vente.

Conscience laissa s'écouler jusqu'au 15 sans avoir l'air de se préoccuper le moins du monde de ce qui allait arriver; puis, le 16 au matin, il partit.

Le même soir il était revenu; il avait fait quatorze lieues dans sa journée; mais comme la route était belle, comme le chemin avait été consolidé par une magnifique gelée d'hiver, Conscience paraissait revenir d'une promenade.

On attendait son retour avec anxiété.

Bernard, qui avait accompagné Conscience à Soissons, annonça de loin ce retour, en paraissant bien avant son maître sur le seuil de la porte.

Alors, chacun s'élança au-devant du jeune homme.

Il s'approchait, tranquille et souriant, faisant de la tête des signes consolateurs.

— Eh bien? crièrent toutes les bouches quand il fut à la portée de la voix.

— Eh bien! répondit Conscience, Dieu a béni mon voyage. Je n'ai point voulu passer à Longpont sans faire une visite au bon docteur... tu sais, Mariette, celui qui nous a recueillis en passant, et chez lequel je t'ai revue pour la seconde fois?

— Oui... Eh bien?

— Je lui ai conté le but de mon voyage : il m'a donné une lettre pour un avoué de ses amis, et non-seulement l'avoué se charge de soulever l'incident gratis, mais encore s'il y a des avances à faire en cour royale, en supposant que nous allions en cour royale, il les fera.

Dame Marie joignit les mains.

— Qu'avais-je dit? s'écria Madeleine.

— Oh! je le savais bien, dit Mariette.

Le père Cadet secoua la tête, il n'y comprenait plus rien : des huissiers qui refusaient de poursuivre, et des avoués qui, non-seulement plaidaient pour rien, mais qui encore faisaient des avances.

Il n'y avait que Conscience pour opérer de si incroyables miracles.

Aussi le père Cadet n'y croyait pas.

Cependant, douze jours après, il fallut bien y croire.

Mariette, en revenant de vendre son lait à Villers-Cotterets, rapporta une lettre.

Cette lettre était de maître Grevin, avoué à Soissons.

Elle annonçait que le sursis avait été demandé par lui au tribunal, et que le tribunal accordait jusqu'au 15 mars.

Maître Grevin n'avait pu obtenir davantage.

Sa lettre était affranchie.

C'étaient trois mois de répit.

Les trois mois de répit furent une joie; la lettre affranchie un étonnement.

Conscience avait raison. On pouvait désormais tout attendre de Dieu, et le père Cadet lui-même reprit un peu de confiance.

L'avoué annonçait, dans sa lettre, que, le premier délai écoulé, il en demanderait un autre. À la vérité, il était rare que le tribunal accordât cette seconde demande de sursis; mais enfin il y avait des exemples.

Les jours s'écoulèrent dans l'attente de l'événement; l'expropriation du père Cadet était devenue la grande préoccupation du village, et il faut dire que, sur les trois cents âmes dont se compose le village d'Haramont, deux cent cinquante plaignaient sincèrement le vieillard et donnaient tort au cousin Maniquet, qui, par la conduite qu'il avait tenue dans toute cette affaire, avait bien compromis sa popularité.

Aussi le cousin Maniquet, comme c'est le propre des âmes basses, au lieu de se repentir à cet avertissement du ciel, et de reconquérir sa popularité perdue en venant offrir lui-même au père Cadet le temps nécessaire, le cousin Maniquet avait-il fait, de son côté, un voyage à Soissons, et avait-il trouvé un avoué qui s'était chargé de pousser vigoureusement l'affaire, et qui avait répondu que le tribunal n'accorderait point de délai.

Il en est des avoués comme des huissiers : il y en a de bons et de mauvais; seulement, il y en a plus de mauvais que de bons.

En effet, vers le 1er mars, on reçut une lettre de maître Grevin. Il écrivait à la pauvre famille de réunir toutes ses ressources, de faire appel à tous ses amis.

Il avait vu plusieurs juges du tribunal qui, circonvenus par l'avoué de la partie adverse, et qui surtout, craignant qu'on ne les accusât de protéger un détenteur de biens nationaux, lui avaient annoncé qu'ils ne croyaient pas à la possibilité d'une remise.

Lorsque cette lamentable lettre leur arriva, le père Cadet, qui, ainsi que nous l'avons dit, commençait à se reprendre à l'espoir, le père Cadet, appuyé sur le bras de Madeleine, revenait de faire une visite à sa terre.

Il l'avait trouvée allant à ravir, cette belle et bonne terre, qui savait si bien reconnaître les soins que l'on avait d'elle.

Le fumier versé avait fait merveille, et de tous côtés le blé poussait comme un vert tapis, déjà assez haut pour s'incliner aux brises moitié hivernales, moitié printanières du mois de mars.

Ah! cette fois, il fallait être bien obstiné pour croire encore; aussi les larmes coulèrent-elles de tous les yeux.

Abandonner la terre, cette pauvre terre conquise par tant de travail et qui donnait de si belles espérances!

L'abandonner quand la moisson prochaine eût payé le terme qui était dû, même avec les frais! l'abandonner, parce qu'un homme, un chrétien, ne voulait pas accorder à son frère ce que tout homme accorde à un autre homme, excepté le bourreau au patient : un peu de temps!

On en était aux expédiens, cette fois.

Bastien, qui partageait toutes les émotions de la famille, joie et douleur, offrait d'aller proposer au cousin Maniquet de se couper la gorge avec lui.

Mais c'était là un mauvais moyen.

Il était probable que le cousin Maniquet n'accepterait pas.

Mariette proposait un nouveau pèlerinage à Notre-Dame de Liesse, ce à quoi Conscience répondait :

— Notre-Dame de Liesse est partout et sait tout; elle sait notre malheur et voit notre foi; elle viendra à nous, Mariette, sachant notre désir d'aller à elle.

Le père Cadet poussait de gros soupirs, allant et venant du seuil de la chaumière à son lit, et de son lit au seuil de la chaumière. A peine, dans ses momens d'exaltation, se souvenait-il, le vieillard, de cette terrible attaque de paralysie qui, un an auparavant, l'avait frappé.

Les jours continuèrent de s'écouler, rapprochant sans cesse de la malheureuse famille l'instant fatal, et, par conséquent, rendant à chaque heure le danger plus imminent.

Ce fut ainsi que se passèrent les 2, 3, 4, 5 et 6 mars.

La vente, on le sait, devait avoir lieu le 15.

Le 7, au matin, tandis que la famille du père Cadet, renforcée de dame Marie et de Mariette arrivant de Villers-Cotterets, déjeunait autour de la table ronde, assez pauvrement servie, on vit Bernard s'inquiéter et s'avancer vers la porte; puis, au même instant, Bastien, pâle, effaré, les yeux hors de leur orbite, le front ruisselant de sueur, apparut sur le seuil de la porte, tenant à la main un papier imprimé.

À cette vue, chacun se leva, car chacun prévit qu'il apportait la nouvelle de quelque grand événement.

— Débarqué! cria Bastien, débarqué!

— Qui cela? demanda Conscience, qui seul, au milieu des mouvemens divers qu'avait fait naître dans les esprits la brusque arrivée de l'ancien hussard, conservait toute la placidité du sien.

— Lui, cria Bastien, lui, donc!

— Mais, qui lui?
— L'empereur!
— L'empereur? s'écria tout le monde.
— L'empereur, débarqué, fit Conscience, et où cela?
— Je n'en sais rien, dit Bastien, mais il est débarqué tout de même.
— Tu es fou, dit Conscience.
— Mais non, mais non, mais non, puisque voilà le journal, et que c'est dessus...

C'était une si grande nouvelle, en effet, qu'elle fit diversion complète aux préoccupations pécuniaires de la maison.

Conscience prit le journal des mains de Bastien et lut ce qui suit :

ORDONNANCE.

« Sur le rapport de notre amé et féal chevalier, chancelier de France, sieur Dambray, commandeur de nos ordres, nous avons ordonné et ordonnons, déclaré et déclarons ce qui suit :

» ARTICLE 1er.

« Napoléon Bonaparte est déclaré traître et rebelle, pour s'être introduit à main armée dans le département du Var.

« Il est en conséquence enjoint à tous les gouverneurs, commandans de la force armée, garde nationale, autorités civiles, et même aux simples citoyens, de lui courir sus, de l'arrêter, de le traduire incontinent devant un conseil de guerre, qui, après avoir reconnu l'identité, prononcera contre lui l'application des peines portées par la loi.

» Donné au château des Tuileries, le 6 mars 1815, de notre règne le vingtième.

« *Signé* LOUIS. »

— Comment! de notre règne le vingtième? dit Bastien, il ne peut pas y avoir cela.
— Cela y est pourtant comme le reste.
— Que le reste y soit, je le veux bien, dit le hussard, et même cela me fait plaisir; mais que le journal vienne nous dire que Louis XVIII règne depuis vingt ans, ce n'est pas vrai!
— Dame! qui sait? dit Conscience en souriant, on a vu tant de choses singulières!
— Comment! ce serait Louis XVIII que j'aurais servi? Ce serait Louis XVIII qui aurait gagné la bataille d'Austerlitz, la bataille d'Iéna et la bataille de Wagram? Ce serait pour Louis XVIII que j'aurais eu le doigt emporté, et que j'aurais reçu ce coup de sabre à la figure? C'est Louis XVIII qui m'aurait donné ma croix? Allons donc! allons donc! allons donc! Ah! bien alors, ce serait le plaisir! comme on disait au rrrégiment.

Sans doute, Bastien eût poussé plus loin la discussion, mais tous le village était en rumeur, et Bastien, en entendant le bruit qui se faisait sur la place, n'eut pas le courage de concentrer ses démonstrations dans la chaumière du père Cadet.

Il reprit le journal des mains de Conscience, et sortit en s'écriant :

— De notre règne le vingtième, oh! la bonne blague!

Quant aux habitans de la chaumière, ils demeurèrent tout étourdis de la nouvelle, mais sans comprendre encore quelle influence cette nouvelle pouvait avoir sur leur destinée.

L'influence fut énorme. L'astre gigantesque, nous l'avons déjà vu, entraînait avec lui des satellites presque invisibles.

Napoléon était, en effet, débarqué le 1er mars au golfe Juan.

Un courrier, expédié le 3 de Marselle, avait apporté la nouvelle à Lyon, dans la nuit du 4 au 5;

Le 5, la nouvelle avait été transmise à Paris par le télégraphe;

Le 6, le *Moniteur* l'avait annoncée par l'étrange ordonnance que nous avons lue;

Le 7, les journaux l'avaient transmise à la province.

Au moment où la province apprenait le débarquement de Napoléon dans le département du Var, Napoléon était donc déjà à Grenoble.

Le 12, on apprit qu'il était à Lyon;

Le 14, qu'il marchait sur Paris.

C'était le 15, on se le rappelle, qu'avait lieu la vente de la terre du père Cadet.

Mais l'avoué avait, dès le 12, présenté au tribunal une requête demandant, vu les circonstances, que la vente fût de nouveau remise, et comme les circonstances, en effet, étaient graves, la remise avait été accordée, et la vente fixée au 15 juin suivant.

Voilà l'incident auquel le père Cadet dut de ne pas voir vendre sa terre le 15 mars.

Maître Grevin n'avait pu le prévoir, mais il en avait profité.

XLI

DEUS EX MACHINA.

Le 20 mars, à huit heures du soir, Napoléon fit son entrée aux Tuileries.

La même nuit, il s'empressa de tout réorganiser.

Cambacérès fut nommé à la justice, le duc de Vicence aux affaires étrangères, le maréchal Davoust à la guerre, le duc de Gaëte aux finances, Decrès à la marine, Fouché à la police, Carnot à l'intérieur.

Le 26 mars, tous les grands corps de l'empire furent appelés à exprimer à Napoléon les vœux de la France.

Le 27, on eût dit que les Bourbons n'avaient jamais existé.

— Mordieu! s'écriait Bastien, je suis bien curieux de savoir si Louis XVIII date toujours ses décrets : « de notre règne le vingtième. »

Quant au père Cadet, il n'avait vu qu'une chose dans tout cela : c'est que les nobles et les prêtres n'étaient plus à craindre, et que, sa terre ayant repris toute sa valeur, il allait peut-être arriver à pouvoir emprunter dessus, non-seulement les huit cents livres qu'il devait au cousin Maniquet, mais encore les trois ou quatre cents francs de frais occasionnés par les deux ordonnances de vente, par les poses d'affiches et par les remises.

En conséquence, il se fit replacer sur Pierrot, et, comme il allait de mieux en mieux, il se contenta, cette fois, de Mariette pour guide, et, vers les premiers jours d'avril, il gagna Villers-Cotterets, prit la rue de Soissons, et descendit à la porte si connue de maître Niguet.

Il venait lui demander si un emprunt n'était pas plus faisable sous l'empire que sous les Bourbons.

Mais maître Niguet, on ne sait pourquoi, était profondément royaliste. Il reçut fort mal son ancien client, lui dit que le gouvernement du 20 mars n'avait aucune stabilité, qu'il savait de source certaine que les puissances alliées armaient avec acharnement, et que ce retour, dont le père Cadet essayait de se prévaloir, n'était rien autre chose que le prélude d'une seconde invasion.

Le père Cadet revint à Haramont plus atterré que jamais. Maître Niguet était son oracle, non-seulement en droit, mais encore en politique.

Ce qui effrayait le père Cadet, c'est que le cousin Maniquet qui, sans doute comme le notaire, avait à l'étranger des agens qui l'instruisaient de ce que faisaient les souverains alliés, ne paraissait nullement inquiet, et allait partout se frottant les mains et disant :

— Ah ! cette fois, nous verrons quel incident maître Grevin soulèvera pour obtenir une remise.

En effet, vers le commencement de mai, le père Cadet reçut une lettre de maître Grevin, dans laquelle le digne avoué l'invitait à profiter de la circonstance, et à réunir toutes ses ressources, attendu qu'il ne voyait plus aucun moyen d'empêcher ou même de retarder la vente, fixée au 15 juin.

Le temps s'écoulait avec une rapidité que les événemens semblaient doubler. Tous les efforts tentés par Napoléon pour obtenir la paix avaient échoué. Inutilement avait-il écrit une circulaire à tous les rois, *messieurs ses frères*, comme il les appelait; de messieurs ses frères, les uns lui avaient répondu *non*, les autres ne lui avaient pas répondu du tout.

Il avait hautement annoncé la prochaine arrivée de l'impératrice et du roi de Rome; mais on était à la fin de mai, et l'impératrice et le roi de Rome n'arrivaient point.

C'est que sa lettre à « messieurs ses frères » avait trouvé ceux-ci dans une grave et importante occupation.

Ils étaient en train de se partager l'Europe au congrès de Vienne.

Il y avait, dans la capitale de l'Autriche, grande traite de blancs, adjudication d'âmes.

Alexandre, sous prétexte qu'il se nommait lion, étendait le premier la griffe, et prenait le grand-duché de Varsovie.

L'empereur François, qui avait sur les autres souverains l'avantage moral d'avoir trahi son gendre, détrôné sa fille et dépossédé son petit-fils, réclamait l'Italie telle qu'elle était avant le traité de Campo-Formio. Il tenait à ramasser ce que son aigle à double tête avait laissé tomber de ses serres après les traités successifs de Lunéville, de Presbourg et de Vienne.

La Prusse dévorait une partie de la Saxe, une partie de la Pologne, de la Westphalie et de la Franconie, et, comme un immense serpent dont la queue touchait à Memel, espérait allonger, en suivant la rive gauche du Rhin, sa tête jusqu'à Thionville.

Le stathouder de Hollande, élevé au grade de roi, demandait que l'on confirmât l'adjonction à ses États héréditaires, de la Belgique, du pays de Liége et du duché de Luxembourg.

Enfin le roi de Sardaigne pressait la réunion de Gênes à son État continental, dont il était absent depuis quinze ans.

Chaque grande puissance voulait, comme ces lions de marbre que les statuaires antiques ont sculptés pour garder la porte de nos jardins royaux, tenir sous sa griffe, en guise de boule, un petit royaume. La Russie aura la Pologne; la Prusse aura la Saxe ; l'Autriche aura le Piémont ; l'Espagne aura le Portugal; l'Angleterre, qui a fait les frais de cinq coalitions, aura deux boules au lieu d'une, deux royaumes au lieu d'un : la Hollande et le Hanovre.

On comprend qu'occupés de pareils détails, messieurs les frères de l'empereur Napoléon ne s'étaient pas pressés de lui répondre, ou, lui répondant, ne lui avaient pas répondu selon ses désirs.

Il s'agissait de recourir une dernière fois à la diplomatie du canon, celle, il faut le dire, que le vainqueur des Pyramides, de Marengo et d'Austerlitz, entendait encore le mieux.

Cette diplomatie effrayait fort la pauvre Madeleine. Elle craignait que Conscience ne fût rappelé sous les drapeaux; mais la vue de Conscience, quoiqu'à peu près sauvée, était encore bien faible.

Catherine avait la même peur pour Bastien. Bastien était revenu deux fois de cette belle chose qu'on appelle la guerre : la première fois avec une main mutilée, la seconde fois avec deux coups de sabre en croix sur le visage.

Elle avait peur que la troisième fois il ne revînt pas du tout,

Sans eux, l'empereur était parvenu à réunir cent-quatre-vingt mille hommes.

Après avoir longtemps réfléchi pour savoir si avec ces cent quatre-vingt mille hommes, il attendrait la nouvelle coalition en France ou se déciderait à marcher au-devant d'elle, il s'était décidé à transporter les hostilités en Belgique, à étonner l'ennemi par un de ces coups hardis dont lui seul avait le secret. Si Dieu le seconde, il aura écrasé, anéanti, dispersé Blücher et Wellington quand l'ennemi le croira encore hors d'état d'entrer en campagne.

Aussi dès le commencement de juin, Villers-Cotterets vit-il passer trente ou quarante mille hommes filant sur Soissons, Laon et Mézières.

Bastien ne quittait plus la grande place de la ville. Avec son uniforme de hussard, sa croix sur la poitrine, ses deux coups de sabre sur le visage, il attirait l'attention même des plus vieux soldats; et bien des fois sa main mutilée s'étendait pour serrer une main qui sortait des rangs.

Le cœur de Bastien bondissait de joie au roulement du tambour, aux fanfares des clairons, aux cris de Vive l'empereur!

Oh ! Bastien aurait été bien heureux pendant cette première quinzaine du mois de juin, si le souvenir de Conscience ne fût pas venu attrister sa pensée, et s'il ne se fût pas dit que, le 15 de ce même mois qui lui offrait un si magnifique spectacle, toute cette pauvre famille, tant aimée par lui qu'il la regardait comme sa propre famille, serait ruinée.

Alors il secouait la tête, fronçant le sourcil, et murmurait d'un ton composé moitié d'une menace au sort, moitié d'une prière à Dieu, son juron habituel.

— Mille noms d'un nom!...

Mais Bastien avait beau jurer, cela n'apportait aucun remède à la situation. Le 8 juin, les dernières troupes étaient passées, et, comme Bastien n'avait plus rien à voir à Villers-Cotterets. il était revenu à Haramont.

Tout le monde dans le village plaignait le père Cadet; mais soit égoïsme, soit impuissance, personne ne s'apprêtait à l'aider, et, abandonné à ses propres ressources, nous savons que depuis longtemps le père Cadet était perdu...

Le brave homme allait sans cesse du seuil de la porte à son lit, ne reposant que lorsque, épuisé de fatigue, il ne pouvait plus se tenir debout. Mais cette surexcitation même, il faut le dire, lui faisait grand bien. Sa jambe paralysée n'était presque plus en retard sur l'autre, et, quand il pensait au cousin Maniquet, il gesticulait d'une façon presque aussi menaçante avec le bras gauche qu'avec le bras droit.

Seulement, il ne lui prenait même plus l'idée d'aller à sa terre : c'eût été un trop grand crève-cœur pour lui que de voir cette belle et féconde terre couverte d'épis qu'il ne devait pas moissonner.

Les femmes, au lieu de se chercher, se fuyaient; elles n'avaient point de consolantes paroles à se dire les unes aux autres. Parfois, sans s'y être donné rendez-vous, elles se trouvaient toutes deux à l'église, où toutes deux étaient venues pour prier dans un même but.

La sérénité de Conscience elle-même était altérée. Il avait beau rassurer Mariette en lui disant :

— Sois tranquille, ma bien-aimée Mariette, rien ne nous séparera.

La jeune fille acceuillait cette promesse avec toutes les sympathies de son âme, mais c'était en pleurant qu'elle répondait :

— Oh! n'est-ce pas, n'est-pas, Conscience, que tu dis vrai, et que rien ne nous séparera jamais?

A tout hasard, Conscience avait été trouver le voisin Mathieu, qui venait de renvoyer son premier garçon de charrue, auquel il donnait cinq cents francs et la nourriture, et il lui avait demandé cette place pour lui.

Le voisin Mathieu s'était empressé de la lui accorder, et il avait même ajouté que, si Mariette voulait entrer à la ferme en même temps que Conscience y entrerait, elle aurait la surintendence des vaches, et irait tous les jours vendre le lait à la ville.

Le voisin Mathieu savait, en effet, qu'en chargeant Mariette de cette vente, le lait serait vendu jusquà la dernière goutte. Mariette gagnerait cent cinquante francs par an, et, comme Conscience, serait nourrie.

Cette double promesse était une grande sécurité pour l'avenir. Aussi Conscience, en rentrant à la chaumière après l'avoir obtenue, en fit-il part au reste de la famille comme d'une consolation. Logés et nourris à la ferme du voisin Mathieu, Conscience et Mariette, en gardant deux cent cinquante francs pour eux, verseraient quatre cents francs dans la caisse commune aux deux chaumières, c'est-à-dire une somme suffisante pour nourrir leurs habitans.

Mais, loin que cette nouvelle consolât le père Cadet, elle parut redoubler sa tristesse.

— Oh! murmura-t-il, labourer la terre des autres quand on a eu une terre à soi; c'est bien dur!

Pourtant, comme c'était l'unique ressource qui, au bout du compte, restât à la pauvre famille quand la terre serait vendue, il fallait bien que le père Cadet la tînt pour bonne, si défectueuse qu'elle lui semblât.

Quant à Conscience, il y voyait un avantage: c'est qu'elle hâtait naturellement son mariage avec Mariette. En effet, il était presque impossible que Mariette et Conscience quittassent chacun sa famille pour aller habiter ensemble la ferme du voisin Mathieu sans être mariés.

Il fut donc convenu qu'on accepterait les offres du voisin, et que les bans de Conscience et de Mariette seraient publiés.

Cette décision prise, les deux jeunes gens, surtout en ce qui concernait la dernière partie, résolurent de procéder sans retard. Le 12 juin, Conscience accompagna Mariette allant vendre son lait; tous deux devaient se faire inscrire à la mairie de Villers-Cotterets, leur chef-lieu de canton.

Dieu leur accordait au moins cette consolation dans leur malheur, celle d'être malheureux ensemble.

Aussi, la sympathie qui les accueillit fut-elle grande; c'était à qui les plaindrait; c'était à qui plaindrait le père Cadet; c'était à qui jetterait la pierre au cousin Maniquet.

Mais la sympathie n'allait pas jusqu'à offrir aux pauvres jeunes gens les douze ou quinze cents francs dont ils avaient besoin pour se tirer d'affaire.

Il arriva que, sur les neuf heures du matin, Conscience et Mariette attendant l'ouverture de la mairie, qui ne s'ouvrait qu'à dix heures, il arriva que, sur les neuf heures du matin, une grande nouvelle vint faire diversion à cette sympathie, et y substitua la curiosité.

Le facteur de la poste venait de distribuer les journaux et, à la partie officielle, on lisait cette phrase:

« 11 juin.

» Sa Majesté l'empereur partira demain de Paris à neuf heures du matin, pour se rendre à l'armée; il suivra la route de Soissons, Laon et Mézières. »

S'il suivait la route de Soissons, Laon et Mézières, il passerait naturellement par Villers-Cotterets.

S'il partait le lendemain du 11, c'était le 12 qu'il partait.

S il se mettait en route à neuf heures du matin, c'était à midi qu'il passerait à Villers-Cotterets.

Napoléon passant à midi à Villers-Cotterets, c'était un assez grand événement, on en conviendra, pour faire oublier les malheurs du père Cadet, et la sympathie qu'inspiraient les amours de Mariette et de Conscience s'acheminant au mariage sous de tristes auspices.

Aussi tous les habitans de la ville étaient-ils éparpillés dans les rues, tantôt se réunissant par groupes, tantôt s'égrenant pour courir sur un point ou sur un autre.

Conscience et Mariette n'avaient pas été insensibles à cette nouvelle. Mariette avait demandé à Conscience de rester à Villers-Cotterets jusqu'au passage de cet homme, qu'elle désirait ardemment voir, tant elle en avait entendu parler à Conscience et à Bastien.

Conscience y consentit volontiers, et il fut convenu qu'après avoir fait la double déclaration à la mairie et à l'église, on irait stationner à la porte de la poste aux chevaux, où la voiture impériale devait naturellement faire une halte pour relayer.

A midi, les deux jeunes gens étaient libres, et venaient prendre, au milieu de la foule, leur place à la porte du maître de poste.

Le bruit de ce passage s'était répandu jusque dans les villages environnans, et l'on accourait de tous les côtés pour voir l'homme de la destinée.

Vers une heure, Bastien apparut tout essoufflé; il avait appris la grande nouvelle vingt minutes auparavant; il avait mis cinq minutes à revêtir son uniforme de hussard, à boucler à sa ceinture son sabre et sa sabretache, et un quart d'heure à faire sa lieue.

— Ah! nom d'un nom! s'écria-t-il, j'arrive à temps.

Et, regardant autour de lui:

— Ah! c'est toi, Conscience; ah! c'est vous, Mariette... Bon! j'espérais bien vous trouver ici.

— Tu nous cherchais donc? demanda Conscience.

— Un peu.

— Et pourquoi faire?

— Tu sauras cela, j'ai mes idées.

— Et sont-elles bonnes, tes idées, au moins? demanda Conscience.

— Je crois bien... Ah! si elles pouvaient réussir, mes idées, c'est cela qui serait le plaisir, comme on disait au rrégiment!... Mais chut!

— Quoi?

— On entend le roulement... non, je me trompe, ce n'est pas encore le petit caporal.

— Mais, dit un bourgeois, il ne peut être ici de sitôt.

— Pourquoi donc cela? demanda Bastien.

— Mais, dit le bourgeois, parce que le journal annonce qu'il ne partira de Paris qu'à neuf heures.

— Eh bien! à quatre lieues et demie par heure, dix-huit lieues, c'est juste quatre heures et demie. Il est parti à neuf heures; voilà une heure qui vient de sonner, il ne doit pas être bien loin... N'est-ce pas, postillon?

Bastien adressait la question à l'un des vingt ou trente postillons qui, tout enrubannés de faveurs tricolores, attendaient le passage de Napoléon.

— Oh! bien sûr, répondit le postillon, que s'il est parti de Paris à neuf heures, il ne doit pas être loin de Vauciennes maintenant.

— Chut! dit Bastien.

Toutes les conversations cessèrent à l'instant même. Chacun resta l'œil fixe et l'oreille tendue, et l'on entendit, bien distinctement cette fois, le roulement de plusieurs voitures.

Puis, dans le lointain, les cris de « Vive l'empereur! »

A l'instant même, comme secouée par une commotion électrique, la foule tressaillit, et le cri de « Vive l'empereur! » s'élança de toutes les bouches, de toutes les poitrines, et nous dirons même de tous les cœurs.

Napoléon, au point où l'on en était arrivé, c'était la nationalité, la patrie, la liberté; car les Bourbons, dans leur court passage sur le trône, avaient prouvé qu'ils étaient le contraire de tout cela.

Au milieu des cris d'enthousiasme, on entendit le roulement des voitures, qui s'approchaient comme un tonnerre.

Tout à coup les cris redoublèrent, mêlés à ceux de « Gare! gare! gare! »

La foule s'ouvrit. Trois voitures, traînées par des chevaux blancs d'écume, conduites par des postillons blancs de poussière, et faisant claquer leurs fouets à assourdir, apparurent au commencement de la rue de Soissons, et vinrent s'arrêter devant la poste.

La première était conduite par six chevaux tout frissonnans.

Trois hommes l'occupaient.

Deux étaient assis au fond, un sur le devant.

Les deux hommes qui étaient assis au fond étaient : celui de droite, l'empereur Napoléon, celui de gauche, le roi Jérôme.

Celui qui était assis sur le devant était le général Letort.

Les cris de « Vive l'empereur! » éclatèrent avec frénésie.

Napoléon souleva un instant sa tête, courbée par la pensée, regarda autour de lui, et demanda :

— Où sommes-nous?

— A Villers-Cotterets, mon empereur, répondit une voix ferme.

Napoléon fixa son regard sur son obligeant interlocuteur, qui n'était autre que Bastien.

A deux pas de la voiture, juste en face de la portière, le hussard se tenait debout, raide et immobile, une main à son colback, le petit doigt de l'autre à la couture de sa culotte.

L'empereur vit une croix brillant sur un uniforme, deux coups de sabre se croisant sur un visage, une main mutilée saluant.

— Oh! oh! dit-il, un de mes vieux braves.

— Un peu, sire, et qui date de Marengo même.

— Et le coup de sabre, d'où date-t-il?

— D'Austerlitz.

— Et la croix, d'où date-t-elle?

— De Wagram.

— Approche ici.

— Me voilà, mon empereur.

— Puis-je faire quelque chose pour toi?

— Merci, mon empereur, je n'ai besoin de rien, que de votre estime; mais, si vous vouliez faire quelque chose pour un camarade, vous me feriez plaisir.

— Et où est ce camarade?

— A deux pas d'ici... Approche donc, Conscience, tu vois bien que Sa Majesté l'empereur et roi te dit d'approcher.

Sa Majesté l'empereur et roi n'avait rien dit de cela; aussi Conscience demeura-t-il à sa place.

— Mais approche donc! répéta Bastien, tu vois bien que tu fais attendre Sa Majesté l'empereur et roi.

Conscience s'approcha. Mariette, enlacée à lui comme un lierre à un ormeau, s'approcha aussi, frissonnante à son bras, haletante et pâlissante.

— Eh bien! dit l'empereur, qu'y a-t-il? et que demandes-tu pour ton camarade?

— Sire, voilà Conscience, que je vous présente, un farceur qui allait au feu, comme son chien Bernard, que vous voyez là derrière lui, va à l'eau; il y allait si bien, qu'un jour son caisson... ah! il faut vous le dire, mon empereur, que lui aussi servait dans les hussards, mais dans les hussards à quatre roues; si bien qu'un jour, son caisson... c'était à la bataille de Laon; vous devez vous la rappeler, vous qui y étiez, mon empereur, et moi aussi, et lui aussi; si bien, comme je le disais, que son caisson sauta et lui brûla les yeux. Heureusement que ce n'était rien, et qu'il n'en a été aveugle que six mois; ce qui fait qu'aujourd'hui, il a le bonheur de vous revoir... Mais ce n'est pas tout cela.

— Qu'est-ce donc? voyons! dit l'empereur avec cette brusquerie mêlée de bonté qu'il savait si bien prendre dans l'occasion, et qui le rendait l'idole de ses soldats; dépêche-toi, je suis pressé!

— C'est que... les cosaques... ils ont si bien piétiné la terre de son grand-père, le père Cadet, que, l'année dernière, la gueuse de terre n'a pas produit un épi, et que, comme son grand-père, le père Cadet, n'a pas pu payer huit cents francs au cousin Maniquet, un vieil usurier qui avait hypothèque sur sa terre, eh bien! la pauvre terre... les gens à lunettes ont si bien arrangé cela, qu'elle va être vendue dans trois jours, et que la famille est ruinée de fond en comble! de sorte que Conscience, et Mariette que voilà, une jolie fille, n'est-ce pas, mon empereur? eh bien! ils sont obligés, pour vivre et pour faire vivre leurs vieux parens, d'entrer comme mercenaires chez le voisin Mathieu, un brave homme, j'en conviens! mais n'importe, comme dit le père Cadet, c'est dur, quand on a toujours labouré sa terre, d'être forcé de labourer la terre des autres.

— Et tu dis qu'il faudrait à ce garçon?...

— Oh! dame! il lui faudrait une somme... douze ou quinze cents francs, au moins.

— Jérôme, dit l'empereur en souriant, où est la bourse?

— Sire, répondit l'ex-roi de Westphalie, dans le coffre sur lequel nous sommes assis; mais je dois avoir là, dans mon nécessaire de voyage, quelques centaines de louis.

— Donne-les-moi.

Jérôme ouvrit son nécessaire, poussa un ressort, et versa dans les mains jointes de l'empereur tout ce que le nécessaire contenait d'or.

— Approchez et tendez votre tablier, ma belle enfant, dit Napoléon.

Mariette obéit, muette, mais la poitrine oppressée et des larmes plein les yeux.

L'empereur ouvrit ses deux mains, et laissa tomber la pluie d'or dans le tablier.

Puis, se retournant vers Conscience, et fixant sur lui son regard, pénétrant comme celui de l'aigle :

— Ne t'avais-je pas dit de me demander quelque chose la troisième fois que nous nous rencontrerions? lui dit-il.

— Oui, sire, répondit Conscience tout ému; Votre Majesté m'avait dit de lui demander la croix.

— Eh bien! pourquoi ne me la demandes-tu pas? C'est bien heureux que j'aie plus de mémoire que toi!

Et, détachant la croix de chevalier qu'il portait toujours à son habit, retenue par une simple épingle afin de pouvoir la donner à l'occasion, il la présenta à Conscience.

Conscience prit tout à la fois avec un cri de bonheur la croix et la main, et baisa la main, puis la croix.

— Allons, allons, dit l'empereur, c'est bien! Tu t'appelles Conscience, n'est-ce pas?

— Oui, sire.

— Lefort, inscrivez ce nom-là sur votre agenda. Et toi, mon brave, dit-il à Bastien, je te remercie : après m'avoir servi comme tu l'as fait pendant la guerre, tu ne pouvais mieux me servir dans la paix... Partons, Jérôme, et pressez les postillons; voilà un quart d'heure perdu!

— Oh! sire, dit le roi de Westphalie, un quart d'heure perdu, quand Votre Majesté vient de faire trois heureux!

— Tu as raison... Adieu, mes amis. Priez pour moi et pour la France.

Et il laissa retomber sa tête soucieuse sur sa poitrine.

Les cris de « Vive l'empereur! » s'élancèrent de toutes les bouches. La voiture, emportée par le galop de six chevaux impatiens, roula bruyamment sur le pavé, dont elle fit jaillir une gerbe d'étincelles; et, chevaux, postillons, voitures, s'évanouirent comme une vision pleine de lumière et de bruit, qui n'a fait qu'apparaître un instant, mais qui doit laisser dans l'esprit de ceux qui l'ont vue un éternel souvenir!...

Hélas! tout cela roulait vers Waterloo, c'est-à-dire vers un abîme!

XLII

CONCLUSION.

Conscience était resté immobile avec sa croix à la main, et Mariette avec son or dans son tablier.

Bastien trépignait de joie, s'arrachait les cheveux de bonheur.

— Oh ! nom d'un nom ! s'écriait le hussard. Vive l'empereur ! mille noms d'un nom !... c'est le plaisir, comme on disait au rrrégiment !

Le reste de la population regardait cette scène.

Les uns pleuraient, les autres riaient.

Conscience sentit qu'on lui frappait sur l'épaule. Il secoua la tête comme au sortir d'un rêve, et se retourna.

C'était le même huissier Demay qui n'avait pas voulu poursuivre le père Cadet, et qui lui avait donné gratis de si bons conseils.

— Allons, allons, dit-il, il ne s'agit point ici de perdre son temps. Puisque le bon Dieu a fait un miracle en votre faveur, utilisons vite le miracle. Nous n'avons plus que trois jours avant celui de la vente. Il s'agit de faire des offres réelles au cousin Maniquet. Donnez-moi douze cents francs; je me charge de tout, frais et capital, et courez vite porter la bonne nouvelle et le reste de la somme au père Cadet.

— Oh ! oui, s'écria Conscience; mais Bastien... Bastien d'abord... Où es-tu, Bastien ? où es-tu ?

Et il étendit les bras comme un homme ivre et près de tomber.

— Me voilà ! s'écria le hussard en se jetant sur la poitrine de son ami.

Tous deux se tinrent embrassés pendant cinq minutes sans pouvoir se séparer, et sanglotant de joie.

Puis vint le tour de Mariette.

— Et moi, monsieur Bastien, dit la jeune fille, est-ce que vous ne m'embrasserez pas aussi ?

— Moi !... ne pas vous embrasser quand vous me l'offrez ?... Mille noms d'un nom ! plutôt deux fois qu'une, mademoiselle Mariette.

Et il appliqua sur les joues humides de larmes de la jeune fille deux gros et bruyans baisers.

Cette première expansion du cœur accomplie par la reconnaissance, il était temps de songer à la proposition de maître Demay.

On entra chez le maître de poste. On compta soixante napoléons au brave huissier, qui, comme il l'avait dit, se chargea de toutes les démarches, et l'on s'assura qu'il restait encore deux cent cinquante beaux et bons napoléons, c'est-à-dire cinq mille francs.

C'était une fortune.

— Allons, allons, dit Bastien, emboîtons le pas, et regagnons Haramont au petit galop. Il y a là-bas des gens qui pleurent de chagrin tandis qu'ici nous pleurons de joie.

— Ce cher Bastien ! dit Conscience, il pense à tout.

— Oh ! oui, dit Mariette; et il est si bon... si bon... que je lui demanderai quelque chose...

— A moi ? s'écria Bastien, à moi ?... Oh ! mademoiselle Mariette, vous êtes bien sûre que c'est arrangé d'avance. Mille noms d'un nom ! ce sera le plaisir, comme on disait au rrrégiment !

— C'est bien. Je retiens votre parole, Bastien. Et maintenant, Conscience, à Haramont... à Haramont !

Et les deux enfans se mirent à courir joyeusement vers le parc, tandis que Bastien les suivait en criant :

— Et moi donc ! et moi donc ! Mille noms d'un nom ! vous m'oubliez !...

Bastien était venu en un quart d'heure d'Haramont. Le retard qu'apporta Mariette fit que Bastien et les deux jeunes gens mirent vingt minutes au retour.

En arrivant en vue de la chaumière, Mariette s'arrêta. L'émotion l'étouffait.

Elle fouilla dans ses poches et voulut donner l'or à Conscience.

Mais Conscience, posant sa main sur la sienne :

— Tu es l'ange de la maison, dit-il; à toi de remplir ta mission.

— Merci ! dit Mariette.

Ils regardèrent alors autour d'eux : Bastien avait disparu. Le rude garçon, qui, sous une enveloppe grossière, cachait la délicatesse du cœur, avait compris qu'assister à la rentrée de Conscience et de Mariette dans la chaumière, c'était venir prélever sa part de remercîmens.

Les deux jeunes gens se regardèrent en souriant, et tous deux en même temps murmurèrent :

— Bon Bastien !

Puis ils reprirent leur course vers la chaumière.

Bernard, moins délicat que Bastien, les y avait déjà devancés, et, par la joyeuseté de ses bonds et l'agitation de sa queue, semblait se proclamer comme un messager de bonne nouvelle.

Cette allégresse de Bernard, dont l'intelligence était si connue, inspira un certain étonnement dans la maison; Madeleine ferma le livre de prières où elle lisait; le père Cadet, qui faisait semblant de dormir pour n'avoir pas besoin de parler, rouvrit les yeux et regarda avec surprise le groupe joyeux qui succédait à Bernard sur le seuil de la porte.

Conscience alla se jeter au cou de Madeleine.

Mariette s'avança vers le vieillard.

— Tendez les deux mains, grand-père, dit-elle.

— Pourquoi faire ? dit le vieillard en secouant la tête, incrédule et morose.

— Tendez-les toujours.

Le père Cadet obéit comme un enfant boudeur.

Mariette fouilla à sa poche, et versa une poignée d'or dans les deux mains du vieillard, qui les rapprocha instinctivement et avec un cri.

Puis elle en versa une seconde.

Puis une troisième.

Et cela au grand ébahissement de Madeleine, qui s'était levée et qui regardait, et de dame Marie, qui, voyant revenir les deux enfans, avait traversé la route, et, au son de cet or, était demeurée stupéfaite devant la porte.

— Mais qui t'a donné tout cet or, Mariette ? s'écria le vieillard. Mon Dieu ! mon Dieu ! est-ce que je rêve ?

— Non, grand-père, c'est la réalité; regardez-le, faites-le sonner, c'est de bon or, de l'or véritable.

— Mais je te demande qui te l'a donné ?

— Demandez à Conscience, grand-père, répondit Mariette, qui voulait laisser au jeune homme quelque chose à dire.

— L'empereur, grand-père, l'empereur lui-même !

— L'empereur ? s'écrièrent à la fois le père Cadet, Madeleine et dame Marie.

— Et aussi cette croix, dit Conscience, cette croix qu'il a détachée de sa poitrine, et que j'ai désormais le droit de mettre sur la mienne.

— Oh ! la, la ! voilà la tête qui me tourne !

— Grand-père !

— Oh ! il n'y a pas de danger, cette fois-ci, c'est de joie... Mais nous allons donc avoir de quoi payer le cousin Maniquet ?

— Le cousin Maniquet est payé, grand-père.

— Mais la terre ?

— La terre ne sera pas vendue.

— Mais cet or ?

— Cet or est à vous, grand-père, pour en acheter d'autres, et pour vous assurer une vieillesse tranquille.

Le vieillard serra l'or contre sa poitrine, et fit trois pas pour l'aller enfermer dans sa cachette, mais il s'arrêta.

— Non, dit-il en secouant la tête, non, mes enfans, cet or, c'est votre dot, comme la terre est votre héritage; reprenez cet or, et ayez bien soin de la terre. On dit que c'est l'homme qui fait la terre, et moi, tout au contraire, je dis : « C'est la terre qui fait l'homme. » Seulement, ajouta le père Cadet, vous me laisserez tous les jours lui faire une visite, à cette terre bien-aimée, et quand je ne pourrai plus y aller moi-même, eh bien ! mes enfans, vous m'y porterez.

— Oh ! oui, oui, grand-père, s'écrièrent à la fois Conscience et Mariette.

Puis, tombant à genoux :

— Et maintenant, dirent-ils, bénissez vos enfans, grand-père; car, de ce jour, ils sont unis pour l'éternité, et, fiancés dans la douleur, ils se marieront dans la joie.

Le père Cadet leva ses deux mains, la gauche comme la droite; puis il abaissa la droite sur la tête de Conscience et la gauche sur celle de Mariette.

— Oh! nom d'un nom! s'écria Bastien paraissant à son tour sur le seuil de la porte, comme vous bénissez bien, père Cadet... ça en fait venir l'eau à la bouche!

— Bonjour, monsieur Bastien et la compagnie, dit le père Cadet en saluant le hussard d'un signe de tête; ah! vous voyez de pauvres gens bien heureux.

— Sans compter que c'est à Bastien que nous devons notre bonheur, grand-père.

— Comment cela? demanda le vieillard.

Alors, tandis que Conscience racontait au père Cadet et aux deux femmes ce qui s'était passé, Mariette alla prendre le bras de Bastien.

Et, quand Conscience eut terminé son récit, fixant sur Bastien un regard plein de supplications :

— Monsieur Bastien, lui dit tout bas Mariette, vous vous rappelez que j'ai une prière à vous adresser!

— Dites, mademoiselle Mariette, oh! dites, fit Bastien en essuyant ses yeux tout mouillés de larmes.

— Monsieur Bastien, reprit Mariette en redoublant la douceur de sa voix et la séduction de son regard, monsieur Bastien, est-ce que vous n'épouserez pas un jour la pauvre Catherine?

Bastien ne s'attendait évidemment pas à la demande : il écarquilla les yeux, mordit sa moustache, réfléchit, et parut prendre sa résolution.

— Eh bien! soit, dit-il, j'y consens, puisque ça peut vous faire plaisir, mademoiselle Mariette...

— Oh! fit la jeune fille joyeuse.

— Mais à une condition...

— Laquelle?

— C'est que c'est vous, mademoiselle Mariette, qui lui attacherez sur le front la couronne d'oranger.

— Je ne demande pas mieux, Bastien, s'écria la jeune fille; seulement, je ne comprends pas...

— Ah! vous ne comprenez pas? Eh bien! je vais vous faire comprendre, ou plutôt non, c'est inutile que vous compreniez... Conscience vous expliquera cela plus tard. Mais quand ce sera vous qui lui aurez attaché la couronne, s'il y a dans tout le village un seul gaillard qui se permette le plus petit mot sur le passé, mille noms d'un nom! s'écria le hussard en frappant sur son sabre, ce sera le plaisir, comme on disait au rrrégiment.

Le même soir, le père Cadet alla tout seul, sans l'aide de personne, faire une visite à sa terre, et en rapporta un épi qui contenait soixante et dix grains de blé.

Il en avait trouvé un autre plus beau encore; mais comme, en revenant, il avait rencontré le cousin Maniquet, il lui avait annoncé la nouvelle qu'à l'heure qu'il était l'argent devait être versé chez maître Niguet, et il lui avait donné ce second épi comme un échantillon de ce que serait la prochaine récolte.

Un mois après, jour pour jour, deux couples se présentaient à l'autel de l'église d'Haramont pour y recevoir la bénédiction nuptiale : c'étaient Conscience et Mariette, Bastien et Catherine.

Madeleine avait demandé et obtenu que la messe fût dite à la chapelle où se trouvait ce beau tableau de *Jésus appelant à lui les petits enfans.*

Le village tout entier assistait à la pieuse cérémonie, et reconduisit les quatre nouveaux mariés à la chaumière du père Cadet, où devait avoir lieu le repas de noces, auquel participèrent, par une herbe plus fraîche, Tardif et la vache noire; par un picotin d'avoine, Pierrot; et par tous les reliefs du dîner, Bernard.

En rentrant de l'église et en repassant le seuil de sa chaumière, Conscience, souriant, posa sa main sur l'épaule du père Cadet, et, avec sa voix douce et son regard inspiré :

— Vous voyez bien, grand-père, lui dit-il, que, dans ce petit coin du ciel où vous ne voyiez rien, il y avait quelque chose.

— Tu as raison, mon enfant, répondit le père Cadet, il y avait Dieu!

FIN DE CONSCIENCE.

TABLE

DES CHAPITRES CONTENUS DANS CONSCIENCE.

FIN DE LA TABLE DE CONSCIENCE.

Paris. — Imprimerie Walder, rue Bonaparte, 44.

www.ingramcontent.com/pod-product-compliance
Lightning Source LLC
LaVergne TN
LVHW010615110826
845149LV00003B/928

9782011856661